# Charles Dickens

~

# Eine Weihnachtsgeschichte

„Wer kennt nicht die Geschichte des Geschäftsmannes Ebenezer Scrooge, der Weihnachten hasst, ebenso wie die Menschen selbst und alles, was seiner Gier im Wege steht? Vergessen Sie den Film – lesen Sie das Original von Charles Dickens". *Redaktion Gröls-Verlag* (Edition I Werke der Weltliteratur)

# Redaktionelle Hinweise und Impressum

Das vorliegende Werk wurde zugunsten der Authentizität sehr zurückhaltend bearbeitet. So wurden etwa ursprüngliche Rechtschreibfehler regelmäßig *nicht* behoben, denn kleine Unvollkommenheiten machen das Buch – wie im Übrigen den Menschen – erst authentisch. Mitunter wurden jedoch zum Beispiel Absätze behutsam neu getrennt, um den Lesefluss zu erleichtern.

Wir sind bemüht, ein ansprechendes Produkt zu gestalten, welches angemessenen Ansprüchen an das Preis/Leistungsverhältnis und vernünftigen Qualitätserwartungen gerecht wird. Um die Texte zu rekonstruieren, werden antiquarische Bücher von leistungsfähigen Lesegeräten gescannt und dann durch eine Software lesbar gemacht. Der so entstandene Text wird von Menschen gegen eine Aufwandsentschädigung gegengelesen und korrigiert – Hierbei können gelegentlich Fehler auftreten. Wenn Sie ebenfalls antiquarische Texte einreichen möchten, wenden Sie sich für weitere Informationen gerne an

## www.groels.de

Informieren Sie sich dort auch gerne über die anderen Werke aus unserer

## Edition I Bedeutende Werke der Weltliteratur

Sie werden es mit 98,019 %iger Wahrscheinlichkeit nicht bereuen.

Die Deutsche Nationalbibliothek verzeichnet dieses Werk in der Deutschen Nationalbibliografie.

Verleger: Marcel Hermann-Josef Gröls, Poelchaukamp 20, 22301 Hamburg. Externer Dienstleister für Distribution und Herstellung: BoD, In de Tarpen 42, 22848 Norderstedt

# Inhaltsverzeichnis

**Erstes Kapitel.** ................................................................... 5
   Marleys Geist. ............................................................ 5
   Der erste der drei Geister. ....................................... 23
**Drittes Kapitel.** ................................................................. 39
   Der zweite der drei Geister. ..................................... 39
**Viertes Kapitel.** ................................................................ 60
   Der letzte der drei Geister. ...................................... 60
   Das Ende des Liedes. ............................................... 74
**Erstes Zirpen.** ................................................................... 81
**Zweites Zirpen.** .............................................................. 107
**Drittes Zirpen.** ............................................................... 138
**Hochzeitsttanz.** .............................................................. 168
**Erster Teil.** .................................................................... 169
**Zweiter Teil.** .................................................................. 192
**Dritter Teil.** ................................................................... 222
**Erstes Viertel.** ............................................................... 247
**Zweites Viertel** .............................................................. 268
**Drittes Viertel.** .............................................................. 288
**Viertes Viertel.** .............................................................. 308

# Erstes Kapitel.
## Marleys Geist.

Marley war tot; damit wollen wir beginnen. Darüber gibt es nicht den mindesten Zweifel. Sein Totenschein war unterschrieben von dem Geistlichen, dem Notar, dem Leichenwärter und dem Hauptleidtragenden. Scrooge unterzeichnete ihn. Und Scrooges Name hat unbedingte Geltung auf der Börse für jede Angelegenheit, an der er beteiligt war.

Der alte Marley war so tot wie ein Türnagel.

Paßt auf! Ich möchte damit nicht behaupten, daß für mein Wissen ein Türnagel etwas besonderes Totes an sich hätte. Was mich betrifft, ich möchte einen Sargnagel als das toteste Stück Eisen im Handel betrachten. Aber die Weisheit unserer Vorfahren ruht in dem Gleichnis; und meine unberufenen Hände sollen es nicht zerstören, sonst ist es um das Vaterland geschehen. Man wird mir deshalb gestatten, es nachdrücklich zu wiederholen, daß Marley so tot war wie ein Türnagel.

Wußte Scrooge, daß er tot war? Selbstredend wußte er es. Wie wäre es anders möglich gewesen? Scrooge und er waren ja – wer weiß wie lange – Kompagnons gewesen. Scrooge war sein einziger Testamentsvollstrecker, sein einziger Sachwalter, sein einziger Erbe und sein einziger trauernder Hinterbliebener. Und nicht einmal Scrooge war von dem betrüblichen Ereignis genug mitgenommen, daß er sich nicht auch an dem Begräbnistag als ein hervorragender Geschäftsmann erwiesen und diesen durch einen erfolgreichen Handel festlich begangen hätte.

Der Hinweis auf Marleys Begräbnistag führt mich in meiner Erzählung wieder zu dem Punkt zurück, von dem ich ausgegangen bin. Es ist ganz sicher, daß Marley tot war. Das muß klar erkannt sein; sonst ist an der Geschichte nichts Wunderbares, die ich erzählen will. Falls wir nämlich nicht ganz und gar überzeugt wären, daß Hamlets Vater tot ist, ehe das Stück anfängt, würde sein nächtlicher Spaziergang im heftigen Ostwind auf der Terrasse seines Schlosses gar nichts Merkwürdiges an sich haben . Nichts Merkwürdigeres, als wenn irgendein anderer Herr in besten Jahren sich nach Sonnenuntergang noch rasch zu einem Spaziergang in einer windigen Gegend – etwa auf dem St. Pauls-Friedhof – entscheidet, nur um seinem trägen Sohn aus seinem Stumpfsinn aufzujagen.

Scrooge ließ Marleys Namen nicht übermalen. Noch nach Jahren stand über der Tür des Warenmagazins "Scrooge und Marley". Die Firma war unter dem Namen Scrooge und Marley bekannt. Zuweilen nannten Leute, die Scrooge nicht kannten, ihn Scrooge und zuweilen Marley; er hörte auf beide Namen, denn es war ihm ganz gleich.

Oh, er verstand sich auf Menschenschinderei, dieser Scrooge! Ein erpresserischer, ausbeutender, zusammengrapschender, geiziger alter Sünder; hart und scharf wie ein Kiesel, aus dem noch kein Stahl einen wärmenden Funken geschlagen hat; verschlossen und selbstsüchtig und nur für sich bedacht wie eine Auster. Seine innere Kälte machte seine alten Züge erstarren, seine spitze Nase noch spitzer, sein Gesicht voller Runzeln, seinen Gang steif, seine Augen rot, seine dünnen Lippen blau, und sie klang aus seiner knarrenden Stimme heraus. Ein frostiger Reif lag über seinem Haupt, auf seinen Augenbrauen, auf seinem stoppeligen Kinn. Er verbreitete seine eigene niedrige Temperatur immer um sich her. In den Hundstagen kühlte er sein Kontor wie mit Eis; zur Weihnachtszeit taute er es nicht um einen Grad auf.

Äußere Hitze und Kälte hatten geringen Einfluß auf Scrooge. Keine Wärme konnte ihn erwärmen, keine Kälte ihn frieren machen. Kein Wind war schneidender als er, kein fallender Schnee erbarmungsloser, kein peitschender Regen unerbittlicher. Schlechtes Wetter konnte ihm nichts anhaben. Der ärgste Regen, Schnee oder Hagel konnten sich nur in einer Hinsicht rühmen, ihm überlegen zu sein: sie spendeten ihre Gaben oft im Überfluß, und das tat Scrooge nie.

Hielt ihn jemals ein Bekannter auf der Straße an, um ihm freundlich zu sagen: Mein lieber Scrooge, wie steht's? Wann werden Sie mich einmal besuchen? Kein Bettler sprach ihn um eine Kleinigkeit an, kein Kind fragte ihn, wieviel Uhr es sei, kein Mann und kein Weib hat ihn je nach dem Weg gefragt. Selbst die Hunde der Blinden schienen ihn zu kennen; wenn sie ihn kommen sahen, zupften sie ihre Herren, daß sie in ein Haus träten, und wedelten dann mit dem Schwanze, als wollten sie sagen: Kein Auge ist immer noch besser als ein böses Auge, blinder Herr.

Doch was ging das Scrooge an? Gerade das gefiel ihm. Allein seinen Weg durch das Gedränge des Lebens zu gehen, jedes menschliche Gefühl in gehörige Entfernung zurückzuweisen – das war es, was Scrooge behagte.

Einmal, es war am besten aller Tage im Jahr, es war der Christabend, saß der alte Scrooge in seinem Kontor. Draußen war es schneidend kalt und dunstig, und er konnte hören, wie die Leute im Hof draußen prustend auf und nieder gingen, die

Hände zusammenschlugen und mit den Füßen stampften, um sich zu erwärmen. Es hatte eben erst drei geschlagen, war aber schon ganz dunkel. Den ganzen Tag über war es nicht hell geworden, und in den Fenstern der benachbarten Kontore erblickte man Lichter, wie rote Flecken in der dicken, braunen Luft. Der Nebel drang durch jede Ritze und durch jedes Schlüsselloch und war so dick, daß die gegenüberstehenden Häuser des sehr kleinen Hofes ganz geisterhaft ausschauten. Wenn man die trübe, dicke Wolke alles verfinsternd herabsinken sah, hätte man glauben können, die Natur wohne dicht nebenan und habe dort eine Großbrauerei eingerichtet.

Die Tür von Scrooges Kontor stand offen, damit er seinen Kommis beaufsichtigen könne, der in einem erbärmlichen kleinen Raume, einer Art Verließ, Briefe kopierte. Scrooge hatte nur ein sehr kleines Feuer; aber des Clerks Feuer war noch so viel kleiner, daß es wie eine einzige Kohle aussah. Er konnte aber nicht nachlegen; denn Scrooge hatte den Kohlenkasten in seinem Zimmer; und jedesmal, wenn der Diener mit der Kohlenschaufel in der Hand hereinkam, meinte der Herr, es würde wohl nötig sein, ihr Verhältnis zu lösen. Darauf band sich der Clerk seinen weißen Schal um und versuchte, sich an der Kerze zu wärmen, was, da er ein Mann von nicht zu starker Phantasie war, immer fehlschlug.

"Fröhliche Weihnachten, Onkel, Gott erhalte Sie!" rief eine heitere Stimme. Es war die Stimme von Scrooges Neffen, der ihm so schnell auf den Hals rückte, daß er sich erst durch diesen Gruß bemerkbar machte.

"Quatsch", sagte Scrooge, "dummes Zeug!"

Der Neffe war vom Rennen so warm geworden, daß er ganz glühend war; sein Gesicht war rot und sah hübsch aus, seine Augen glänzten, und sein Atem dampfte.

"Weihnachten dummes Zeug, Onkel?" sagte Scrooges Neffe, "das kann doch nicht Ihr Ernst sein."

"Ob er es ist!" sagte Scrooge. "Fröhliche Weihnachten? Was für ein Recht hast du, fröhlich zu sein? Was für einen Grund, fröhlich zu sein? Du bist arm genug."

"Nun", versetzte der Neffe aufgeräumt, "was für ein Recht haben Sie, griesgrämig zu sein? Sie sind reich genug."

Scrooge, der im Augenblick keine bessere Antwort bereit hatte, sagte noch einmal "Quatsch" und brummte ein "Dummes Zeug" hinterher.

"Seien Sie nicht ärgerlich, Onkel", sagte der Neffe.

"Was kann ich denn anders sein?" antwortete der Onkel, "wenn ich in einer Narrenwelt wie dieser lebe! Fröhliche Weihnachten! Zum Kuckuck mit den fröhlichen Weihnachten! Was ist Weihnachten für dich anders als ein Tag, wo du Rechnungen bezahlen müßtest, ohne Geld zu haben, ein Tag, wo du dich um ein Jahr älter und nicht um eine Stunde reicher findest, ein Tag, wo du die Bilanz deiner Bücher siehst und bei jedem Posten ein Defizit zwölf volle Monate hindurch entdeckst? Wenn es nach mir ginge", sagte Scrooge erbost, "dann müßte jeder Narr, der mit seinem fröhlichen Weihnachten herumläuft, mit seinem eigenen Pudding gekocht und mit einem Pfahl von Stecheiche im Herzen begraben werden. Das wär' das Richtige!"

"Onkel!" sagte der Neffe.

"Neffe!" antwortete der Onkel erregt, "feiere du Weihnachten nach deinem Geschmack und laß es mich nach meinem feiern."

"Feiern!" wiederholte Scrooges Neffe; "aber Sie feiern es nicht."

"Laß mich zufrieden", sagte Scrooge. "Mag es dir recht viel einbringen! Es hat dir ja schon viel eingebracht."

"Es gibt viele Dinge, die mir Gutes hätten bringen können, und die ich nicht genutzt habe, das weiß ich", antwortete der Neffe, "und Weihnachten ist eins von diesen. Aber das weiß ich bestimmt, daß ich Weihnachten, wenn es gekommen ist, abgesehen von der Verehrung, die wir seinem heiligen Namen und Ursprung schuldig sind, immer als eine gute Zeit angeschaut habe, als eine liebe Zeit, als die Zeit der Vergebung und des Erbarmens, als die einzige Zeit, die ich im langen Kalenderjahr kenne, wo die Menschen einträchtig ihre verschlossenen Herzen auftun und die andern Menschen betrachten, als wenn sie wirklich Reisegenossen nach dem Grabe wären und nicht eine ganz andere Art von Lebewesen, die für einen ganz andern Weg vorgesehen sind. Und darum, Onkel, ob diese Tage mir gleich niemals ein Stück Gold oder Silber in die Tasche gebracht haben, glaube ich doch, sie haben mir Gutes getan, und sie werden mir Gutes tun, und ich sage: Gott segne dieses schöne Fest!"

Der Diener in dem Verließe draußen klatschte unwillkürlich Beifall. Jedoch einen Augenblick später empfand er das Unschickliche seines Betragens, machte sich an den Kohlen zu schaffen und verlöschte den letzten kleinen Funken gänzlich.

"Wenn Sie mich noch einen einzigen Laut hören lassen", sagte Scrooge, "so feiern Sie Ihre Weihnachten durch Ihre Entlassung. Du bist ein ganz gewaltiger Redner", fügte er hinzu, sich zu seinem Neffen wendend. "Es wundert mich nur, daß du nicht ins Parlament kommst."

"Seien Sie nicht bös, Onkel. Essen Sie morgen bei uns."

Scrooge sagte, er wolle ihn verdammt sehen, ja, wirklich, das sagte er. Er sagte es ganz ausdrücklich, und daß er dann erst ihn besuchen wolle. Ja wahrhaftig, er sprach sich ganz deutlich aus.

"Aber warum?" rief Scrooges Neffe, "warum?"

"Warum hast du dich verheiratet?" fragte Scrooge.

"Weil mich die Liebe ergriff!"

"Weil ihn die Liebe ergriff!" brummte Scrooge, als ob das das einzige Ding in der Welt wäre, das ihm noch lächerlicher vorkäme als eine fröhliche Weihnacht. "Guten Abend!"

"Aber, Onkel, Sie haben mich ja auch vorher einmal besucht. Warum geben Sie es jetzt als Grund an, weshalb Sie mich jetzt nicht besuchen?"

"Guten Abend!" wiederholte Scrooge.

"Ich brauche ja nichts von Ihnen, ich begehre nichts von Ihnen, warum können wir da nicht gute Freunde sein?"

"Guten Abend!" sagte Scrooge.

"Ich bedaure wirklich von Herzen, Sie so verhärtet zu finden. Wir haben nie einen Zank miteinander gehabt, an dem ich schuld gewesen wäre. Ich habe es diesmal versucht, Weihnachten zu Ehren, und ich will meine Weihnachtsstimmung bis zuletzt bewahren. Also: Fröhliche Weihnachten, Onkel!"

"Guten Abend!" sagte Scrooge.

"Und ein glückliches Neujahr!"

"Guten Abend!" sagte Scrooge.

Trotzdem verließ der Neffe das Zimmer ohne ein böses Wort. An der Haustür blieb er noch stehen, um mit dem Glückwunsch des Tages den Clerk zu grüßen, der, so sehr ihn fror, doch noch wärmer als Scrooge war, denn er gab den Gruß freundlich zurück.

"Das ist auch so ein Narr", brummte Scrooge, der es hörte. "Mein Clerk mit fünfzehn Schilling die Woche und Frau und Kindern und spricht von fröhlichen Weihnachten. Ich könnt' mich ins Narrenhaus zurückziehen."

Der Diener hatte, während er den Neffen hinausließ, zwei andere Personen eingelassen. Es waren zwei behäbige Herren, stattlichen Formats, die jetzt, den Hut in der Hand, in Scrooges Kontor standen. Sie hielten Bücher und Papiere in der Hand und verneigten sich.

"Scrooge und Marley, wenn ich nicht irre", sagte einer der Herren und blickte auf seine Liste. "Hab' ich die Ehre, mit Mr. Scrooge oder mit Mr. Marley zu sprechen?"

"Mr. Marley ist seit sieben Jahren tot", erwiderte Scrooge. "Er starb heute vor sieben Jahren."

"Wir zweifeln nicht, daß die Gesinnung seiner Freigebigkeit auch bei seinem Kompagnon vorhanden sein wird", sagte der Herr, indem er seine Vollmacht hinreichte.

Er hatte auch ganz recht, denn es waren zwei verwandte Seelen gewesen. Bei dem bedeutungsvollen Wort Freigebigkeit erschauerte Scrooge und gab kopfschüttelnd das Papier zurück.

"In dieser feierlichen Jahreszeit, Mr. Scrooge", sagte der Herr, eine Feder ergreifend, "ist es mehr als gewöhnlich wünschenswert, einigermaßen wenigstens für die Armut zu sorgen, die gerade jetzt in großer Bedrängnis ist. Viele Tausende haben nicht das Lebensnotwendige, Hunderttausenden fehlen die notdürftigsten Bequemlichkeiten des Lebens."

"Gibt es denn keine Gefängnisse?" fragte Scrooge.

"Überfluß an Gefängnissen", sagte der Herr, die Feder wieder hinlegend.

"Und die Armenarbeitshäuser?" fragte Scrooge. "Bestehen sie denn nicht mehr?"

"Allerdings. Freilich", antwortete der Herr, "wünschte ich, sie bestünden überhaupt nicht."

"Tretmühle und Armengesetz sind also noch in voller Kraft", meinte Scrooge.

"Beide haben alle Hände voll zu tun."

"So? Nach dem, was Sie zuerst sagten, fürchtete ich, ihr nützliches Bestehen sei gefährdet", sagte Scrooge. "Ich freue mich, das zu hören".

"In der Meinung, daß sie doch wohl kaum christlichen Frohsinn und Behagen den Armen für Leib und Seele bereiten", antwortete der Herr, "haben sich einige von uns zwecks einer Sammlung zusammengefunden, um für die Armen Speise und Trank und Feuerung anzuschaffen. Wir wählen diese Zeit, weil sie vor allen andern eine Zeit ist, wo der Mangel am bittersten gefühlt wird und der Reichtum in Freuden schwimmt. Wieviel darf ich für Sie zeichnen?"

"Nichts", antwortete Scrooge.

"Sie wünschen also ungenannt zu bleiben?"

"Ich wünsche, daß man mich in Ruhe lasse", sagte Scrooge. "Da Sie mich nach meinem Wunsche fragen, meine Herren, so ist dies meine Antwort. Ich gönne mir auch zu Weihnachten keine Freude und kann nicht dem faulen Volk lustige Tage machen. Ich zahle meinen Beitrag zu den genannten Anstalten. Sie kosten genug, und wem es schlecht geht, der mag sich dorthin begeben!"

"Viele können nicht hingehen, und viele würden eher lieber sterben."

"Wenn sie eher lieber sterben würden", sagte Scrooge, "so wäre es gut, wenn sie das ausführten und die überflüssige Bevölkerung verminderten. Übrigens, Sie werden mich entschuldigen, verstehe ich nichts davon."

"Aber Sie könnten es verstehen", bemerkte der Herr.

"Es geht mich nichts an", antwortete Scrooge. "Es genügt, wenn ein Mann sein eigenes Geschäft begreift und sich nicht in das anderer Leute mischt. Das meinige nimmt meine ganze Zeit in Anspruch. Guten Abend, meine Herren!"

Da sie einsahen, daß weitere Versuche vergeblich sein würden, zogen sich die Herren zurück. Scrooge machte sich wieder mit noch besserer Meinung von sich selbst und in einer angenehmeren Laune als gewöhnlich an die Arbeit.

Währenddem hatten Nebel und Dunkelheit so zugenommen, daß Leute mit brennenden Fackeln herumliefen, um den Wagen voranzuleuchten. Der Kirchturm, dessen brummende Glocke aus einem alten gotischen Fenster in der Mauer gar pfiffig auf Scrooge herniederblickte, wurde unsichtbar und schlug die Stunden und Viertel in den Wolken mit einem zitternden Nachklingen, als ob ihr in ihrem erfrorenen Haupte droben die Zähne klapperten. Die Kälte wurde immer schneidender. In der Hauptstraße an der Ecke des Hofes wurden Gasröhren ausgebessert, und die Arbeiter hatten in einer Kohlenpfanne ein großes Feuer angezündet, um das sich einige zerlumpte Männer und Knaben drängten, die sich die Hände wärmten und mit den Augen vor der behaglichen Flamme blinzelten. Aus den Wasserpumpen, die eben verlassen waren, floß noch etwas Wasser nach; aber bald war es zu menschenfeindlichem Eis erstarrt. Der Schimmer der Läden, in denen Stechpalmenzweige und Beeren in der Lampenwärme der Fenster farbenfreudig leuchteten, überzog die bleichen Gesichter der Vorübergehenden. Die Läden der Geflügel- und Materialwarenhändler wurden eine glänzende Quelle der Freude, mit der es fast unmöglich schien, den Gedanken von einer so ernsten Sache wie Kauf und Verkauf zu verbinden. Der Oberbürgermeister gab im Festsaal des Mansion-House seinen fünfzig Köchen und Kellermeistern Befehl, Weihnachten zu feiern, wie es eines Oberbürgermeisters würdig ist, und selbst der arme Flickschneider, den er am Montag vorher wegen Trunkenheit und öffentlich ausgesprochener blutdürstiger Gesinnung mit fünf Schilling bestraft hatte, rührte den Weihnachtspudding in seinem Dachkämmerchen an, während seine abgehärmte Frau mit dem Säugling auf dem Arm ausging, um den Rinderbraten zu kaufen.

Immer nebliger und kälter wurde es, durchdringend, beißend, schneidend kalt. Wenn der gute, heilige Dunstan des Teufels Nase nur mit einem Hauche von diesem Wetter gefaßt hätte, anstatt seine sonst übliche Waffe zu brauchen, dann würde er erst recht gebrüllt haben. Der Inhaber einer kleinen, jungen Stupsnase, benagt und angeknabbert von der hungrigen Kälte, wie Knochen von Hunden benagt werden, legte sich vor Scrooges Schlüsselloch, um ihn mit einem Weihnachtslied zu erfreuen. Aber bei dem ersten Tone des Liedes:

"Gott grüß euch, froher Gentleman,
Mög nichts euch ärgern heut!"

ergriff Scrooge das Lineal mit solcher Kraft, daß der Sänger voll Schrecken entfloh und das Schlüsselloch dem Nebel und der noch eindringlicheren Kälte überließ.

Endlich kam die Stunde des Geschäftsschlusses. Mürrisch stieg Scrooge von seinem Sessel und gab dem harrenden Clerk in dem Verließ stillschweigend die Erlaubnis, zu gehen, worauf dieser sogleich das Licht auslöschte und den Hut aufsetzte.

"Sie wollen, wie ich vermute, den ganzen Tag morgen haben", sagte Scrooge.

"Wenn Sie nichts dagegen haben, Sir,"

"Es paßt mir nicht", sagte Scrooge, "und es ist nicht schicklich. Wenn ich Ihnen eine halbe Krone dafür abrechnete, würden Sie denken, es widerfahre Ihnen Unrecht, nicht?"

Der Diener lächelte verzagt.

"Und doch", sagte Scrooge, "denken Sie nicht daran, daß mir Unrecht geschieht wenn ich einen Tag Lohn für einen Tag ohne Arbeit bezahle."

Der Diener bemerkte, daß es nur einmal im Jahr vorkäme.

"Eine armselige Entschuldigung, um an jedem fünfundzwanzigsten Dezember einem den Geldbeutel zu bestehlen", sagte Scrooge, indem er seinen Mantel bis an das Kinn zuknöpfte. "Aber ich vermute, Sie müssen durchaus den ganzen Tag frei haben. Seien Sie dafür übermorgen um so früher hier."

Der Diener versprach, daß er kommen wolle, und Scrooge ging knurrend fort. Das Kontor war im Augenblick geschlossen. Der Clerk, dem die langen Enden seines weißen Schals über die Brust herabhingen (denn er konnte sich keines Mantels rühmen), schlitterte zu Ehren des Festes als der Letzte hinter einer Reihe von Knaben, die beim Eisvergnügen war, Cornhill hinunter und lief dann so schnell wie möglich in seine Wohnung in Camden-Town, um dort Blindekuh zu spielen.

Scrooge nahm sein melancholisches Mahl in seinem gewöhnlichen melancholischen Gasthause ein; und nachdem er alle Zeitungen gelesen und sich den Rest des Abends mit seinem Abrechnungsjournal vertrieben hatte, ging er nach Hause, um zu Bett zu gehen. Er wohnte in den Zimmern, die seinem verstorbenen Kompagnon gehört hatten. Es war eine trübe Reihe von Zimmern in einem düstern, finstern Gebäude eines Hinterhofes, wo dieses so wenig an seinem Platz stand, daß man fast hätte glauben können, es habe sich dorthin verlaufen und sich nicht wieder herausfinden können, als es noch ein junges Haus war und mit andern Häusern Verstecken spielte. Es war jetzt alt und trist genug; denn niemand wohnte dort, außer Scrooge, da die andern Räume alle als Geschäftsräume vermietet waren. Der Hof war so dunkel, daß selbst Scrooge, der jeden Stein darin kannte, seinen Weg mit den Händen ertasten mußte. Der Nebel und der Frost hingen so dick und schwer über dem schwarzen alten Torweg des Hauses, als ob der Dämon dieses Wetters in bekümmertem Grübeln auf der Schwelle säße.

Nun ist es eine Tatsache, daß an dem Türklopfer ganz und gar nichts Besonderes war, abgesehen von seiner Größe. Auch ist es Tatsache, daß Scrooge ihn abends und morgens, seitdem er das Haus bewohnte, gesehen hatte und daß

Scrooge von dem, was man mit Phantasie bezeichnet, so wenig besaß wie sonst jemand in der City von London, eingerechnet – wenn es erlaubt ist, das zu sagen, – den Stadtrat, die Aldermen und die Zünfte. Man muß auch darauf hinweisen, daß Scrooge, außer heute nachmittag, mit keinem Wörtchen an seinen seit sieben Jahren verstorbenen Kompagnon gedacht hatte. Und nun möge mir jemand, wenn er es kann, erklären, warum Scrooge, als er seinen Schlüssel in das Türschloß steckte, in dem Klopfer, ohne daß sich dieser verändert hatte, keinen Türklopfer, sondern Marleys Gesicht erblickte.

Ja, Marleys Gesicht. Es war nicht in so undurchdringliches Dunkel gehüllt, wie die andern Gegenstände im Hofe, sondern von einem unheimlichen Leuchten umgeben, wie ein verfaulter Hummer in einem dunklen Keller. Das Gesicht war nicht böse oder zürnend, sondern sah Scrooge an, wie ihn Marley gewöhnlich angesehen hatte, die gespenstische Brille auf die gespenstische Stirn hinaufgerückt. Das Haar starrte seltsam in die Höhe, wie von Wind oder heißer Luft gehoben; und obgleich die Augen weit offen standen, waren sie doch ohne alles Leben. Dies und die leichenhafte Farbe machten das Gesicht schrecklich; aber seine Schrecklichkeit schien mehr in etwas anderem zu liegen und außerhalb seiner Macht als ein Teil seines Ausdrucks.

Als Scrooge fest auf die Erscheinung blickte, war es wieder ein Türklopfer.

Zu sagen, er wäre nicht erschrocken, oder sein Blut hätte nicht ein Gruseln empfunden, das ihm seit seiner Kindheit unbekannt geblieben war, wäre eine Unwahrheit. Aber er nahm sich mit Gewalt zusammen, legte die Hand wieder an den Schlüssel, drehte ihn um, trat ein und zündete seine Kerze an.

Allerdings zögerte er einen Augenblick, ehe er die Tür schloß, und starrte erst vorsichtig dahinter, als fürchte er wirklich, durch den Anblick von Marleys Kopf erschreckt zu werden. Aber hinter der Tür war nichts als die Schrauben, die den Klopfer festhielten; und so sagte Scrooge: "Ach was!" und warf sie zu.

Der Knall erscholl durch das Haus wie ein Donner. Jedes Zimmer im Obergeschoß, und jedes Faß in des Weinhändlers Keller drunten schien mit seinem besonderen Echo zu antworten. Scrooge war nicht der Mann, der sich durch Echos ins Bockshorn jagen ließ. Er schloß die Tür zu, ging über den Hausflur und die Treppe hinauf, und zwar langsam und das Licht aufputzend, während er hinaufstieg. Man kann ungefähr veranschlagen, daß sich eine sechsspännige Equipage über eine Treppe aus der guten alten Zeit oder auch durch ein schlechtes neues Reichsgesetz kutschieren ließ; und ich möchte behaupten, man hätte über die Treppe bei Scrooge einen Totenwagen hinauftransportieren können; und zwar selbst der Breite nach, mit der Deichsel gegen die Wand und mit der Totenwagentür gegen das Geländer. Und das wäre leicht getan gewesen. Dafür wäre Raum übergenug vorhanden gewesen, und das war vielleicht der Grund, warum Scrooge wähnte, er sähe vor sich geradezu eine Totenwagen-Lokomotive im Dunkel sich hinaufbewegen. Ein halbes Dutzend Gaslampen von der Straße aus hätten den Eingang sonderlich hell gemacht, und so kann man sich denken, daß es bei Scrooges Funzel ziemlich dunkel blieb.

Scrooge aber ging hinauf und scherte sich keinen Pfifferling darum. Dunkelheit ist billig, und das hatte Scrooge gern. Aber ehe er seine schwere Tür zumachte, ging er doch durch die Zimmer, um zu sehen, ob alles in Ordnung sei. Er erinnerte sich des Gesichtes noch zu nachdrücklich, als daß er nicht dieses Bedürfnis gehabt hätte.

Wohnzimmer, Schlafzimmer, Rumpelkammer, alles war, wie es sein sollte. Niemand unter dem Tisch, niemand unter dem Sofa; ein kleines Feuer auf dem Rost, Löffel und Teller bereit, und das kleine Töpfchen Suppe (Scrooge war erkältet) an dem Feuer. Niemand unter dem Bett, niemand in dem Alkoven, niemand in seinem Schlafrock, der in ganz verdächtiger Art an der Wand hing. Die Rumpelkammer wie gewöhnlich. Ein alter Kaminschirm, alte Schuhe, zwei Fischkörbe, ein dreibeiniger Waschtisch und ein Feuerhaken.

Vollkommen zufrieden, machte er die Tür zu, schloß sich ein und riegelte noch zu, was sonst seine Gewohnheit nicht war. So gegen Überraschung gesichert, legte er seine Halsbinde ab, zog seinen Schlafrock und die Pantoffel an, setzte die Nachtmütze auf und setzte sich vor das Feuer, um seine Suppe zu löffeln.

Es war wirklich ein sehr kleines Feuer, so gut wie gar keins in einer so bitterkalten Nacht. Er mußte sich dicht daran setzen und sich darüber beugen, um das geringste Wärmegefühl von einer solchen Handvoll Kohlen zu genießen. Der Kamin war vor vielen Jahren von einem holländischen Kaufmann errichtet worden und ringsum mit seltsamen holländischen Fliesen belegt, die bestimmt waren, die Heilige Schrift zu illustrieren. Da sah man Kain und Abel, Pharaos Töchter, Königinnen von Saba, Engel durch die Luft auf den Wolken gleich Federbetten herabschwebend, Abraham, Belsazar, Apostel in See gehend auf Marktschiffen, Hunderte von Figuren, seine Gedanken zu beschäftigen; und doch kam das Gesicht Marleys wie der Stab des alten Propheten und verschlang alles andere. Wenn jede glänzende Fliese blank und vermögend gewesen wäre, aus den zerstreuten Fragmenten von Scrooges Gedanken ein Bild auf seine Fläche zu zaubern, auf jedem wäre ein Abbild von des alten Marleys Gesicht erschienen.

"Dummes Zeug!" sagte Scrooge und schritt im Zimmer auf und ab.

Nachdem er einigemal hin- und hergegangen war, setzte er sich wieder nieder. Als er den Kopf in den Stuhl zurücklegte, blieb sein Blick wie von ungefähr an der Glocke hängen, an einer alten, nicht mehr gebrauchten Glocke, die zu einem jetzt vergessenen Zweck mit einem Zimmer in dem obersten Stockwerk in Verbindung stand. Es befiel ihn großes Erstaunen und ein seltsamer unerklärlicher Schauer, als die Glocke anhub, sich zu bewegen; erst bewegte sie sich so sachte, daß sie kaum einen Ton von sich gab; aber bald läutete sie laut und mit ihr alle Glocken des Hauses.

Dies mochte eine halbe Minute oder eine Minute gedauert haben, aber es schien eine Stunde zu sein. Die Glocken hörten gleichzeitig auf, wie sie gleichzeitig angefangen hatten. Darauf vernahm man ein klirrendes Geräusch, tief unten, als ob jemand eine schwere Kette über die Fässer in des Weinhändlers Keller zerrte. Jetzt erinnerte sich Scrooge, gehört zu haben, daß Gespenster Ketten schleppen sollten.

Die Kellertür flog mit einem dumpfdröhnenden Krachen auf, und dann hörte er das Klirren viel lauter auf dem Hausflur unten; dann wie es die Treppe heraufkam; und dann wie es gerade auf seine Tür zukam.

"Es ist dummes Zeug", sagte Scrooge. "Ich glaube nicht daran."

Aber er wechselte die Farbe, als es, ohne zu verweilen, durch die schwere Tür und in das Zimmer kam. Als es hereintrat, flammte das sterbende Feuer auf, als ob es riefe: "Ich kenne ihn, Marleys Geist!" und fiel wieder zusammen.

Dasselbe Gesicht, ganz dasselbe. Marley mit seiner Zopfperücke, seiner gewöhnlichen Weste, den engen Beinkleidern und hohen Stiefeln, deren Quasten sträubten sich wie sein Zopf und seine Rockschöße und das Haar auf seinem Kopf. Die Kette, die er hinter sich herschleppte, war mitten um seinen Körper geschlungen. Sie war lang und wand sich wie ein Schweif und war (denn Scrooge betrachtete sie sehr genau) aus Geldkassetten, Schlüsseln, Schlössern, Hauptbüchern, Verträgen und schweren Börsen aus Stahl zusammengesetzt. Sein Leib war durchsichtig, so daß Scrooge durch die Weste hindurch die zwei Knöpfe rückwärts auf seinem Rock sehen konnte.

Scrooge hatte oft behaupten gehört, Marley habe kein Herz im Leibe, aber er hatte es bis jetzt nicht geglaubt.

Nein, er glaubte es auch jetzt nicht einmal. Obwohl er das Gespenst durch und durch vor sich stehen sah; obwohl er den erfrieren machenden Schauer seiner totkalten Augen fühlte und selbst den Stoff des Tuches erkannte, das um seinen Kopf und sein Kinn gebunden war, und das er früher nicht bemerkt hatte, war er doch noch ungläubig und verwahrte sich gegen die Eindrücke seiner Sinne.

"Nun", sagte Scrooge, barsch und kalt wie gewöhnlich, "was wollt Ihr?"

"Viel!" Das war Marleys Stimme; kein Zweifel.

"Wer seid Ihr?"

"Fragt mich, wer ich war."

"Nun, wer waret Ihr denn?" sagte Scrooge lauter. "Ihr seid ein besonderes Exemplar für ein Gespenst." Er wollte sagen "als Gespenst"; aber er ersetzte das "als" durch "für ein", um auf alle Fälle sich zu sichern.

"Als ich lebte, war ich Euer Kompagnon, Jakob Marley."

"Könnt Ihr auch sitzen?" fragte Scrooge und sah ihn zweifelnd an.

"Ich kann es."

"Dann bitte!"

Scrooge stellte die Fragen, weil er nicht wußte, ob ein so durchsichtiges Gespenst sich werde setzen können, und fühlte, daß er ihn recht unangenehm hätte zur Rede stellen können, wenn jener dies nicht gekonnt hätte.

"Ihr glaubt nicht an mich?" fragte der Geist.

"Nein", sagte Scrooge.

"Welchen Beweis wollt Ihr, außer dem Eurer Sinne, von meiner Wirklichkeit haben?"

"Ich weiß nicht", sagte Scrooge.

"Warum glaubt Ihr Euren Sinnen nicht?"

"Weil eine Geringfügigkeit sie stört", sagte Scrooge. "Eine kleine Störung im Magen macht sie zu Lügnern. Ihr könnt ein unverdautes Stück Rindfleisch, ein Senfklecks, eine Käserinde, ein Stückchen schlechter Kartoffel sein. Wer Ihr auch sein mögt, Ihr seid mehr Unterleib, als Unterwelt."

Es war nicht eben Scrooges Art, Witze zu machen, auch fühlte er jetzt keine besondere Lust dazu. Die Wahrheit war, daß er sich bestrebte, aufgeräumt zu sein, überlegen zu erscheinen, um seine Aufmerksamkeit auf das Gespenst zu verjagen und um sein Entsetzen niederzuhalten; denn die Stimme des Geistes machte selbst das Mark in seinen Gebeinen erzittern.

Nur einen Augenblick schweigend diesen starren, erfrorenen Augen gegenüberzusitzen, würde ihn wahnsinnig machen, das empfand Scrooge wohl. Auch war die Tatsache so grauenerregend, daß das Gespenst seine eigene höllische Atmosphäre hatte. Scrooge fühlte sie zwar nicht selbst, aber doch mußte es der Fall sein. Obwohl nämlich das Gespenst ganz regungslos dasaß, bewegten sich seine Haare, seine Rockschöße und seine Stiefelquasten wie von der erhitzten Luft eines Ofens.

"Ihr seht diesen Zahnstocher", sagte Scrooge und nahm aus dem eben angeführten Grund seine Attacke wieder auf, von dem Wunsch beseelt, wenn auch nur für einen Augenblick den starren, eisigen Blick des Gespenstes von sich abzuwenden.

"Ja", antwortete der Geist.

"Ihr seht ihn ja nicht an", sagte Scrooge.

"Aber ich sehe ihn trotzdem", erwiderte das Gespenst.

"Gut", meinte Scrooge. "Ich brauche ihn nur hinunterzuschlucken, und mein ganzes übriges Leben hindurch verfolgen mich eine Legion Kobolde, die ich selbst erzeugt habe. Dummes Zeug, sag' ich, dummes Zeug!"

Bei diesen Worten stieß das Gespenst einen gräßlichen Schrei aus und ließ seine Kette so grauenhaft und fürchterlich klirren, daß Scrooge sich an seinen Stuhl festklammern mußte, um nicht in Ohnmacht zu sinken. Aber wieviel größer ward sein Entsetzen, als das Gespenst die Binde vom Kopf nahm, als wäre es ihm zu warm im Zimmer, und die Unterkinnlade auf die Brust herabsank.

Scrooge fiel auf die Knie nieder und schlug die Hände vors Gesicht.

"Gnade!" rief er. "Schreckliche Erscheinung, warum quälst du mich?"

"Mensch mit der weltlich gesinnten Seele", erwiderte der Geist, "glaubst du an mich oder nicht?"

"Ich glaube", sagte Scrooge, "ich muß es. Aber warum wandeln Geister auf Erden und warum kommen sie zu mir?"

"Von jedem Menschen wird gefordert", antwortete das Gespenst, "daß der Geist in ihm unter seinen Mitmenschen wandle und ferne, weite Reisen mache. Wenn nun dieser Geist nicht bei Lebzeiten hinausgeht, so ist er verdammt, durch die Welt zu wandern – ach, weh mir! – und anzusehen, was er nicht mehr mitgenießen kann, was er aber auf Erden hätte mitgenießen und zum Guten hätte ausnutzen können."

Wieder stieß das Gespenst einen Schrei aus, rüttelte an seinen Ketten und rang die schattenhaften Hände.

"Du bist gefesselt", sagte Scrooge zitternd. "Sage mir, weshalb?"

"Ich trage die Kette, die ich im Leben geschmiedet habe", sagte der Geist. "Ich schmiedete sie Glied für Glied und Elle für Elle; mit meinem eigenen freien Willen gürtete ich sie um; und nach meinem eigenen freien Willen muß ich sie nun tragen. Ihre Glieder kommen dir seltsam vor."

Scrooge zitterte immer heftiger.

"Oder willst du die Schwere und Länge der Kette wissen", fuhr der Geist fort, "die du selber trägst? Sie war gerade so lang und so schwer wie diese hier vor sieben Weihnachten. Seitdem hast du an ihr weitergearbeitet. Es ist eine schwere Kette."

Scrooge schaute auf den Boden herab in der Erwartung, sich von fünfzig oder sechzig Klaftern Eisenketten umschlungen zu sehen; aber er gewahrte nichts.

"Jakob", sagte er bittend, "Jakob Marley, erzähle mir mehr. Sage mir einen Trost, Jakob."

"Ich habe keinen zu geben", antwortete der Geist. "Er kommt aus anderen Sphären, Ebenezer Scrooge, und wird von andern Boten zu andern Menschen gebracht. Auch darf ich dir nicht sagen, was ich dir sagen möchte. Nur ein Weniges mehr als das Bisherige ist mir zu sagen erlaubt. Ich kann nicht rasten, ich kann nicht ruhen, ich kann nur etwas versichern. Mein Geist ging nie über unser Kontor hinaus – merk auf – im Leben blieb mein Geist immer in den engen Grenzen unserer Wucherhöhle; und weite Reisen liegen noch vor mir."

Es war eine Gewohnheit von Scrooge, wenn er nachdenklich wurde, die Hand in die Hosentasche zu stecken. Nachsinnend über das, was der Geist sagte, tat er es auch jetzt, aber ohne seine Augen zu erheben oder vom Stuhl aufzustehen.

"Du mußt dir aber viel Zeit genommen haben, Jakob", bemerkte er in der Art eines Geschäftsmannes, wenn auch mit vieler Demut und Ehrerbietung.

"Viel Zeit!" sagte der Geist.

"Sieben Jahre tot", sann Scrooge nach. "Und die ganze Zeit über gewandert."

"Die ganze Zeit", sagte der Geist. "Kein Bleiben, kein Frieden, nur unaufhörlich die Qual der Reue."

"Du reisest schnell", sagte Scrooge.

"Auf den Fittichen des Windes", sagte der Geist.

"Da mußt du doch eine große Strecke in den sieben Jahren absolviert haben", sagte Scrooge.

Als der Geist das vernahm, stieß er wieder einen Schrei aus und klirrte so grauenvoll mit seiner Kette in dem Todesschweigen der Nacht, daß ihn der Nachtwächter mit vollem Recht wegen Ruhestörung hätte anzeigen können.

"Oh, gefangen und gefesselt, in doppeltes Eisen gelegt!" rief das Gespenst, "nicht zu wissen, daß Zeitalter von unaufhörlicher Mühe sterblicher Geschöpfe vergehen, ehe das Gute, dessen die Erde fähig ist, sich entfalten kann; nicht zu wissen, daß ein christlicher Geist, und wenn er auch in einem noch so kleinen Kreis der Liebe wirkt, in diesem Erdenleben sich selbst belohnende Arbeit genug finden kann! Aber ich ahnte es nicht, ach, ahnte es nicht!"

"Aber du warst doch immer ein guter Geschäftsmann, Jakob", stotterte Scrooge zitternd, der jetzt begann, das Schicksal des Geistes auf sich selbst zu übertragen.

"Geschäft!" rief das Gespenst, seine Hände wieder ringend. "Der Mensch war mein Geschäft. Die allgemeine Wohlfahrt war mein Geschäft; Barmherzigkeit, Versöhnlichkeit und Liebe wären alles mein Geschäft gewesen. Der Fleiß in meinem Gewerbe aber war nur ein Tropfen Wasser in dem weiten Ozean meines wahren Geschäfts."

Er hielt seine Kette weit von sich weg, als ob dies die Ursache seines hoffnungslosen Schmerzes gewesen wäre, und warf sie wieder dröhnend nieder.

"In dieser Zeit des endenden Jahres", sagte das Gespenst, "leide ich am meisten. Warum ging ich mit zur Erde gesenkten Augen durch das Gedränge meiner Mitmenschen und hob meinen Blick nie zu dem gesegneten Stern empor, der die Weisen zur Wohnung der Armut führte? Gab es nicht arme Heime genug, wohin mich sein Licht hätte führen können?"

Scrooge war außer sich, das Gespenst so reden zu hören, und begann heftig zu zittern.

"Höre mich", rief der Geist. "Meine Zeit ist beinahe vorüber."

"Ich will hören", sagte Scrooge. "Aber verfahre glimpflich mit mir! Sei nicht zu hart, Jakob, ich bitte dich."

"Wie es möglich ist, daß ich in einer dir wahrnehmbaren Gestalt vor dich treten kann, weiß ich nicht. So manchen, manchen Tag habe ich unsichtbar neben dir gesessen."

Das war keine angenehme Vorstellung. Scrooge schauderte und wischte sich den Schweiß von der Stirn.

"Es ist kein leichter Teil meiner Buße", fuhr der Geist fort. "Heute nacht komme ich zu dir, um dich zu warnen, weil für dich noch eine Aussicht und Hoffnung besteht, meinem Schicksal zu entgehen. Eine Aussicht und eine Hoffnung, die du mir zu verdanken hast."

"Du bist immer ein guter Freund zu mir gewesen", sagte Scrooge. "Ich danke dir."

"Du wirst besucht werden", fuhr das Gespenst fort, "von drei Geistern." Bei diesen Worten wurde Scrooges Blick noch länger als der des Gespenstes.

"Ist das die Möglichkeit und die Hoffnung, die du erwähnt hast, Jakob?" fragte er mit bebender Stimme.

"Ja."

"Ich – ich sollte meinen, das wäre aber gerade keine Hoffnung", sagte Scrooge.

"Ohne ihr Kommen", entgegnete der Geist, "kannst du nicht hoffen, den Pfad zu vermeiden, den ich durchwandern muß. Erwarte den ersten am Morgen, wenn die Glocke eins schlägt."

"Könnte ich sie nicht alle auf einmal über mich ergehen lassen?" fragte Scrooge.

"Erwarte den zweiten in der nächsten Nacht um dieselbe Stunde. Den dritten in der folgenden Nacht, wenn der letzte Schlag zwölf verklungen ist. Sieh mich an, denn du erblickst mich nicht wieder; und sieh mich an, daß du dich um deiner Rettung willen an das erinnerst, was zwischen uns geschehen ist."

Als es diese Worte gesprochen hatte, hob sich das Gespenst das Tuch vom Tisch und band es sich wieder um den Kopf. Scrooge bemerkte dies durch das Knirschen der Zähne, als die Kiefern zusammenklappten. Er wagte es, die Augen aufzuheben, und sah seinen übernatürlichen Besuch vor sich stehen, die Augen noch starr auf ihn geheftet, und die Kette um den Leib und den Arm gewunden.

Die Erscheinung entfernte sich rückwärtsschreitend; und bei jedem Schritt öffnete sich das Fenster ein wenig, so daß es weit offen stand, als das Gespenst bei ihm ankam. Es winkte Scrooge, näherzukommen, was dieser befolgte. Als sie noch zwei Schritte voneinander entfernt waren, hob Marleys Geist die Hand empor und bedeutete ihm, daß er nicht näherkomme. Scrooge stand still.

Er tat dies minder aus Gehorsam als aus Überraschung und Furcht; denn als sich die gespenstische Hand erhob, hörte er wirre Klänge durch die Luft schwirren und zusammenhanglose Töne des Klagens und des Schmerzes unsagbar und reuig. Das Gespenst horchte ihnen eine Weile zu und stimmte darauf in das Klagelied ein. Dann schwebte es in die dunkle Nacht hinaus.

Scrooge trat an das Fenster, von Neugierde bis zur Verzweiflung getrieben. Er blickte hinaus.

Die Luft war mit Schemen angefüllt, die in ruheloser Hast klagend hin und wider schwebten. Jeder trug eine Kette, wie Marleys Geist. Einige waren zusammengeschmiedet (wahrscheinlich schuldige Minister), keines war ganz ohne Fesseln. Viele waren Scrooge während ihres Lebens bekannt gewesen. Ganz genau hatte er ein altes Gespenst in einer weißen Weste gekannt, das einen ungeheuren eisernen Geldkasten hinter sich herschleppte und jämmerlich schrie, weil er einem armen, alten Weibe mit einem Kinde nicht helfen konnte, das unten auf einer Türschwelle kauerte. Man sah es deutlich, ihre Pein bestand darin, sich umsonst danach zu sehnen, menschliche Not zu lindern, und die Macht dazu für immer verloren zu haben.

Ob diese Geschöpfe in dem Nebel zergingen oder ob der Nebel sie verhüllte, konnte Scrooge nicht sagen. Aber sie und ihre Geisterstimmen vergingen zu gleicher Zeit, und die Nacht wurde wieder so, wie sie war, als er nach Hause ging.

Scrooge schloß das Fenster und prüfte die Tür, durch die das Gespenst hereingekommen war. Sie war noch verschlossen und verriegelt wie vorher. Er versuchte zu sagen: Unsinn, stockte aber bei der ersten Silbe. Da er von der Erregung oder von den Anstrengungen des Tages oder von seiner Schau in die unsichtbare Welt oder der bedrückenden Unterhaltung mit dem Gespenst oder der späten Stunde sehr erschöpft war, ging er sogleich zu Bett, ohne sich auszuziehen, und sank bald in Schlaf.

## Zweites Kapitel.
### Der erste der drei Geister.

Als Scrooge erwachte, war es so finster, daß er kaum das das Außenlicht hindurchlassende Fenster von den Wänden seines Zimmers unterscheiden konnte. Er bemühte sich, die Finsternis mit seinen Luchsaugen zu durchdringen, als die Glocke eines Turmes in der Nachbarschaft zu läuten begann. Er horchte auf die Zeit der Stunde. Zu seinem großen Erstaunen ging der Schlag der Glocke von sechs zu sieben, und von sieben zu acht und so weiter bis zwölf; dann stoppte sie.

Zwölf! Es war nach zwei Uhr gewesen, als er sich zu Bett gelegt hatte. Die Uhr ging wohl falsch. Ein Eiszapfen mußte in das Werk geraten sein. Zwölf!

Er drückte auf die Feder seiner Repetieruhr, um die irre Glocke in Ordnung zu bringen. Ihr kleiner schneller Puls schlug zwölf und schwieg.

"Was! es ist doch nicht möglich", sagte Scrooge, "daß ich den ganzen Tag und bis in die andere Nacht geschlafen haben sollte? Es ist doch nicht möglich, daß der Sonne etwas zugestoßen ist und daß es mittags zwölf Uhr ist."

Die Vorstellung alarmierte ihn. Er stieg aus dem Bett und tappte ans Fenster. Er mußte das Eis erst wegschaben und das Fenster mit dem Ärmel seines Schlafrockes abwischen, ehe er etwas sehen konnte. Aber auch danach konnte er nur wenig sehen. Alles, was er wahrnehmen konnte, war, daß es noch sehr neblig und sehr kalt war, und daß man nicht das Lärmen hin und her eilender Leute hörte, das doch gewiß vorhanden gewesen wäre, wenn die Nacht den lichten Tag vertrieben und die Welt beschlagnahmt hätte. Das war ein großer Trost, weil "drei Tage nach Sicht begleichen Sie diesen Primawechsel an Mr. Ebenezer Scrooge oder dessen Order usw." lediglich Vereinigte Staaten-Sicherheit gewesen wäre, wenn keine Tage mehr zu zählen waren.

Scrooge legte sich wieder nieder und dachte nach, konnte aber zu keinem Resultat kommen. Je mehr er nachdachte, desto wirrer wurde er; und je mehr er sich bestrebte, nicht nachzudenken, desto mehr dachte er nach. Marleys Geist beunruhigte ihn viel. Jedesmal, wenn er nach reiflicher Überlegung zu der festen Überzeugung gelangt war, daß alles nur ein Traum gewesen, schnellte sein Geist wie eine starke vom Druck befreite Feder wieder in die alte Lage zurück und wiederholte ihm die Frage, die er schon zehnmal durchgrübelt hatte: War es ein Traum oder nicht?

Scrooge lag in diesem Zustande, bis es drei Viertel schlug. Da besann er sich plötzlich, daß der Geist ihm eine Erscheinung mit Schlag eins versprochen hatte. So nahm er sich vor, wachzubleiben, bis die Stunde vorüber sei; und wenn man bedenkt, daß er ebensowenig einschlafen wie in den Himmel eingehen konnte, war dies wahrscheinlich der klügste Entschluß, den er zu fassen vermochte.

Die Viertelstunde war so lang, daß es ihm mehr als einmal dünkte, er müßte unversehens in Schlaf gesunken sein und die Uhr überhört haben. Schließlich vernahm sein lauschendes Ohr die Glocke.

"Ding, dong!"

"Ein Viertel", sagte Scrooge zählend.

"Ding, dong!"

"Halb", sagte Scrooge.

"Ding, dong!"

"Drei Viertel", sagte Scrooge,

"Ding, dong!"

"Voll!" rief Scrooge freudig, "und nichts weiter!"

Er sprach's, bevor die Stundenglocke schlug, was sie jetzt mit einem tiefen, dunklen, hohlen, melancholischen Eins tat.

Licht ergoß sich augenblicklich in den Raum, und die Vorhänge seines Bettes wurden aufgezogen.

Die Vorhänge seines Bettes wurden, ich sage es euch, von einer Hand fortgezogen, nicht die Vorhänge vor seinen Füßen, nicht die Vorhänge hinter seinem Rücken, sondern die Vorhänge, nach denen sich sein Gesicht wandte, wurden fortgezogen; und Scrooge blickte, sich zu einer halb liegenden Stellung aufrichtend, dem unirdischen Besucher, der sie geöffnet hatte, ins Antlitz. So dicht stand er ihm gegenüber, wie ich jetzt im Geiste neben euch stehe.

Es war eine merkwürdige Gestalt, gleich einem Kinde; aber doch eigentlich nicht gleich einem Kinde, sondern eher wie ein alter Mann, der durch ein wunderbares Medium gesehen ward, und so zu den Größenverhältnissen eines Kindes vermindert war. Sein Haar, das in langen Locken über seine Schultern wallte, war weiß, wie vom Alter. Aber das Gesicht hatte keine einzige Falte, und um das Kinn bemerkte man den zartesten Flaum. Die Arme waren lang und kräftig; ebenso die

Hände, als ruhe eine ungeheure Kraft in ihnen. Seine zart und fein geformten Füße waren wie die Arme bloß. Der Geist trug eine Tunika vom reinsten Weiß, und um seinen Körper schlang sich ein Gürtel von wunderbarem Schimmer. Er hielt einen frisch-grünen Stechpalmenzweig in der Hand. Aber in seltsamem Widerspruch mit diesem Zeichen des Winters war sein Gewand mit Sommerblumen geschmückt. Das Wunderbarste aber war, daß aus der Krone auf seinem Haupte ein heller Lichtstrahl emporschoß, der alles rings erhellte, und der gewiß der Grund war, daß der Geist in weniger guter Stimmung einen großen Lichtauslöscher, den er jetzt unter dem Arme trug, als Kappe aufstülpte.

Aber eben das war noch nicht seine sonderbarste Eigenschaft. Denn wie der Gürtel des Geistes bald an dieser Stelle glänzte und funkelte und bald an jener, und wie das, was im Augenblick hell gewesen war, dunkel wurde, so verwandelte sich auch die Gestalt selbst auf unerklärliche Art. Bald war es ein Wesen mit einem Arm, bald mit einem Bein, bald mit zwanzig Beinen, bald mit nur zwei Füßen ohne Kopf, bald ein Kopf ohne Körper. Wenn einer dieser Teile verschwand, blieb keine Spur von ihm in dem dichten Dunkel zurück, das ihn umfing. Und das größte Wunder dabei war, daß die Gestalt immer die gleiche blieb.

"Seid Ihr der Geist, dessen Erscheinung mir verkündet wurde?" fragte Scrooge.

"Ich bin es."

Die Stimme war sanft und wohlklingend und so leise, als erklinge sie nicht dicht neben ihm, sondern aus einiger Ferne.

"Wer und was seid Ihr?" forschte Scrooge.

"Ich bin der Geist der vergangenen Weihnachten."

"Der lange vergangenen?" fragte Scrooge, die zwerghafte Gestalt in Rechnung ziehend.

"Nein, deiner vergangenen."

Vielleicht hätte Scrooge nicht sagen können, warum, wenn ihn jemand gefragt hätte; aber er hegte den besonderen Wunsch, den Geist in seiner Kappe zu sehen; und er bat ihn, sich zu bedecken.

"Was?" rief der Geist, "willst du so bald mit unfrommer Hand das Licht, das ich schenke, auslöschen? Ist es nicht genug, daß du einer von jenen bist, deren Leidenschaften diese Kappe hervorgebracht haben, und die mich zwingen, sie oft auf Jahre tief ins Gesicht zu ziehen?"

Scrooge widerrief demütig jede Absicht, daß er ihn habe etwa beleidigen wollen. Er versicherte hoch und teuer, nicht zu wissen, daß er je im Leben dem Geiste Ursache gegeben habe, sich zu bedecken. Dann war er so kühn zu fragen, welche Angelegenheit ihn hierher führe.

"Dein Heil!" sagte der Geist.

Scrooge versicherte ihm sehr seinen Dank, konnte sich aber nicht helfen als in den Gedanken, daß eine ungestörte Nachtruhe ihm mehr genützt haben würde. Der Geist mußte seine Gedanken durchschaut haben; denn er sagte alsbald: "Deine Besserung also. Nimm dich in acht!"

Er streckte bei diesen Worten seine starke Hand und ergriff sanft seinen Arm.

"Steh auf und komm mit!"

Umsonst würde Scrooge eingewendet haben, Wetter und Stunde seien zum Spazierengehen nicht sonderlich geeignet; das Bett sei warm und das Thermometer stände beträchtlich unter Null; er habe nur Pantoffel, Schlafrock und Nachtmütze und leide überdies an Schnupfen. Dem Griffe, wie von Frauenhand, war nicht zu widerstehen. Scrooge erhob sich; aber als er sah, daß der Geist dem Fenster zuschwebte, faßte er ihn flehend beim Gewande.

"Ich bin sterblich", sagte Scrooge, "und würde stürzen, möchte ich noch so behutsam sein."

"Laß dich nur von meiner Hand berühren", sagte der Geist, indem er ihm die Hand auf das Herz legte, "und du wirst größere Gefahren überstehen, als eine solche."

Als er diese Worte gesprochen hatte, verschwanden sie beide durch die Wände und standen plötzlich im Freien auf der Landstraße, rings von Fluren umgeben. Die Stadt war ganz versunken. Keine Spur war mehr davon übrig. Die Finsternis und der Nebel waren mit ihr verschwunden, denn es war jetzt ein klarer, kalter Wintertag, und der Boden von weißem, reinem Schnee bedeckt.

"Guter Himmel!" rief Scrooge, die Hände faltend, als er um sich blickte, "hier wurde ich geboren. Hier lebte ich als Knabe."

Der Geist sah ihn mit lindem Blicke an. Seine sanfte Berührung, obwohl sie nur leise und kurz gewesen war, klang immer noch in dem Herzen des alten Mannes nach. Er war sich tausenderlei Düfte in der Luft bewußt, deren ein jeder einzelne mit tausend Gedanken, Hoffnungen, Freuden und Sorgen verbunden war, die lange vergessen waren.

"Deine Lippe zittert", sagte der Geist. "Und was ist denn das hier auf deiner Wange?"

Scrooge stammelte mit einem ungewöhnlichen Stocken in der Stimme, es sei ein Bläschen, und bat den Geist, ihn zu geleiten, wohin er wolle.

"Erinnerst du dich des Weges?" fragte der Geist.

"Ob ich mich seiner erinnere?" rief Scrooge mit Feuer, "ich könnte ihn mit verbundenen Augen finden."

"Merkwürdig, daß du ihn so viele Jahre lang vergessen hast", sagte der Geist. "Komm!"

Sie schritten den Weg entlang. Scrooge erkannte jedes Gatter, jeden Pfosten, jeden Baum wieder, bis ein kleiner Marktflecken in der Ferne mit seiner Kirche, seiner Brücke und dem sich windenden Fluß erschien. Nun erblickten sie einige zottige Ponies auf sich zutraben, mit Jungens auf ihren Rücken, die wieder anderen Jungens in ländlichen Wagen und Gefährten, getrieben von Farmern, laut zuriefen. Alle diese Jungens waren sehr vergnügt und laut, bis die weiten Felder so voll heiterer Musik waren, daß die kalte, sonnige Luft selbst mitzulachen schien.

"Dies sind bloß Schatten der Wesen, die gewesen sind", sagte der Geist, "sie wissen nichts von uns."

Die fröhlichen Reisenden kamen näher, und jetzt erkannte Scrooge sie alle und konnte sie alle bei Namen nennen. Wie war er erfreut über alle Begriffe, sie zu sehen! Wie leuchtete sein trockenkaltes Auge feucht auf! Wie jubelte sein Herz, als sie vorübereilten. Wie ward er von Frohsinn erfüllt, als sie an den Kreuzwegen voneinander schieden und sich fröhliche Weihnachten wünschten! Was waren fröhliche Weihnachten für Scrooge?

Zum Kuckuck mit fröhlichen Weihnachten! Was hatte er schon Gutes davon gehabt?

"Die Schule ist noch nicht ganz verlassen", sagte der Geist. "Ein einsames Kind, von seinen Freunden verlassen, sitzt noch einsam dort."

Scrooge sagte, er wisse es. Und er weinte.

Sie verließen jetzt die Chaussee auf einem wohlbekannten Feldweg und erreichten bald ein Haus aus dunkelroten Ziegeln, mit einer kleinen Kuppel auf dem Dache und darin eine Glocke. Es war ein großes Haus, aber jetzt nur Zeuge verflossenen Reichtums, denn die geräumigen Gemächer waren wenig benutzt, die Wände feucht und modrig, die Fenster zerbrochen, die Gitter zerfallen. Hühner gackerten und scharrten in den Ställen; und die Schuppen und Tennen waren mit Gras überwachsen. Auch im Innern war nichts von seinem alten Glanz übriggeblieben; denn als sie in den verödeten Hausflur traten und durch die offenen Türen in die vielen Zimmer blickten, gewahrten sie nur ärmlich ausgestattete, kalte, öde Räume. Ein modriger Geruch erfüllte die Luft, eine frostige Unfreundlichkeit schien über dem Ort zu lagern, der an Frühaufstehen bei Kerzenlicht und an Schmalhans als Küchenmeister erinnerte.

Sie schritten, der Geist und Scrooge, über den modrigen Hausflur zu einer Tür in der Rückfront des Hauses. Sie öffnete sich vor ihnen und zeigte ihnen einen langen, kahlen, trostlosen Saal, noch kahler und trostloser gemacht durch die Reihen von einfachen hölzernen Bänken.

Auf einer der Bänke saß ein einsamer Knabe neben einem schwachen Feuer und las; und Scrooge setzte sich auf eine Bank nieder und weinte, sein eigenes, vergessenes Ebenbild, wie es in früheren Jahren war, wiederzusehen.

Kein schwaches Echo in dem Hause, kein Rascheln der Mäuse hinter der Täfelung, kein Getröpfel der halbgefrorenen Wasserröhre in dem Hofe rückwärts, kein Seufzer in den blattlosen Zweigen einer verlassen trauernden Pappel, nicht das Klappen der vom Winde hin und her bewegten Tür der leeren Vorratsräume, selbst nicht das Knistern des Feuers waren für Scrooge verloren. Alles traf sein Herz mit rührenden Klängen und löste seine Tränen.

Der Geist berührte seinen Arm und deutete auf sein jüngeres, in ein Buch vertieftes Selbst. Überraschend stand auf einmal ein Mann in fremdartiger Kleidung da, wunderlich und seltsam anzusehen, mit einer Axt im Gürtel, der einen mit Holz beladenen Esel am Zaume führte.

"Wie! das ist ja Ali Baba!" rief Scrooge voller Freude aus. "Es ist der liebe, alte, brave Ali Baba. Ja, ja, ich weiß noch. Einst zu Weihnachten, als jener verlassene Knabe hier ganz allein saß, kam er zum erstenmal, gerade wie jetzt. Der arme Junge! Und Valentin", fuhr Scrooge fort, "und sein wilder Bruder Orson, da gehen sie. Und wie hieß doch jener, der, während er schlief, vor das Tor von Damaskus gesetzt wurde? Siehst du ihn nicht! Und der Stallmeister des Sultans, der von den Genien auf den Kopf gestellt wurde, dort ist er! Geschieht ihm recht! Warum mußte er auch die Prinzessin heiraten!"

Scrooge mit allem Ernst und mit einer sonderbaren Stimme zwischen Lachen und Weinen über solche Gegenstände reden zu hören und sein vor Freude erregtes Gesicht zu sehen, wäre für seine Geschäftsfreunde in der City in der Tat eine große Überraschung gewesen.

"Da ist auch der Papagei", rief Scrooge, "mit grünem Leib und gelbem Schweif, da ist er! Oben auf dem Kopf wächst wie ein Gemüsebüschelchen ein Etwas heraus. ›Robinson Crusoe!‹ rief der Papagei ihm zu, als jener wieder von seiner Umsegelung der Insel nach Hause kam, ›Robinson Crusoe, wo bist du gewesen?‹ Er glaubte, er träume; aber es war der Papagei. Ha, dort läuft Freitag nach der kleinen Landenge, um sein Leben zu retten. Hallo, hopp, hallo!"

Dann sagte er mit einem schnellen Wechsel der Gefühle, der seinem sonstigen Charakter sehr fremd war: "Der arme Knabe!" und er weinte von neuem.

"Ich wollte", murmelte Scrooge, die Hand in die Tasche steckend und um sich blickend, nachdem er sich mit dem Rockaufschlag die Augen gerieben hatte, "aber es ist zu spät jetzt."

"Was willst du?" fragte der Geist.

"Nichts", sagte Scrooge, "nichts. Gestern abend sang vor meiner Tür ein Knabe ein Weihnachtslied. Ich wünschte, ich hätte ihm etwas gegeben; das ist alles."

Der Geist lächelte bedächtig, winkte mit der Hand und sagte dann: "Laß uns ein anderes Weihnachten sehen."

Scrooges früheres Selbst wuchs bei diesen Worten, und das Zimmer wurde etwas dunkler und verschmutzter. Die Täfelung warf sich, die Fensterscheiben sprangen; Stücke Kalkbewurf fielen von der Decke und das nackte Bretterwerk zeigte sich; aber wie das alles geschah, wußte Scrooge ebensowenig wie ihr. Er wußte nur, alles erfolge ganz gehörig, er sei es wieder, der dort allein sitze, während die anderen Knaben nach Hause gereist waren zur fröhlichen Weihnachtsfeier.

Er las nicht, sondern ging in Verzweiflung und Düsternis im Zimmer auf und ab. Scrooge blickte den Geist an und schaute mit einem traurigen Kopfschütteln ängstlich nach der Tür.

Sie ging auf, und ein kleines Mädchen, viel jünger als der Knabe, sprang herein, schlang die Arme um seinen Nacken, küßte ihn und begrüßte ihn als ihren "lieben, lieben Bruder."

"Ich komme, um dich nach Hause zu holen, lieber Bruder!" sagte das Kind, fröhlich in die Hände klatschend. "Dich nach Hause zu holen, nach Hause!"

"Nach Hause, liebe Fanny?" fragte der Knabe.

"Gewiß!" antwortete die Kleine, in überströmender Fröhlichkeit. "Nach Hause und für immer. Der Vater ist soviel freundlicher als sonst, daß es bei uns wie im Himmel zugeht. Er sprach eines Abends, als ich zu Bett ging, so freundlich mit mir, daß ich mir den Mut nahm und ihn noch einmal fragte, ob du nicht nach Hause kommen dürftest. Er sagte ja und sendet mich im Wagen her, um dich zu holen. Und du sollst jetzt dein eigner Herr sein", sagte das Kind, und blickte ihn bewundernd an, "und nicht mehr hierher zurückreisen. Aber erst sollen wir alle zusammen das Weihnachtsfest feiern und die fröhlichste Feier in der ganzen Welt haben."

"Du bist ja eine richtige Dame geworden, kleine Fanny!" rief der Knabe aus.

Sie klatschte in die Hände, lachte und versuchte, bis an seinen Kopf zu reichen; aber da sie zu klein war, lachte sie wieder und stellte sich auf die Zehen, um ihn zu umarmen. Dann zog sie ihn in kindlicher Ungeduld nach der Tür, und er begleitete sie mit leichtem Herzen.

Eine schreckliche Stimme in dem Hausflur rief: "Bringt Master Scrooges Koffer herunter!" Und in dem Hausflur erschien der Schullehrer selbst, der Master Scrooge mit erschreckender Herablassung musterte und ihn in große Angst versetzte, als er ihm die Hand drückte. Dann geleitete er ihn und seine Schwester in das Innere eines unfreundlichen, feuchtkalten Sprechzimmers, wo die Landkarten an den Wänden und in den Fenstern vor Kälte glänzten. Hier brachte er einen Krug merkwürdig leichten Wein und ein Stück merkwürdig schweren Kuchen herbei und bewirtete das Jungvolk schonend sparsam mit diesen auserlesenen Leckerbissen. Zugleich schickte er eine hungrig aussehende Magd hinaus, um dem Post-Boy ein Schlückchen anzubieten, wofür dieser aber mit der Bemerkung dankte, wenn es von demselben Faß wie das vorige sei, möchte er lieber nicht davon probieren. Während dieser Zeit war Master Scrooges Koffer auf dem Wagen befestigt worden, und die Kinder nahmen ohne Bedauern von dem Schulmeister Abschied, setzten sich in die Kutsche und fuhren so schnell zum Garten hinaus, daß der Reif und der Schnee von den dunklen Blättern des Immergrüns wie Puder stoben.

"Sie war immer ein zartes Wesen, das ein Hauch hätte vernichten können", sagte der Geist. "Aber sie hatte ein liebreiches Herz."

"Ja, das hatte sie", rief Scrooge. "Ich will nicht widersprechen, Geist. Gott behüte! nein."

"Sie starb verheiratet", sagte der Geist, "und hatte Kinder, glaube ich."

"Eines nur", antwortete Scrooge.

"Ja", sagte der Geist. "Dein Neffe."

Scrooge schien unruhig in seinem Gemüt zu werden und er antwortete kurz: "Ja".

Obgleich sie die Schule nur einen Augenblick hinter sich gelassen hatten, befanden sie sich doch jetzt mitten in den lebendigsten Straßen der Stadt, wo schattenhafte Fußgänger hin und her eilten, wo gespenstische Wagen und Kutschen um den Weg kämpften, und wo alles Gedränge und aller Lärm einer wirklichen Stadt war. An dem Schmuck der Läden erkannte man deutlich, daß auch hier Weihnachten sei; aber es war Abend, und die Straßenlaternen waren angezündet.

Der Geist blieb vor einer Geschäftstür stehen und fragte Scrooge, ob er sie kenne.

"Ob ich sie kenne?" meinte Scrooge. "Habe ich hier nicht gelernt?"

Sie gingen hinein. Beim Anblick eines alten Herrn mit einer französischen Perücke, der hinter einem so hochragendem Pulte saß, daß er mit dem Kopfe hätte an die Decke stoßen müssen, wenn er zwei Zoll größer gewesen wäre, rief Scrooge in großer Munterkeit: "Ach, das ist ja der alte Fezziwig; bei Gott, es ist Fezziwig, wie er leibt und lebt!"

Der alte Fezziwig legte seine Feder hin und sah nach der Uhr, deren Zeiger auf Sieben wies. Er rieb die Hände, zog seine umfangreiche Weste in Ordnung, lachte über und über, von den Fußspitzen zur wohlwollend klingenden Kehle, und rief mit einer komfortablen, voll und doch mild tönenden, heiteren Stimme: "Heissa dort! Ebenezer! Dick!"

Scrooges früheres Selbst, jetzt zu einem Jüngling geworden, trat dienstbeflissen herein, begleitet von seinem Mitlehrling.

"Dick Wilkins, wahrhaftig!" sagte Scrooge zu dem Geist. "Wahrhaftig, er ist es. Er war mir sehr verbunden, der Dick. Der arme Dick! Gott, Gott!"

"Heissa, Burschen", sagte Fezziwig. "Feierabend heute. Weihnachten, Dick! Weihnachten Ebenezer! Schluß machen", rief der alte Fezziwig, munter die Hände zusammenklatschend, "ehe einer sagen kann: Jack Robinson."

Schluß machen! Man hätte nicht glauben sollen, wie frisch die beiden Jungen Schluß machten. In einer Minute war's geschehen. Sie liefen mit den Fensterladen hinaus – eins, zwei drei – hatten sie sie eingehängt – vier, fünf, sechs – sie zugezogen und verriegelt – sieben, acht, neun – und kamen zurück, ehe man bis zwölf zählen konnte, außer Atem, wie Rennpferde.

"Heissa hallo!" rief der alte Fezziwig, mit wunderbarer Behendigkeit von seinem hohen Sessel herunterspringend, "räumt die Bude leer, Jungens, und schafft Platz! Hussaho, Dick! Hallo Ebenezer!"

Aufräumen! Sie würden alles weggeräumt haben und konnten alles wegräumen, während Fezziwig zuschaute. Im Handumdrehen war's getan. Alles was nicht niet- und nagelfest war, wurde in die Ecke geschoben, als wenn es für immer aus dem offiziellen Dasein verabschiedet sei; der Flur wurde gefegt und gesprengt, die Lampen geputzt, Kohlen auf das Feuer geschüttet! und der Geschäftsraum war so behaglich und warm und hell, wie ein Ballsaal, wie man ihn sich nur an einem Winterabend wünschen kann.

Jetzt trat ein Geiger mit einem Notenbuch herein und erkletterte Fezziwigs hohen Stuhl, um dort sein Orchester aufzuschlagen, und fiedelte dort für fünfzig. Dann trat Mrs. Fezziwig ein. Dann kamen die drei Misses Fezziwig, freudeglänzend und liebenswürdig. Dann nahten sich die sechs Jünglinge, deren Herzen sie knickten. Dann kamen die Burschen und Mädchen, die im Hause beschäftigt waren. Das Hausmädchen mit ihrem Vetter, dem Bäcker, die Köchin mit ihres Bruders vertrautem Freunde, dem Milchmann. Dann kam der Laufbursche von gegenüber, von dem man sagte, er habe bei seinem Herrn knappe Kost. Er versuchte, sich hinter dem Mädchen aus dem Nachbarhause zu verstecken, der man bewies, sie sei von ihrer Herrschaft ausgescholten worden. Sie kamen alle, einer nach dem andern; einige verlegen, andere keck, einige mit Geschick, andere blöderer Art, diese zerrend und jene stoßend. Dann ging es los, zwanzig Paare auf einmal, eine halbe Runde hin und zurück, dann die Mitte des Zimmers hinauf und wieder herab, dann in verschiedenen Kreisen sich drehend; das alte erste Paar blieb immer an der falschen Stelle stehen, das neue erste Paar fuhr immer wieder fort, wenn es stehenbleiben sollte. Schließlich standen alle Paare als erste da und kein einziges mehr als letztes. Als das Resultat erreicht war, klatschte der alte Fezziwig in die Hände, um den Tanz zu beenden, und rief "Bravo!" und der Geiger tauchte sein heißes Gesicht in einen Krug Porter, der besonders zu diesem Zwecke neben ihm stand. Aber kaum war er wieder daraus aufgetaucht, so fing er schon wieder an aufzuspielen, obgleich noch keine Tänzer wieder bereit waren. Es war, als wenn der eine Geiger erschöpft auf einer Bahre heimgetragen worden sei, und er ein ganz frisch importierter sei, entschlossen, ihn auszustechen oder zu vernichten.

Dann folgten noch mehrere Tänze und Pfänderspiele und wieder Tänze. Dann kam Kuchen und Negus und ein großes Stück kaltes Roastbeef, Fleischpasteten und Bier in Überfluß. Aber der Höhepunkt des Abends setzte ein nach dem Rindfleisch, als der Geiger (ein pfiffiger Kopf; er kannte sein Geschäft besser, als du, verehrter Leser, oder ich es ihn hätte lehren können) anhob "Sir Roger de Coverley" zu spielen. Da stellte sich der alte Fezziwig mit Mrs. Fezziwig an, und zwar als das erste Paar. Sie hatten allerhand zu leisten, drei- oder vierundzwanzig Paare tanzten mit, Leute, mit denen nicht zu spaßen war, Leute, die tanzen wollten und doch kaum richtig gehen konnten.

Aber wenn es doppelt, ja viermal soviel gewesen wären, hätte es der alte Fezziwig mit ihnen aufgenommen und auch Mrs. Fezziwig. Was sie betraf, so war sie im vollen Sinne des Wortes würdig, seine Tänzerin zu sein. Wenn das kein großes Lob ist, so nennt mir ein größeres, und ich will es verkünden. Fezziwigs Waden schienen wirklich zu leuchten. Sie glänzten bei jedem Teil des Tanzes wie ein Paar Monde. Ihr hättet zu keinem Augenblick voraussagen können, was aus ihnen im nächsten werden würde. Und als der alte Fezziwig und Mrs. Fezziwig sich in allen Touren des Tanzes produziert hatten: in Vorwärts und Rückwärts, im Hin- und Herschwenken, Kompliment und Verbeugung, Umeinandertanzen, Sich-um-sich-selbst-Drehen, Zurücktanzen zum Standquartier, sprang zum Schluß Fezziwig so herzhaft in die Lüfte, daß er mit den Beinen zu winken schien, und kam dann, ohne zu wanken, wieder auf die Füße.

Als die Glocke elf schlug, war dieser häusliche Ball zu Ende. Mrs. und Mr. Fezziwig stellten sich zu beiden Seiten der Tür auf, schüttelten jedem einzelnen der Gäste die Hand zum Abschied und wünschten ihm oder ihr fröhliche Weihnacht.

Als alle, außer den zwei Lehrlingen, fort waren, wünschten sie diesen das gleiche. So verging der vergnügliche Lärm, und die Burschen gingen in ihre Betten, die sich unter einem Ladentisch in der hintersten Niederlage befanden.

Während dieser ganzen Zeit hatte sich Scrooge wie närrisch gebärdet. Sein Herz und seine Seele waren bei dem Ball und seinem ehemaligen Selbst. Er erkannte alles wieder, erinnerte sich an alles, freute sich über alles und befand sich in der merkwürdigsten Aufregung. Nicht eher, als bis die fröhlichen Gesichter seines ehemaligen Selbst und Dicks verschwunden waren, fiel es ihm ein, daß der Geist neben ihm stehe und ihn betrachtete, indessen das Licht auf seinem Haupt in voller Klarheit brannte.

"Eine Bagatelle genügt", sagte der Geist, "um diese närrischen Leute so dankerfüllt zu machen."

"Eine Bagatelle", gab Scrooge zurück.

Der Geist gab ihm ein Zeichen, den beiden Lehrlingen zuzuhören, die ihr Herz in Lobpreisungen auf Fezziwig erleichterten; und als Scrooge das getan hatte, meinte der Geist: "Nun, ist es nicht so? Er hat nur ein paar Pfund Eures irdischen Geldes hingegeben; vielleicht drei oder vier. Macht das soviel aus, daß er deshalb Lob verdient?"

"Das ist's nicht", sagte Scrooge, durch diese Bemerkung gereizt, und wie sein früheres, nicht wie sein jetziges Selbst sprechend. "Das ist es nicht, Geist. Er hat die Macht, uns glücklich oder unglücklich, unsern Dienst zu einer Last oder zu einer Bürde, zu einer Freude oder zu einem dauernden Schmerz zu machen. Du kannst sagen, seine Macht liege in Worten und in Blicken, in so unbedeutenden und kleinen Dingen, daß es unmöglich ist, sie herzuzählen. Was schadet das? Das Glück, das er bereitet, ist so groß, als ob es sein ganzes Vermögen gekostet hätte.

Er fühlte des Geistes Blick und schwieg.

"Was ist los?" fragte der Geist.

"Nichts, nichts", sagte Scrooge.

"Etwas scheint doch nicht in Ordnung zu sein", drängte der Geist.

"Nein", sagte Scrooge, "nein. Ich möchte nur schnell ein paar Worte mit meinem Diener sprechen. Um weiteres handelt es sich nicht."

Sein früheres Selbst löschte die Lampen aus, als er diesen Wunsch aussprach, und Scrooge und der Geist befanden sich wieder im Freien.

"Meine Zeit geht zu Ende", sagte der Geist. "Schnell!"

Diese Aufforderung war nicht an Scrooge oder an jemand, den er sehen konnte, gerichtet; aber es wirkte sofort. Denn wieder sah Scrooge sich selbst. Er war jetzt älter geworden, ein Mann in der Blüte seiner Jahre. Sein Gesicht hatte nicht die schroffen, rauhen Züge wie später, aber es fing schon an, die Merkmale der Sorge und des Geizes zu tragen. In seinem Auge brannte ein unruhiges, habsüchtiges Feuer, das von der Leidenschaft zeugte, die darin einen Nährboden geschlagen hatte und zeigte, wohin der Schatten des wachsenden Baumes fallen würde.

Er war nicht allein, sondern saß neben einem schönen jungen Mädchen in Trauerkleidung. In ihrem Auge glänzten Tränen, die in dem Lichte schimmerten, das von dem Geist vergangener Weihnachten ausströmte.

"Es hat nichts zu sagen", versetzte sie sanft. "Für dich gewiß nicht. Ein anderes Götzenbild hat mich verdrängt; und wenn es dich in späterer Zeit trösten und aufrechterhalten kann, wie ich es versucht haben würde, so habe ich keine Ursache zu klagen."

"Welches Götzenbild hätte dich verdrängt?" fragte er.

"Ein goldenes."

"Das ist die Gerechtigkeit der Welt!" sagte er. "Gegen nichts ist sie so feindlich, wie gegen die Armut; und dennoch verdammt sie nichts mit größerer Strenge, als das Streben nach Reichtum."

"Du fürchtest das Urteil der Welt zu sehr", antwortete sie freundlich. "Alle deine andern Hoffnungen sind in der einen verschluckt von dem hoffenden Bemühen der Welt, äußerlich keinen Anlaß zum Tadel zu geben. Ich habe deine edleren Regungen eine nach der anderen verschwinden sehen, bis die eine Leidenschaft nach Gold dich ganz erfüllte. Ist es nicht so?"

"Und was weiter", antwortete er. "Selbst wenn ich soviel klüger geworden bin, was weiter? Gegen dich bin ich doch unverändert."

Sie schüttelte ihr Haupt.

"Bin ich anders?"

"Unser Verlöbnis ist von ehedem. Es wurde geschlossen, als wir beide arm und bei alledem zufrieden waren, bis wir unser Los durch beharrlichen Fleiß verbessern könnten. Du bist ein anderer geworden. Als wir uns verlobten, warst du ein anderer Mensch."

"Ich war ein Knabe", sagte er ungeduldig.

"Dein eigenes Gefühl sagt dir, daß du nicht so warst, wie du jetzt bist", antwortete sie. "Ich bin noch immer die gleiche. Das, was uns das Glück versprach, als wir noch eins im Herzen waren, bedeutet uns Kummer und Unglück jetzt, wo wir im Geiste nicht mehr eins sind. Wie oft und wie bitter ich das gefühlt habe, will ich nicht sagen; es ist genug, daß ich es gefühlt habe, und daß ich dich deiner Verpflichtung entbinden kann."

"Habe ich meiner Verpflichtung untreu zu werden versucht?"

"In Worten? Nein. Niemals!"

"Worin dann?"

"Durch ein verändertes Wesen, durch eine andere Gesinnung, durch andere Lebenskreise, an die du dich anschlossest, und durch eine andere Hoffnung als auf sein großes menschlich-göttliches Ziel. In allem, was meiner Liebe in deinen Augen einigen Wert gab. Wenn alles Frühere zwischen uns nicht gewesen wäre", sagte das Mädchen, ihn mit sanftem, aber sicherm Blick ansehend, "sage mir, würdest du mich jetzt aufsuchen und um mich werben? Ach, nein!"

Er schien die Wahrheit dieser Voraussetzung wider Willen zuzugeben. Aber er versetzte mit Starrsinn: "Du glaubst es also nicht?"

"Ich wäre glücklich, wenn ich könnte", sagte sie. "Der Himmel weiß es! Wenn ich eine Wahrheit wie diese erkannt habe, weiß ich, wie stark und unwiderstehlich sie sein muß. Aber wenn du heute oder morgen oder gestern frei wärest, soll ich glauben, daß du ein armes Mädchen wählen würdest, du, der selbst in den vertrautesten Stunden alles nach dem Gewinn taxierst? Oder soll ich mich betören, daß selbst, wenn du für einen Augenblick deinem einzigen leitenden Grundtrieb untreu werden könntest, du sicher einst Enttäuschung und bitteres Bedauern fühlen würdest? Nein; und deswegen gebe ich dir dein Wort zurück. Aus vollem Herzen, um der Liebe willen zu dem, der du einst warst."

Es drängte ihn zu sprechen, aber mit abgewandtem Gesicht fuhr sie fort: "Vielleicht – der Gedanke an die Vergangenheit läßt es mich fast hoffen – wird es dich schmerzen. Eine kurze, sehr kurze Zeit, und du wirst dann die Erinnerung daran auslöschen, freudig wie die Gedanken eines unrentablen Traums, von dem zu erwachen es dich beglückte. Mögest du auf dem von dir gewählten Lebensweg glücklich werden!"

Sie verließ ihn, und so trennten sich ihre Wege.

"Geist", sagte Scrooge, "zeige mir nichts mehr, führe mich nach Hause. Warum erfreust du dich daran, mich zu quälen?"

"Noch ein Schatten", rief der Geist aus.

"Nein", bat Scrooge. "Nein! Ich möchte keinen mehr sehen. Zeige mir keinen mehr."

Aber der unnachsichtige Geist hielt ihn mit beiden Händen fest und zwang ihn zu betrachten, was jetzt erfolgte.

Sie waren nun an einem andern Ort, in einem Zimmer, das war nicht sehr groß oder schön, aber recht behaglich. Neben dem Kamin saß ein schönes junges Mädchen, so ähnlich jener, die Scrooge zuletzt gesehen hatte, daß er glaubte, es sei dieselbe, bis er sie, jetzt eine freundliche Dame, der Tochter gegenübersitzen sah. Der Lärm in dem Raum war wahrhaft tumultuarisch; denn es waren mehr Kinder darin, als Scrooge in seiner Aufregung zählen konnte; und hier führten sich nicht vierzig Kinder wie eins auf, sondern jedes Kind wie vierzig. Die Folge davon war ein unbeschreiblicher Lärm. Aber niemand schien sich darum zu kümmern; im Gegenteil, Mutter und Tochter lachten herzlich und freuten sich darüber. Die letztere, die sich bald in die Spiele mischte, wurde von den kleinen Schelmen gar arg umwirtschaftet. Was hätte ich darum gegeben, eines dieser Kinder zu sein, obwohl ich niemals so unartig gewesen wäre. Nein, nein! Ich hätte um alle Schätze der Welt diese Locken nicht zerdrückt und zerwühlt; und hätte es gegolten, mein Leben damit zu retten, so hätte ich diese lieben, kleinen Schuhe nicht abgezogen. Im Spiel ihre Taille zu messen, wie das verwegene junge Gemüse es tat, hätte ich nicht gewagt. Ich hätte geglaubt, mein Arm würde zur Strafe krumm und nie wieder gerade werden. Und doch, wie gern, ich gestehe es, hätte ich ihre Lippen berührt; wie gern hätte ich sie gefragt, damit sie sich geöffnet hätten. Wie gern hätte ich die Wimpern dieser gesenkten Augen betrachtet, ohne ein Erröten hervorzulocken; wie gern hätte ich dieses wallende Haar gelöst, von dem ein Zoll ein unbezahlbarer Schatz gewesen wäre. Kurz, wie gern hätte ich das kleinste Vorrecht eines Kindes gehabt, dabei aber Mann genug sein mögen, um dessen Wert zu erkennen.

Aber jetzt wurde ein Klopfen an der Tür vernehmlich, das einen so allgemeinen Sturm auf sie hin veranlaßte, daß das Mädchen mit lachendem Gesicht und verwirrter Kleidung in der Mitte eines frohen, lärmenden Haufens nach der Tür gedrängt wurde, dem Vater entgegen, der nach Hause kam, begleitet von einem Mann, der mit Weihnachtsgeschenken bepackt war. Aber nun das Gejubel und das Gedränge und der Sturm auf den wehrlosen Träger! Wie sie auf Stühlen an ihm emporkletterten, in seine Taschen lugten, die Papierpaketchen raubten, an seiner Halsbinde zupften, ihm auf den Rücken trommelten und an die Beine stießen – alles in unbändiger Freude! Dann diese Ausrufe der Bewunderung und des Vergnügens, mit denen der Inhalt jedes Päckchens begrüßt wurde! Der Schrecken bei der Überraschung dabei, daß das Wickelkind die Bratpfanne der Puppe in den Mund steckte, oder wohl gar das hölzerne Huhn samt der Schüssel verschluckt habe! Die große Befriedigung, wenn sie feststellten, daß es eine unbegründete Sorge gewesen! Welche Freude und welche Dankbarkeit und welches Beglücktsein! Das alles war über alle Begriffe. Es muß genügen, zu wissen, daß die Kinder samt ihrem Jubel endlich aus dem Zimmer kamen und zusammen eine Treppe hinaufgingen, wo sie zu Bett gebracht wurden.

Und als jetzt Scrooge aufmerksamer als früher sah, wie der Herr des Hauses, die Tochter liebkosend ihm zur Seite, sich mit ihr und ihrer Mutter an seinem eigenen Kamin niedersetzte; und wie er sich ausmalte, daß ein ebenso liebliches und vielversprechendes Wesen ihn hätte Vater nennen und gleichsam zu einem Frühling in dem öden Winter seines Lebens hätte werden können, da wurden seine Augen recht trübe.

"Bella", sagte der Mann, sich lächelnd zu seiner Frau wendend, "ich sah heute nachmittag einen alten Freund von dir."

"Wen denn?"

"Rate."

"Wie kann ich das? Doch, jetzt weiß ich", fügte sie sogleich hinzu, lachend, wie er lachte. "Mr. Scrooge."

"Ja, Mr. Scrooge. Ich ging an seinem Kontorfenster vorüber; und da kein Laden davor war, und Licht drin angezündet war, konnte ich ihn beinahe sehen. Sein Kompagnon liegt im Sterben, hörte ich, und er saß allein dort. Ganz allein in der Welt, glaube ich."

"Geist", sagte Scrooge mit bebender Stimme, "führe mich fort von hier!"

"Ich sagte dir, daß dieses Schatten gewesener Dinge seien", sagte der Geist. "Gib mir nicht die Schuld, daß sie so sind, wie sie sind."

"Führe mich weg", rief Scrooge. "Ich kann es nicht ertragen."

Er wandte sich an den Geist, und als er sah, daß er ihn mit einem Gesicht anblickte, in dem sich auf eine seltsame Weise einzelne Züge all der Gesichter zeigten, die er gesehen hatte, rang er mit ihm.

"Laß' mich, führ' mich fort. Umspenstere mich nicht länger."

In dem Kampfe, wenn das ein Kampf genannt werden kann, in dem der Geist ohne wahrnehmbaren Widerstand seinerseits durch Anstrengungen seines Gegners nicht gestört war, bemerkte Scrooge, daß das Licht auf seinem Haupte hoch und hell brannte. In einem dunklen Instinkt brachte er jenes Licht mit des Geistes Einfluß auf sich in Zusammenhang und ergriff den Lichtauslöscher und stülpte ihn auf des Geistes Haupt.

Der Geist sank darunter zusammen, so daß der Lichtauslöscher seine ganze Gestalt bedeckte; aber obgleich Scrooge ihn mit ganzer Kraft niederdrückte, konnte er das Licht nicht verbergen, das darunter hervorströmte und mit hellem Schimmer den Boden überflutete.

Er fühlte sich sehr erschöpft und von einer unwiderstehlichen Müdigkeit befallen, und er war sich bewußt, daß er in seinem eigenen Schlafzimmer war. Er gab dem Lichtauslöscher noch einen Druck zum Abschied und fand kaum Zeit, in das Bett zu wanken, als er auch schon in tiefen Schlaf sank.

## Drittes Kapitel.
## Der zweite der drei Geister.

Als Scrooge mitten in einem tüchtigen Geschnarch aufwachte, richtete er sich im Bett empor, um seine Gedanken zu sammeln. Diesmal brauchte ihm niemand erst zu sagen, daß die Glocke zum Schlage eins ausholen wollte. Er fühlte, daß er gerade zu der rechten Zeit und zu dem ausdrücklichen Zweck erwacht sei, um eine Unterredung mit dem zweiten an ihn durch Jakob Marleys Vermittlung abgesandten Boten zu führen. Aber bei dem Gedanken, welche von den Bettgardinen das neue Gespenst wohl zurückziehen würde, überlief es ihn kalt, und er schlug sie eigenhändig zurück. Dann legte er sich wieder nieder und beschloß, rund um das Bett scharfe Ausschau zu halten. Er wollte den Geist im Augenblick seiner Erscheinung anreden und wünschte nicht, überrascht und nervös gemacht zu werden.

Leute von freier und leichter Natur, die sich schmeicheln, es schon mit etwas aufnehmen zu können und immer auf dem Platze zu sein, betonen ihre weitreichenden Fähigkeiten dadurch, daß sie erklären, sie wären zu allem imstande, vom Brotessen bis zum Menschenverschlingen, zwischen welchen beiden Extremen ohne Zweifel ziemlich viel Gelegenheit zum Erweisen ihrer Kräfte liegt. Ohne gerade zu behaupten, daß Scrooge es soweit gebracht hätte, muß ich doch den Leser ersuchen, mir zu glauben, daß er auf eine recht stattliche Auswahl von Erscheinungen gefaßt war, und daß nichts von einem Säugling bis zu einem Rhinozeros ihn sehr in Erstaunen gesetzt haben würde.

Aber weil er auf alles gefaßt war, war er nicht vorbereitet, nichts zu sehen; und als die Glocke ein Uhr schlug und keine Gestalt erschien, überkam ihn ein heftiges Zittern. Fünf Minuten, zehn Minuten, eine Viertelstunde vergingen, aber es erfolgte nichts. All die Zeit über lag er auf seinem Bett, mitten in einer Flut rötlichen Lichts, das sich über ihn ergoß, als die Glocke die Stunde verkündete; und dies wirkte, weil es nur Licht war, viel beunruhigender als ein Dutzend Geister, denn er konnte unmöglich erraten, was dies bedeute oder was das heißen sollte. Ja, er fürchtete mitunter, er bilde in diesem Augenblick einen interessanten Fall von halluzinatorischem Eigenleuchten, ohne den Trost zu haben, dessen auch gewiß zu sein. Endlich jedoch begann er zu glauben, daß die Quelle jenes geisterhaften Lichts sich in dem anstoßenden Zimmer befinden möge, aus dem es bei näherem Nachsehen zu fluten schien. Als dieser Gedanke in ihm Platz genommen hatte, stand er leise auf und schlürfte in Pantoffeln nach der Tür.

Im gleichen Augenblick, da sich Scrooges Hand auf die Türklinke legte, rief ihn eine fremde Stimme beim Namen und befahl ihm einzutreten. Er gehorchte.

Es war sein eigenes Zimmer. Daran war nicht zu zweifeln. Aber eine überraschende Veränderung war damit vorgegangen. Wände und Decke waren ganz mit frischem Grün umkleidet, daß es aussah wie eine Laube, in der überall prächtige Beeren schimmerten. Die glänzenden steifen Blätter der Stechpalme, der Mistel und des Efeus spiegelten das Licht wider und sahen daher selbst aus wie lauter kleine Spiegel. Ein so gewaltiges Feuer loderte im Kamin, wie dieser fossile Überrest einer ehemaligen Feuerstätte ihn seit vielen, vielen Wintern nicht erfahren hatte. Auf dem Boden aber lagen um eine Art von Thron Truthähne, Gänse, Wildbret, große Braten, Spanferkel, lange Reihen von Würsten, Pasteten, Plumpuddings, Fäßchen voll Austern, leckere Kastanien, rotbäckige Äpfel, saftige Orangen, Birnen, ungeheure Christstollen und dampfende Punschbowlen aufgehäuft, die das Zimmer mit köstlichem Duft erfüllten. Auf diesem Throne aber saß behaglich und mit fröhlichem Antlitz ein Riese, ergötzlich anzuschauen. In der Hand hielt er eine brennende Fackel, fast wie ein Füllhorn gestaltet, hob sie hoch empor, um Scrooge damit zu beleuchten, als er scheu in das Zimmer blinzelte.

"Nur herein", rief der Geist. "Nur herein, Mann, und lerne mich kennen."

Scrooge trat schüchtern ein und neigte das Haupt vor dem Geist. Er war nicht mehr der hartherzige Scrooge, der er gewesen, aber obgleich des Geistes Augen hell und mild glänzten, hatte er doch keine Neigung, ihnen zu begegnen.

"Ich bin der Geist der diesmaligen Weihnacht", sagte die Gestalt. "Sieh mich an."

Scrooge gehorchte mit ehrfurchtsvollem Blick. Der Geist trug ein schlichtes, dunkelgrünes Gewand, mit weißem Pelz besetzt. Die mächtige Brust war entblößt, als verschmähe sie, sich künstlich zu verbergen. Auch die Füße waren nackt und schauten unter den weiten Falten des Gewandes hervor. Auf dem Kopf aber trug er nichts anderes als einen Stechpalmenkranz, in dem hier und da Eiszapfen glänzten. Seine dunkelbraunen Locken wallten lang und frei herab. Sein munteres Gesicht, sein glänzender Blick, seine fröhliche Stimme, sein ungezwungenes Benehmen, alles sprach von Offenheit und heiterm Sinn. Um die Hüften war er mit einer alten Degenscheide gegürtet; aber sie war von Rost zerfressen, und keine Klinge ruhte darin.

"Du hast meinesgleichen niemals vorher gesehen", rief der Geist.

"Niemals", entgegnete Scrooge.

"Hast du dich nie mit den jüngern Gliedern meiner Familie abgegeben, ich meine (denn ich bin sehr jung) meine ältern Brüder, die in den letzten Jahren geboren wurden?" fuhr die Erscheinung fort.

"Ich glaube nicht", sagte Scrooge. "Ich bedaure, es nicht getan zu haben. Hast du viele Brüder gehabt, Geist?"

"Mehr als achtzehnhundert", sagte dieser.

"Eine schrecklich große Familie für den, der für sie sorgen muß", murmelte Scrooge.

Der Geist der diesmaligen Weihnacht stand auf.

"Geist", sagte Scrooge unterwürfig, "führe mich, wohin du willst. Ich ging gestern nacht aus Zwang mit, und mir wurde eine Lehre gegeben, die jetzt wirksam ist. Heute bin ich bereit zu folgen, und wenn du mich etwas zu lehren hast, will ich darauf achten."

"Berühre mein Gewand."

Scrooge tat, wie ihm befohlen worden, und hielt sich fest.

Stechpalmen, Misteln, rote Beeren, Efeu, Truthähne, Puddings, Früchte und Punsch, alles verschwand im Augenblick. Auch das Zimmer verschwand, das Feuer, der rötliche Schein, die nächtliche Stunde, und sie standen in den Straßen der Stadt, am Morgen des Weihnachtstages, wo die Leute, da es sehr kalt war, eine rauhe, aber fröhliche und nicht ungefällige Musik machten, indem sie den Schnee von dem Straßenpflaster und den Dächern ihrer Häuser zusammenfegten. Dabei aber standen die Kinder und freuten sich und frohlockten, wenn die Schneelawinen von den Dächern herunterstürzten und in künstliche Schneestürme zerstoben.

Die Hausfronten schauten recht schwarz darein und die Fenster noch schwärzer, verglichen mit der glatten weißen Schneedecke auf den Dächern und dem gelben Schnee auf den Straßen. Dort war er von den schweren Rädern der Wagen und Karren in tiefe Furchen aufgepflügt; Furchen, die sich hundert- und aberhundertmal kreuzten, wo eine Nebenstraße ausging, und in dem dicken, gelben Schmutz und halbgefrorenen Wasser merkwürdige Rinnsale bildeten. Der Himmel war schwer, und selbst die kürzesten Straßen schienen sich in einem dicken Nebel zu verlieren, dessen schwerere Teile in einem rußigen Regen niederfielen, als ob alle Schornsteine von England auf einmal angezündet wären und jetzt nach Herzenslust brannten. Es war nichts Heiteres in der ganzen Umwelt; und doch lag etwas in der Luft, was die klarste Sommerluft und die hellste Sommersonne nicht hätte hervorrufen können. –

Denn die Leute, die den Schnee von den Dächern kehrten, waren lustig und voll Ausgelassenheit. Sie riefen einander von den Dächern zu und bewarfen einander dann und wann mit Schneebällen – ein gutmütigerer Pfeil als manches Wort – und lachten herzlich, wenn er traf, und nicht weniger herzlich, wenn er vorbeitraf.

Die Läden der Geflügelhändler waren noch halb geöffnet, und die der Obsthändler strahlten in hellem Glanze. Da sah man große, runde, dickbäuchige Kastanien körbeweise ausgeschüttet, gleich den Bäuchlein lustiger alter Herren, die an ihrer Haustür lehnten oder in apoplektischer Fülle sich auf der Straße trudelten. Da sah man braune, dickbäuchige, breitgedrückte spanische Zwiebeln, die in ihrer Rundheit spanischen Mönchen glichen, wie sie mutwillig den Mädchen winkten, die vorübergingen und verschämt nach dem Mistelzweige schielten. Da sah man Birnen und Äpfel in Pyramiden aufgeschichtet, Trauben, die der Kaufmann in freundlicher Berechnung recht augenfällig am Haken hängen ließ, damit den Vorübergehenden das Wasser kostenlos im Munde zusammenlaufe, Haufen von Lambertsnüssen, bemoost und braun, mit ihrem frischen Duft an vergangene Wanderungen im Wald durch das raschelnde, fußhohe welke Laub erinnernd! Norfolk-Biffins , fett und leuchtend, in ihrer Bräune von den goldgelben Orangen abstechend und herrlich einladend, daß man sie in Papiertüten nach Hause tragen und zum Nachtisch verspeisen möge. Ja, selbst die Gold- und Silberfische aus dem dick- und kaltblütigen Geschlecht, die in einem Glase mitten unter den auserlesenen Früchten standen, schienen zu wissen, daß etwas Besonderes los sei, und schwammen in ihrem Element gravitätisch und vornehm umher.

Und nun erst die Spezereigeschäfte! Fast geschlossen waren sie, vielleicht ein oder zwei Laden vorgezogen; aber welche Herrlichkeiten sah man durch diese Öffnungen! Nicht nur, daß die Wagschalen mit einem fröhlichen Klange auf dem Ladentisch auf und nieder schaukelten, oder daß der Bindfaden und seine Rolle so munter voneinander schieden, oder daß die Büchsen wie Würfelbecher blitzschnell hin und her fuhren, oder daß der vermischte Geruch von Kaffee und Tee der Nase so wohltuend war, die Rosinen so wunderschön, die Mandeln so weiß, die Zimtstengel so lang und gerade, die andern Gewürze so verlockend, die eingemachten Früchte so dick mit Zuckerglasur belegt waren, daß selbst der frostigste Zuschauer entzückt wurde; nicht nur, daß die Feigen so saftig und fleischig waren, oder daß die Reineclauden in bescheidener Koketterie aus ihren geschmückten Büchsen heraus erröteten, oder daß alles so gut zu essen oder so schön in seinem Weihnachtskleid war: das allein war es nicht ... Die Kaufenden waren auch alle so eifrig und eilig in der Vorfreude auf das Fest, daß sie in der Türe gegeneinander rannten, wie von Sinnen mit ihren geflochtenen Körben zusammenfuhren, ihre Einkäufe vergaßen und wieder zurückliefen, um noch nachzuholen, und tausend ähnliche Irrtümer in der bestmöglichen Laune begingen, während der Kaufmann und seine Leute so frisch und froh waren, daß die blinkenden Herzen , die ihre Schürzen hinten zusammenhielten, ihre eigenen hätten sein können, die offen zur Schau getragen wurden.

Aber bald riefen die Glocken das Volk nach den Kirchen und Kapellen; und in ihren besten Kleidern und mit ihren feiertäglichsten Gesichtern gingen die Leute durch die Straßen; und zur gleichen Zeit strömten aus den Nebenstraßen und Gäßchen und unzähligen Winkeln viele, viele Leute, die ihre Pasteten zu dem Bäcker trugen, um sie dort backen zu lassen. Der Anblick dieser nicht mit Glücksgütern gesegneten Lebenskünstler schien den Geist besonders zu interessieren; denn er blieb mit Scrooge in eines Bäckers Torweg stehen und nahm die Deckel von den Schüsseln ab, wenn die Träger vorübergingen, um den Inhalt mit Weihrauch aus seiner Fackel zu durchwehen. Es war eine ganz ungewöhnliche Art von Fackel; einige Male nämlich, als einige Leute zusammengerannt waren und heftige Worte fielen, schüttete der Geist einige Tropfen Tau aus seiner Fackel auf sie nieder, und ihre fröhliche Laune war augenblicklich wieder hergestellt; dann sagten sie, es sei eine Schande, sich am Weihnachtstage zu zanken. Und das war es auch! Bei Gott, das war es!

Allgemach verstummten die Glocken, und die Läden der Bäcker wurden geschlossen; und doch schwebte noch ein schattenhafter Hauch von allen diesen Mittagessen und dem Fortschritt ihrer Zubereitung in dem getauten, nassen

Fleck über jedem Ofen; und in diesem Ofen rauchten die Kacheln, als wenn die Steine selbst kochten.

"Ist ein besonderer Reiz in dem, was deine Fackel ausstreut?" fragte Scrooge.

"Ja, mein eigener."

"Und wirkt er auf jedes Mittagsmahl heute?" fragte Scrooge.

"Auf jedes, das gern gegeben wird. Auf das eines Armen am meisten."

"Warum auf das eines Armen am meisten?"

"Weil es desselben am meisten bedarf."

"Geist", sagte Scrooge nach kurzem Nachdenken, "mich wundert's, daß du allein von allen Wesen der mannigfachen Welten um uns wünschen solltest, diesen Leuten die Gelegenheit unschuldigen Vergnügens zu rauben."

"Ich?" rief der Geist.

"Du willst sie ja der Mittel berauben, jeden siebenten Tag zu Mittag zu essen, jener Tag, der doch oft der einzige Tag ist, an dem sie überhaupt zu Mittag essen können", sagte Scrooge. "Stimmt das nicht?"

"Ich?" rief der Geist.

"Verzeihe mir, wenn ich mich irre. Es ist in deinem Namen geschehen oder wenigstens in dem deiner Familie", sagte Scrooge.

"Es gibt Menschen auf eurer Erde", antwortete der Geist, "die uns zu kennen vorgeben und die ihre Taten des Stolzes, der Mißgunst, des Hasses, des Neides, der Heuchelei und der Selbstsucht in unserem Namen tun; die uns und unserem ganzen Geschlecht so fremd sind, als ob sie nie gelebt hätten. Bedenke das und rechne ihre Taten ihnen selbst zur Last, aber nicht uns."

Scrooge versprach dies, und sie drangen unsichtbar, wie bisher, weiter in die Vororte der Stadt ein. Es war eine bemerkenswerte Eigenschaft des Geistes (Scrooge hatte sie an ihm unter des Bäckers Torweg bemerkt), daß er, trotz seiner riesenhaften Erscheinung, doch überall leicht sich schicken konnte, und daß er unter einem niedrigen Dach ebenso anmutsvoll und wie ein übernatürliches Wesen dastand, wie in der hohen Halle.

Vielleicht war es das Vergnügen, das der gute Geist darin empfand, diese Macht zu zeigen, vielleicht auch sein warmherziges, freundliches Naturell und sein Mitgefühl für alle Armen, was ihn gerade zu Scrooges Clerk führte; denn er ging wirklich hin und nahm Scrooge mit, der sich an seinem Gewande festkrampfte. Auf der Schwelle stand der Geist lächelnd still und segnete Bob Cratchits Heim mit dem Feuer seiner Fackel. Denkt euch nur, Bob hatte nur fünfzehn "Bob" die Woche; er empfing als Lohn Sonnabends nur fünfzehn seiner Namensvettern, und doch segnete der Geist der diesmaligen Weihnacht seine Hütte, die nur vier Räume enthielt.

Da erhob sich also Mr. Cratchits Frau vor ihnen in einem ärmlichen, zweimal gewendeten Kleide, aber hübsch aufgeputzt mit Bändern, die billig sind, indessen für sechs Pence nett genug ausschauen. Sie stand im Zimmer und deckte den Tisch und ward dabei unterstützt von Belinda Cratchit, ihrer zweiten Tochter, die ebenso nett mit Bändern geschmückt war. Master Peter Cratchit aber stach und probierte mit der Gabel die Kartoffel in einer Schüssel. Die Spitzen seines ungeheuren Hemdkragens (Bobs Privateigentum, seinem Sohn und Erben zu Ehren des Festes geliehen) drangen ihm dabei in den Mund, und er war voll Stolz, so schön angezogen zu sein, und voll Verlangen, sein weißes Hemd in den vornehmen Parks zur Schau zu tragen. Jetzt kamen die beiden jüngsten Cratchits, ein Mädchen und ein Knabe, hereingesprungen und riefen, sie hätten an des Bäckers Tür den Duft der Gans gerochen und gewußt, daß es ihre eigene sei; und in üppig schwelgenden Gedanken an Salbei und Zwiebeln tanzten sie um den Tisch und erhoben Master Peter Cratchit bis zum Himmel, während er (nicht hochmütig, obgleich der Hemdkragen ihn fast erwürgte) das Feuer anblies, bis die Kartoffeln gegen die Topfdeckel aufwallten, auf daß man sie herausnehmen und schälen solle.

"Wo bleibt nur euer lieber Vater?" sagte Mrs. Cratchit. "Und dein Bruder Tiny Tim; und Martha war vorige Weihnachten eine halbe Stunde früher da."

"Hier ist Martha, Mutter", riefen die beiden kleinen Cratchits. "Hurra, es gibt *soo* eine Gans, Martha."

"Gott sei Dank, liebes Kind! Wie spät du kommst!" sagte Mrs. Cratchit und küßte sie ein dutzendmal. Dann nahm sie ihr mit geschäftigem Eifer Schal und Hut ab.

"Wir hatten gestern abend viel fertigzubringen", antwortete das Mädchen, "und mußten heute alles aufräumen, Mutter."

"Nun, es macht nichts, wenn du nur jetzt da bist", sagte Mrs. Cratchit, "setz dich zum Feuer, mein Kind, und wärme dich." –

"Nein, nein, da kommt der Vater", riefen die beiden kleinen Cratchits, die überall zugleich waren. "Versteck dich, Martha, versteck dich!"

Martha versteckte sich, und jetzt kam Bob herein, der Vater. Wenigstens drei Fuß, ohne die Fransen, hing der Schal auf seine Brust herab, und der abgetragene Anzug war geflickt und gebürstet, um ihn ansehnlich zu machen. Tiny Tim saß auf seiner Schulter. Der arme Tiny Tim! Er trug eine kleine Krücke und mußte seine Glieder durch eiserne Schienen stützen.

"Nun, wo ist unsere Martha?" rief Bob Cratchit, sich im Zimmer umblickend.

"Sie kommt nicht!" sagte Mrs. Cratchit.

"Sie kommt nicht?" fragte Bob, während seine frohe Stimme beträchtlich sank; denn er war den ganzen Weg von der Kirche Tims Vollblutrenner gewesen und im vollen Galopp nach Haus geeilt. "Sie kommt nicht zum Weihnachtsabend?"

Martha wollte ihm keinen Kummer bereiten, selbst wenn es nur aus Scherz geschah, und so eilte sie vorzeitig hinter der Kammertür hervor und schlang die Arme um seinen Hals, indessen die beiden kleinen Cratchits sich Tiny Tims bemächtigten und ihn nach dem Waschhause schleppten, damit er den Pudding im Kessel singen höre.

"Und wie hat sich der kleine Tim benommen?" fragte Mrs. Cratchit, als sie Bob wegen seiner Leichtgläubigkeit geneckt und Bob seine Tochter nach Herzenslust geherzt hatte.

"So gut wie Gold", sagte Bob, "und noch besser. Freilich, er wird, weil er immer mit sich allein gelassen ist, ganz grüblerisch und sinnt sich die seltsamsten Dinge aus. So sagte er, als wir nach Hause gingen, er hoffe, die Leute sähen ihn in der Kirche, daß er nämlich ein Krüppel sei, und das wäre vielleicht gut für sie, sich dann am Christtag an den zu erinnern, der Lahme gehend und Blinde sehend machte."

Bobs Stimme zitterte, als er dieses erzählte, und zitterte noch mehr, als er hinzufügte, daß Tiny Tim jetzt stärker und gesünder sich entwickele.

Seine kleine, behend gehandhabte Krücke ward auf dem Hausflur vernehmlich, und ehe ein Wort weiter gesprochen worden, kam Tim zurück und wurde von seinem Bruder und seiner Schwester nach seinem Stuhl am Kamin geführt. – Während jetzt Bob, seine Rockaufschläge aufschlagend – als ob es möglich wäre, sie noch mehr abzutragen –, in einer Bowle eine heiße Mischung aus Kognak und Zitrone zubereitete, sie umrührte und wieder ans Feuer stellte, damit sie warm bliebe, gingen Master Peter und die zwei überall dabei seienden kleinen Cratchits, um die Gans zu holen, mit der sie bald in majestätischer Prozession zurückkehrten. –

Ein solcher Freudenlärm erhob sich jetzt, als sei eine Gans der seltenste aller Vögel, ein gefiedertes Wunder, neben dem ein schwarzer Schwan etwas ganz Gewöhnliches ist; und wirklich war sie es auch in diesem Hause. Mrs. Cratchit wärmte die Bratensoße (sie war in einem Pfännchen vorbereitet) wieder auf; Master Peter schmorte die Kartoffeln mit unglaublichem Eifer; Miß Belinda süßte das Apfelmus; Martha wischte die gewärmten Teller ab; Bob aber trug Tiny Tim neben sich an eine gemütliche Ecke des Tisches. Die beiden kleinen Cratchits rückten die Stühle zurecht, wobei sie sich nicht vergaßen, und nahmen ihren Posten ein, den Löffel in den Mund steckend, damit sie nicht nach der Gans schrien, ehe die Reihe an sie kam. Endlich wurden die Gerichte aufgetragen und das Tischgebet gesprochen. Nun folgte eine atemlose Pause, als Mrs. Cratchit das Tranchiermesser gemächlich von der Spitze bis zum Heft prüfte und sich anschickte, es in die Brust des Gänsebratens zu stoßen; aber als sie es tat und die langersehnte Füllung hervorquoll, ertönte ein Murmeln des Entzückens um den ganzen Tisch, und selbst Tiny Tim, durch die beiden kleinen Cratchits mitgerissen, schlug mit dem Heft seines Messers auf den Tisch und rief mit dünner Stimme Hurra. –

Solch eine Gans hatte es noch nie gegeben. – Bob sagte, er könne nicht glauben, daß jemals eine solche Gans gebraten worden wäre. Ihre Zartheit und Leckerkeit, ihre Größe und ihre Billigkeit waren der Gegenstand allgemeiner Bewunderung. Mit Hilfe des Apfelmuses und der geschmorten Kartoffeln bildete sie ein hinreichendes Mahl für die ganze Familie; und als Mrs. Cratchit noch einen einzigen kleinen Knochen auf der Schüssel liegen sah, erklärte sie mit großer Freude, sie hätten noch nicht einmal alles aufgegessen. Aber jeder hatte genug, und die kleinen Cratchits waren bis zu den Augenbrauen voller Salbei und Zwiebeln. Jetzt wurden die Teller von Miß Belinda gewechselt, und Mrs. Cratchit verließ das Zimmer allein – denn sie war zu aufgeregt, um dabei Zeugen dulden zu können –, um den Pudding umzustürzen und zu servieren. –

Man denke sich bloß einmal, er wäre nicht recht durchgebacken! Man denke sich, er zerfiele beim Herausnehmen in Stücke! Man denke, jemand wäre über die Mauer des Hinterhauses geklettert und hätte ihn gestohlen, während sie sich an der Gans gütlich taten – ein Gedanke, bei dem die beiden kleinen Cratchits bleich vor Schrecken geworden wären. Alle möglichen schrecklichen Dinge malten sie sich aus.

Hallo, eine große Dampfwolke! Der Pudding war aus dem Kessel genommen. Ein Geruch wie an einem Waschtag! Das war die Serviette. Ein Geruch wie in einem Gasthof mit einem Pastetenbäcker als Nachbarn zur Linken und einer Waschfrau als Nachbarin zur Rechten. Das war der Pudding. Nach einer halben Minute trat Mrs. Cratchit herein außer Atem, aber erhaben lächelnd, und vor sich den Pudding, steif und fest wie eine gefleckte Kanonenkugel, in einem Viertelliter Rum flammend und in der Mitte mit der festlichen Stechpalme geschmückt. –

Oh, ein wundervoller Pudding! Bob Cratchit erklärte mit dem Brustton der Überzeugung, er halte dieses für das größte Kochkunststück, das Mrs. Cratchit seit ihrer Heirat vollbracht habe. Mrs. Cratchit sagte, jetzt, da die Last von ihrem Herzen sei, wolle sie nur gestehen, daß sie sehr in Zweifel gewesen sei, wieviel Mehl eigentlich dazu gehöre. Jeder hatte etwas darüber zu bemerken, aber keinem fiel der Gedanke ein, daß es überhaupt ein kleiner Pudding für eine so große Familie gewesen sei. Das wäre offenbare Ketzerei gewesen. Jeder Cratchit würde sich geschämt haben, so etwas nur zu glauben. –

Endlich war das Mahl beendet; der Tisch war abgedeckt, der Herd gefegt und das Feuer geschürt. Das Gebräu in der Bowle wurde gekostet und für vollendet erklärt, Äpfel und Apfelsinen kamen auf den Tisch und ein paar Hände voll Kastanien wurden auf das Feuer geschüttet. Dann setzte sich die ganze Familie Cratchit um den Kamin im Kreise, wie es Bob Cratchit nannte, obwohl es eigentlich nur ein Halbkreis war; Bob in der Mitte und neben ihm der Gläservorrat der Familie, zwei Bierseidel und ein Milchkännchen ohne Henkel.

Diese Gefäße aber hielten das dampfende Gebräu aus der Bowlenterrine so gut, als wenn es goldene Pokale gewesen wären, und Bob kredenzte es mit leuchtenden Blicken, während die Kastanien auf dem Feuer prudelten und platzten. Dann hielt Bob die Trinkrede: "Eine fröhliche Weihnacht für uns alle, meine Lieben! Gott segne uns!"

Die ganze Familie wiederholte den Wunsch.

"Gott segne uns alle und jeden!" sagte Tiny Tim als der letzte von allen.

Er saß dicht neben seinem Vater auf seinem kleinen Stuhl. Bob hielt seine kleine, magere Hand in der seinigen, als ob er das Kind liebe und wünsche, es an seiner Seite zu behalten, und fürchtete, es möchte ihm bald entrissen werden. –

"Geist", sagte Scrooge mit einer Teilnahme, wie er sie noch nie zuvor gefühlt hatte, "sag' mir, wird Tiny Tim am Leben bleiben?"

"Ich sehe einen leeren Stuhl", antwortete der Geist, "in der kümmerlichen Kaminecke und eine Krücke ohne einen Besitzer sorgfältig aufbewahrt. Wenn diese Schatten durch die Zukunft unverändert bleiben, wird das Kind sterben."

"Nein, nein", sagte Scrooge. "Ach nein, freundlicher Geist, sage, daß es verschont bleibt." –

"Wenn diese Schatten durch die Zukunft unverändert bleiben, wird kein Nachfolger aus meinem Geschlecht", antwortete der Geist, "das Kind noch hier finden. Was macht es auch? Wenn es sterben soll, ist es besser, es tut es gleich und verringert die überflüssige Bevölkerung." –

Scrooge senkte das Haupt, als er seine eigenen Worte von dem Geist vernahm, und es überfielen ihn Reue und Schmerz. –

"Mann", sagte der Geist, "wenn du ein Mensch in deinem Herzen bist und kein Diamant, dann nimm dich in acht vor solchen verfluchenswürdigen Reden, bis du erst entdeckt hast, was ›überflüssig‹ eigentlich besagen will und wo man es findet! Maßest du dir an zu entscheiden, welche Menschen leben, welche Menschen sterben sollen? Vielleicht bist du in den Augen des Himmels unwürdiger und ungeeigneter zu leben, als Millionen wie dieses armen Mannes Kind. O Gott, das Ungeziefer auf dem Blatt über die zu vielen Lebenden unter seinen hungrigen Brüdern im Staube sich aufhalten zu hören!"

Scrooge demütigte sich vor des Geistes Vorwurf und schlug die Augen nieder; aber er blickte rasch wieder auf, als er seinen Namen nennen hörte.

"Nun soll noch Mr. Scrooge leben!" sagte Bob, "Mr. Scrooge, dem wir im Grunde dieses Fest verdanken!"

"Dem wir dieses Fest verdanken? Ausgezeichnet!" rief Mrs. Cratchit und ward zornrot. "Ich wollte, ich hätte ihn hier. Ich wollte ihm eine Portion meiner Meinung zu kosten geben, und ich hoffe, er würde guten Appetit daran haben!"

"Meine Liebe!" sagte Bob, "die Kinder! – Es ist Weihnachten."

"Allerdings muß es Weihnachten sein", sagte sie, "wenn man auf das Wohl eines so hassenswerten, geizigen, harten und fühllosen Menschen, wie Scrooge ist, trinken kann. Und du kennst ihn, Robert, wie er ist; niemand weiß es besser als du, armer Kerl!"

"Liebe Frau", erwiderte Bob mild, "es ist Weihnachten."

"Nun meinethalben! Ich will auf seine Gesundheit trinken, dir und dem Fest zuliebe", sagte Mrs. Cratchit, "nicht um seinetwillen. Möge er lange leben! Ein fröhliches Weihnachten und ein glückliches neues Jahr! Ich zweifle nicht daran, daß er sehr fröhlich und sehr glücklich sein wird." Die Kinder schlossen sich mit ihrem Prosit an. Es war das erste, was sie heute abend ohne Herzlichkeit und Wärme hörten. Tiny Tim trank zuletzt, aber er war im Innern ganz unbeteiligt. Scrooge war der Schreckgeist der Familie. Die Erwähnung seines Namens warf einen dunklen Schatten über alle, und es dauerte fünf Minuten, bis er verschwunden war.

Als er vergangen, waren sie zehnmal lustiger als vorher, rein darum schon, weil sie Scrooge, den Grauenvollen, los waren.

Bob Cratchit erzählte, daß er sich nach einer Lehrstelle für Master Peter umgetan habe, die ihm ganze fünf und einen halben Schilling wöchentlich einbringen werde. Die beiden kleinen Cratchits lachten hell auf bei der Vorstellung, Peter als Geschäftsmann zu sehen; Peter selbst aber blickte gedankenvoll aus seinem Vatermörder hervor in das Feuer, als denke er nach, in welchen Devisen er wohl seine Ersparnisse anlegen solle, falls er in den Besitz dieser fabelhaften Summe käme. Martha, die bei einer Putzmacherin eine kärglich bezahlte Angestellte war, erzählte ihnen, was für Arbeit sie jetzt mache und wieviel Stunden sie hintereinander arbeiten müsse, und wie sie morgen früh einmal nach Herzenslust ausschlafen wolle; denn morgen hatte sie ja Feiertag. Auch erzählte sie, daß sie vor einigen Tagen eine Gräfin und einen Lord gesehen, und daß der Lord fast so groß wie Peter gewesen sei, bei welchen Worten Peter seinen Vatermörder so hoch in die Höhe zupfte, daß sein Kopf darin ertrank. Unterdessen gingen die Kastanien und der Punsch die Reihe um, und dazwischen sang Tiny Tim, der ein bescheiden-klägliches Stimmchen hatte, ein Lied von einem Kinde, das sich im Schnee verlaufen, aber er sang es in der Tat recht gut.

An alledem fiel nichts Besonderes auf. Es waren keine hübschen Gesichter in der Familie; sie waren nicht prächtig angezogen; ihre Schuhe waren alles andere als wasserdicht; ihre Kleider waren ärmlich, und Peter mochte recht wohl wissen, wie ein Pfandleihgeschäft von innen aussah. Aber sie waren glücklich, genügsam und dankbar für ihre bescheidenen Freuden, verträglich untereinander und zufrieden, und als ihre Gestalten vergingen und in dem scheidenden Licht der Fackel des Geistes noch glücklicher aussahen, haftete Scrooges Blick immer noch auf ihnen und vor allem auf Tiny Tim.

Inzwischen war es dunkel geworden, und es fiel starker Schnee in hellen Haufen.

Als Scrooge und der Geist durch die Straßen schritten, entzückte sie der Glanz der flammenden Feuer in Küchen, Wohnstuben und aller Art Zimmer über alle Maßen. Hier verkündete die flackernde Flamme die Vorbereitungen zu einem traulichen Mahl, die heißen Teller, die sich an dem Feuer durch und durch wärmten, und die dunkelroten Gardinen, die bereit waren, zugezogen zu werden, um Kälte und Finsternis fernzuhalten. Dort rannten alle Kinder des Hauses hinaus auf die beschneite Straße, ihren verheirateten Schwestern, Brüdern, Vettern, Basen, Onkeln und Tanten entgegen, um sie zuerst willkommen zu heißen. Hier zeigten sich an den Fenstern Schattenrisse der eingetroffenen Gäste und dort eine Gruppe hübscher Mädchen in Pelzkragen und Pelzstiefeln, alle zugleich plaudernd und mit leichten Schritten dem Nachbarhaus entgegentrippelnd. Wehe dem Hagestolz, der sie dort in jugendlicher Glut eintreten sah! Und die kleinen Spitzbübinnen wußten das recht gut.

Wenn man nach der Zahl der Leute hätte schließen wollen, die zu freundschaftlichen Einladungen eilten, hätte man glauben können, es sei niemand da, sie zu bewillkommnen. Aber jedes Haus erwartete Gäste und in jedem Kamin loderte das Feuer. Guter Himmel, wie sich der Geist freute! Wie er seine breite Brust entblößte und seine volle Hand öffnete, um freigebig seine heitere und harmlose Lust über alle in seinem Bereich auszustreuen! Selbst der Laternenanzünder, der durch die dunklen Straßen eilte, um den trüben Nebel mit Lichtinseln zu erhellen, und der bereits im Festanzug war, um den Abend irgendwo zuzubringen, lachte hell auf, als der Geist vorüberschwebte.

Nun aber, ohne daß der Geist vorher etwas gesagt hätte, standen sie auf einer kahlen, öden Heide, wo riesige Felsblöcke umherlagerten, als wäre hier eine Grabstätte von Riesen. Wasser breitete sich aus, wo es wollte – oder würde es getan haben, wenn es der Frost nicht festhielt. Nur Moos und Ginster und hartes Gras. Tief im Westen hatte die untergehende Sonne einen Streifen feurigen Rots zurückgelassen, der einen Augenblick auf die öde Steppe leuchtete, wie ein dräuendes Auge, und immer tiefer und tiefer sank, bis er sich im Dunkel der schwärzesten Nacht verlor.

"Was für ein Ort ist das?" fragte Scrooge.

"Ein Ort, wo Bergleute leben, die in den Tiefen der Erde fronen", antwortete der Geist. "Aber sie kennen mich. Sieh!"

Ein Licht leuchtete auf aus dem Fenster einer Hütte, und schnell bewegten sie sich darauf zu. Als sie durch die Wand aus Lehm und Steinresten hindurchgeschwebt waren, fanden sie eine vergnügte Gesellschaft um ein wärmendes Feuer sitzen. Ein alter, alter Mann und eine Greisin mit ihren Kindern und Kindeskindern, alle in festlichen Kleidern. Der alte Mann sang mit einer Stimme, die nur selten das Heulen des Sturmes auf der Einöde übertönte, ein Weihnachtslied; es war schon ein sehr alter Sang gewesen, als er noch ein Knabe war; und in bestimmten Zeiträumen sangen alle im Chor mit. Und jedesmal, wenn sie ihre Stimmen erhoben, wurde der Alte lustig und laut; und immer wenn sie aufhörten, sank seine Kraft wieder.

Der Geist blieb hier nicht lange, sondern befahl Scrooge, sich an seinem Gewand festzuhalten. Sie schwebten über die Heide; aber wohin? Doch nicht aufs Meer? Aufs Meer! Zu seinem Entsetzen sah Scrooge hinter sich auch das letzte Land, einen starren Felsengürtel, verschwinden, und sein Ohr wurde betäubt von der Brandung der Wogen, die in den grausigen Höhlen, die sie ausgenagt hatten, heulten, brüllten und wüteten und die Erde mit wildem Grimm zu unterhöhlen trachteten.

Auf einem einsamen, halb im Wasser versunkenen Riff, wohl eine Meile vom Land, stand ein Leuchtturm. Das ganze lange Jahr hindurch schäumten und tosten rundum die Wellen. Große Haufen von Seetang umschlangen sein Fundament, und Sturmvögel, geboren vom Winde, konnte man glauben, wie Seetang von den Wellen, hoben sich und flogen wieder um den Turm wie die wogenden Wellen drunten, ob denen sie segelten. –

Aber selbst hier hatten die zwei Männer, die den Leuchtturm bewachten, ein Feuer angezündet, das durch das Lugloch in der dicken, steinernen Mauer einen hellglänzenden Strahl auf das nächtliche Meer warf. Sie reichten sich die harten Hände über den Tisch hin, an dem sie saßen, wünschten sich eine fröhliche Weihnacht und stießen mit den Groggläsern an; und einer der beiden, der Ältere, mit einem Gesicht, das Wind und Wetter gebräunt und gefurcht hatten wie die Galionsfigur eines alten Schiffes, stimmte einen machtvollen Gesang an, der wie ein Sturmesrauschen schallte. –

Wieder schwebte der Geist über die dunkle, wallende See davon, immer weiter und weiter, bis sie, fern von jeder Küste, wie der Geist zu Scrooge sagte, auf einem Schiff sich niederließen. Sie standen neben dem Steuermann am Steuerrad, dem Ausluger im Mastkorb, neben den Offizieren, die Nachtdienst hatten. Wie dunkle, gespenstische Gestalten ragten diese auf ihrem Posten. Aber jeder von ihnen summte ein Weihnachtslied oder hatte einen Weihnachtsgedanken oder sprach leise mit den Kameraden von einem früheren Weihnachtsabend und heimatlichen Hoffnungen, die sich damit verbanden. Und jeder Mann an Bord, wachend oder schlafend, gut oder schlecht, hatte an diesem Tage ein freundlicheres Wort für seine Kameraden gehabt, als an jedem andern Tage des Jahres, und wenigstens einigermaßen das Fest gefeiert. Er hatte an die gedacht, die sich jetzt seiner in der Ferne erinnerten, und hatte gewußt, daß sie jetzt seiner liebevoll gedachten.

Es war eine große Überraschung für Scrooge, während er dem Stöhnen des Windes lauschte und nachsann, wie überwältigend es doch sei, durch die öde Nacht über einen unbekannten Schlund zu schiffen, dessen Geheimnisse so verborgen waren wie der Tod, – eine große Überraschung war es für Scrooge, sagte ich, plötzlich ein herzliches Lachen zu hören. Noch größer war Scrooges Überraschung, dieses als das Lachen seines eigenen Neffen wiederzuerkennen. Er stand im geräumigen, hellen, behaglich durchwärmten Raum, während der Geist an seiner Seite stand und mit beifälligem, freundlichem Lächeln auf diesen selben Neffen herniederschaute.

"Haha!" lachte Scrooges Neffe. "Hahaha!"

Wenn ihr durch einen unwahrscheinlichen Zufall das Glück haben solltet, einen Menschen kennenzulernen, der sich glücklicher fühlt, wenn er lacht, als Scrooges Neffe, so kann ich euch nur sagen, ich möchte ihn ebenfalls kennen. Stellt mich ihm vor, und ich werde mich um seine Freundschaft mühen.

Es ist doch eine anständige, ausgleichende und noble Einrichtung des Lebens, daß ebenso wie Krankheit und Kummer ansteckend sind, in der ganzen weiten Welt nichts so unwiderstehlich ansteckend wirkt wie Lachen und Fröhlichkeit.

Als Scrooges Neffe lachte und sich die Seiten hielt und mit dem Kopfe wackelte und die allermerkwürdigsten Gesichter machte, lachte auch dessen Frau, Scrooges angeheiratete Nichte, so herzlich wie er. Und die versammelten Freunde mischten sich ungezwungen und brüllend in den Lachchor.

"Haha! Haha! Haha!"

"Er sagte, Weihnachten wäre Quatsch, so wahr ich lebe", rief Scrooges Neffe. "Er glaubt es auch."

"Um so mehr mag er sich schämen, Fritz", sagte Scrooges Nichte entrüstet. Gott segne die Frauen! Sie tun nie etwas halb. Sie sind immer ganz bei der Sache.

Sie war sehr hübsch, bemerkenswert hübsch. Sie hatte ein liebliches, erstaunt aufguckendes, eindrucksvolles Gesicht und einen frischen, kleinen Mund, der zum Küssen wie geschaffen schien – was er auch ohne Zweifel war; alle Arten holder, kleiner Grübchen um das Kinn, die ineinander flossen, wenn sie lachte;

und das sonnigste Paar Augen, das man je in eines zierlichen Geschöpfes Köpfchen erblickte. Sie war fast, was man sonst keck nennen würde. Oh, entzückend keck und liebenswürdig zugleich!

"Es ist ein komischer, alter Knabe", sagte Scrooges Neffe; "das ist wahr, und nicht so sympathisch, wie er sein könnte. Aber seine Fehler rächen sich an ihm selbst, und ich habe ihn nicht zu verurteilen."

"Er mag sehr reich sein, Fritz", meinte Scrooges Nichte. "Wenigstens sagst du es immer."

"Was interessiert das uns, Liebe!" sagte Scrooges Neffe. "Sein Reichtum hat für ihn keinen Nutzen. Er tut nichts Gutes damit. Er gönnt sich ja selbst nicht einmal etwas Gutes. Er hat auch nicht das Vergnügen zu denken – hahaha –, daß er auf diese Art uns am Ende damit eine Freude machen wird."

"Ich habe kein Mitgefühl mit ihm", bemerkte Scrooges Nichte. Die Schwester von Scrooges Nichte und all die andern Damen waren der gleichen Ansicht.

"Oh, ich habe es", sagte Scrooges Neffe. "Ich bedaure ihn; ich könnte nicht böse auf ihn werden, selbst wenn ich's wollte. Wer leidet unter seinen bösen Grillen? Er selber, sonst niemand. Jetzt hat er es sich in den Kopf gesetzt, uns nicht leiden zu können, und will auf unsere Einladung hin nicht zum Mittagessen kommen. Was ist die Folge? Er verliert viel an unserem Gastmahl."

"Erlaube mal, er verliert ein sehr gutes Essen", unterbrach ihn seine Frau. Die andern sagten dasselbe, und man mußte sie als kompetente Richter gelten lassen, weil sie eben das Hauptmahl verspeist hatten und jetzt mit dem Dessert beim Lampenlicht um den Kamin saßen.

"Nun, das freut mich zu hören", sagte Scrooges Neffe, "weil ich kein großes Zutrauen zu diesen jungen Hausfrauen habe. Was meinst du dazu, Tropper?"

Man sah es deutlich, Tropper hatte ein Auge auf eine der Schwestern von Scrooges Nichte geworfen; darum antwortete er, daß er ein Junggeselle sei, ein unglücklicher, ausgestoßener Mensch, der kein Recht habe, eine Meinung über diesen Gegenstand auszusprechen. Bei diesen Worten wurde die Schwester von Scrooges Nichte – die Dicke mit dem Spitzenkragen, nicht die mit den Rosen im Haar – rot.

"Weiter, weiter, Fritz!" sagte Scrooges Nichte, in die Hände klatschend. "Er beendet niemals, was er angefangen hat! Er ist ein so komischer Kerl."

Scrooges Neffe brach in ein neues Gelächter aus, und es war unmöglich, davon nicht angesteckt zu werden, obgleich die dicke Schwester sogar mit einem Riechfläschchen versuchte, sich dagegen zu wehren; sein Beispiel fand einmütige Nachahmung.

"Ich wollt ja nur sagen", begann Scrooges Neffe, "daß die Folge seines Ärgers über uns und seiner Weigerung, mit uns vergnügt zu sein, nur die ist, daß er einige heitere Momente verliert, die ihm nicht geschadet hätten. Ich bin sicher, daß er dadurch eine angenehmere Unterhaltung verliert, als ihm seine eigenen Gedanken in seinem modrigen alten Kontor oder in seinen staubigen Wohnzimmern bieten. Ich will ihm jedes Jahr die Gelegenheit dazu bieten, ob es ihm nun paßt oder nicht, denn er tut mir leid. Er mag auf Weihnachten höhnen, bis er stirbt; aber er muß doch endlich besser davon denken, wenn er mich jedesmal in guter Laune zu sich kommen sieht, mit den Worten: Onkel Scrooge, wie geht es Ihnen? Wenn es ihn nur zu dem Vorhaben veranlaßt, seinem armen Diener fünfzig Pfund zu hinterlassen, so ist das doch wenigstens etwas; und ich glaube, ich ergriff ihn doch gestern."

Es war nun die Reihe zu lachen an ihnen, bei dem Gedanken, daß er Scrooge ergriffen hätte. Aber da der Neffe durch und durch gutartig war und sich nicht sehr darum kümmerte, worüber sie lachten, wenn sie nur überhaupt lachten, so ging er auf ihre Lustigkeit ein und ließ die Flasche fröhlich kreisen.

Nach dem Tee wurde etwas musiziert. Denn sie waren eine musikalische Familie und wußten, was es auf sich hatte, wenn sie mehrstimmig ein Lied oder einen Choral sangen, dessen könnt ihr sicher sein. Topper zumal konnte den Baß brummen nach Noten, ohne daß die Adern auf seiner Stirn anschwollen oder sein Gesicht rot wurde. Scrooges Nichte spielte gut die Harfe, und sie spielte unter andern Stücken auch ein kleines Liedchen (eine reine Nichtigkeit, man hätte es in zwei Minuten pfeifen gelernt), das das Kind, von dem Scrooge aus der Schule geholt worden war, wie es der Geist der vergangenen Weihnacht vorgeführt, oft gesungen hatte. Als Scrooge dieses Liedchen hörte, empfand er alles, was ihm der Geist gezeigt hatte, wieder aufs deutlichste in seinem Innern. Er wurde weicher und milder und dachte, wenn er es vor Jahren oft hätte hören können, so hätte er die gemütlichen Seiten des Lebens genießen können, ohne erst flüchten zu müssen zu des Totengräbers Spaten, der Jakob Marley beerdigt hatte.

Aber sie beließen nicht den ganzen Abend der Musik. Nach einer Weile begannen sie mit Pfänderspielen, denn es ist doch zu schön, zuweilen Kind zu sein, und vorzüglich zu Weihnachten, da sein mächtiger Begründer selbst ein Kind war.

Halt! Vorerst spielten sie noch Blindekuh. Das war das Richtige. Und ich glaube ebensowenig, daß Topper wirklich blind war, wie ich glaube, er habe Augen in seinen Stiefeln gehabt. Ich vermute, es war zwischen ihm und Scrooges Neffen abgemachtes Spiel, und der Geist der diesjährigen Weihnacht wußte darüber Bescheid. Die Art, wie Topper die dicke Schwester im Spitzenkragen verfolgte, war eine übertriebene Forderung an die menschliche Leichtgläubigkeit. Ob er das Schüreisen umstieß, über Stühle fiel, das Piano anrannte und sich in den Vorhängen verwirrte – überall folgte er ihr und wußte, wo sie zu finden war. Wenn jemand ihm in den Weg getreten wäre, wie einige taten, oder sich vor ihn hingestellt hätte, würde er sich gestellt haben, als mühe er sich, ihn zu greifen, hätte sich aber augenblicklich umgewandt, der dicken Schwester nach. Sie rief oft, das sei kein ehrliches Spiel, und wirklich, so war es auch. Aber endlich hatte er sie erwischt; und trotz ihres Sträubens sperrte er sie in eine Ecke, wo keine Flucht möglich war; und da wurde seine Aufführung höchst bedenklich. Denn sein Vorgeben, er wisse nicht, wer sie sei, er müsse ihren Kopfputz betasten und, um sie zu erkennen, einen gewissen Ring an ihrem Finger und eine bestimmte Kette um ihren Hals befühlen, war abscheulich unerhört. Und sicherlich sagte sie ihm auch ihre Meinung darüber; denn als eine andere Blindekuh an der Reihe war, waren sie hinter den Gardinen sehr freundlich miteinander.

Scrooges Nichte war keine Teilhaberin an dem Blindekuhspiel, sondern saß behaglich in einer bequemen Ecke in einem Lehnstuhle mit einem Fußbänkchen davor. Der Geist und Scrooge standen dicht hinter ihr. Aber Pfänderspiele spielte sie mit und bekundete die Liebe zu ihren Angebeteten fabelhaft mit allen Buchstaben des Alphabets. Auch in dem Spiele: Wie, wann und wo, war sie obenan und stellte zur geheimen Freude von Scrooges Neffen ihre Schwestern gar sehr in den Schatten, obgleich diese auch ganz gescheite Mädchen waren, wie uns Topper hätte sagen können. Es mochten ungefähr zwanzig Personen zugegen sein, junge und alte; aber sie spielten alle, und auch Scrooge spielte mit, denn in seiner Hingabe an das Fest vergaß er ganz, daß seine Stimme für sie nicht hörbar war. Er sagte oft seine Antwort auf Fragen ganz laut und riet auch oft sehr richtig, denn die schärfste spitzeste englische Nähnadel, und zwar von dem bekannten Whitechapeler Fabrikat, konnte nicht mit Scrooges Scharfsinn und Spitzfindigkeit konkurrieren, zumal wenn ihm mal der Sinn danach stand.

Dem Geiste gefiel es sehr, ihn in dieser Stimmung zu sehen, und er blickte ihn so freundlich an, daß Scrooge ihn wie ein Junge bat, noch bleiben zu dürfen, bis die Gäste fortgingen. Aber der Geist sagte, dies wäre nicht möglich!

"Hier fängt gerade ein neues Spiel an", sagte Scrooge. "Nur noch eine halbe Stunde, Geist, eine halbe, bitte!"

Es war ein Spiel, das heißt "Ja und Nein", bei dem Scrooges Neffe sich etwas auszudenken hatte, während die andern es erraten mußten, was es war. Auf ihre Fragen brauchte er bloß mit Ja oder Nein zu antworten. Das Kreuzfeuer der nun einsetzenden Fragen, die ihm vorgelegt wurden, stellten fest, daß er sich ein Tier dachte, ein lebendiges Tier, ein unsympathisches Tier, ein wildes Tier, ein Tier, das zuweilen raunzte und grunzte, in London lebte, in den Straßen herumlief und nicht für Geld gezeigt und nicht herumgeführt wurde, sich nicht in einer Menagerie befinde und nicht beim Schlächter geschlachtet werde; es sei weder ein Pferd, noch ein Esel, noch eine Kuh, noch ein Ochs, noch ein Tiger, noch ein Hund, noch ein Schwein, noch eine Katze, noch ein Bär. Bei jeder neuen Frage, die ihm gestellt wurde, brach Scrooges Neffe von neuem in ein Gelächter aus und konnte gar nicht wieder aufhören, so daß er vom Sofa aufstehen und mit den Füßen stampfen mußte. Endlich rief die dicke Schwester, in ein ebenso unauslöschliches Gelächter verfallend: "Ich habe es gefunden, ich weiß es, Fred, ich weiß es."

"Was ist es?" rief Fred.

"Es ist Onkel Scro-o-o-o-ge!"

Und sicherlich, der war es auch. Überraschung war das allgemeine Gefühl, obgleich einige meinten, die Frage: Ist es ein Bär? hätte müssen durch "Ja" beantwortet werden, denn eine verneinende Antwort sei schon genügend gewesen, um ihre Gedanken von Scrooge abzulenken, selbst wenn sie auf der Spur daraufhin gewesen wären.

"Nun, er ist uns ein Born des Vergnügens gewesen", sagte Fritz, "und so wäre es undankbar, nicht auf seine Gesundheit zu trinken. Da haben wir auch ein Glas Glühwein zur Hand. Also auf Onkel Scrooge!"

"Schön, auf Onkel Scrooge!"

"Eine fröhliche Weihnacht und ein glückliches Neujahr dem alten Herrn, wie er auch sei!" sagte Scrooges Neffe. "Er wollte das zwar nicht von mir annehmen, aber er möge es doch haben. Also, Onkel Scrooge, sollst leben!" Onkel Scrooge war, ohne es zu merken, so fröhlich und aufgeräumt geworden, daß er der von seiner Gegenwart nichts ahnenden Gesellschaft ihr Hoch erwidert und ihr mit einer allerdings unvernehmbaren Rede gedankt haben würde, wenn der Geist ihm Zeit gelassen hätte. Aber alles verschwand in dem Hauche der letzten Worte des Neffen, und er und der Geist waren wieder auf Wanderschaft. Sie sahen viel und schritten weit umher und besuchten manches Heim. Aber immer verbreiteten sie Glück. Der Geist stand neben Kranken, und sie wurden voll freudiger Zuversicht; er trat in ferne Länder, und die Menschen träumten von der Heimat; er trat zu solchen, die mit dem Leben rangen, und sie wurden geduldig; er trat zu den Armen, und sie empfanden sich als reich. Im Armenhause und im Spital, im Kerker und in jedem Zufluchtsorte des Jammers, wo der Mensch in seiner kleinen ärmlichen Größe dem Geiste die Tür verschlossen hatte, spendete er seinen Segen und lehrte Scrooge seine Weisheit.

Es war eine lange Nacht, wenn es nur eine Nacht war; aber Scrooge hatte seine Zweifel daran; denn die Weihnachtsfeiertage schienen in den Zeitraum, den sie miteinander zubrachten, zusammengedrängt zu sein. Es war auch seltsam, daß, während Scrooge äußerlich ganz unverändert blieb, der Geist ersichtlich alterte. Scrooge hatte diese Veränderung bemerkt, sprach aber nie davon, bis sie von einer Kinderweihnachtsgesellschaft schieden, wo er bemerkte, daß des Geistes Haar ergraut war.

"Ist das Leben der Geister so kurz?" fragte Scrooge.

"Mein Leben auf dieser Erde ist sehr kurz", antwortete der Geist, "es endet noch heute nacht."

"Heute nacht noch!" rief Scrooge.

"Heute um Mitternacht. Horch, die Stunde naht."

Die Glocke schlug drei Viertel zwölf.

"Verzeih es mir, wenn ich nicht recht tue zu fragen", sagte jetzt Scrooge, scharf des Geistes Gewand betrachtend, "aber ich sehe etwas Seltsames, was nicht zu dir gehört, unter deinem Mantel hervorlugen. Ist es ein Fuß oder eine Klaue?"

"Nach dem wenigen Fleisch, was sich daran befindet, könnte es wohl eine Klaue sein", gab der Geist betrübt zur Antwort.

"Sieh hier."

In den weiten Falten seines Gewandes wurden jetzt zwei Kinder sichtbar, elend abgemagert, erbarmungswürdig. Sie knieten vor ihm nieder und klammerten sich fest an den Saum seines Gewandes.

"O Mensch, schau hier. Schau hier, schau hier!" rief der Geist.

Es war ein Junge und ein Mädchen. Gelb, krank, zerlumpt und mit scheuem, bösem Blick; aber doch demütig. Wo die Schönheit der Jugend ihre Züge hätte füllen und mit ihren heitersten Farben schmücken sollen, hatte eine verschrumpfte, abgelebte Hand, gleich der des Alters, sie berührt und kränkeln gemacht. Wo Engel hätten thronen dürfen, harrten Teufel mit grimmiger, drohender Miene. Keine Änderung, keine Entwertung der Menschheit in allen Geheimnissen der Schöpfung hat so schreckliche und grauenhafte Ungeheuer vorzuweisen.

Scrooge prallte entsetzt zurück. Weil aber der Geist sie ihm in dieser Weise gezeigt hatte, versuchte er zu sagen, es wären schöne Kinder; aber die Worte erstarben ihm selbst im Munde, als wollten sie nicht teilhaben an einer so ungeheuerlichen Lüge.

"Geist, sind das deine Kinder?" Scrooge vermochte nichts weiter zu fragen.

"Es sind des Menschen Kinder", sagte der Geist, auf sie herniederschauend. "Und sie klammern sich an mich, ihre Väter anklagend. Dieses Mädchen ist die Unwissenheit. Dieser Knabe ist die Not. Präge sie dir beide gut ein, vor allem aber diesen Knaben; denn auf seiner Stirn seh' ich geschrieben, was die verhängnisvolle Folge sein wird, wenn die Schrift nicht verlöscht wird. Leugnet es nur", rief der Geist, seine Hand nach der Stadt erhebend, "verleumdet die, die auch darauf hinweisen! Gebt es zu um eurer Privatinteressen willen und macht es noch schlimmer! Und erwartet das Ende!"

"Haben sie keine Stütze, keine Zufluchtsstätte?" rief Scrooge.

"Gibt es keine Gefängnisse?" sagte der Geist, jetzt zu guter Letzt, Scrooges eigene Worte gegen ihn gebrauchend. "Gibt es keine Armenhäuser?"

Die Glocke schlug zwölf.

Scrooge schaute nach dem Geist um, aber er war verschwunden. Als der letzte Schlag verklungen war, erinnerte er sich an die Prophezeiung des alten Jakob Marley, und als er den Blick erhob, sah er ein grauenvolles, tief verhülltes Gespenst sich ihm nahen, wie ein Nebel auf dem Boden daherwallt.

## Viertes Kapitel.
### Der letzte der drei Geister.

Die Erscheinung schwebte langsam, feierlich und schweigend auf ihn zu. Als sie sich ihm nahte, fiel Scrooge auf die Knie; denn selbst die Luft, durch die sich der Geist bewegte, schien geheimnisvolles Grauen zu erwecken. –

Die Erscheinung war in einen schwarzen, weiten Mantel gehüllt, durch den nichts von ihr sichtbar wurde, als eine ausgestreckte Hand. Wäre diese nicht gewesen, so würde es schwer gefallen sein, die Gestalt von der Nacht zu trennen, die sie umwob.

Als sie neben ihm stand, spürte er, daß sie groß und mächtig war und daß ihr geheimnisvolles Dasein ihn mit Furcht, die ans Gefühl des Erhabenen grenzte, erfüllte. Er erkannte nicht mehr; denn der Geist sprach und rührte sich nicht.

"Habe ich vor mir den Geist der künftigen Weihnachten?" fragte Scrooge.

Der Geist antwortete nicht, sondern deutete mit der Hand auf die Erde.

"Du willst mir die Schatten der Dinge dartun, die noch nicht erfolgt sind", fuhr Scrooge fort. "Willst du das, Geist?"

Die Spitze der verhüllten Erscheinung legte sich für einen Augenblick in Falten, als ob der Geist sein Haupt neigte; das war die einzige Antwort, die Scrooge empfing.

Obwohl er doch ziemlich an gespenstische Gesellschaft gewöhnt war, graute es Scrooge doch vor der stummen Erscheinung so sehr, daß seine Knie wankten und er kaum mehr zu stehen vermochte, als er sich anschickte, ihr zu folgen. Der Geist hielt für einen Augenblick an, als bemerkte er seine Furcht und wollte ihm Zeit lassen, sich zu beruhigen.

Aber Scrooge erging es dadurch noch schlechter. Ein leeres unbestimmtes Grausen durchzitterte ihn bei dem Gedanken, daß sich hinter diesem schwarzen Schleier gespenstische Augen fest auf ihn hefteten, während er, wiewohl er seine Augen heftig anstrengte, doch nichts sehen konnte als eine gespenstische Hand und einen großen, dunklen faltigen Mantel.

"Geist der Zukunft!" rief er, "ich fürchte dich mehr als die Erscheinungen, die ich schon wahrgenommen habe. Aber weil ich weiß, daß es Absicht ist, mir Gutes zu tun, und da ich hoffe weiter zu leben, um ein anderer Mensch zu werden, als ich es früher war, bin ich bereit, dich zu begleiten, und ich tue das mit dankbarem Sinn. Willst du nicht mit mir reden?"

Die Gestalt antwortete ihm nicht. Die Hand wies gerade in die Ferne vor ihnen.

"Führe mich", rief Scrooge. "Führe mich, die Nacht geht schnell dahin, und die Zeit ist kostbar für mich. Führe mich, Geist."

Die Erscheinung bewegte sich von ihm fort, ebenso, wie sie auf ihn zugekommen war. Scrooge folgte dem Schatten ihres Gewandes, der, wie es ihm dünkte, ihn emporhob und davontrug.

Es war kaum so, als ob sie in das Stadtzentrum von sich aus hineingelangten; denn das Stadtzentrum schien eher rund um sie in die Höhe zu schießen und sie zu umzingeln. Aber sie waren doch im Herzen desselben, auf der Börse unter den Kaufleuten, die hin und her eilten, mit dem Geld in ihren Taschen klapperten, in Gruppen miteinander sprachen, nach der Uhr blickten und gedankenvoll mit den großen, goldenen Uhranhängern spielten, wie Scrooge dies oft bemerkt hatte.

Der Geist blieb bei einer Schar von Kaufleuten stehen. Scrooge sah, daß die Hand der Erscheinung dahinwies, und so näherte er sich ihnen, um ihr Gespräch mit anzuhören.

"Nein", sagte ein großer, korpulenter Herr mit einem mächtigen Unterkinn, "ich kann nicht viel darüber sagen. Ich weiß nur, daß er tot ist."

"Wann starb er denn?" fragte ein anderer.

"Vorige Nacht, wenn ich recht unterrichtet bin."

"Nun, wie geht das zu?" fragte ein Dritter und nahm eine gewaltige Prise aus einer sehr großen Dose. "Ich dachte, er würde nie sterben."

"Weiß Gott, wie es kam", sagte der erste gähnend.

"Was hat er mit seinem Gelde begonnen?" fragte ein Herr mit einem roten Gesicht und mit einem Gewächs auf der Nasenspitze, das hin und her wackelte wie der Lappen eines Hahns.

"Ich habe darüber nichts vernommen", sagte der Mann mit dem großen Unterkinn, abermals gähnend. "Er hat es wahrscheinlich seiner Sippschaft hinterlassen. Mir hat er es nicht vermacht. Soviel weiß ich."

Dieser geistreiche Scherz wurde mit allgemeinem Gelächter aufgenommen.

"Es wird wohl ein sehr billiges Begräbnis werden", fuhr derselbe Unterhalter fort; "denn so wahr ich lebe, ich kenne niemanden, der folgen sollte. Wenn wir nun zusammenträten und freiwillig folgten?"

"Ich bin dabei, wenn für einen Lunch gesorgt wird", bemerkte der Herr mit dem Gewächs auf der Nasenspitze. "Aber ich muß wohl bewirtet werden, wenn ich dabei sein soll."

Ein erneutes Gelächter.

"Nun, da bin ich doch wohl der Uneigennützigste von euch", sagte der erste Redende wieder, "denn ich trage nie schwarze Handschuhe und esse keinen Lunch. Aber ich gehe mit, wenn sich noch andere finden. Wenn ich mir's recht überlege, war ich am Ende sein nächster Freund, wenn wir uns auf der Straße trafen. Guten Morgen, guten Morgen!"

Die Redenden und Zuhörenden trennten sich und mischten sich unter andere Gruppen. Scrooge kannte die Leute und blickte den Geist fragend an.

Der Geist schwebte weiter die Straße entlang.

Seine Hand wies auf zwei sich treffende Personen.

Scrooge hörte wieder zu, hoffend, daß er hier die Erklärung vernehmen werde.

Auch diese beiden kannte er genau. Es waren Kaufleute, sehr reich und von großem Ansehen. Er war immer bemüht gewesen, sich ihrer Achtung zu versichern, das heißt in Geschäftssachen, bloß in Geschäftssachen.

"Wie geht es?" fragte der eine.

"Wie geht es Ihnen?" fragte der andere.

"Gut", sagte der erste. "Der alte Geizhals ist endlich tot, wissen sie es schon?"

"Ich hörte es", erwiderte der zweite. "Es ist kalt, nicht wahr?"

"Wie sich das zu Weihnachten gebührt. Sie sind wohl kein Schlittschuhläufer?"

"Nein, nein. Ich habe an andere Dinge zu denken. Guten Morgen!"

Kein Wort weiter. So begegneten sie sich, so schieden sie.

In Scrooge regte sich erst Erstaunen, weil der Geist auf anscheinend so unbedeutende Gespräche Wert zu legen schien. Aber sein Gefühl sagte ihm, daß sie eine geheime Bedeutung haben müßten, und er grübelte darüber nach, was diese wohl sein möge. Sie konnten nicht auf den Tod Jakobs, seines alten Kompagnons, Bezug haben, denn dieser gehörte in die Vergangenheit, und sein Führer war der Geist der Zukunft . . . Auch konnte er sich niemand von seinen näheren Bekannten denken, auf den er sie hätte beziehen können. Aber in der Gewißheit, daß, auf wen sie sich auch beziehen möchten, doch darinnen für ihn eine wichtige Mahnung liege, beschloß er, jedes Wort, das er vernahm, und jede Szene, die er schaute, getreulich in seinem Herzen zu behalten und namentlich seinen Schatten zu beobachten, wenn er erschien. Denn er erwartete von dem Benehmen seines künftigen Selbst die fehlende Aufklärung und die Lösung der Rätsel, die ihm jetzt so schwierig vorkamen.

Schon auf der Börse sah er sich nach seinem Ich um; aber ein anderer stand an seiner gewohnten Stelle, und obgleich die Uhr die Stunde angab, in der er gewöhnlich dort sich befand, erblickte er sich doch auch nicht unter dem Publikum, das sich durch den Eingang hereindrängte. Dieses überraschte ihn indessen wenig; denn er hatte schon lange die Absicht, sein Geschäft aufzugeben, und glaubte und hoffte in diesen zu sehen, wie sein Plan in der Zukunft verwirklicht sei.

Dunkel und bewegungslos ragte neben ihm das Gespenst mit seiner ausgestreckten Hand. Als er wieder in seiner nachdenklichen Haltung die Augen erhob, glaubte er der Richtung der Hand nach, daß die unsichtbaren Augen sich starr auf ihn richteten. Bei diesem Gedanken befiel ihn ein kalter Schauer.

Sie verließen das Geschäftsviertel und eilten nach einem abgelegenen Teil der Stadt, wo Scrooge nie vorher gewesen war, dessen Lage und schlechter Ruf ihm aber bekannt waren. Die Straßen waren schmutzig, schmal und krumm; die Läden und Häuser ärmlich; die Menschen verlumpt, betrunken, barfuß, häßlich. Gäßchen und Torwege strömten wie ebensoviele Kloaken Übelkeit erregende Dünste, Schmutz und Menschen in den Straßen; und das ganze Viertel schien erfüllt von Verbrechen, von Verkommenheit und Elend.

In einem der tiefsten Winkel dieser Heimat der Sünde und Schande war ein niedriger, dunkler Laden unter einem Wetterdach, wo Eisen, Lampen, Flaschen, Knochen und schmutzige Abfälle jeder Sorte verkauft wurden. Auf dem Fußboden innerhalb lagen ein Haufen verrosteter Schlüssel, Nägel, Ketten, Türangeln, Feilen, Geschäftswagen, Gewichte und altes Eisen in buntem Durcheinander. Geheimnisse, nach deren Lüftung wenige verlangen würden, wurden hier erzeugt und verborgen in Bergen widriger Lumpen, Massen ranzigen Fettes und ganzen Beinhäusern von Knochen. Mitten unter den Waren, womit er handelte, saß neben einem aus alten Ziegeln zusammengesetzten Kamin ein grauhaariger, fast siebzig Jahre alter Spitzbube, der sich vor der Kälte draußen durch einen faltigen Vorhang aus allerlei Lumpen, die auf eine Leine gehängt waren, geschützt hatte und seine Pfeife im ausgiebigen Behagen rauchte.

Scrooge und die Erscheinung gesellten sich zu diesem Mann, gerade als eine Frau mit einem schweren Bündel in die Trödlerei schlich. Aber sie war kaum eingetreten, als eine zweite Frau, auch mit einem Bündel, ihr folgte. Auf diese wieder kam dicht ein Mann hinterdrein in einem alten, abgetragenen schwarzen Anzug. Dieser Mann fuhr bei ihrem Anblick nicht weniger zusammen, als sie voreinander erschrocken waren. Nach einigen Augenblicken schweigenden Staunens, an dem auch der Alte mit der Pfeife beteiligt war, brachen sie alle drei in ein lautes Gelächter aus.

"Nun sage einer, die Leichenwäscherin würde die erste sein", sagte die zuerst Eingetretene. "Sage einer, die Wärterin würde die zweite sein; und nenne jemand des Leichenbesorgers Gehilfen als den dritten. Sich mal, alter Joe, wie sich das trifft. Wie wir uns nicht alle drei hier begegnet sind, ohne daß wir die Absicht hatten."

"Ihr hättet euch an keinem besseren Platz begegnen können", sagte der alte Joe, die Pfeife aus dem Munde nehmend. "Kommt in die gute Stube, Ihr habt schon lange das Recht der Niederlassung dort, das wißt Ihr; und die beiden anderen sind auch keine Unbekannten. Wartet, bis ich die Ladentür geschlossen habe. Wie sie knarrt! Ich glaube, es gibt kein so rostiges Stück Eisen im ganzen Laden, wie die Türangeln; und ich weiß, es gibt keine so alten Knochen hier, wie meine. Hihi, wir passen alle zu unserem Geschäft. Kommt in die gute Stube."

Die gute Stube war der Raum hinter dem Lumpenvorhang. Der Alte scharrte das Feuer mit einem alten Jalousiestabe, rückte den Docht seiner rauchigen Lampe (denn es war am Abend) mit dem Stiel seiner Pfeife empor und steckte diese wieder in den Mund.

Indessen er damit beschäftigt war, warf die zuerst eingetretene Frau ihr Bündel auf den Boden und setzte sich mit koketter Dreistigkeit auf einen Stuhl, dann legte sie die Hände auf die Knie und blickte die beiden anderen herausfordernd an.

"Nun, was gibt es hier für einen Unterschied, Mrs. Dilber? Jeder hat das Recht, für sich zu sorgen. Er tat dies auch immer."

"Das ist richtig", sagte die Wärterin. "Keiner tat es mehr."

"Nun, warum schaut ihr euch da einander an, als hättet ihr gegenseitig Furcht? Wer ist der Gescheitere? Wir wollen doch einander nicht die Augen aushacken, meine ich!"

"Nein, sicherlich nicht", sagten Mrs. Dilber und der Mann gleichzeitig. "Wir wollen das nicht hoffen."

"Also schön", rief die Frau, "das genügt. Wem schadet's, wenn wir so ein paar Sachen mitnehmen, wie die hier? Einer Leiche gewiß nicht!"

"Nein, gewiß nicht", meinte Mrs. Dilber lachend.

"Wenn er sie, wie ein alter Geizhals, noch nach dem Tode behalten wollte", fuhr die Frau fort, "warum benahm er sich bei Lebzeiten nicht besser? Wenn er sich anders aufgeführt hätte, würde jemand um ihn gewesen sein, als er starb, statt daß er allein seinen letzten Atem aushauchen mußte."

"Dies ist das wahrste Wort, was je gesprochen worden", versetzte Mrs. Dilber.

"Es ist ein Gottesurteil."

"Ich wollte, es wäre ein bißchen schwerer ausgefallen", sagte die Frau, "und das wäre auch der Fall gewesen, verlaßt euch drauf, wenn ich mehr hätte erhaschen können. Mach das Bündel auf, Joe, und sag mir, was es wert ist. Sprich offen. Ich fürchte mich nicht, die erste zu sein, noch es die andern sehen zu lassen. Wir wußten recht wohl, daß wir Sorge hatten, bevor wir uns hier trafen. Aber es ist keine Sünde. Öffne das Bündel, Joe."

Aber die Höflichkeit ihrer Freunde wollte das nicht gestatten, und der Mann in dem zerschlissenen schwarzen Rock brachte seine Beute zuerst. Es war nicht viel daran. Ein oder zwei Uhranhängsel, ein silberner Bleistift, ein paar Hemdenknöpfe und eine Schlipsnadel von geringem Wert war alles. Sie wurden von dem alten Joe untersucht und taxiert, worauf er die Summe, die er für jedes bezahlen wollte, an die Wand schrieb und zusammenrechnete, als er sah, daß sie alles hergegeben hatten.

"Das ist Eure Rechnung", sagte Joe, "und ich gebe keinen Heller mehr, und wenn ich in Stücke gehauen werden sollte. Wer kommt jetzt?"

Mrs. Dilber war die nächste. Sie hatte Bett- und Handtücher, einige Kleidungsstücke, zwei altmodische silberne Teelöffel, eine Zuckerzange und einige Paar Stiefel. Ihre Rechnung wurde auf die gleiche Art an die Wand geschrieben.

"Damen gebe ich immer zuviel. Das ist meine Schwäche, und ich richte mich damit zugrunde", sagte der alte Joe. "Das ist Eure Rechnung. Wenn Ihr einen Pfennig mehr haben wolltet, so würde ich es bedauern, derart freigebig gewesen zu sein, und ich müßte eine halbe Krone in Abzug bringen."

"Und nun öffne mein Bündel, Joe", sagte die erste.

Joe kniete nieder, um bequemer das Bündel öffnen zu können, und nachdem er eine Menge Knoten gelöst hatte, zog er eine große und schwere Rolle dunkeln Tuchs hervor.

"Was ist das?" fragte Joe. "Bettgardinen."

"Ja", rief das Weib lachend und neigte sich vor, "Bettgardinen!"

"Ihr wollt doch nicht behaupten, Ihr hättet sie abgenommen, während er dort lag?" sagte Joe.

"Aber freilich", sagte das Weib. "Warum denn nicht?"

"Ihr seid geboren, Euer Glück zu schmieden, und Ihr werdet es auch."

"Ich werde denn doch wirklich meine Hand nicht ruhig einstecken, wenn ich sie nur auszustrecken brauche, um etwas zu bekommen, und das wegen eines solchen Mannes, wie der war. Nein, wirklich nicht, Joe", antwortete das Weib ruhig. "Laßt kein Öl auf die Bettdecken fallen."

"Seine Bettdecke?" fragte Joe.

"Von wem soll sie sonst herrühren?" antwortete das Weib. "Er wird auch ohnedem nicht frieren, meine ich."

"Er starb doch nicht etwa an einer ansteckenden Krankheit?" sagte der alte Joe, seine Beschäftigung unterbrechend und sie ansehend.

"Deswegen braucht Ihr keine Sorge zu haben", antwortete die Frau. "Ich hatte ihn nicht so lieb, daß ich dann bei ihm geblieben wäre, bloß wegen solcher Dinge. Ach, Ihr könnt durch das Hemd gucken, bis Euch Eure Augen brennen, Ihr findet kein Loch drin und keine dünne Stelle. Es ist das beste, was er hatte, und sein ist es auch. Sie hätten es verdorben, wenn ich nicht da gewesen wäre."

"Was nennt Ihr: es verderben?" fragte der alte Joe.

"Nun, ihm das Hemd für das Grab anziehen, was sonst?" versetzte die Frau lachend.

"Es war irgendwer närrisch genug, es ihm anzuziehen. Aber ich zog es ihm wieder aus. Wenn Kattun zu so etwas nicht gut genug ist, weiß ich nicht, zu was er sonst ausreichte. Es kleidet eine Leiche ebenso gut. Er kann nicht häßlicher aussehen, als er darin aussah."

Scrooge hörte das Gespräch voller Grauen an. Als sie da um ihre Diebsbeute in dem kümmerlichen Schein der Lampe des Alten saßen, betrachtete er sie mit einem Ekel und Abscheu, der nicht größer hätte sein können, wenn es abscheuliche Vampire gewesen wären, die um die Leiche selbst handelten.

"Hi, hi!" kicherte dieselbe Frau, als der alte Joe, eine alte wollene Geldbörse hervorholend, jedem den Preis des Raubes auf den Fußboden hinzählte. "Das ist das Ende von der Geschichte, seht ihr! Er jagte jeden von sich, solange er lebte, um uns zu nützen, wenn er tot war! Hi, hi, hi!"

"Geist", sagte Scrooge, von der Sohle bis zum Scheitel bebend. "Ich verstehe dich. Das Los dieses Unglücklichen vermöchte das meine zu sein. Mein Leben geht jetzt auf dieses Ziel zu. Barmherziger Himmel, was ist das?"

Er prallte entsetzt zurück; denn die Szene hatte sich verwandelt, und nun stand er dicht vor einem Bette, einem einsamen, das keine Vorhänge hatte, und auf diesem Bett lag unter einer groben Decke etwas Verhülltes, das sich, obgleich es stumm war, doch in grausenerregender Sprache vorstellte.

Das Zimmer war sehr finster, zu finster, als daß man etwas genau hätte erkennen können. Trotzdem blickte sich Scrooge, einem geheimen Drang gehorchend, voll Begier um; er wollte wissen, was für ein Zimmer es sei. Ein bleiches Licht, das von außen eindrang, fiel gerade auf das Bett, und auf diesem, ausgeplündert und beraubt, unbewacht und unbeweint, ruhte die Leiche eines Mannes.

Scrooge blickte auf die Erscheinung. Ihre regungslose Hand wies auf das Haupt der Leiche. Die Decke war so lieblos darüber geworfen, daß die geringste Verschiebung, die leiseste Berührung durch Scrooges Finger das Antlitz enthüllt hätte. Er dachte daran, merkte, wie leicht es geschehen könnte, und wünschte, es zu tun; aber er hatte so wenig Macht, die Hülle fortzuziehen, als dem Geist an seiner Seite zu entgehen.

O kalter, unbewegter, schrecklicher Tod, baue hier deinen Altar auf und umgib ihn mit den Schrecknissen, die du zur Verfügung hast, denn hier ist dein Reich! Aber dem geliebten und verehrten Haupte vermagst du kein Haar zu krümmen, ihm kannst du keine Miene entstellen. Nicht weil die Hand schwer ist und herniederfällt, wenn man sie gleiten läßt, nicht weil Herz und Puls verstummt sind, sondern weil die Hand offen war und warm und gut und der Puls menschlich. Töte, du Schemen, töte! Und sieh, wie seine guten Taten aus der Wunde des Toten hervorströmen, um ewiges Leben in der Welt zu offenbaren.

Keine Stimme flüsterte solche Worte in Scrooges Ohren; aber trotzdem vernahm er sie, wenn er auf das Bett starrte. Er dachte, wenn dieser Mann jetzt wieder auferweckt werden könnte, was dürfte wohl sein erster Gedanke sein? Geiz, Hartherzigkeit, Gedanken der Habgier? Ein schönes Ziel hatten diese ihm erwirkt.

Er war aufgebahrt in dem dunklen, öden Haus, und kein Mann, kein Weib oder Kind waren da, die bezeugt hätten: Er war gut gegen mich, und in jedem, und in Gedanken an das eine freundliche Wort will ich bei ihm Totenwache halten. Eine Katze kratzte an der Tür, und Ratten nagten und raschelten hinter dem Ofen. Was sie in dem Gemach des Todes suchten, und warum sie so unruhig waren, mochte Scrooge sich nicht auszumalen. –

"Geist", sagte er, "eine entsetzliche Stätte, wenn ich sie verlasse, werde ich ihren Namen nie vergessen, glaube mir. Laßt uns jetzt von hinnen eilen!"

Immer noch wies der Geist mit unbewegtem Finger auf das Haupt der Leiche.

"Ich verstehe dich", antwortete Scrooge, "und ich würde es tun, wenn ich es vermöchte. Aber ich finde nicht die Kraft dazu, Geist. Ich finde die Kraft nicht dazu."

Wieder schien der Geist ihn zu durchblicken.

"Wenn irgendeiner in der Stadt ist, der bei dieses Mannes Tod etwas empfindet", fuhr Scrooge erschüttert fort, "so zeige ihn mir, Geist, ich bitte dich darum."

Da breitete die Erscheinung ihren dunklen Mantel einen Augenblick vor ihm aus wie ein Flügelpaar, und als sie ihn wieder zusammenschlug, erblickte er ein taghelles Zimmer, in dem eine Mutter mit ihren Kindern hauste.

Sie hoffte auf das Kommen von jemandem in angstvoller Erwartung; denn sie ging im Zimmer auf und nieder, fuhr bei jedem Geräusch zusammen, blickte zum Fenster hinaus und sah nach der Uhr; sie versuchte vergebens zu arbeiten und konnte kaum das Lärmen der spielenden Kinder aushalten.

Endlich vernahm sie das langersehnte Pochen an der Haustür und begegnete, als sie hinausschauen wollte, ihrem Gatten. Sein Gesicht war traurig und bedrückt, obgleich er noch jung war. Es zeigte einen merkwürdigen Ausdruck, eine Art ernster Freude, deren der Mann sich schämte und die nicht zu zeigen er sich bemühte.

Er setzte sich zur Mahlzeit nieder, die man ihm warm gehalten hatte; und als die Frau ihn erst nach langem Schweigen fragte, was er für Neuigkeiten habe, schien er keine Antwort zu wissen.

"Steht es gut oder schlecht?" fragte sie, um ihm die Auskunft zu erleichtern.

"Schlecht", antwortete er.

"Wir sind ganz ruiniert?"

"Nein, noch ist Hoffnung möglich, Karoline."

"Wenn er sich erbitten läßt", rief sie erstaunt, "dann ist sie noch da! Überall ist noch Hoffnung, wenn ein solches Wunder zu erwarten ist."

"Es ist zu spät für ihn, Barmherzigkeit zu üben", sagte der Gatte. "Er ist tot!"

Sie war ein sanftes und geduldiges Wesen, wenn ihr Gesicht die Wahrheit sprach. Aber sie war im Innern dankbar, als sie dies vernahm, und sagte das auch mit gefalteten Händen. Sie bat im nächsten Augenblick allerdings den Himmel, daß er ihr verzeihen möge, und bereute es; aber das erste war die Regung ihres Herzens gewesen.

"Was mir das halb trunkene Weib gestern abend sagte, als ich ihn sprechen und um eine Woche Aufschub bitten wollte, und was ich nur für eine bloße Ausrede hielt, um mich abzufertigen, zeigt sich jetzt als die reine Wahrheit. Er war nicht nur sehr krank, sondern lag schon im Sterben."

"Auf wen wird unsere Schuld übertragen werden?"

"Ich weiß es nicht. Aber bis dahin werden wir das Geld haben; und selbst, wenn es nicht der Fall sein sollte, müßte es ein ganz besonderes Unglück sein, in seinem Erben einem ebenso unbarmherzigen Gläubiger zu begegnen. Wir können heute nacht leichteren Herzens schlafen, Karoline."

Ja, sie mochten es zu vertuschen suchen, ihre Seelen waren leichter. Die Gesichter der Kinder, die sich still um sie drängten, um zu hören, was sie so wenig verstanden, hellten sich auf, und das ganze Haus war glücklicher durch dieses Mannes Tod. Das einzige durch dieses Ereignis verursachte Gefühl, das ihm der Geist zu zeigen vermochte, war ein solches der Freude.

"Laß mich nun auch irgendeine Zärtlichkeit sehen, die mit dem Tode zusammenhängt", bat Scrooge, "oder jener dunkle Raum, den wir soeben verlassen haben, wird mir immer gegenwärtig bleiben."

Der Geist führte ihn durch mehrere Straßen, durch die er oft gegangen war; und als sie vorbeischwebten, hoffte Scrooge, sich hier oder da zu schauen, aber nirgends war er zu erblicken. Sie traten in Bob Cratchits Haus, dieselbe Wohnung, die er schon früher besucht hatte, und sie fanden die Mutter und die Kinder um das Feuer sitzen.

Still war alles. Sehr still. Die lärmenden kleinen Cratchits saßen stumm wie Statuen in der Ecke und sahen auf Peter, der ein Buch vor sich hatte. Die Mutter und die Töchter waren mit Nähen beschäftigt. Aber auch sie waren still, sehr still.

"Und er nahm ein Kind und stellte es in ihre Mitte."

Wo hatte Scrooge diese Worte gehört? Der Knabe mußte sie gelesen haben, als er und der Geist über die Schwelle schritten. Warum fuhr er nicht fort?

Die Mutter legte ihre Arbeit auf den Tisch und legte die Hand über ihr Antlitz.

"Die Farbe tut meinen Augen weh", sagte sie.

"Die Farbe? Ach, armer Tiny Tim!"

"Sie sind jetzt wieder besser", sagte Cratchits Frau. "Es ist nicht gut, bei Kerzenlicht zu arbeiten, und ich möchte den Vater, wenn er heimkommt, nicht sehen lassen, daß ich schwache Augen habe. Er muß bald da sein."

"Er müßte längst da sein", erwiderte Peter, das Buch zuklappend. "Aber ich glaube, er geht jetzt ein wenig langsamer als sonst, Mutter."

Sie waren wieder sehr still. Endlich sagte sie mit einer sicheren, heitern Stimme, die nur ein einziges Mal bebte: "Ich bin sicher, daß er mit – ich bin sicher, daß er mit Tiny Tim auf der Schulter wirklich sehr schnell ging."

"Und ich auch", rief Peter. "Oft."

"Und ich auch", riefen die andern. Sie wußten es alle ebenso.

"Aber er war sehr leicht zu tragen", fing sie wieder an, fest auf ihre Arbeit sehend, "und der Vater liebte ihn so, daß ihm es keine Mühe machte; keine Mühe. Aber da ist ja der Vater schon an der Tür."

Sie eilte auf ihn zu, und Bob mit dem Schal – er hatte ihn nötig, der arme Kerl – trat herein. Sein Tee war bereit, und sie drängten sich alle herbei, wer ihn am raschesten bedienen konnte. Dann kletterten die beiden kleinen Crachits auf seine Knie, und jedes Kind legte eine kleine Wange an die seine, als wollten sie sagen: "Denk nicht so viel daran, Vater, gräme dich nicht!"

Bob war sehr liebevoll mit ihnen und sprach sehr munter mit der ganzen Familie. Er besah die Arbeit auf dem Tisch und lobte den Fleiß und den Eifer seiner Frau und Töchter. "Sie würden lange vor Sonntag fertig sein", sagte er.

"Sonntag! Du warst also heute dort, Robert!" fragte seine Gattin.

"Ja, meine Liebe", antwortete Bob. "Ich wollte, du hättest mitkommen können. Es würde dein Herz erfreut haben, zu sehen, wie grün der Platz ist. Aber du wirst es oft sehen. Ich versprach ihm, Sonntags hinzugehen. Mein liebes, liebes Kind!" weinte Bob. "Mein liebes Kind!"

Er brach auf einmal zusammen. Er konnte sich nicht helfen. Wenn er es gekonnt hätte, so wären er und sein Kind sich nicht so innig nahe gewesen.

Er verließ das Zimmer und ging die Treppe hinauf in die obere Stube, die hell erleuchtet und weihnachtlich geschmückt war. Ein Stuhl stand dicht neben dem toten Kind, und man sah, daß kurz zuvor jemand dagewesen war. Der arme Bob setzte sich nieder, und als er ein wenig geträumt und sich wieder zusammengerafft hatte, küßte er das kleine Gesicht. Er war mit dem Schicksal ausgesöhnt und ging wieder hinunter, ganz glücklich.

Sie setzten sich um den Kamin und unterhielten sich; die Mädchen und die Mutter arbeiteten weiter. Bob erzählte ihnen von der außerordentlichen Freundlichkeit von Scrooges Neffen, den er kaum einmal sonst gesehen habe. Er wäre ihm heute auf der Straße begegnet, und da dieser bemerkt, daß er ein wenig niedergeschlagen sei, habe er ihn nach der Ursache seines Kummers befragt. "Worauf", sagte Bob, "denn er ist der liebenswürdigste junge Herr, den ich nur kenne, ich es ihm sagte. Ich bedauere Sie herzlich, Mr. Cratchit, erwiderte er, und auch Ihre gute Frau. Übrigens, wieso er das wissen kann, möchte ich wissen."

"Was kann er wissen, mein Lieber?"

"Nun, daß du eine gute Frau bist", versetzte Bob.

"Jedermann weiß das", sagte Peter.

"Sehr gut bemerkt, mein Junge", rief Bob. "Ich hoffe, daß es der Fall ist. Herzlich bedaure ich, sagte er, Ihre gute Frau. ›Wenn ich Ihnen auf irgendeine Art behilflich sein kann‹, sagte er, indem er mir seine Karte gab, ›hieraus ersehen Sie, wo ich wohne. Kommen Sie zu mir.‹ Nun", sagte Bob, "freute ich mich nicht deshalb so sehr, daß er etwas für uns tun könnte, als vielmehr, weil er so teilnehmend war. Es schien wirklich, als hätte er unsern Tiny Tim gekannt und fühlte mit uns."

"Ich bin sicher, er ist eine gute Seele", sagte Mrs. Cratchit.

"Du würdest das noch sicherer glauben, Liebe", antwortete Bob, "wenn du ihn sähest und mit ihm sprächest. Es sollte mich gar nicht wundern, – merkt auf, was ich sage – wenn er Peter eine bessere Stelle verschaffte."

"Nun höre nur, Peter", sagte Mrs. Cratchit.

"Und dann", rief eins der Mädchen, "wird Peter Kompanie mit einer Jemandin machen und sein eignes Nest bauen!"

"Ach, sei still", antwortete Peter schmunzelnd.

"Freilich, das kann schon kommen", sagte Bob, "aber bis dahin hat es noch gute Weile. Aber wenn wir uns auch irgendeinmal trennen müßten, so bin ich doch überzeugt, daß keiner von uns den armen Tiny Tim, oder diese erste Trennung, die uns widerfuhr, vergessen wird."

"Nein, niemals, Vater", riefen sie alle.

"Ich bin sehr glücklich", sagte Bob, "sehr glücklich."

Mrs. Cratchit und seine Tochter küßten ihn, und die beiden Kleinen taten ein Gleiches. Peter und er aber gaben sich die Hand. Seele Tiny Tims, du warst ein Geschenk von Gott!

"Geist", sagte Scrooge, "ein unbestimmtes Etwas sagt mir, daß wir bald scheiden müssen. Ich weiß nicht woher, aber ich weiß es. Sage mir, wer es war, den wir auf dem Totenlager erblickten."

Der Geist der zukünftigen Weihnachten führte ihn wie früher – es schien ihm, daß in verschiedenen letzten Visionen überhaupt keine bestimmte Zeitfolge war – in den Versammlungen der Geschäftsmänner aber sah er sich nicht dabei. Der Geist verweilte nirgends, sondern schwebte immer weiter, wie nach der Stätte hin, wo Scrooge die begehrte Lösung des Rätsels finden würde, bis ihn dieser selbst bat, doch noch einen Augenblick zu verweilen.

"Ja, dieser Hof", sagte Scrooge, "durch den wir jetzt eilen, war einst mein Geschäft und war es viele Jahre. Ich sehe das Haus. Laß mich sehen, was aus mir in den kommenden Tagen sein wird."

Der Geist hielt an; aber seine Hand wies anderswohin.

"Das Haus ist dort", rief Scrooge. "Warum weisest du anderswohin?"

Der unerbittliche Finger wies in keine andere Richtung.

Scrooge eilte an das Fenster seines Kontors und blickte hinein. Es war noch ein Kontor, aber nicht mehr das seine. Die Möbel waren andere, und die Gestalt auf dem Stuhle war eine andere. Der Geist aber zeigte nach derselben Richtung wie früher.

Scrooge trat wieder zu ihm und folgte ihm wieder nachdenkend, warum und wohin sie gingen, bis sie eine eiserne Gitterpforte erreichten. Er stand still, um sich vor dem Eintreten umzuschauen.

Es war ein Kirchhof, – also hier ruhte der Unglückliche, dessen Namen er noch erfahren sollte, unter der Erde. Die Stätte war seiner würdig. Rings von hohen Häusern umgeben, überwachsen von Unkraut, das hier zum Tod aber nicht zum Leben gedeihend wucherte; vollgepfropft von zuviel Leichen; gesättigt von überreichem Genuß. Eine würdige Stätte!

Der Geist stand zwischen den Gräbern still und wies auf eines hernieder. Scrooge nahte sich ihm zitternd. Der Geist war noch ganz so wie ehedem, aber er ahnte erschauernd eine neue Bedeutung in der düstern Gestalt.

"Ehe ich zu dem Stein trete, den du mir weisest", sagte Scrooge, "beantworte mir eine Frage. Sind dies ... die Schatten der Dinge, die sein werden, oder nur von Dingen, die sein können?"

Beharrlich schweigend deutete der Geist auf das Grab herab, vor dem sie standen.

"Die Wege des Menschen führen zu einem unvermeidlichen Ziel, wenn man auf ihnen beharrt", sagte Scrooge. "Aber wenn man einen anderen Weg einschlägt, ändert sich das Ziel. Sage, ist dies auch mit dem der Fall, was du mir zeigen wirst?"

Der Geist blieb so unbeweglich wie bisher.

Scrooge näherte sich zitternd dem Grab, und als er der Richtung des Fingers folgte, las er auf dem Stein des öden Grabes seinen eigenen Namen: "Ebenezer Scrooge".

"Bin ich es, der auf jenem Sterbebett lag?" rief er und sank in die Knie.

Der Finger deutete von dem Grabe auf ihn und wieder zurück.

"Nein, das kann nicht sein, Geist, o nein!"

Der Finger verharrte wie vorher.

"Geist", rief er verzweifelt und packte das Gewand der Erscheinung, "ich bin nicht mehr der Mensch, der ich ehedem war. Ich will ein anderer Mensch werden, als ich vor diesen Tagen war. Warum zeigst du mir das, wenn alle Hoffnung umsonst ist?"

Zum erstenmal schien jetzt die Hand zu beben.

"Guter Geist", fuhr er fort, noch immer auf den Knien liegend, "dein eigenes Gemüt bittet für mich und hat Mitleid mit mir. Gib mir nur die Gewißheit, daß ich durch ein verändertes Leben die Schatten, die du mir gezeigt hast, ändern kann!"

Die gütige Hand zitterte stärker.

"Ich will Weihnachten in meinem Herzen ehren und versuchen, stets in seinem Sinn zu leben. Ich will in der Vergangenheit, der Gegenwart und der Zukunft leben. Die Geister von allen dreien sollen mir helfen. Ich will mein Herz ihren Lehren nicht verschließen. Oh, sage mir, ob ich die Schrift auf diesem Steine noch zu tilgen vermag."

In seiner Angst griff er nach der gespenstischen Hand. Sie versuchte, sich von ihm loszumachen, aber er war kräftig in seinem Flehen und hielt sie fest. Der Geist, noch stärker, stieß ihn zurück.

Als Scrooge seine Hände zu einem letzten Flehen um Änderung seines Schicksals emporhob, sah er die Erscheinung sich verändern. Das einhüllende Gewand sank zusammen, der riesige Körper verging in Nebel und schwand schließlich zu einem Bettpfosten zusammen.

## Fünftes Kapitel

### Das Ende des Liedes.

Ja, und es war sein eigener Bettpfosten. Es war sein Bett und sein Zimmer. Und was das Glücklichste und Herrlichste war, die Zukunft war sein, damit er sich bessern könne.

"Ich will in der Vergangenheit, der Gegenwart und der Zukunft leben", wiederholte Scrooge, als er aus dem Bett stieg. "Die Geister von allen dreien sollen in mir wirken. Oh, Jakob Marley, der Himmel und die Weihnachtszeit seien dafür gepriesen! Ich rufe es auf meinen Knien, alter Jakob, auf meinen Knien."

Er war von seinen guten Vorsätzen so erregt und begeistert, daß seine bebende Stimme ihm kaum gehorchen wollte. Er hatte während seines Ringens mit dem Geiste heftig geweint, und sein Gesicht war noch naß von den Tränen.

"Sie sind nicht herabgerissen", rief Scrooge, eine der Bettgardinen an die Brust drückend, "sie sind nicht herabgerissen. Sie sind noch da, ich bin noch da, die Schatten der Dinge, die noch kommen, können vertrieben werden. Ja, ich weiß es sicherlich, ich weiß es."

Währenddessen beschäftigten sich seine Hände mit den Kleidungsstücken. Er zog sie verkehrt an, zerriß sie, verlegte sie und machte allerhand Merkwürdiges damit.

"Ich weiß gar nicht, was ich machen soll", rief Scrooge in einem Atem weinend und lachend und mit seinen Strümpfen einen wahren Laokoon umwindend. "Ich bin leicht wie eine Feder, glücklich wie ein Engel, lustig wie ein Schulbub, taumelnd wie ein Betrunkener. Fröhliche Weihnachten allen Menschen! Ein glückliches Neujahr der ganzen Welt! Hallo! Hussa! Hallo!"

Er war in das Wohnzimmer gesprungen und blieb jetzt dort ganz atemlos stehen.

"Da ist die Schüssel, in der die Grütze war!" rief Scrooge, indem er um den Kamin herumtanzte. "Da ist die Tür, durch die Jakob Marleys Geist hereinkam, da ist die Ecke, wo der Geist der diesjährigen Weihnachten saß, da ist das Fenster, durch das ich die herumschwirrenden Geister sah! Es ist alles richtig, es ist alles wahr, es ist alles geschehen. Hahaha!"

Wirklich, für einen Mann, der so lange Jahre daran gar nicht mehr gewohnt war, war es ein treffliches Lachen, ein herrliches Lachen. Der Vater einer langen, langen Reihe herrlicher Gelächter!

"Ich weiß nicht, welches Datum wir heute haben", rief Scrooge. "Ich weiß nicht, wie lange ich unter den Geistern gewesen bin. Ich weiß gar nichts. Ich bin wie ein neugeborenes Kind. Das macht aber nichts, ist mir auch gleich, ich will so gern noch einmal ein Kind sein. Hallo! hussa! hallo!"

Er wurde in seinen Jubelausbrüchen von dem Geläute der Glocken unterbrochen, die ihm so lustig zu tönen schienen, wie nie vorher. Bim bam, ding, dong, bim bam. Oh, herrlich, herrlich!

Er lief zum Fenster, öffnete es und steckte den Kopf hinaus. Kein Nebel, keine dumpfe schwere Luft, ein klarer, heiter-glänzender, kalter Morgen, eine Frische, die das Blut wie im Tanz kreisen machte, goldenes Sonnenlicht, ein himmlischer Himmel, liebliche, klare Luft, fröhliche Glocken. Oh, herrlich, herrlich!

"Was ist denn heute?" rief Scrooge einem Jungen in Sonntagskleidern zu, der vermutlich in den Hof getreten war, um sich draußen umzutun.

"Was?" fragte der Knabe, aufs äußerste verblüfft.

"Was haben wir heute für einen Tag, du schmuckes Kerlchen?" fragte Scrooge.

"Heute?" antwortete der Knabe. "Aber es ist doch Weihnachtstag!"

"Es ist doch Weihnachtstag", sagte Scrooge zu sich selber. "Ich habe ihn nicht versäumt. Die Geister haben alles in einer Nacht vollbracht. Sie können alles, was sie wollen. Natürlich, natürlich. Holla, du schmuckes Kerlchen!"

"Was gibt's?" antwortete der Junge.

"Weißt du des Geflügelhändlers Laden an der zweitnächsten Straßenecke?" fragte Scrooge.

"Aber warum nicht", antwortete der Junge.

"Ein gescheiter Junge", sagte Scrooge. "Ein merkwürdiger Junge! Weißt du nicht, ob der extra große Puterbraten, der dort hing, verkauft ist? Nicht den kleinen Puter – nein, den großen."

"Was, der so groß ist wie ich?" antwortete der Junge.

"Was für ein famoser Junge!" sagte Scrooge. "Es ist ein Vergnügen, mit ihm zu sprechen. Ja, mein Prachtjunge."

"Oh, der hängt noch dort", antwortete der Junge.

"Wirklich!" sagte Scrooge. "Ach, dann eil', bitte, hin und kaufe ihn."

"Sie wollen sich einen Spaß mit mir machen", rief der Junge.

"Nein, nein", sagte Scrooge, "es ist mein Ernst. Geh und kaufe ihn und sage, sie sollen ihn hierhersenden, damit ich ihnen die Adresse geben kann, wohin sie ihn tragen sollen. Komm mit dem Träger hierher und ich gebe dir einen Schilling. Kommst du aber in weniger als fünf Minuten zurück, dann sollst du sogar eine halbe Krone erhalten."

Der Bursche schoß dahin wie der Blitz.

"Ich will ihn Bob Cratchit schicken", flüsterte Scrooge, sich die Hände reibend und fast vor Lachen berstend. "Er soll nicht wissen, wer ihn geschickt. Der Puter ist zweimal so groß wie Tiny Tim. Joe Miller hat niemals einen so guten Witz gemacht, wie es dieser ist."

Als er die Adresse aufsetzte, zitterte seine Hand; aber er schrieb, so gut es gehen wollte, und ging die Treppe hinab, um die Haustür zu öffnen und den Puter zu erwarten. Als er dastand, fiel sein Auge auf den Türklopfer.

"Ich werde ihn lieb haben, solange ich lebe", rief Scrooge ihn streichelnd. "Früher habe ich ihn kaum angeschaut. Was für ein braves Gesicht er hat! Er ist ein wundervoller Türklopfer! – Da ist der Puter. Hallo, hussa! Wie geht's? Fröhliche Weihnachten!"

Das war ein Puter! Er hätte lebend nicht auf seinen Füßen stehen können. Sie wären – knacks – zerbrochen wie Siegellackstangen.

"Was, das ist ja kaum möglich, den nach Camden-Town zu tragen", sagte Scrooge. "Ihr müßt einen Wagen nehmen."

Das Lachen, mit dem er dies sagte, und das Lachen, mit dem er den Puter bezahlte, und das Lachen, mit dem er den Wagen bezahlte, und das Lachen, mit dem er dem Jungen den Botenlohn schenkte, wurden nur von dem Lachen übertroffen, mit dem er sich schließlich atemlos in seinen Stuhl niedersetzte und lachte, bis ihm die Tränen von den Backen kollerten.

Das Rasieren war heute keine leichte Sache: denn seine Hand zitterte immer noch sehr; und Rasieren verlangt große Aufmerksamkeit, selbst wenn man nicht gerade dabei tanzt. Aber wenn er sich die Nasenspitze weggeschnitten hätte, würde er ein Stückchen Heftpflaster darauf geklebt haben und zufrieden gewesen sein.

Er zog seinen besten Anzug an und trat endlich auf die Straße. Die Leute strömten jetzt gerade aus ihren Häusern, wie er es gesehen hatte, als er den Geist der diesjährigen Weihnacht begleitete. Er ging mit auf dem Rücken zusammengeschlagenen Händen durch die Straßen, und Scrooge sah jeden mit einem freundlichen Lächeln an. Er sah so bezwingend freundlich aus, daß drei oder vier lustige Leute zu ihm sagten: "Guten Morgen, Sir, fröhliche Weihnachten!", und Scrooge erklärte später oft, daß von allen lieblichen Klängen, die er je gehört habe, dieser seinem Ohr am lieblichsten erklungen wäre.

Er war nicht weit gegangen, als er den stattlichen Herrn auf sich zukommen sah, der tags zuvor in sein Kontor getreten war mit den Worten: "Scrooge und Marley, wenn ich nicht irre." Es versetzte ihm einen Stich ins Herz, als er dachte, was wohl der alte Herr im Vorübergehen von ihm denken würde; aber er wußte, was er zu tun hatte, und ging auf ihn zu.

"Lieber Herr", sagte Scrooge, schneller gehend und des alten Herrn beide Hände ergreifend, "wie geht es Ihnen? Ich hoffe, Sie hatten gestern noch Erfolg. Es war sehr freundlich von Ihnen. Ich wünsche Ihnen fröhliche Weihnachten, Sir."

"Mr. Scrooge?"

"Ja", sagte Scrooge, "das ist mein Name, und ich fürchte, er klingt Ihnen nicht sehr erfreulich. Erlauben Sie, daß ich Sie um Verzeihung bitte. Und wollen Sie die Güte haben" – hier flüsterte Scrooge ihm etwas in das Ohr.

"Himmel!" rief der Herr, als ob es ihm den Atem versetzte. "Mein lieber Mr. Scrooge, ist das Ihr Ernst?"

"Wenn Sie nichts dagegen haben", sagte Scrooge. "Keinen Penny weniger. Es sind viele Rückstände dabei, ich versichere es Ihnen. Wollen Sie so gefällig sein?"

"Bester Herr", sagte der andere, ihm die Hand schüttelnd, "ich weiß nicht, was ich zu einer solchen großartigen Freigebigkeit sagen soll."

"Sagen Sie bitte gar nichts dazu", antwortete Scrooge. "Besuchen Sie mich. Wollen Sie mich beehren?"

"Aber gern", rief der alte Herr. Und man sah, daß es ihm mit der Versicherung Ernst war.

"Ich danke Ihnen", sagte Scrooge. "Ich bin Ihnen sehr verbunden. Ich danke Ihnen tausendmal. Leben Sie recht wohl!"

Er ging in die Kirche, ging durch die Straßen, sah die Leute hin und her eilen, klopfte Kindern die Wange, fragte Bettler und sah hinab in die Küchen und hinauf zu den Fenstern der Häuser; und fand, daß all dies ihm Vergnügen machen könne. Er hatte sich nie träumen lassen, daß ein Spaziergang oder sonst etwas ihn so glücklich hätte machen können. Nachmittags lenkte er seine Schritte nach der Wohnung seines Neffen.

Er ging wohl ein dutzendmal an der Haustür auf und ab, ehe er den Mut hatte anzuklopfen. Endlich faßte er sich Mut und klopfte.

"Ist dein Herr zu Hause, gutes Kind?" sagte Scrooge zu dem Mädchen. "Ein hübsches Mädchen, wahrhaftig!"

"Ja, Sir!"

"Wo ist er, gutes Kind?" fragte Scrooge.

"Er ist im Speisezimmer, Sir, mit der gnädigen Frau. Ich will Sie melden, wenn Sie erlauben."

"Danke, danke. Er kennt mich", sagte Scrooge, mit der Hand schon auf der Türklinke. "Ich will hier eintreten."

Er machte die Tür leise auf, steckte den Kopf hinein und sah sich um. Aber niemand bemerkte ihn: denn sie musterten die Festtafel, die heute besonders schön dekoriert war; junge Hausfrauen sind nämlich in solchen Dingen sehr sorgsam und sehen gern alles in Ordnung.

"Fritz?" lispelte Scrooge.

Heiliger Himmel! Wie seine Nichte erschrak! Scrooge hatte in dem Augenblicke vergessen, daß sie auf dem Hocker in der Ecke gesessen hatte, sonst hätte er es um keinen Preis getan.

"Donnerwetter", rief Fritz, "wer ist denn das?"

"Ich bin's, dein Onkel Scrooge. Ich habe mich selbst zum Essen eingeladen. Willst du mich hereinlassen, Fritz?"

Ihn hereinlassen! Es war nur gut, daß er ihm nicht den Arm abriß. Der Onkel war in fünf Minuten wie zu Hause. Nichts konnte herzlicher sein, als die Begrüßung seines Neffen. Und auch seine Nichte empfing ihn ebenso freundlich. Auch Topper, als er kam. Und die dicke Schwester, als sie auf der Bildfläche erschien. Und alle, als sie der Reihe nach anrückten. Wundervolle Gesellschaft, wundervolle Spiele, wundervolle Harmonie, wundervolle Glückseligkeit!

Aber am andern Morgen erschien Scrooge früh in seinem Kontor. Oh, er erschien sehr früh. Wenn er nur dort zuerst hätte sein können und Bob Cratchit beim Zuspätkommen erwischen! Das war's, worauf sein Sinn stand. Und es gelang ihm wahrhaftig! Die Uhr schlug neun. Kein Bob. Ein Viertel auf zehn. Kein Bob. Er kam volle achtzehn und eine halbe Minute zu spät. Scrooge hatte seine Tür weit offenstehen lassen, damit er ihn in seinen Kabuff kommen sähe.

Endlich erschien Bob atemlos. Sein Hut war vom Kopf, ehe er die Tür öffnete, auch der Schal vom Hals. Im Augenblick saß er auf seinem Stuhl und eilte mit der Feder übers Papier, als wollte er versuchen, neun Uhr einzuholen.

"Hallo", knurrte Scrooge, so gut wie es jetzt noch ging, seine sonst übliche Stimme nachahmend. "Was soll das heißen, daß Sie so spät kommen?"

"Es tut mir sehr leid, Sir", sagte Bob. "Ich habe mich verspätet."

"Nun, Sie gestehen es ein", wiederholte Scrooge. "Ich will's auch meinen. Kommen Sie erst mal hier herein."

"Es ist nur einmal im Jahre, Sir", sagte Bob, aus seinem Kabuff nähertretend. "Es soll nicht wieder vorkommen. Ich war ziemlich vergnügt gestern, Sir."

"Nun, ich will Ihnen was sagen, Freundchen", meinte Scrooge, "ich kann das nicht länger so mitansehen. Und daher", fuhr er fort, von seinem Stuhl springend und Bob einen solchen Stoß vor die Brust gebend, daß er wieder in seinen Kabuff zurückstolperte, "und daher will ich Ihr Gehalt erhöhen!"

Bob zitterte und rückte dem Lineal etwas näher. Er hatte sogar augenblicklich die Idee, Scrooge eins damit auf den Kopf zu geben, ihn zu packen und die Leute draußen um Hilfe und eine Zwangsjacke anzurufen.

"Fröhliche Weihnachten, Bob!" sagte Scrooge mit einem Ernst, der nicht zu mißdeuten war, indem er ihn auf die Schulter klopfte. "Fröhlichere Weihnachten, Bob, als ich Sie so manches Jahr habe feiern lassen. Ich will Ihr Gehalt erhöhen und mich bemühen, Ihrer Familie aufzuhelfen. Wir wollen heute nachmittag bei einer Weihnachtsbowle voll dampfenden Punsch über Ihre Angelegenheiten sprechen, Bob! Schüren Sie das Feuer an und kaufen Sie eine andere Kohlenschaufel, ehe Sie wieder einen Tüpfelchen auf ein i setzen, Bob Cratchit!"

Scrooge bewährte sich durchaus. Es tat alles und mehr noch, als er versprochen hatte; und zu Tiny Tim, der nicht starb, war er wie ein zweiter Vater. Er wurde ein so guter Freund und so guter Mensch, wie ihn die liebe alte City oder jede andere liebe alte Stadt oder Dorf in der lieben alten Welt nur gesehen. Einige Leute lachten freilich darüber, daß sie ihn so verändert sahen. Aber er ließ sie lachen und kümmerte sich wenig darum: denn er war weise genug zu wissen, daß nichts Gutes in dieser Welt geschehen kann, worüber nicht von vornherein einige Leute lachen müssen. Weil er aber wußte, daß solcherlei Leute doch blind bleiben würden, dachte er bei sich, es sei besser, daß sie ihre Gesichter zum Lachen in Falten legten, als daß sie das auf weniger anziehende Weise täten. Sein eigenes Herz lachte, und das war ihm genug.

Er hatte keine fernere Berührung mit Geistern und lebte ein recht solides Leben. Aber immer sagte man ihm, er verstehe Weihnachten recht zu feiern, wenn es überhaupt ein Mensch verstünde. Ah, ließe sich doch dies wahrhaftig auch von uns allen sagen! Und so schließen wir mit des armen kleinen zarten Tiny Tims Worten: Gott segne uns alle und jedermann.

*Ende.*

**Erstes Zirpen**.

Der Kessel fing an! Sprecht mir nicht davon, was Mrs. Peerybingle behauptet hat. Natürlich weiß ich es besser als sie. Für ewige Zeiten mag Mrs. Peerybingle es vor Gericht zu Protokoll geben, daß sie nicht imstande sei, auszusagen, wer von ihnen beiden den Anfang gemacht hat – ich behaupte, daß der Kessel es war. Wer sollte es denn sonst wissen, wenn nicht ich. Dort in der Ecke steht eine kleine Schwarzwälderuhr, und deren Wachsgesicht zeigte an, daß der Kessel ganze fünf Minuten vorher angefangen hat, bevor das Heimchen überhaupt zu zirpen begann.

Gerade als hätte die Uhr nicht voll ausgeschlagen und als hätte der kleine Landmann oben drauf, der mit seiner Sense vor einem maurischen Schloß rechts und links drauflos arbeitete, nicht einen halben Morgen Gras abgemäht – das, nebenbei gesagt, garnicht da war, bevor das Heimchen überhaupt daran dachte, einzufallen.

Nicht, daß ich von Natur aus immer recht haben will. Alle Welt weiß das. Um nichts in der Welt möchte ich Mrs. Peerybingle widersprechen, wenn ich nicht vollkommen von der Wahrheit meiner Aussage überzeugt wäre. Wahrlich, nichts könnte mich dazu veranlassen. Hier jedoch sprechen Tatsachen. Und Tatsache ist, daß der Kessel mindestens fünf Minuten vorher begann, bevor das Heimchen überhaupt ein Lebenszeichen von sich gab. Wenn mir jetzt jemand widerspricht, so sage ich zehn!

Erlaubt jetzt, daß ich exakt erzähle, wie es geschah. Freilich hätte ich das gleich tun sollen, – aber das ist einfach so: soll ich eine Geschichte erzählen, so habe ich mit dem Anfang anzufangen – und wie kann ich mit dem Anfang anfangen, wenn ich nicht mit dem Kessel beginne?

Ist es nicht gerade, als handelte es sich um eine Wette oder ein musikalisches Preisringen? Natürlich zwischen dem Kessel und dem Heimchen. Und nun erzähle ich auch, wie es zugegangen ist und wie sich die Sache verhält.

Mrs. Peerybingle ging in die unheimliche Dämmerung hinaus und klapperte mit ihren Pantoffeln, unendlich viele rohe Abdrücke des ersten Euklidischen Lehrsatzes auf dem Hofe zurücklassend, über die nassen Steine, um den Kessel aus dem Wasserfaß zu füllen. Sodann kehrte sie in das Haus zurück, d. h. ohne die Pantoffel – und das ist ein großer Unterschied, denn die Pantoffel waren hoch und Mrs. Peerybingle war klein – und nun stellte sie den Kessel ans Feuer. Dabei verschwand ihre gute Laune, oder Mrs. Peerybingle hatte sie beiseite gelegt. Denn das Wasser auf dem Hofe – das sehr kalt war und außerdem so klebrig und glitschig, daß es alle möglichen Stoffe, selbst Pantoffel nicht ausgenommen, durchdringt – hatte Mrs. Peerybingles Füße nicht geschont und selbst ihre Waden bespritzt. Bilden wir uns aber nun – und das mit Fug und Recht – etwas auf unsere Beine ein und sind wir obendrein sehr eigen, was Sauberkeit und saubere Strümpfe betrifft, so empfinden wir das natürlich zunächst als eine große Unannehmlichkeit. –

Nun kommt noch dazu, daß auch der Kessel überaus widerspenstig war. Er wollte auf der Eisenstange nicht sitzen bleiben; er wollte nichts davon wissen, sich den Kohlen freundlich anzubequemen. Er beugte sich absolut wie ein Betrunkener vornüber und, als richtiger Einfaltspinsel von einem Kessel, ließ er seinen Inhalt auf den Herd tröpfeln. –

Er war streitsüchtig und zischte und sprudelte mürrisch über dem Feuer. Schließlich widersetzte sich auch der Deckel Mrs. Peerybingles Fingern; erst schlug er einen Purzelbaum und dann fiel er mit boshafter Hartnäckigkeit, die einer besseren Sache würdig gewesen, seitwärts bis auf den Grund des Kessels hinunter. Sogar der Rumpf des "Königlichen Georg" hat, um aus den Tiefen des Meeres gehoben zu werden, den Ingenieuren nicht halb soviel Widerstand geleistet, als dieser widerspenstige Kesseldeckel den Fingern der Mrs. Peerybingle.

Auch dann noch erwies sich der Kessel widerspenstig und dickköpfig; streckte seinen Henkel keck empor und schien seine Schnauze impertinent und höhnisch gegen Mrs. Peerybingle zu rümpfen, als wollte er sagen:

"Ich will nicht kochen. Nichts kann mich dazu bewegen!"

Aber Mrs. Peerybingle hatte ihre gute Laune wiedergefunden: sie rieb ihre molligen rundlichen Hände aneinander und setzte sich vergnügt vor den Kessel. Inzwischen schlug die Flamme fröhlich empor und beleuchtete freundlich den kleinen Grasmäher auf der Schwarzwälder Uhr, so daß man hätte glauben können, er stehe stockstill vor dem maurischen Palast und nur die Flamme sei in Bewegung.

Allein er bewegte sich doch; er hatte noch ganz richtig und regelmäßig seine Anfälle, immer zwei in der Sekunde. Aber es war schrecklich, seine Leiden anzusehen, wenn die Uhr im Begriff war zu schlagen, und sooft der Kuckuck aus seiner Klapptür im Palast herausguckte und sechsmal einsetzte, schüttelte es ihn jedesmal wie eine Gespensterstimme, oder wie ein Eisendraht, der an seinen Beinen zerrte.

Erst nach einer heftigen Erschütterung, und nachdem das Schnarren und Rasseln der Gewichte und der Schnüre unter ihm vollständig aufgehört hatte, kam der geängstete Grasmäher wieder zu sich. Sein Schrecken war übrigens begründet gewesen; denn die rasselnden Knochengerippe von Uhren sind mit ihrer lärmenden Tätigkeit ganz danach angetan, jeden außer Fassung zu bringen, und es wundert mich sehr, wie sich irgendein Mensch, ganz besonders aber ein Schwabe, daran ein Vergnügen finden konnte, sie zu erfinden. Behauptet man doch überhaupt, die Schwaben liebten weite Gehäuse und viel Kleidungsstoff für die unteren Teile ihres Körpers, und sie hätten darum schon der Übereinstimmung wegen ihre Uhren nach unten zu nicht so ganz nackt und unbekleidet lassen sollen.

Aber dies war der Augenblick, wo der Kessel sich zu amüsieren anfing. Dies war der Augenblick, wo der Kessel, sanft und musikalisch werdend, in seiner Kehle ein ununterdrückbares Gurgeln zu bekommen begann und kurze Schnaubetöne hören ließ, die er jedoch sofort erstickte, als wüßte er selbst noch nicht, ob er ein angenehmer Gesellschafter wäre. Dies war der Augenblick, wo er, nach zwei oder drei vergeblichen Anläufen seine zutraulichen Gefühle nicht zu verraten, alle üble Laune, alle Zurückhaltung beiseite schob und plötzlich in so fröhliche, trauliche Melodien ausbrach, daß sogar die sentimentalste Nachtigall ihn darum beneidet hätte.

Und wie einfach war der Gesang! Gott, ihr hättet ihn verstanden wie ein Buch – ja vielleicht besser als gewisse Bücher, die ich nicht nennen will. Während er seinen warmen Atem in einer lichten Wolke ausströmte, der fröhlich und anmutig einige Fuß emporstieg, und dann in der Kaminecke als an seinem Privathimmel hängen blieb, trällerte der Kessel sein Lied mit solchem Elan und einer Begeisterung, daß sein metallischer Körper auf dem Feuer summte und vor Freude schaukelte; und selbst der Deckel, der vorhin so widerspenstige Deckel – so viel vermag ein gutes Beispiel! – führte eine Art von Polka auf und klapperte wie ein taubstummes junges Zimbelbecken, das nie etwas von den Gewohnheiten seines Zwillingsbruders gehört hat.

Daß dieser Gesang des Kessels ein Einladungs- und Willkommensgruß für jedermann da draußen war, für jemand, der sich in diesem Augenblick dem kleinen behaglichen Hause und dem flackernden Feuer näherte, darüber kann gar kein Zweifel bestehen. Mrs. Peerybingle wußte das freilich sehr gut, während sie nachdenklich vor dem Herde saß.

Die Nacht ist finster, sang der Kessel, und dürre Blätter liegen am Wege; und oben ist alles Nebel und Dunkelheit, unten alles Schmutz und Schlamm; nur einen hellen Punkt gibt es in der traurigen düstern Luft, doch ich weiß nicht einmal, ob es einer ist, denn er scheint nur ein dunkelroter, zorniger Schimmer an der Stelle zu sein, wo Sonne und Wind gemeinsam den Wolken ein Brandmal aufdrücken, um sie wegen eines solchen Wetters zu strafen; und wohin man sieht, ist die Landschaft nur ein einziger trübseliger schwarzer Streifen; und Reif bedeckt den Wegweiser und Glatteis die Pfade; und das Eis ist kein Wasser und das Wasser kann nicht fließen und kein Wesen kann sagen, daß etwas sei, wie es sein sollte; aber er kommt, kommt, kommt! . . .

Und hier, wenn ihr erlaubt, stimmte das Heimchen ein mit einem Zirp-zirp-zirp von einer Großartigkeit wie ein Chor, – mit einer Stimme, die in einem so fabelhaften Mißverhältnis stand zu seiner Größe im Vergleich mit der des Kessels – (was sag' ich Größe! man konnte es ja nicht einmal sehen!) – daß, wenn es geplatzt wäre wie ein zu stark geladenes Gewehr, es als ein Opfer seines Fleißes auf der Stelle geblieben wäre und seinen kleinen Körper in tausend Splitter zerzirpt hätte – es würde euch das nur als eine natürliche und unvermeidliche Folge erschienen sein, auf die es extra losgearbeitet hatte. –

Bei dem Kessel war es aus mit seinem Solo. Allerdings fuhr er mit ungeschwächter Anstrengung fort; aber das Heimchen spielte jetzt die erste Violine und behielt sie. Gott, wie das zirpte! Seine schrille, harte, durchdringende Stimme tönte durch das ganze Haus und schien in der Dunkelheit draußen zu scheinen wie ein Stern. Es lag ein unbeschreibliches Trillern und Tremulieren in seinen höchsten Noten, das auf den Gedanken brachte, es sei ihm, hingerissen von dem Feuer seiner Begeisterung, nicht mehr möglich, sich aufrecht zu erhalten und müsse nun immer hüpfen und springen. Doch stimmten sie ganz ausgezeichnet zusammen, das Heimchen und der Kessel. Der Refrain des Liedes war immer derselbe, und lauter, lauter, immer lauter sangen sie in ihrem Wetteifer.

Die hübsche kleine Zuhörerin – denn hübsch war sie und jung, obgleich ein wenig rundlich, was mir persönlich aber durchaus nicht unsympathisch ist – die hübsche kleine Zuhörerin zündete ein Licht an, warf einen Blick nach dem Heumäher oben auf der Uhr, der schon eine recht schöne Mittelernte von Minuten geerntet hatte, und blickte dann zum Fenster hinaus, wo sie jedoch dank der Finsternis nichts sah als ihr eigenes Gesicht, das sich in den Scheiben spiegelte. Allerdings ist meine Ansicht – und ich glaube, auch die eure –: sie hätte lange hinausblicken können, ehe sie nur etwas halb so Anmutiges gesehen hätte.

Als sie auf ihren alten Sitz am Herde zurückkehrte, waren das Heimchen und der Kessel noch immer am Musizieren in einer Art wütenden Wettstreites – offenbar war die schwache Seite des Kessels die, daß er nicht wußte, wann er besiegt war.

Eine Aufregung, ganz wie bei einem Wettrennen. Zirp, zirp, zirp! Heimchen eine Weile voran Sum, sum, sum–m–m! Kessel tapfer hinterdrein, gerade wie ein großer Brummkreisel. Zirp, zirp, zirp! Heimchen biegt um die Ecke. Sum, sum, sum–m–m! Kessel folgt natürlich: kein Gedanke, sich für besiegt zu halten. Zirp, zirp, zirp! Heimchen lustiger als je. Sum, sum, sum–m–m! Kessel bedächtig, aber beharrlich! Zirp, zirp, zirp! Heimchen legte sich ins Geschirr, um ihm den Garaus zu machen. Sum, sum, sum–m–m! Kessel gibt nicht nach – bis sie schließlich im Holterpolter des Wettrennens sich so miteinander vermischen, daß, um einigermaßen sicher zu entscheiden, ob der Kessel zirpte und das Heimchen summte, oder ob das Heimchen zirpte und der Kessel summte, oder ob sie beide zirpten und beide summten, ein hellerer Kopf als der eure und der meine dazu nötig gewesen wäre. – Darüber kann jedoch kein Zweifel bestehen: daß der Kessel und das Heimchen genau in demselben Augenblick und vermöge einer ihnen allein bekannten Harmonie ihren Herdgesang auf den Flügeln eines Lichtstrahls, der durch das Fenster drang, die ganze Straße hinunter sandten. Und dieser Strahl, der auf einen gewissen Jemand fiel, der sich in der Dunkelheit dem Hause näherte, teilte ihm sofort die ganze Sache mit und rief: "Willkommen zu Hause, alter Knabe! Willkommen, lieber Freund!"

Gerade als dies Ziel erreicht war, kochte der Kessel, vollständig besiegt, über und wurde schnell vom Feuer genommen. Dann lief Mrs. Peerybingle nach der Tür, und bei dem Gerassel von Wagenrädern, dem Stampfen eines Pferdes, dem Rufen eines Mannes, dem Drauflosstürmen eines aufgeschreckten Hundes und dem ebenso überraschenden wie geheimnisvollen Erscheinen eines Wickelkindes wußte sie bald gar nicht mehr, wo ihr der Kopf stand. –

Woher das Wickelkind kam oder wo Mrs. Peerybingle es nur so im Handumdrehen herbekommen, das kann ich beim besten Willen nicht erzählen. Jedenfalls aber lag ein lebendiges Wickelkind in Mrs. Peerybingles Armen, und sie schien sogar glücklich und stolz darauf zu sein, als sie von der robusten Gestalt eines Mannes sanft ans Feuer gezogen wurde, der viel größer und viel älter als sie war; er mußte sich tief herabbücken, um sie zu küssen. Aber es war auch der Mühe wert. Sogar für einen Mann von sechs Fuß sechs Zoll lohnte es sich, ja, wäre er noch obendrein mit Kreuzschmerzen behaftet gewesen!

"Herr, mein Gott!" sagte Mrs. Peerybingle. "Wie siehst du aus, bei dem Wetter!"

Man konnte in der Tat nicht leugnen, daß er recht schlimm aussah, – der dicke Nebel hing in großen Tropfen an seinen Augenwimpern wie gefrorener Tau, und das Feuer und die Nässe ließen richtige Regenbogen in seinem Backenbart spielen.

"Ja, siehst du, Dot", sagte John langsam, während er einen Schal von seinem Halse wickelte und sich die Hände rieb: "ja, ... Sommerwetter haben wir gerade nicht. Da ist's also nicht zu verwundern."

"Ich bitte dich, John, nenne mich nicht Dot. Wirklich, der Name ist mir unleidlich", sagte Mrs. Peerybingle und verzog das Mäulchen in einer Weise, die klar zeigte, daß sie ihn im Gegenteil sehr gern leiden mochte. "Na, und was bist du denn sonst?" erwiderte John, indem er lächelnd auf sie herabblickte und ihre Taille so sanft drückte, wie seine große Hand und sein starker Arm zuließen. "Was bist du denn sonst als ein Pünktchen und" – hier blickte er das Kind an – "ein Pünktchen und ein Klexchen ... Aber nein, ich sag's nicht, es würde mir doch nicht gelingen; aber ich war nahe daran, einen Witz zu machen; ich glaube, ich war noch nie so nahe daran."

Nach seiner Behauptung war er überhaupt oft nahe daran, etwas sehr Gescheites zu sagen, dieser unbeholfene, langsame, ehrliche John; dieser John mit seinem schwerfälligen Kopf und so hellem Herzen, mit so rauher Schale und so mildem Kern; außen so schläfrig und innen so lebhaft, so einfältig und doch so gut! O Mutter Natur, gib deinen Kindern die echte Poesie des Herzens, wie sie die Brust dieses armen Fuhrmanns in sich barg – denn nebenbei gesagt, er war nur ein Fuhrmann – und dann können sie gern in Prosa reden und ein prosaisches Leben führen, wir werden dich doch segnen für solche Gesellschaft!

Es war ein Vergnügen, Dot zu sehen, so klein und so rundlich, mit ihrem Wickelkinde auf den Armen, ein richtiges Püppchen von einem Wickelkinde – wie sie mit koketter Nachdenklichkeit ins Feuer sah und ihr feines Köpfchen grade genug auf die Seite neigte und es in seltsamer, halb natürlicher, halb gezierter, aber ganz anmutiger Weise, gleichsam wie ein kleines Nest an die breite rauhe Gestalt des Fuhrmanns schmiegte. Es war ein Vergnügen zu sehen, wie er in seiner zärtlichen Unbeholfenheit sich bemühte, seine rauhe Stütze ihren leichten Bedürfnissen anzupassen und seine kräftige Männlichkeit zu einem nicht unangemessenen Stabe für ihre blühende Jugend zu machen. Es war ein Vergnügen zu sehen, wie Tilly Tolpatsch, die im Hintergrunde auf das Kind wartete, trotz ihrer angehenden fünfzehn Jahre sich die Gruppe ganz genau ansah und, Mund und Augen weit offen und den Kopf vorgestreckt, dastand – in einer Weise, als ob sie begierig Luft einatme. Nicht weniger erfreulich war es zu sehen, wie John, der Fuhrmann, auf einige Worte, die Dot bezüglich vorerwähnten Kindes sagte, seine Hand in demselben Augenblick zurückzog, als er es berühren wollte, als hätte er Furcht, es zu zerdrücken, und sich damit begnügte, es mit vorgeneigtem Oberkörper aus der Ferne zu betrachten, und zwar mit einer Mischung von Stolz und Verlegenheit – wie wohl ein liebenswürdiger Bullenbeißer dreingeschaut hätte, wenn er eines schönen Tages herausgefunden hätte, daß er Vater eines jungen Kanarienvogels sei.

"Ist er nicht hübsch, John? Sieht er nicht reizend aus, wenn er schläft?"

"Ganz reizend", sagte John. "Ja, ja, ganz reizend. Er schläft wohl überhaupt die meiste Zeit, nicht wahr?"

"Aber mein Gott, John! Bewahre, nein!"

"Oh!" sagte John nachdenklich. – "Ich dachte, er hätte seine Augen meistens geschlossen. Halloh!"

"Du lieber Gott, John, wie du einen erschreckst!"

"Es ist nicht gut, daß er die Augen so verdreht!" sagte der erschreckte Fuhrmann. "Nicht wahr? Sieh, wie er mit beiden zugleich blinzelt! Und sieh nur den kleinen Mund an! Wie er schnappt, – gerade wie ein Goldfisch!"

"Du verdienst garnicht, Vater zu sein, durchaus nicht", sagte Dot mit der ganzen Würde einer erfahrenen Matrone. "Aber wie solltest du auch wissen, John, wieviel kleine Schmerzen so ein Kindchen leiden muß! Du weißt nicht einmal ihren Namen, du dummer Mann!"

Und nachdem sie das Kind auf den linken Arm genommen und ihm als eine Art Herzstärkung den Rücken geklopft hatte, zupfte sie lachend ihren Mann am Ohr.

"Nein", sagte John, indem er seinen Überrock auszog. "Du hast Recht, Dot, ich verstehe mich nicht besonders auf dergleichen. Ich weiß nur, daß ich heut abend tüchtig mit dem Wind habe kämpfen müssen. Er kam von Nordost gerade in den Wagen herein, auf dem ganzen Heimweg."

"Ach ja, mein armer, guter Mann!" rief Mrs. Peerybingle und wurde sofort außerordentlich beweglich. "Da, nimm den kostbaren Schatz, Tilly, während ich etwas Nützliches tue. Du lieber Gott, ich glaube, ich könnt' ihn schier totküssen! Kusch dich, gutes Tier. Kusch dich, Boxer! Erst sollst du deinen Tee haben, John, und dann will ich dir bei den Paketen helfen, wie eine fleißige Biene: ›Wie das kleine Bienchen‹ – und so weiter: du weißt ja, John. Hast du je ›Wie das kleine Bienchen‹ gelernt, John, als du in die Schule gingst?"

"Nicht alle Verse", antwortete John. "Ich war einmal sehr nahe daran, sie alle zu lernen. Aber ich hätte es doch nur verdorben."

"Ha, ha, ha!" lachte Dot. Es war das lustigste Lachen von der Welt. "Was für ein guter, lieber, alter Dummkopf du doch bist, John!"

Ohne auf diese Behauptung irgend etwas einzuwenden, ging John hinaus, um nach dem Jungen mit der Laterne zu sehen, die wie ein Irrlicht vor Tür und Fenster hin und her hüpfte, ob er auch ordentlich für das Pferd sorge – und dieses Pferd war dicker und fetter, als ihr glauben würdet, wenn ich euch seinen Umfang angäbe, und so alt, daß sein Geburtstag sich in der grauen, dunklen Vorzeit verlor. Boxer, welcher wußte, daß die ganze Familie auf seine Aufmerksamkeit Anspruch hatte, und diese unparteiisch unter die einzelnen Mitglieder derselben verteilen wollte, stürmte überall beunruhigend ein und aus – bald bellte er rund um das Pferd herum, während dieses an der Stalltür gestriegelt wurde, bald stellte er sich, als wolle er sich wie toll auf seine Herrin stürzen, und machte dann plötzlich in ergötzlicher Weise halt, dann wieder der Tilly Tolpatsch, die auf einem Schemel am Feuer saß, einen Schrei entlockte, indem er ihr mit seiner feuchten Schnauze unvermutet im Gesicht herumfuchtelte; bald ein aufdringliches Interesse für das Wickelkind zeigte; bald rund um den Herd ging und sich niederlegte, als wolle er sich für die Nacht niederlassen; bald wieder aufstand und sein bißchen Schwanz in die Nacht hinaustrug, als habe er sich gerade eines Stelldicheins erinnert, und fort war er im raschen Trabe, um es nicht zu versäumen.

"Da, da ist der Tee, die Kanne steht auf dem Herdrand", sagte Dot mit der ernsten Geschäftigkeit eines Kindes, das Hausfrau spielt. "Und da ist der kalte Schinken und da Butter und da Brot und all das andere! Hier ist ein Waschkorb für die kleinen Pakete, John, wenn du welche hast – aber wo bist du denn, John? Tu, was du tust, aber laß das liebe Kind nicht auf den Rost fallen, Tilly!"

Es muß hier bemerkt werden, daß Fräulein Tolpatsch trotz des Protestes, den sie gegen diese Möglichkeit einlegte, ein seltenes und ganz überraschendes Talent dafür besaß, das Wickelkind in allerlei Gefahren zu bringen, und mehr als einmal sein junges Leben mit einer nur ihr eigentümlichen Kaltblütigkeit aufs Spiel gesetzt hatte. Sie war von schmächtiger, hoher Gestalt, diese junge Dame, so, daß ihre Kleider in beständiger Gefahr zu sein schienen, von ihren spitzen Schultern, an denen sie nur lose hingen, herabzugleiten. An ihrem Kostüm war das Merkwürdige, daß es an allen möglichen Stellen gewisse Stückchen Flanell sehen ließ, und in der Gegend des Rückens ein Korsett von verschossenem Grün sichtbar wurde. Da Fräulein Tolpatsch stets in einem Zustande war, wo sie alles Denkbare begaffte und bewunderte und zudem in fortwährende Betrachtung der Vollkommenheiten ihrer Herrin und des Wickelkindes versunken war, so kann man wohl sagen, daß die kleinen Irrtümer ihres Verstandes ebensosehr ihrem Kopfe wie ihrem Herzen Ehre machten; und obgleich sie dem Köpfchen des Wickelkindes weniger Ehre machten, das sie gelegentlich in Berührung brachten mit Türkanten, Tischecken, Treppengeländern, Bettpfosten und andern fremdartigen Gegenständen, so waren sie doch nur das ehrliche Resultat von Tillys beständigem Erstaunen darüber, daß man sie so freundlich behandelte und sie in einem so behaglichen Hause untergebracht war. Denn die Tolpatsch, Vater und Mutter, waren der Fama beide gleich unbekannt. Tilly war durch öffentliche Barmherzigkeit aufgezogen worden, da sie ein Findling war, und dieses Wort, obgleich es grad so viel Buchstaben besitzt wie Liebling, hat doch einen ganz anderen Sinn und bezeichnet etwas durchaus anderes.-

Es würde euch fast ebensosehr ergötzt haben wie John, wenn ihr selbst die kleine Mrs. Peerybingle mit ihrem Manne hättet zurückkommen sehen, wie sie an dem Waschkorbe zog und die tapfersten Anstrengungen machte, nichts zu tun – denn er trug ihn ja. Und soviel ich weiß, amüsierte es auch das Heimchen, wenigstens fing es jetzt mit einer gewissen Heftigkeit wieder zu zirpen an.

"Hallo!" sagte John in seiner langsamen Weise, "'s ist heut abend lustiger als je, scheint mir."

"Und es bringt uns sicherlich Glück, John! Das hat's immer getan. Ein Heimchen am Herd zu haben, ist das größte Glück von der Welt!"

John sah sie an, als wäre er nahe daran, auf den Gedanken zu kommen, sie sei sein Oberheimchen, und war vollständig mit ihr einverstanden. Aber es war vermutlich wieder eine jener Gelegenheiten, wo er nahe daran war, einen Witz zu machen, denn er sagte nichts.

"Das erstemal, daß ich seinen munteren lieben Gesang hörte, das war an jenem Abend, John, da du mich in dein Haus – in mein neues Heim brachtest, als seine kleine Herrin. Es ist nahezu ein Jahr her. Du erinnerst dich doch, John!"

O ja, John erinnerte sich! "Das sollt' ich meinen!"

"Sein Zirpen war mir ein so lieblicher Willkommensgruß! Es schien so voller Verheißung und Ermutigung! Es war, als wolle es mir sagen, du würdest gut und freundlich gegen mich sein und nicht erwarten – das fürchtete ich damals, John – einen alten Kopf auf den Schultern deiner dummen kleinen Frau zu finden."

John klopfte nachdenklich eine dieser Schultern und streichelte dann ihren Kopf, als wollte er sagen: "Nein, nein, ich hatte so etwas nicht erwartet; ich bin mit diesem Kopf und diesen Schultern ganz zufrieden." Und er hatte durchaus recht: sie waren allerliebst.

"Es sagte die Wahrheit, John, als es zu sprechen schien; denn du bist mir immer der beste, der nachsichtigste, der liebevollste Gatte gewesen. Du hast mir dieses Haus zu einem glücklichen Heim gemacht, John, und ich liebe das Heimchen darum."

"Na, dann ich auch", sagte der Fuhrmann. "Dann ich auch, Dot."

"Ich liebe es, weil ich es so oft gehört habe und wegen der vielen guten Gedanken, die seine unschuldige Musik in mir angeregt hat. Wenn ich mich abends in der Dämmerung bisweilen ein wenig verlassen und niedergeschlagen fühlte, John, – nämlich ehe das Kindchen kam, um mir Gesellschaft zu leisten und es fröhlich im Hause zu machen – wenn ich bedachte, wie einsam du sein würdest, wenn ich stürbe, wie trostlos ich sein würde, wenn ich es wissen könnte, daß du mich verloren hättest, Liebster: da schien sein Zirp – zirp – zirp auf dem Herde mir von einem andern Stimmchen zu erzählen, von einem so süßen, meinem Herzen so teuren Stimmchen, daß dessen zukünftiger Klang meinen Kummer bald wie einen Traum verschwinden ließ. Und wenn ich sonst fürchtete – und ich fürchtete es anfangs wirklich, John, denn du weißt ja, ich war noch sehr jung! – wir könnten als ein schlechtes Ehepaar zusammenleben, da ich fast nur ein Kind war und du mehr aussahst wie mein Vormund als wie mein Mann – und daß du, welche Mühe du dir gäbest, doch nicht imstande wärest, mich so lieben zu lernen, wie du hofftest und wünschtest; dann heiterte sein Zirp-zirp-zirp mich wieder auf und gab mir frischen Mut und neues Vertrauen. An all diese Dinge dacht' ich heute abend, Lieber, als ich dasaß und dich erwartete; und das ist's, warum ich das Heimchen so lieb habe!"

"Dann ich auch", wiederholte John. "Aber Dot . . . ich erst hoffen und wünschen, daß ich dich lieben lernte! Wie du nur reden magst! Das hatte ich längst gelernt, eh' ich dich hierher brachte, damit du des Heimchens kleine Herrin seist, Dot!"

Sie legte ihre Hand einen Augenblick auf seinen Arm und schaute mit erregtem Gesicht zu ihm auf, als hätte sie ihm etwas sagen wollen. Am nächsten Augenblick jedoch lag sie vor dem Korbe auf den Knien, plauderte mit ihrer angenehmen Stimme fröhlich und eifrig, während sie sich mit den Paketen beschäftigte.

"Es sind heute abend nicht viele, John; aber ich habe soeben hinten auf dem Wagen einige Ballen gesehen, und wenn sie auch mehr Arbeit machen, so bringen sie doch auch mehr ein; wir haben also nichts, worüber wir uns zu beklagen hätten, nicht wahr? Und zudem hast du gewiß auf dem Heimweg schon einiges abgeliefert, nicht?"

"Jawohl", sagte John. "Eine recht hübsche Anzahl."

"Aber was ist dies für eine runde Schachtel? Du meine Güte, John, das ist ja ein Hochzeitskuchen!"

"Sowas kann nur eine Frau erraten!" sagte John voll Bewunderung. "Ja, ein Mann wäre gar nicht auf solche Gedanken gekommen! Man packe nur einen Hochzeitskuchen in eine Teekiste, in eine auseinandergenommene Bettstelle, in ein Lachsfäßchen oder in irgendein anderes unwahrscheinliches Ding, ich wette, eine Frau findet ihn sofort heraus ... Ja, das ist richtig, ich habe ihn von dem Konditor mitgebracht."

"Und er wiegt, ich weiß nicht wie viele ... ganze hundert Pfund!" rief Dot, indem sie große Anstrengungen machte, ihn aufzuheben. "Für wen ist er, John? Wo soll er hin?"

"Lies die Adresse auf der anderen Seite", erwiderte John.

"Wie, John! Du meine Güte, John!"

"Ja, wer hätte das gedacht!" versetzte John.

"Du meinst doch nicht etwa", fuhr Dot fort, indem sie sich auf den Boden setzte und den Kopf schüttelte, "daß er für Gruff und Tackleton, den Spielwarenhändler, ist!"

John nickte.

Mrs. Peerybingle nickte ebenfalls, wenigstens fünfzigmal. Nicht zum Zeichen der Zustimmung, sondern in stummer, mitleidiger Überraschung, und inzwischen zog sie mit all ihrer geringen Kraft ihre Lippen spitz zusammen – sie waren gar nicht für das Spitzzusammenziehen geschaffen, das ist mir klar – und blickte in Gedanken verloren den guten Fuhrmann gleichsam durch und durch an. Inzwischen fragte Fräulein Tolpatsch, die ein ungeheures Talent dafür hatte, aus dem Fluß der Unterhaltung einige Brocken zum Vergnügen des Wickelkindes herauszufischen, wobei sie sie jedoch alles Sinnes beraubte und fast sämtliche Wörter ins Diminutiv verwandelte, um sie diesem jungen Geschöpfchen anzupassen: "Wirklich für Gruffchen und Tapletonchen, das Spielwarenhändlerchen? Wollte bei dem Pastetenbäckerchen Hochzeitküchelchen holen? Und Mütterchen wirklich Schächtelchen sofortchen erkanntchen, als Väterchen sie heimchen gebracht!" und so weiter.

"Und die Heirat soll also wirklich zustande kommen!" sagte Dot. "Gott, wir sind zusammen in die Schule gegangen, John."

John dachte ohne Zweifel an sie, oder war vielleicht nahe daran zu denken, wie sie in jener Schulzeit ausgesehen habe. Er sah sie mit nachdenklichem Wohlgefallen an, ohne jedoch zu antworten.

"Und er ist so alt –! Ihr so ungleich –! ... Sag doch mal, John, wie viel Jahre ist Gruff und Tackleton wohl älter als du?"

"Wieviel Tassen Tee soll ich heute abend in einer Sitzung wohl mehr trinken als Gruff und Tackleton je in vier Sitzungen getrunken hat?" versetzte John gutgelaunt, indem er einen Stuhl an den runden Tisch rückte und den kalten Schinken in Angriff nahm. "Was das Essen anbelangt, Dot, so esse ich nur wenig, aber dieses Wenige lass' ich mir schmecken."

Selbst dieser sein gewöhnlicher Trinkspruch, eine seiner unschuldigen Selbsttäuschungen, – denn sein Appetit war stets hartnäckig und strafte ihn offensichtlich Lügen – rief kein Lächeln auf das Gesicht seines kleinen Weibchens, das zwischen den Paketen stand und die Kuchenschachteln langsam mit dem Fuße von sich stieß, ohne ihrem zierlichen Schuh, dem sie sonst so viel Beachtung schenkte, auch nur einen Blick zu gönnen, obgleich ihre Augen ebenfalls niedergeschlagen waren. In Gedanken verloren stand sie da, dachte ebensowenig an den Tee wie an John – obwohl er sie anrief und mit dem Messer auf den Tisch klopfte, um ihre Aufmerksamkeit zu erregen – bis er endlich aufstand und ihren Arm berührte. Da schaute sie ihn einen Augenblick an und eilte, über ihre Nachlässigkeit lachend, auf ihren Platz hinter dem Teebrett. Aber sie lachte nicht wie früher. Die Art und Weise sowohl wie der Klang hatten sich ganz verändert.

Auch das Heimchen war verstummt. Das Zimmer war irgendwie nicht mehr so gemütlich wie früher. Gar nicht mehr.

"Dies sind also sämtliche Pakete, John?" sagte sie und unterbrach ein langes Schweigen, das der ehrliche Fuhrmann der praktischen Illustration des einen Teils seines beliebten Trinkspruches gewidmet hatte – indem er in der Tat bewies, daß er mit Appetit aß, wenn auch nicht zugegeben werden konnte, daß er nur wenig aß. "Dies sind also sämtliche Pakete, John?"

"Das ist alles", versetzte John. "Aber – nein – ich –" setzte er hinzu, indem er Messer und Gabel niederlegte und tief ausatmete. "In der Tat, ich habe den alten Herrn rein vergessen!"

"Den alten Herrn?"

"Im Wagen", sagte John. "Er war im Stroh eingeschlafen, als ich ihn zum letztenmal sah. Ich bin zweimal ganz nahe daran gewesen, mich seiner zu erinnern, seit ich hier bin; aber er ist mir wieder aus dem Kopfe gekommen. Holla! Heda, Ihr dort! Aufgestanden, guter Freund!"

John sagte diese letzten Worte vor der Tür, wohin er mit dem Licht in der Hand geeilt war.

Fräulein Tolpatsch, überzeugt, daß hinter dem Namen "alter Herr" irgendein Geheimnis stecke, und die in ihrer verworrenen Phantasie gewisse Vorstellungen religiöser Natur mit diesem Ausdruck verband , geriet so in Aufregung, daß sie hurtig von ihrem Schemel am Feuer aufstand, um Schutz hinter der Schürze ihrer Herrin zu suchen. Aber in dem Augenblick, als sie an der Tür vorübereilte, kam sie in Berührung mit einem unbekannten Greise und machte sofort instinktiv einen Angriff auf ihn mit der einzigen Waffe, die ihr gerade zu Gebote stand. Da diese Waffe zufällig das Wickelkind war, so entstand große Aufregung und Bestürzung, die Boxers Scharfsinn nur noch vermehrte; denn dieser brave Hund, achtsamer als sein Herr, hatte allem Anschein nach den alten Herrn in seinem Schlaf bewacht, damit er sich nicht mit ein paar jungen Pappeln davonmachte, die hinten auf den Wagen gebunden waren, und auch jetzt noch blieb er ihm hart auf den Fersen, zauste beständig an seinen Gamaschen und machte verzweifelte Angriffe auf seine Knöpfe.

"Na, Herr, Ihr versteht das Schlafen, das kann man nicht anders sagen", sprach John, als die Ruhe wieder hergestellt war.

Während dieser Zeit hatte der alte Herr barhaupt und regungslos mitten im Zimmer gestanden.

"So ausgezeichnet versteht Ihr's, daß ich Euch fast fragen möchte, wo denn die andern sechs sind. Aber das gäbe ja beinahe einen Witz und ich würde ihn gewiß nur verderben. Übrigens nahe daran", murmelte der Fuhrmann lachend: "ganz nahe daran!"

Der Fremde, der langes weißes Haar, schöne und für einen Greis merkwürdig stolze und ausdrucksvolle Züge und glänzende durchdringende dunkle Augen hatte, sah sich freundlich lachend um und grüßte des Fuhrmanns Frau mit würdevollem Kopfnicken.

Sein Anzug war zwar einfach, aber sehr komisch – er war schon längst aus der Mode gekommen. Er war ganz von brauner Farbe. In der Hand hielt er einen großen ebenfalls braunen Knüttel oder eine Art Spazierstock. Da geschah etwas Merkwürdiges: als er damit auf den Boden stieß, fiel er auseinander und wurde ein Stuhl, auf den er sich mit der größten Gelassenheit setzte.

"Sieh nur!" sagte der Fuhrmann, indem er sich zu seiner Frau umwandte. "Gerade so fand ich ihn am Wege sitzend. Aufrecht wie ein Meilenzeiger. Und beinahe ebenso taub!"

"Er saß im Freien, John?"

"Ganz im Freien", erwiderte der Fuhrmann; "just als die Nacht hereinbrach. ›Fahrgeld‹, sagte er und gab mir einundeinenhalben Schilling. Dann stieg er ein. Und jetzt ist er da."

"Er wird doch wohl bald gehen wollen, John?"

Aber nein. Er wollte nur reden.

"Mit eurer Erlaubnis", sagte der Fremde sanft, "ich soll abgeholt werden. Tut, als wenn ich gar nicht da wäre."

Damit nahm er aus einer seiner weiten Taschen eine Brille und aus einer andern ein Buch und begann behäbig zu lesen, wobei er sich um Boxer nicht mehr kümmerte, als wäre er ein Lämmchen gewesen.

Der Fuhrmann und seine Frau wechselten einen bestürzten Blick. Der Fremde erhob sein Haupt, blickte von der letzteren auf den ersteren, und sagte:

"Eure Tochter, guter Freund?"

"Frau", erwiderte John.

"Nichte?" fragte der Fremde.

"Frau!" schrie John.

"Wirklich?" versetzte der Fremde. "In der Tat, sehr jung!"

Dann schlug er gemütlich einige Blätter um und setzte seine Lektüre fort. Aber kaum hatte er zwei Zeilen gelesen, da unterbrach er sich wieder und fragte:

"Und das Kind – Euer?"

John machte mit dem Kopfe ein gar nicht mißzuverstehendes Zeichen der Bejahung – mit Hilfe eines Sprachrohrs hätte er nicht verständlicher antworten können.

"Mädchen?"

"Kna-a-be!" schrie John.

"Auch noch sehr jung, he?"

Sofort meldete sich Mrs. Peerybingle zum Wort.

"Zwei Monat und drei Ta-a-ge! Vor sechs Wochen wurde er gerade gei-i-mpft! Pocken sehr schön bekommen! Doktor sagte, ein merkwürdig schönes Ki-i-nd! So kräftig wie sonst nur Kinder von fünf Mo-o-nden! Seine Klugheit ganz wu-underbar! Wird Ihnen unglaublich scheinen, aber kann schon auf seinen Beinchen ste-e-hen!" Hier hielt die atemlose kleine Mutter, die diese kurzen Sätze dem Greise ins Ohr geschrien, bis ihr hübsches Gesicht feuerrot geworden, das Kindchen vor ihn hin, als einen unumstößlichen triumphierenden Beweis ihrer Behauptung, während Tilly mit dem melodischen Rufe "Ätsch, ätsch" – die geheimnisvollen Worte wie das Niesen eines kräftigen Mannes klangen – wie ein junges Kalb um das unschuldige Kindchen herumtanzte. –

"Horch! Da wird er gewiß abgeholt", sagte John. "Da ist jemand an der Tür. Mach' auf, Tilly!"

Eh' sie jedoch die Tür erreicht hatte, wurde sie von außen geöffnet; denn es war eine jener altmodischen Türen mit Klinke, die jeder öffnen konnte, der Lust hatte – und gar mancher hatte Lust dazu; denn alle möglichen Nachbarn wechselten gern ein paar gemütliche Worte mit dem Fuhrmann, obgleich er gerade nicht sehr redselig war. Es trat ein kleiner dummer Mann mit nachdenklichem braunen welken Gesicht herein, der sich aus Packleinwand, in die wohl mal eine alte Kiste eingenäht worden war, selbst einen Überrock gemacht zu haben schien; denn als er sich umwandte, um die Tür zu schließen, damit das Wetter nicht hereinschlage, zeigte er auf der Rückseite seines Rocks in großen schwarzen Buchstaben die Aufschrift "G. & T.", sowie in energischen Schriftzügen das Wort "*Glas!*"

"Guten Abend, John", sagte der kleine Mann. "Guten Abend, junge Frau. Guten Abend, Tilly. Guten Abend, Unbekannter. Was macht das Kindchen, junge Frau? Und Boxer hoffentlich gesund?"

"Alles bei bestem Wohlsein, Kaleb." antwortete Dot. "Um Euch davon zu überzeugen, braucht Ihr nur unseren lieben Jungen anzusehen."

"Und Euch, dann weiß ich's noch mal", versetzte Kaleb.

Er sah sie jedoch nicht an; denn er hatte ein unruhiges, nachdenkliches Auge, das immer in einer andern Zeit und einem andern Raume schien, wie denn seine Stimme auch niemals bei der Sache zu sein schien.

"Oder John, dann weiß ich's nochmal", sagte Kaleb.

"Oder Tilly, soweit das möglich; oder auch Boxer."

"Gerade viel zu tun, Kaleb?" fragte der Fuhrmann.

"O ja, ziemlich viel, John", erwiderte dieser mit der zerstreuten Miene eines Mannes, der nicht weniger als den Stein der Weisen sucht. "Ja, ziemlich viel. Es ist jetzt starke Nachfrage nach Noahs Archen. Ich möchte die Noahsche Familie gern vollkommener machen, aber ich weiß nicht, wie es bei dem Preise möglich ist. Es würde mir Freude machen, wenn die Sems von den Hams, und die Männer von den Weibern deutlicher unterschieden werden könnten. Die Fliegen haben auch nicht das richtige Maß – wißt Ihr, wenn man sie mit den Elefanten vergleicht! Was ich sagen wollte, John, habt Ihr etwas unter den Paketen für mich?"

Der Fuhrmann steckte seine Hand in eine Tasche des Rockes, den er ausgezogen hatte, und brachte, sorgfältig in Moos und Papier gewickelt, einen kleinen Blumentopf zum Vorschein.

"Da ist's!" sagte er, ihn mit der größten Sorgfalt auspackend. "Es ist nicht ein einziges Blatt beschädigt. Ganz voller Knospen."

Kalebs trübes Auge erhellte sich, als er ihn entgegennahm und dem Fuhrmann dankte.

"Teuer, Kaleb", sagte der Fuhrmann; "sehr teuer um diese Jahreszeit."

"Macht nichts, mir würde er immer billig sein, was er auch kosten mag", erwiderte der kleine Mann. "Sonst noch was, John?"

"Eine kleine Schachtel", erwiderte der Fuhrmann. "Da ist sie."

"An Kaleb Plummer", sagte der kleine Mann, die Adresse buchstabierend. "Mit Vorschuß, John? Ich glaube nicht, daß das für mich ist."

"Mit Vorsicht", entgegnete der Fuhrmann, ihm über die Schulter blickend. "Wie lest Ihr denn Vorschuß heraus?"

"Ach ja, richtig!" sagte Kaleb. "Ja, ja, richtig, mit Vorsicht! Jawohl, es ist für mich. Es hätte übrigens auch ›mit Vorschuß‹ heißen können, John, wenn mein lieber Junge, der nach dem goldenen Südamerika ging, noch lebte. Ihr liebtet ihn wie einen Sohn, nicht wahr? Ihr braucht nicht ja zu sagen. Ich weiß es ohnehin. An Kaleb Plummer, ›mit Vorsicht‹. Ja ja, ist ganz richtig. 's ist eine Schachtel mit Puppenaugen für die Arbeit meiner Tochter. Ich wollte, John, es wären Augen für sie selbst in der Schachtel."

"Ich auch!" rief der Fuhrmann. "Oder doch, daß es so sein könnte!"

"Danke für den Wunsch", sagte der kleine Mann. "Was Ihr sagt, kommt von Herzen. Wenn man so denkt, daß sie nie die Puppen sehen kann ... und daß sie sie den ganzen lieben langen Tag so unverwandt anblicken! Das ist das Traurige dabei. Was bin ich Euch schuldig, John?"

"Das werdet Ihr gleich merken", sagte John, "wenn Ihr sowas noch mal fragt. Dot, sehr nahe daran, he?"

"Ja, das sieht Euch ganz ähnlich", bemerkte der kleine Mann. "Das ist so Eure freundliche Weise. Ich glaube, das wäre nun alles."

"Ich glaub's nicht", sagte der Fuhrmann. "Ratet noch mal."

"Etwas für unsern Prinzipal, he?" sagte Kaleb nach kurzem Besinnen. "Jawohl, das ist's, warum ich herkam; aber mein Kopf steckt so voll Archen Noahs und dergleichen ... Er ist doch nicht hier gewesen, nicht wahr?"

"Der!" versetzte der Fuhrmann. "Der hat den Kopf voll mit Heiraten."

"Er muß jedoch herkommen", sagte Kaleb; "denn er sagte mir, ich sollte auf dem Heimwege an der linken Seite gehen, und es gilt zehn gegen eins, daß er mich einholt. Übrigens, es ist wohl am besten, ich gehe ... Möchtet Ihr wohl die Freundlichkeit haben, junge Frau, mich einen Augenblick Boxer in den Schwanz kneipen zu lassen – ja?"

"Aber Kaleb! Was fällt Euch ein!"

"O, es hat nichts zu bedeuten, junge Frau", sagte der kleine Mann. "Er könnte es mir ja auch übelnehmen. Seht, ich habe da gerade einen ziemlich großen Auftrag auf bellende Hunde bekommen, und da möcht' ich es so natürlich herstellen, wie es sich für fünf Groschen machen läßt. Nichts für ungut, junge Frau."

Da traf es sich glücklicherweise, daß Boxer, ohne, wie vorgeschlagen, gekniffen zu werden, mit großem Eifer zu bellen begann. Aber da dieses Bellen die Nähe eines neuen Besuches anzeigte, so lud sich Kaleb, indem er seine Studien nach der Natur auf günstigere Gelegenheit verschob, die runde Schachtel auf die Schulter und nahm hastig Abschied. Er hätte sich die Mühe sparen können, denn auf der Schwelle begegnete er bereits dem neuen Besuch.

"So, Ihr seid noch hier? Hm! Wartet ein Weilchen, ich werde Euch nach Hause bringen. John Peerybingle, Euer Diener; und vor allem der gehorsamste Diener Eures hübschen Weibchens. Alle Tage schöner! Auch besser, wenn möglich! und jünger", murmelte der Redner leise; "das ist gerade der Teufel!"

"Ich würde mich wundern, daß Ihr so mit Komplimenten um Euch werft, Mr. Tackleton", sagte Dot gerade nicht sehr gnädig, "wenn Eure neue Lage uns die Sache nicht erklärte."

"Ihr wißt es also schon?"

"Ich hab's endlich fertiggebracht, es zu glauben", sagte Dot.

"Vermutlich nach einem sehr heißen Kampf?"

"Nach einem sehr heißen."

Tackleton, der Spielwarenhändler, ziemlich allgemein bekannt als Gruff und Tackleton – denn so hieß die Firma, obgleich Gruff schon längst ausgetreten war, seinem ehemaligen Kompagnon nur seinen Namen und seinem Geschäft, wie manche behaupteten, die Eigenschaft, die das Wörterbuch mit diesem Worte bezeichnet, lassend – Tackleton, der Spielwarenhändler, war ein Mensch, dessen Beruf von seinen Eltern und Vormündern völlig mißverstanden worden war. Hätten sie einen Pfandleiher, einen Exekutor oder Makler aus ihm gemacht, so hätte er, wenn er seine widerwärtigen Hörner in der Jugend abgestoßen, und nachdem er die Bosheit seines Naturells in menschenfeindlichen Handlungen erschöpft, schließlich noch ein liebenswürdiger Mensch werden können, wäre es auch nur gewesen, weil es etwas ganz Neues für ihn bedeutet hätte. Aber das Schicksal hatte ihn dazu bestimmt, sich die Galle zu erhitzen in der friedlichen Beschäftigung eines Spielwarenhändlers, und so wurde er ein wahrer Hausteufel, der sein ganzes Leben lang von Kindern lebte, ohne darum aufzuhören, ihr unversöhnlicher Feind zu sein. Alle Spielsachen waren ihm ein Greuel, und er würde um alles in der Welt keine gekauft haben. Er fand in seiner Bosheit ein eigentümliches Vergnügen daran, den pappdeckelnen Pächtern, die ihre Schweine zu Markt trieben, den öffentlichen Ausrufern, die denjenigen, die verlorengegangene Advokatengewissen wiederfänden, eine angemessene Belohnung versprachen, den zappeligen alten Damen, die Strümpfe stopften oder Pasteten zerschnitten, und andern Figuren seines Lagers wilde, ingrimmige Gesichter zu geben. Es war ein wahrer Hochgenuß für ihn, schrecklich häßliche Fratzen zu erfinden, sowie häßliche, mit Haaren bedeckte, rotäugige Schachtelmännchen, vampirartige Papierdrachen, dämonische Springer, die nicht liegen bleiben wollten, sondern immer wieder jedem ins Gesicht sprangen und die Kinder bis zum Tode erschreckten. Sie waren sein einziger Trost und sozusagen der Kanal, der seine überströmende Bosheit abführte. Er war groß in solchen Erfindungen. Die Idee irgendeines Kinderälpchens war für ihn die Quelle eines unbeschreiblichen Entzückens. Er hatte sogar Geld dafür ausgegeben – und dies war das einzige Spielzeug, das er zärtlich liebte –, um Schiebegläser für Zauberlaternen zu bekommen, worauf die Mächte der Hölle als eine Art übernatürlicher Seekrebse mit menschlichen Gesichtern abgemalt waren. Auch hatte er ein kleines Kapital fest dafür angelegt, um Riesen von übernatürlicher Größe herzustellen, und obgleich nicht selbst Maler, verstand er doch, zur Belehrung der Fabrikanten, bei denen er seine Waren bestellte, mit einem Stück Kreide gewisse versteckte Züge anzudeuten, dazu angetan, die Gesichter jener Ungeheuer in einer Weise zu verändern, daß ihr Blick dann imstande war, alle jungen Herren zwischen sechs und elf Jahren während der ganzen Dauer der Weihnachts- und Hundstagsferien um ihre Seelenruhe zu bringen.

Wie er in Spielsachen war, so war er auch – wie die meisten Menschen – in allen andern Dingen. – Man kann sich daher leicht vorstellen, daß in dem großen, grünen Überzieher, der ihm bis über die Waden reichte, bis ans Kinn hinan ein möglichst unangenehmer Gesell steckte und daß er ein so auserlesener Patron und angenehmer Gesellschafter war, wie je einer in ein Paar Stiefeln, die wie Bullenbeißer aussahen, mit mahagonifarbigen Stulpen daran.

Und doch war Tackleton, der Spielwarenhändler, im Begriff, sich zu verheiraten. Ja, trotz alledem war er im Begriff, sich zu verheiraten. Und noch dazu mit einem jungen Mädchen, mit einem schönen jungen Mädchen.

Man sah ihm den Bräutigam wirklich nicht an, wie er so dastand in der Küche des Fuhrmanns mit seinem verzerrten, eingetrockneten Gesicht, seinem spiralartigen Körper, den Hut auf die Brücke von Nase herabgedrückt, die Hände bis auf den Grund der Taschen vergraben und seine ganz boshafte, spöttische Natur aus einer kleinen Ecke seines kleinen Auges hervorlauernd, so daß man unwillkürlich an soundsoviel Raben denken mußte. Und dennoch wollte er einen Bräutigam vorstellen.

"Nur noch drei Tage", sagte Tackleton. "Nächsten Donnerstag. Der letzte Tag des ersten Monats im Jahr. Das ist mein Hochzeitstag."

Habe ich bereits erwähnt, daß das eine Auge stets weit offen stand und er das andere beinahe geschlossen hielt, und daß das fast geschlossene Auge immer das ausdrucksvollere Auge war? Ich glaube nicht.

"Das ist mein Hochzeitstag!" sagte Tackleton, mit seinem Gelde klimpernd.

"Ei, ei, das ist auch unser Hochzeitstag", rief der Fuhrmann.

"Ha, ha!" lachte Tackleton. "Merkwürdig! Ihr seid just auch so ein Pärchen. Just so eins!"

Das Entsetzen Dots über diese anmaßende Behauptung ist unbeschreiblich. Es fehlte nur noch, daß seine Einbildung so weit ging, sogar die Möglichkeit eines solchen Wickelkindes, wie das ihre, vorauszusetzen. Der Mann war nicht richtig im Oberstübchen!

"Hört einmal! Auf ein Wörtchen!" flüsterte Tackleton, indem er den Fuhrmann mit dem Ellenbogen anstieß und ihn ein wenig auf die Seite nahm. "Ihr kommt doch zur Hochzeit? Wir befinden uns ja in der gleichen Patsche, wißt Ihr!"

"Wieso in der gleichen Patsche?" fragte der Fuhrmann.

"Was die kleine Ungleichheit der Jahre anbetrifft, wißt Ihr", sagte Tackleton, indem er ihm wieder einen Rippenstoß versetzte, "so kommt und bringt vorläufig einen Abend bei uns zu."

"Warum?" fragte John, erstaunt über diese drängende Gastfreundschaft.

"Warum?" versetzte der andere. "Das ist ja eine ganz neue Art, Einladungen anzunehmen. Warum? Ei, des Vergnügens halber – um der Geselligkeit willen und all dergleichen, wißt Ihr?"

"Ich dachte, Ihr wäret niemals gesellig", sagte John in seiner ehrlichen Weise.

"Nun, nun, ich sehe, bei Euch bleibt einem nichts übrig, als frei von der Leber weg zu reden", versetzte Tackleton.

"Nun also, die Wahrheit ist, Ihr – Ihr und Eure Frau – habt ein... was die Teetrinker ein gewisses gemütliches Verhältnis nennen. Wir wissen das besser, versteht Ihr, aber..."

"Nein, wir wissen das nicht besser", fiel ihm John in die Rede. "Wovon redet Ihr denn?"

"Gut, wir wissen's nicht besser", sagte Tackleton. "Wir wollen also sagen, wir wissen's *nicht* besser. Wie Ihr wollt; was tut's? Ich wollte also sagen, da Ihr nun einmal einen solchen Eindruck macht, so wird Eure Gesellschaft einen günstigen Einfluß auf die zukünftige Mrs. Tackleton ausüben. Und obgleich ich nicht glaube, daß Eure liebe Frau in dieser Hinsicht sehr freundschaftlich gegen mich gesinnt ist, so kann sie gar nicht anders, als meinen Absichten dienen, denn sie hat in ihrer Erscheinung etwas so Vernünftiges und Behagliches, das immer eine gute Wirkung hervorbringt, selbst in gleichgültigen Dingen. Also Ihr kommt, nicht wahr?"

"Wir haben beschlossen, unsern Hochzeitstag zu Hause zu feiern, soweit bei uns von Feiern überhaupt die Rede sein kann", sagte John. "Es ist nun schon ein halbes Jahr, daß wir uns dieses vorgenommen haben. Seht Ihr, wir meinen zu Hause..."

"Bah! Was zu Hause!" rief Tackleton. "Vier Wände und eine Decke – warum schlagt Ihr das Heimchen nicht tot? Ich tät's. Ich tu es immer. Der Lärm ist mir unerträglich... Auch bei mir gibt's vier Wände und eine Decke. Kommt also!"

"Was, Ihr schlagt Eure Heimchen tot?" sagte John.

"Zertrete sie", versetzte der andere, mit dem Absatz fest auf die Diele tretend. "Aber nun sagt ja! Es ist ebenso sehr in Eurem als in meinem Interesse, wißt Ihr, daß unsere Weiber einander einreden, sie seien durchaus glücklich und zufrieden und könnten es gar nicht besser haben. Ich kenne die Weiber. Wenn die eine Frau sich rühmt, macht es ihr die andere gleich nach. Es herrscht unter ihnen, mein Lieber, ein solcher Wetteifer, daß, wenn zum Beispiel Eure Frau zu meiner sagt: ›Ich bin die glücklichste Frau von der Welt und habe den besten Mann von der Welt und bete ihn förmlich an‹, so wird meine Frau dasselbe zu der Eurigen sagen oder noch mehr, und sie glaubt es sogar halbwegs."

"Ihr meint also, daß sie das nicht tut?" fragte der Fuhrmann.

"Nicht tun!" rief Tackleton, mit einem kurzen, scharfen Lachen. "Was nicht tun?"

Der Fuhrmann hatte halb die Absicht gehabt, hinzuzufügen: "daß sie Euch nicht anbetet." Aber als er zufällig das halbgeschlossene Auge sah, in dem Augenblick, als es sich blinzelnd auf ihn heftete über den aufgeschlagenen Mantelkragen hin, dessen Spitze es ihm beinahe ausstach, da fühlte John, daß in diesem Menschen so wenig Anbetungswürdiges war, daß er statt dessen sagte: "daß sie es nicht selbst glaubt."

"Ha, ha! Ihr seid ein Schelm! Ihr scherzt!" sagte Tackleton.

Aber der Fuhrmann, obgleich er nur langsam die ganze Tragweite dessen begriff, was er gesagt, sah ihn mit einer so ernsten Miene an, daß Tackleton genötigt war, sich etwas deutlicher zu erklären.

"Ich habe Lust", sagte er, indem er die Finger seiner linken Hand emporhielt und den Zeigefinger anfaßte, als wollte er sagen: "Das bin ich, Tackleton nämlich" ... "Ich habe Lust, mein Bester, mir ein Weibchen zu nehmen, und zwar ein junges Weibchen, und ein schönes Weibchen" – hier klopfte er auf seinen kleinen Finger, der gleichsam die Braut präsentierte, und zwar recht empfindlich, wie um sich als Herr zu zeigen. "Ich bin ganz der Mann danach, diesen Gedanken zur Ausführung zu bringen, und ich tu' es auch. Das ist nun einmal meine Laune. Aber – seht mal dort!"

Er deutete auf Dot, die nachdenklich am Feuer saß, ihr Kinn mit dem Grübchen auf die Hand stützte und in die helle Glut schaute. Der Fuhrmann sah sie an, und dann ihn, und dann sie, und dann wieder ihn.

"Ohne Zweifel ehrt sie Euch und gehorcht Euch, wie es ihre Pflicht und Schuldigkeit ist", sagte Tackleton; "und da ich kein Mann von schönen Phantastereien bin, so genügt mir das auch vollständig. Meint Ihr etwa, daß noch sonst etwas dabei ist?"

"Ich meine", bemerkte der Fuhrmann, "daß ich jeden zum Fenster hinauswerfen würde, der das Gegenteil behaupten wollte."

"Richtig, richtig!" beeilte sich der andere mit ungewöhnlicher Lebhaftigkeit zuzustimmen, "Gewiß, versteht sich! Ohne Zweifel würdet Ihr das. Ganz selbstredend. Bin vollkommen davon überzeugt! Gute Nacht. Angenehme Träume!"

Der gute Fuhrmann war verlegen und empfand, er mochte wollen oder nicht, ein gewisses Unbehagen und etwas wie Unsicherheit. Er konnte nicht anders, als es in seiner Weise zu zeigen.

"Gute Nacht, lieber Freund!" sagte Tackleton in mitleidigem Ton. "Ich gehe. Wir sind natürlich vollständig der gleichen Meinung, wie ich sehe. Ihr wollt uns also morgen abend nicht die Freude machen? Gut, übermorgen macht Ihr einen Besuch, wie ich weiß. Ich werde Euch dort treffen und meine Braut mitbringen. Sie wird sich freuen. Einverstanden? Danke!... Was ist das?"

Es war ein lauter Schrei, den des Fuhrmanns Frau ausstieß: ein lauter schriller, plötzlicher Schrei, der durch das Zimmer klang wie eine Glasglocke. Sie war aufgestanden und stand da wie versteinert von Schreck und Überraschung. Der Fremde war näher an das Feuer getreten, um sich zu wärmen, und stand einen Schritt von ihrem Stuhl entfernt, aber ganz still und schweigsam.

"Dot!" schrie der Fuhrmann. "Marie! Mein Liebling! Was ist Dir?" Im Augenblick waren alle um sie. Kaleb, der auf der Kuchenschachtel eingeschlummert war, ergriff im ersten unvollständigen Zusammensuchen seiner zeitweilig aufgehobenen Geistesgegenwart Fräulein Tolpatsch bei ihrem Haar, bat aber sofort um Entschuldigung.

"Marie!" rief der Fuhrmann, indem er sie in seine Arme nahm. "Bist du krank? Was fehlt dir? So rede doch, mein Herz!"

Ihre ganze Antwort bestand darin, daß sie die Hände zusammenschlug und in ein unaufhaltsames Lachen ausbrach. Dann glitt sie aus seinen Armen, bedeckte ihr Gesicht mit der Schürze und fing an, bitterlich zu weinen. Hierauf begann sie wieder zu lachen, dann wieder zu weinen, und sagte, es sei kalt und ließ sich an das Feuer führen, wo sie sich wieder, wie vorhin, niedersetzte.

Der alte Mann stand noch da, ganz gelassen wie zuvor.

"Mir ist besser, John" sagte sie. "Mir ist jetzt wieder ganz wohl... mir..."

Aber John stand an der anderen Seite der Stube. Warum sah sie nur den alten Herrn an, als ob sie mit ihm redete! War sie nicht bei Verstand?

"Nichts als Einbildung, lieber John... eine Art Erschütterung... etwas wie eine plötzliche Erscheinung... ich weiß nicht recht, was... es ist ganz vorüber, ganz vorüber."

"Es freut mich, daß es ganz vorüber ist", murmelte Tackleton, indem er das sorgenvolle Auge im ganzen Zimmer umherwandeln ließ. "Ich möchte wissen, wie es verschwunden ist und was es war. Hm! Kaleb, kommt mal her! Wer ist denn der Graukopf da?"

"Ich weiß nicht, Herr", erwiderte Kaleb flüsternd. "Ihn früher nie gesehen; in meinem ganzen Leben nicht. Herrliche Figur für einen Nußknacker; ganz neues Modell. Mit einem Hängemaul, das bis auf den Bauch hinunter aufginge, würde er ganz prachtvoll sein."

"Nicht häßlich genug", sagte Tackleton.

"Oder auch für eine Streichholzbüchse", bemerkte Kaleb, der in tiefe Betrachtung versank. "Welch ein Modell! Den Kopf abgeschraubt, um die Streichhölzer hineinzutun; umgewendet, und das Streichholz an den Absätzen angestrichen; welch eine Streichholzbüchse für den Kaminsims in einem Salon, wie er gerade so dasteht!"

"Lange, lange nicht häßlich genug!" versetzte Tackleton. "Aus dem ist gar nichts zu machen. Kommt! nehmt die Kuchenschachtel mit! – Alles in Ordnung jetzt, hoff ich?"

"O, es ist ganz vorüber! Ganz vorüber!" sagte die kleine Frau und winkte ihn hastig fort. "Gute Nacht!"

"Gute Nacht!" sagte Tackleton. "Gute Nacht, John Peerybingle! Paßt gut auf die Schachtel, Kaleb! Laßt Ihr sie fallen, so schlag' ich Euch tot! Rabenschwarze Nacht, und das Wetter schlechter als je. Gute Nacht!"

Und nachdem er noch einen scharfen Blick im Zimmer umhergeworfen, ging er zur Tür hinaus, gefolgt von Kaleb, der den Hochzeitskuchen auf dem Kopfe trug.

Der Fuhrmann war so entsetzt über das, was seiner kleinen Frau zugestoßen war, und so damit beschäftigt, sie zu beruhigen und ihr zu helfen, daß er die Anwesenheit des Fremden fast vollständig vergessen hatte, und ihn erst jetzt, als die übrigen fort waren, wieder dastehen sah.

"Er gehört nicht zu ihnen, siehst du", sagte John. "Ich muß ihm einen Wink geben, daß er geht."

"Ich bitte um Verzeihung, Freund", sagte der Greis, indem er auf ihn zutrat, "um so mehr, als ich fürchte, daß Eure Frau etwas unwohl geworden ist, aber da die Person nicht kommt, die mein Leiden" – hier zeigte er auf seine Ohren und schüttelte den Kopf – "mir fast unentbehrlich macht, so fürchte ich, daß ein Mißverständnis vorliegt. Das schlechte Wetter, das mir heute abend den Schutz Eures bequemen Wagens – möchte ich nie einen schlechteren finden – so angenehm machte, ist abscheulicher als je. Würdet Ihr wohl so freundlich sein, mir gegen Entgelt ein Bett zu vermieten?"

"Ja, ja!" rief Dot. "Ja gewiß!"

"O!" sagte der Fuhrmann, überrascht von dieser sofortigen Einwilligung. "Nun, ich habe nichts dagegen; indes weiß ich nicht ganz bestimmt, ob –"

"Pst!" unterbrach sie ihn. "Lieber John!"

"I was, er ist ja stocktaub!" wendete John ein.

"Das weiß ich, aber – ja Herr, gewiß. Ja gewiß! Ich will ihm sofort ein Bett zurecht machen, John."

Als sie davoneilte, um sich sofort an die Arbeit zu machen, hatten ihre Aufregung und die Sonderbarkeit ihres Verhaltens etwas so Eigentümliches, daß der Fuhrmann ihr ganz bestürzt nachblickte.

"Und Mütterchen ihm nunchen Bettchen machelchen?" sang Tilly Tolpatsch dem Wickelkinde vor: "und Härchen ihm wurden braunchen und krauschen, als Mützchen ein bissel er abchen genommen? Und hat's liebe Herzchen in Schreckchen gebracht, als es so stillchen am Feuerchen saß?"

Infolge jenes unerklärlichen Instinkts, der oft die geringfügigsten Belanglosigkeiten auf ein von Verwirrung und Zweifel gequältes Gemüt ausüben, überraschte sich der Fuhrmann dabei, während er langsam hin und her ging, wie er in Gedanken mehrmals jene sinnlosen Worte wiederholte, so oft, daß er sie auswendig wußte, und sie wie eine Lektion immer wieder hersagte, während Tilly, nachdem sie mit der flachen Hand das kleine Kahlköpfchen, wie Wärterinnen zu tun pflegen, so lange gerieben, als sie es für notwendig für seine Gesundheit hielt, dem Kindchen das Mützchen wieder aufsetzte.

"Und hat's liebe Herzchen in Schreckchen gebracht, als es so stillchen am Feuerchen saß?"

"Aber was hat denn nur Dot erschreckt!" murmelte der Fuhrmann, indem er immer wieder im Zimmer auf und ab ging.

Er verbannte mit Entrüstung aus seinem Herzen die Andeutungen des Spielwarenhändlers, und doch erfüllten sie ihn mit einer unbestimmten Unruhe. Denn Tackleton hatte einen raschen, schlauen Kopf, während er selbst das peinliche Gefühl hatte, ein Mann von langsamen Begriffen zu sein, so daß ein halb hingeworfener Wink ihn stets verwirrte. Er wollte durchaus nicht das, was Tackleton gesagt, mit dem merkwürdigen Verhalten seiner Frau in Verbindung bringen; aber diese beiden Gegenstände des Nachdenkens drängten sich seinen Gedanken zugleich auf, und es war ihm unmöglich, sie auseinanderzuhalten.

Das Bett war bald zurechtgemacht; und der Gast, der außer einer Tasse Tee jede Erfrischung ablehnte, zog sich zurück. Dann stellte Dot – wieder ganz wohl, wie sie sagte, wieder ganz wohl – den großen Stuhl in die Kaminecke für ihren Mann, stopfte seine Pfeife, reichte sie ihm und nahm ihren gewöhnlichen kleinen Sessel neben ihm am Herde ein.

Sie setzte sich immer auf diesen kleinen Sessel; ich glaube, sie mußte es wissen, daß dieser kleine Sessel vorzüglich zu ihr paßte und sie lieblich erscheinen ließ.

Übrigens muß ich sagen, daß Dot die beste Pfeifenstopferin war, die man in allen fünf Weltteilen hätte finden können. Es war allerliebst, zu beobachten, wie sie das feste runde Fingerchen in den Pfeifenkopf steckte und dann in das Rohr blies, um es zu reinigen, und wie sie dann, als dies vollbracht war, tat, als sei wirklich etwas in dem Rohr, und wohl ein dutzendmal hineinblies, es wie ein Fernrohr vor das Auge hielt und mit einem höchst reizenden Zwinkern in ihrem hübschen Gesicht hindurchblickte. Was den Tabak betrifft, so war sie in diesem Artikel eine vollkommene Meisterin. Und wie sie mit einem Fidibus die Pfeife anzündete, wenn der Fuhrmann sie in den Mund gesteckt hatte – seiner Nase ganz nahe kam und sie doch nicht versengte – das war Kunst, vollendete Kunst!

Und wie das Heimchen und der Kessel, indem sie ihr Lied wieder anstimmten, dies anerkannten! Auch das helle Feuer, indem es plötzlich wieder aufflammte, erkannte es an! Und der kleine Mäher auf der Uhr, der unbeachtet seine Arbeit fortsetzte, erkannte es ebenfalls an. Und der Fuhrmann mit der wieder geglätteten Stirn und dem hellen Gesicht war der allererste, es anzuerkennen!

Und während er ernst und nachdenklich seine alte Pfeife schmauchte, und die Schwarzwälder Uhr tickte, und das rote Feuer flackerte, und das Heimchen zirpte, da kam jener Genius des Herdes und des Hauses – denn das war das Heimchen – in Feengestalt, und zauberte eine Menge Bilder häuslichen Glückes um ihn her. Dots jeden Alters und jeder Größe erfüllten das Zimmer. Dots, die als fröhliche Kinder die Blumen pflückten, über die Felder dahinrannten; verschämte Dots, die sich der Werbung seines eigenen rauhen Ebenbildes halb entzogen, halb ihr nachgaben; jung verheiratete Dots, die an der Tür abstiegen und verwundert ihre Wirtschaftsschlüssel in Empfang nahmen; kleine mütterliche Dots, gefolgt von traumhaften tolpatschigen Mädchen, die Wickelkinder zur Taufe trugen; matronenhafte Dots, die, immer noch jung und blühend, andere Dots, ihre Töchter, zu ländlichen Tänzen begleiteten; wohlbeleibte Dots, umringt und belagert von Scharen rosiger Enkel; verwelkte Dots, die sich auf Krücken lehnten und unsicheren Schrittes langsam dahinschlichen. Auch alte Fuhrleute erschienen, mit blinden alten Boxern zu ihren Füßen; und neuere Fuhrwerke mit jüngeren Lenkern ("Gebrüder Peerybingle" stand auf der Wagendecke): und kranke alte Fuhrleute, gepflegt von den liebevollsten Händen, und Gräber mit längst heimgegangenen Fuhrleuten, die bedeckt waren mit grünen Friedhofsrasen. Und als das Heimchen ihm alle diese Dinge zeigte – denn er sah sie ganz deutlich, obgleich seine Augen auf das Feuer gerichtet waren –, da wurde dem Fuhrmann das Herz leicht und glücklich, und er dankte seinen Hausgöttern von ganzem Herzen, und kümmerte sich um Gruff und Tackleton nicht mehr, als ihr es tut.

Aber was war das für eine Gestalt von einem jungen Mann, den dasselbe Feenheimchen ihrem Stuhl so nahe stellte, und der dort ganz einsam und allein stehenblieb? Warum weilte er noch immer so nahe bei ihr, den Arm auf den Kaminsims gestützt und wiederholte beständig: "Verheiratet! Verheiratet! Und nicht mit mir!"

O Dot! O schwache Dot! Solltest du deine Pflichten... Aber nein, für den Gedanken ist kein Raum in allen Träumen deines Mannes. Doch warum ist dieser Schatten auf seinen Herd gefallen?

## Zweites Zirpen.

Kaleb Plummer und seine blinde Tochter lebten ganz allein miteinander, wie die Märchenbücher sagen – und meinen Segen und auch hoffentlich den eurigen über die Märchenbücher, daß sie uns noch etwas zu sagen haben in dieser Alltagswelt! – Kaleb Plummer und seine blinde Tochter lebten ganz allein miteinander in einer zerknackten Nußschale von einem Häuschen, das eigentlich nichts Besseres war als ein Pickel auf der hervorragenden Backsteinnase von Gruff und Tackleton. Die Gebäude von Gruff und Tackleton nahmen die große Vorderseite der Straße ein; aber Kaleb Plummers Häuschen hätte man mit ein paar Hammerschlägen niederschlagen und die Stücke in einem Schubkarren fortschaffen können.

Wenn irgend jemand der Wohnung Kaleb Plummers nach einem solchen Gewaltstreich die Ehre angetan hätte, sie zu vermissen, so wäre es ohne Zweifel nur geschehen, um ihre Zerstörung als eine bedeutende Verbesserung zu preisen. Sie klebte an dem Gewese von Gruff und Tackleton wie eine Klette an einem Schiffskiel, oder wie eine Schnecke an einer Tür, oder wie ein kleines Häufchen Pilze an einem Baumstamm. Und doch war es der Keim, aus dem der hohe kräftige Stamm von Gruff und Tackleton aufgewachsen war; und unter seinem zerfallenen Dache hatte der vorletzte Gruff in ganz kleinem Maßstabe Spielzeug für eine Generation von seitdem alt gewordenen Knaben und Mädchen angefertigt, die damit gespielt, sie ausgenutzt, zerbrochen, und dann auf ihnen sich schlafen gelegt hatten.

Ich sagte, daß Kaleb und seine arme blinde Tochter hier lebten. Aber ich hätte sagen sollen, Kaleb lebte hier und seine arme blinde Tochter irgendwo in einem Zauberschlosse von Kalebs Schöpfung, wo man von Armut und Not nichts spürte und die Sorge nie Einlaß hielt. Kaleb war kein Zauberer, aber in der einzigen Zauberkunst, die uns noch übriggeblieben ist, in der Zauberkunst hingebender, unerschöpflicher Liebe, war die Natur seine Lehrerin gewesen, und aus ihren Lehren blühten all diese Wunder auf.

Das blinde Mädchen erfuhr nie, daß die Decke verblichen, die Wände schwarz und stellenweise vom Mörtel entblößt waren; daß große Risse sich gebildet hatten und mit jedem Tag sich erweiterten; daß die Balken vermoderten und sich senkten. Das blinde Mädchen erfuhr nie, daß auf den Wandborden nur die häßlichen Gestalten von Töpferwaren standen; daß Sorge und Mutlosigkeit im Hause waren; daß Kalebs spärliche Haare vor ihren erloschenen Augen grauer und immer grauer wurden. Das blinde Mädchen erfuhr nie, daß sie einen kalten, anspruchsvollen, gefühllosen Herrn hatte, kurz, daß Tackleton Tackleton war, sondern lebte in dem Glauben an einen gutmütigen Kerl, der gern seinen Spaß mit ihnen trieb, und der, während er der Schutzengel ihres Daseins war, es verschmähte, ein Wort der Dankbarkeit von ihnen zu hören.

Und das alles war Kalebs Werk, das Werk ihres schlichten Vaters! Aber auch er hatte ein Heimchen an seinem Herde; und als er einst, da das mutterlose blinde Kind noch sehr jung war, mit schwerem Herzen auf sein Zirpen lauschte, da hatte ihm dieser Schutzgeist den Gedanken eingeflößt, daß selbst ihr großes Unglück fast in einen Segen verwandelt und das Mädchen mit diesem traurigen Mittel glücklich gemacht werden könne. Denn das ganze Heimchengeschlecht besteht aus mächtigen Geistern, wenn auch die Menschen, die mit ihnen verkehren, es fast nie wissen (und dies ist häufig der Fall); und es gibt in der unsichtbaren Welt keine lieblicheren und wahreren Stimmen, denen man bedingungsloser vertrauen könnte, und die so sicher nur den liebevollsten Rat erteilen, als die Stimmen, deren sich die Schutzengel des häuslichen Herdes in ihrem Verkehr mit dem Menschengeschlecht bedienen.

Kaleb und seine Tochter waren zusammen bei der Arbeit in ihrer gewöhnlichen Arbeitsstube, die ihnen auch als Wohnstube diente. Und ein merkwürdiger Ort war es. Da standen Häuser, fertige und halbfertige, für Puppen jeden Ranges. Vorstadthäuser für Puppen von beschränkten Mitteln; Küchen und einzelne Zimmer für Puppen der niederen Klassen; großstädtische Paläste für Puppen aus vornehmen Kreisen. Einige dieser Wohnungen waren bereits möbliert, je nach den Verhältnissen und dem Geschmack von Puppen von beschränktem Einkommen; andere konnten in kürzester Frist auf das kostspieligste eingerichtet werden; man brauchte nur von den Gestellen Stühle, Tische, Sofas, Bettstellen, und was sonst zu einer fein möblierten Wohnung gehört, herunterzunehmen. Der hohe und niedere Adel und das große Publikum, für die diese Wohnungen bestimmt waren, lagen da und dort, die Augen starr nach der Decke gerichtet, in Körben herum; aber je nachdem die Verfertiger dieser Puppen ihnen die verschiedenen Stufen auf der gesellschaftlichen Leiter anwiesen und jeden auf seinen entsprechenden Platz stellten – was, wie die Erfahrung lehrt, im wirklichen Leben beklagenswert schwierig ist – waren sie weit geschickter gewesen, als die Natur, die oft so launisch und verderbt ist; denn statt sich mit so willkürlichen Unterscheidungen wie Atlas, Kattun und Lumpen zu begnügen, hatten sie auffällig persönliche Unterscheidungen, bei denen ein Irrtum ausgeschlossen war, hinzugefügt. So hatte die Puppendame von vornehmer Herkunft Wachsglieder von vollendetem Ebenmaß – ein Vorzug, wie er nur ihr und ihren Adelsgenossen gebührte. Der nächste Grad auf der gesellschaftlichen Leiter war von Leder, und wieder der nächste von grober Leinwand. Was das gemeine Volk betraf, so war das Material zu ihren Armen und Beinen aus Streichholzbüchsen genommen – und so stand es nun da, von Anbeginn in die ihm zukommende Sphäre gewiesen, ohne die Möglichkeit, je aus derselben herauszukommen.

Außer den Puppen enthielt Kalebs Zimmer noch verschiedene andre Proben seiner Kunstfertigkeit. Da waren Archen Noahs, in denen Vögel und Tiere ungewöhnlich eng untergebracht waren, das kann ich euch versichern; obwohl sie durch ein Loch im Dach hineingestopft waren, so konnten sie doch auf einen beliebig kleinen Raum zusammengeschüttelt und gerüttelt werden. Vermöge einer erfinderischen poetischen Freiheit hatten die meisten dieser Noahsarchen Klopfer an den Türen – wenig passende Anhängsel vielleicht, da sie an Morgenbesuche und Briefträger erinnerten; indes gaben sie in netter Weise dem Äußeren des Gebäudes die Schlußzierde. Da waren ganze Schocke melancholischer kleiner Karren, die, wenn die Räder sich drehten, eine höchst klägliche Musik machten. Viele kleine Geigen, Trommeln und andere Folterwerkzeuge, auch eine unzählige Masse von Kanonen, Schilden, Schwertern, Lanzen und Flinten. Da waren kleine

Purzelmännchen in roten Hosen, die unaufhörlich an hohen aufgespannten roten Bändern hinaufkletterten und auf der anderen Seite kopfüber wieder herunterkamen; da waren auch unzählige alte Herren von hochachtbarem, um nicht zu sagen ehrwürdigem Äußeren, die sich wie toll um wagerechte Pflöcke herumschwangen, die einzig zu diesem Zwecke mitten in ihrer Haustüre angebracht waren. Da waren Tiere jeder Gattung, besonders Pferde jeder Rasse, von gefleckten Zylindern auf vier Pflöckchen, mit einem kleinen Streifchen als Mähne, bis zu Vollblutswiegenpferden von feurigstem Temperament. Es wäre schwer gewesen, die Dutzende und Aberdutzende seltsamer Figuren zu zählen, die allezeit bereit waren, bei dem Drehen eines Griffes alle möglichen Albernheiten zu begehen; auch würde es keine leichte Aufgabe gewesen sein, eine menschliche Torheit, Untugend oder Schwäche zu nennen, die in Kaleb Plummers Zimmer nicht ihren mehr oder weniger treuen Typus gefunden hätte. Und alles das durchaus nicht in übertriebener Form; denn es bedarf ja keiner sehr künstlichen Handhabe, um uns alle, Männer wie Frauen, zu nicht weniger seltsamen Streichen zu bewegen, als die, die je von einem Spielzeug ausgeführt wurden.

Inmitten all dieser Gegenstände saßen Kaleb und seine Tochter bei der Arbeit. Das blinde Mädchen, beschäftigt als Puppenschneiderin, Kaleb die vierfenstrige Front eines ansehnlichen Bürgerhauses bemalend und mit Glas versehend.

Die Sorge, deren Spuren Kalebs Gesichtszügen aufgedrückt war, sein zerstreutes und träumerisches Wesen, das einem Alchimisten oder einem Jünger der dunklen Wissenschaft sehr gut gestanden hätte, bildeten auf den ersten Blick einen merkwürdigen Kontrast zu seiner Beschäftigung und den Nichtigkeiten um ihn her. Aber so alltäglich die Dinge auch an sich sein mögen, wenn man sie erfindet und anfertigt, um sich sein tägliches Brot damit zu verdienen, dann werden sie etwas sehr Ernsthaftes; und ganz abgesehen von dieser Betrachtung, kann ich durchaus nicht sagen, ob Kaleb, wenn er Minister oder Parlamentsmitglied oder Advokat oder gar ein großer Spekulant gewesen, sich mit weniger launischen Spielereien beschäftigt hätte, während ich gar sehr bezweifle, ob sie ebenso harmlos gewesen wären.

"Du warst also gestern abend draußen im Regen, Vater, in deinem schönen neuen Überzieher?" fragte Kalebs Tochter.

"Mit meinem schönen neuen Überzieher", antwortete Kaleb, indem er einen Blick nach der Wäscheleine warf, auf der das vorhin beschriebene Gewand von Packleinewand sorgfältig zum Trocknen aufgehängt war.

"Wie froh bin ich, Vater, daß du ihn dir gekauft hast!"

"Und obendrein von einem so tüchtigen Schneider", sagte Kaleb. "Ein vollendeter Modenschneider. Er ist zu gut für mich."

Das blinde Mädchen unterbrach ihre Arbeit und fing an fröhlich zu lachen.

"Zu gut, Vater! Könnte denn etwas zu gut für dich sein?"

"Aber ich schäme mich fast, ihn zu tragen", sagte Kaleb, die Wirkung seiner Worte auf ihrem freudestrahlenden Gesicht beobachtend. "Auf mein Wort, wenn ich die Jungen und die Leute hinter mir sagen höre: ›Hallo, seht mal den Gecken an!‹, dann weiß ich nicht, wo ich meine Augen lassen soll. Und als gestern abend der Bettler gar nicht fortgehen wollte, und ich ihm sagte, ich sei ein ganz gewöhnlicher Mann, da antwortete er: ›Aber nein, Euer Gnaden! Das glaube ich Euer Gnaden nicht.‹ Mir war, als hätte ich kein Recht, ihn zu tragen."

Glückliches blindes Mädchen! Wie fröhlich sie war in ihrem Entzücken.

"Ich sehe dich, Vater", sagte sie, in die Hände klatschend, "so deutlich, als wenn ich die Augen hätte, die ich nie vermisse, wenn du bei mir bist. Ein blauer Rock..."

"Hellblau", sagte Kaleb.

"Ja, ja, hellblau!" rief das Mädchen, ihr freudestrahlendes Gesicht emporrichtend: "ganz die Farbe, deren ich mich noch von dem lieben Himmel her erinnere! Du sagtest mir früher, er sei blau! Also ein hellblauer Rock..."

"Und halb anschließend", setzte Kaleb hinzu.

"Halb anschließend!" rief das blinde Mädchen mit herzlichem Lachen; "und du in diesem Rock, lieber Vater, mit deinen fröhlichen Augen, deinem lächelnden Gesicht, deinem leichten Schritt und deinem dunklen Haar. – Du siehst so schön und jung aus!"

"Hallo, hallo!" sagte Kaleb. "Ich werde noch ganz eitel."

"Ich glaube, du bist es schon!" rief das blinde Mädchen, ihm in ihrem Entzücken mit dem Finger drohend. "Ich kenne dich, Vater! Ha, ha, ha! Siehst du, da habe ich dich ertappt!"

Wie ganz verschieden war das Bild in ihrem Geiste von dem Kaleb, wie er dasaß und sie beobachtete! Sie hatte von seinem leichten Schritt gesprochen. Damit hatte sie recht. Seit vielen Jahren hatte er nicht ein einziges Mal die Schwelle dieser Tür mit dem ihm natürlichen langsamen, schwerfälligen Gange überschritten, sondern mit einem erkünstelten Schritt, der das Ohr seines Kindes täuschen sollte, und niemals hatte er, wenn sein Herz auch noch so schwer war, diesen leichten Gang vergessen, der ihr Herz so froh und mutig machte!

Nur Gott weiß es, aber ich glaube, Kalebs verwirrtes Wesen hatte zum Teil seinen Grund darin, daß er sich aus Liebe zu seiner blinden Tochter immer verstellt hatte. Wie hätte der kleine Mann nicht verwirrt sein sollen, nachdem er so viele Jahre daran gearbeitet hatte, seine eigene Identität und all die Gegenstände, die darauf Bezug hatten, zu zerstören!

"So weit wären wir", sagte Kaleb, ein paar Schritte zurücktretend, um sich besser von der Vortrefflichkeit seiner Arbeit überzeugen zu können: "der Wirklichkeit so ähnlich, wie eine halbe Mark einem Fünfgroschenstück. Wie schade, daß die ganze Front des Hauses auf einmal aufgeht! Wenn nur eine Treppe und ordentliche Türen da wären, um in die Zimmer zu gelangen! Aber das ist das Schlimme an meinem Beruf; ich betrüge und beschwindle mich in einem fort selbst."

"Du sprichst ja ganz leise, Vater. Bist du müde?"

"Müde!" wiederholte Kaleb mit einem kräftigen Ausdruck von Energie. "Was sollte mich denn müde machen, Bertha? Ich bin noch nie müde gewesen. Was willst du damit sagen?"

Um seinen Worten mehr Nachdruck zu geben, unterbrach er sich plötzlich, als er unwillkürlich zwei Kniestücke nachahmen wollte, die sich auf dem Kaminsims dehnten und gähnten, vollkommene Darstellungen ewiger Müdigkeit, und begann dann einen Vers eines Liedes zu summen. Es war ein Trinklied und handelte von etwas wie einem schäumenden Becher. Er sang es mit ganz verwegenem Schwung, der sein Gesicht noch tausendmal magerer und sorgenvoller als gewöhnlich erscheinen ließ.

"Wie, was, Ihr singt!" sagte Tackleton, seinen Kopf zur Tür hereinsteckend. "Nur zu! Ich kann nicht singen."

In der Tat würde das niemand bei ihm vermutet haben. Sein Gesicht sah wirklich nicht nach Singen aus.

"Ich kann mir den Luxus des Singens nicht gönnen", sagte Tackleton. "Es freut mich, daß Ihr es könnt. Will nur hoffen, daß Euch das nicht am Arbeiten hindert. Beides läßt sich schwer vereinigen, scheint mir."

"Wenn du ihn nur sehen könntest, Bertha; wie er mir zunickt!" flüsterte Kaleb. "So ein Spaßmacher! Wenn du ihn nicht kenntest, so könntest du glauben, es sei ihm ernst, – nicht wahr?"

Das blinde Mädchen lächelte und nickte.

"Wenn der Vogel singen kann und nicht will, so muß man ihn zwingen, sagt das Sprichwort", brummte Tackleton. "Wenn nun aber die Eule, die nicht singen kann und nicht singen soll, trotzdem singen will, – was muß man dann mit ihr machen?"

"O, und wie er mir jetzt wieder winkt!" flüsterte Kaleb seiner Tochter ins Ohr. "O du grundgütiger Himmel!"

"Immer fröhlich und gut gelaunt bei uns!" rief Bertha lachend.

"Ah, bist du auch da, wirklich!" versetzte Tackleton. "Arme Blödsinnige!"

Er glaubte in der Tat, sie sei schwachsinnig; und er gründete seinen Glauben – ich weiß nicht, ob bewußt oder unbewußt – darauf, daß sie ihn gern leiden mochte.

"Wohlan . . . da du einmal da bist . . . wie geht's?" fragte Tackleton in seiner mürrischen Weise.

"O gut, ganz gut! Und so glücklich, wie Sie es mir nur wünschen können. So glücklich, wie Sie die ganze Welt machen möchten, wenn Sie es könnten!"

"Arme blödsinnige!" murmelte Tackleton. "Kein Funken Vernunft. Nicht ein Fünkchen!"

Das blinde Mädchen ergriff seine Hand und küßte sie – sie hielt sie einen Augenblick zwischen ihren Händen und legte zärtlich ihre Wange darauf, bevor sie sie wieder losließ. Es lag in dieser Handlung etwas so unaussprechlich Zärtliches, eine so feurige Dankbarkeit, daß selbst Tackleton sich bewogen fand, in einem weniger rauhen Brummton zu sagen:

"Na, was gibt's denn nun?"

"Ich stellte es dicht neben mein Kopfkissen, als ich gestern abend zu Bett ging und träumte dann davon. Und als der Tag anbrach und die herrliche rote Sonne – die *rote* Sonne, Vater?"

"Rot am Morgen und am Abend, Bertha", sagte der arme Kaleb mit einem traurigen Blick auf seinen Brotherrn.

"Als sie aufging und das helle Licht, an das ich mich fast im Gehen zu stoßen fürchtete, in das Zimmer drang, wandte ich ihm den kleinen Rosenstock zu und dankte dem Himmel, daß er so schöne Dinge geschaffen, und segne Sie, daß Sie ihn mir geschenkt, um mich aufzuheitern."

"Das Tollhaus ist los!" murmelte Tackleton für sich. "Wir werden bald bei der Zwangsjacke und den Fausthandschuhen angekommen sein. Wir machen Fortschritte!"

Kaleb, die Hände lose ineinandergelegt, starrte vor sich hin, während seine Tochter sprach, als ob er wirklich nicht sicher sei – und ich glaube, er war es auch nicht – ob Tackleton etwas getan, was ihren Dank verdiente oder nicht. Hätte er mit vollkommen freiem Willen handeln können, und hätte er in diesem Augenblick bei Todesstrafe sich dafür entscheiden müssen, den Spielwarenhändler mit Fußtritten fortzujagen, wie er es verdient hätte, oder sich ihm zu Füßen zu werfen, um ihm für seine Wohltaten zu danken, ich glaube, die Möglichkeit wäre nach beiden Seiten hin gleich groß gewesen. Und doch wußte Kaleb, daß er mit eigenen Händen so sorgsam den kleinen Rosenstock für sie mitgebracht, und daß er mit seinen eigenen Lippen die unschuldige Täuschung hervorgerufen hatte, die ihm helfen sollte, sie vor dem Gedanken zu bewahren, wie viele, wie so sehr viele Entbehrungen er sich täglich auferlegte, um sie glücklich zu sehen.

"Bertha!" sagte Tackleton, dies eine Mal ein wenig Herzlichkeit in seine Stimme legend. "Komm mal her!"

"O!" antwortete sie, "ich kann gerade auf Sie zukommen! Sie brauchen mich gar nicht zu führen!"

"Soll ich dir ein Geheimnis mitteilen, Bertha?"

"Wenn Sie wollen", antwortete sie eifrig.

Wie strahlend dieses umnachtete Antlitz wurde! Wie ein Lichtschein lag es über diesem lauschenden Haupt!

"Heute ist der Tag, an dem die kleine, wie ist doch gleich ihr Name? – das verzogene Kind, Peerybingles Frau, euch ihren gewöhnlichen Besuch macht – ihr närrisches Picknick hier veranstaltet, nicht wahr", sagte Tackleton mit einem starken Ausdruck von Widerwillen gegen die ganze Sache.

"Ja", sagte Bertha, "heut ist der Tag."

"Ich dacht' es mir!" versetzte Tackleton. "Nun wohl, ich möchte gern dabei sein."

"Hörst du, Vater!" rief das blinde Mädchen außer sich vor Freude.

"Ja, ja, ich hör' es", murmelte Kaleb mit dem starren Blicke eines Nachtwandlers; "aber ich glaub's nicht. Es ist gewiß wieder eine meiner Lügen (?=Selbsttäuschungen)."

"Seht, ich ... ich möchte die Peerybingles gern ein wenig mehr mit May Fielding zusammenbringen", sagte Tackleton. "Ich habe beschlossen, May zu heiraten."

"Zu heiraten!" rief das blinde Mädchen, plötzlich von ihm zurückweichend.

"Sie ist ein so entsetzlich blödsinniges Ding", brummte Tackleton, "daß ich befürchte, sie würde nichts davon begreifen. Ja, Bertha, heiraten! Kirche, Pfarrer, Küster, Kirchenvogt, Staatskutsche, Glocken, Hochzeitsmahl, Hochzeitskuchen, Rosetten und Bänder und Polterabendmusik und all die übrigen Hanswurstereien. Eine Hochzeit, weißt du, was eine Hochzeit ist?"

"Ich weiß es", versetzte das blinde Mädchen in leisem Tone. "Ich verstehe!"

"Wirklich?" murmelte Tackleton. "Das ist mehr, als ich erwartet hatte. Nun gut, das ist der Grund, weshalb ich dabei sein und May und ihre Mutter mitbringen möchte. Ich werde am Vormittag die eine oder andre Kleinigkeit herschicken. Eine kalte Hammelkeule oder eine ähnliche kleine Erfrischung. Ihr erwartet mich also?"

"Ja", antwortete sie.

Sie hatte ihren Kopf geneigt und wandte sich ab; und so stand sie nun da mit gefalteten Händen, unbeweglich und träumerisch.

"Es scheint mir nicht, daß sie will", murmelte Tackleton, indem er sie ansah, "denn es scheint mir, als ob sie es schon gänzlich wieder vergessen hätte ... Kaleb!"

"Ich darf mir wohl erlauben zu sagen, daß ich hier bin", dachte Kaleb. "Was befehlt Ihr?"

"Sorgt dafür, daß sie nicht vergißt, was ich ihr gesagt habe."

"O, *sie* vergißt nichts", erwiderte Kaleb. "Das ist fast das einzige, was sie nicht versteht."

"Jeder hält seine Gänse für Schwäne", bemerkte der Spielwarenhändler mit einem Achselzucken. "Armer Teufel!"

Und nachdem er mit unendlicher Verachtung diese boshafte Bemerkung gemacht hatte, zog der alte Gruff und Tackleton ab.

Bertha blieb an derselben Stelle, wo er sie gelassen hatte, stehen, ganz in trauriges Sinnen verloren. Die Fröhlichkeit war von ihrem gesenkten Antlitz verschwunden; eine tiefe Traurigkeit lag auf demselben. Drei- oder viermal schüttelte sie den Kopf, als traure sie über eine Erinnerung oder einen Verlust; aber ihr schmerzliches Nachdenken fand keine Worte, um sich Luft zu machen.

Kaleb war seit einiger Zeit damit beschäftigt, ein Gespann Pferde vor einem Wagen zu befestigen, indem er durch ein höchst summarisches Verfahren das Geschirr an die edlen Teile ihrer Körper festnagelte; er war gerade fertig, als seine Tochter sich seinem Arbeitsstuhl näherte, sich neben ihn setzte und sagte:

"Vater, ich bin ganz allein in der Finsternis. Ich bedarf meiner Augen, meiner geduldigen, immer willigen Augen."

"Hier sind sie", sagte Kaleb. "Immer bereit. Sie gehören mehr dir als mir, in jedem Augenblick während der vierundzwanzig Stunden des Tages. Was sollen deine Augen für dich tun, mein gutes Kind?"

"Blick' im Zimmer umher, Vater."

"Gern", sagte Kaleb. "Gesagt, getan, Bertha."

"Beschreib es mir."

"Es ist genau so wie immer", versetzte Kaleb. "Einfach aber sehr behaglich. An den Wänden die lebhaften Farben; auf Schüsseln und Tellern die glänzenden Blumen, das Holz poliert und glänzend überall, wo Balken und Getäfele sind, die allgemeine Heiterkeit und Sauberkeit der Wohnung machen es wirklich sehr hübsch."

Wirklich war es heiter und sauber überall, wo Berthas Hände geschäftig sein konnten. Aber sonst gab es nirgends Heiterkeit und Sauberkeit in der alten verfallenen Hütte, die Kalebs Phantasie so zu verwandeln wußte.

"Du hast deinen Arbeitsrock an und bist nicht so elegant gekleidet, als wenn du deinen schönen Überzieher trägst?" fragte Bertha, indem sie ihm die Hand auf die Schulter legte.

"Nicht ganz so elegant", antwortete Kaleb. "Aber doch auch ganz hübsch."

"Vater", sagte das blinde Mädchen, indem sie sich ihm näherte und unvermerkt einen Arm um seinen Hals legte, "erzähle mir etwas von May. Ist sie sehr schön?"

"Das ist sie in der Tat", sagte Kaleb.

Und das war wirklich der Fall. Es war nur selten, daß Kaleb nicht zu seiner Phantasie die Zuflucht nehmen mußte.

"Ihr Haar ist dunkel", sagte Bertha nachdenklich; "dunkler als meines. Ihre Stimme ist süß und melodisch, das weiß ich. Ich habe sie oft und gern gehört. Ihre Gestalt ..."

"Im ganzen Zimmer ist keine Puppe, die mit ihr verglichen werden könnte", sagte Kaleb. "Und ihre Augen ...!"

Er hielt inne; denn Bertha hatte ihn noch fester umschlungen, und von dem Arm, der ihn umgab, kam ein warnendes Zucken, das er nur allzugut verstand.

Er hüstelte einen Augenblick, hämmerte einen Augenblick und kam dann wieder auf das Lied von dem schäumenden Becher zurück – sein unfehlbares Hilfsmittel in allen Schwierigkeiten dieser Art.

"Unser Freund, Vater, unser Wohltäter. Du weißt, ich werde nie müde von ihm zu hören, – oder ward ich's je?" setzte sie hastig hinzu.

"Nein, gewiß nicht", antwortete Kaleb; "und mit Recht."

"O, wie sehr mit Recht!" rief das blinde Mädchen mit solcher Begeisterung, daß Kaleb trotz der Reinheit seiner Absichten es nicht wagte, ihr ins Gesicht zu blicken, sondern die Augen zu Boden senkte, als hätte sie in denselben seine unschuldigen Lügen lesen können.

"Dann erzähl' mir wieder von ihm, lieber Vater", sagte Bertha. "Noch recht oft! Sein Gesicht ist wohlwollend, freundlich und liebevoll, aufrichtig und wahr, das weiß ich gewiß. Das männliche Herz, das all seine Wohltaten unter einer rauhen und widerwilligen Schale zu verbergen sucht, verrät sich in jedem seiner Züge."

"Und veredelt sie", setzte Kaleb in seiner stillen Verzweiflung hinzu.

"Und veredelt sie!" rief das blinde Mädchen. "Er ist älter als May."

"Ja-a", sagte Kaleb zögernd. "Er ist ein wenig älter als May. Aber das hat gar nichts zu sagen."

"O doch, Vater! Seine geduldige Gefährtin in Gebrechlichkeit und Alter, seine sanfte Wärterin in Krankheiten, und seine treue Freundin in Kummer und Sorgen zu sein, keine Ermüdung zu kennen in der Arbeit für ihn, bei ihm zu wachen, ihn zu pflegen, an seinem Bett zu sitzen und mit ihm zu reden, wenn er wach ist, und für ihn zu beten, wenn er schläft welch großes Vorrecht würde das für seine Frau sein! Wie oft kann sie ihm alle ihre Treue und Ergebenheit beweisen! Und glaubst du, lieber Vater, daß sie dies alles tun wird?"

"Ohne Zweifel", sagte Kaleb.

"Dann liebe ich sie, Vater; ich liebe sie von ganzem Herzen!" rief das blinde Mädchen.

Und mit diesen Worten legte sie ihr armes blindes Antlitz auf Kalebs Schulter und weinte so bitterlich, daß es ihn fast gereute, sie in ein so tränenvolles Glück versetzt zu haben.

* * *

Um dieselbe Zeit hatte es bei John Peerybingle viel Trubel gegeben. Denn die kleine Mrs. Peerybingle konnte natürlich nicht daran denken, irgendwohin zu gehen ohne das Baby, und das Wickelkind flottmachen erforderte Zeit. Nicht, daß das Baby viel zu schaffen gemacht hätte hinsichtlich des Gewichtes und des Umfanges, aber es gab unendlich viel daran zu tun, und das alles mußte vorsichtig und langsam gemacht werden. Zum Beispiel wenn das kleine Kind endlich mit Ach und Weh so weit mit seiner Toilette fertig war, und man vernünftigerweise hätte voraussetzen können, im Handumdrehen werde es fix und fertig auf und in ein solches Prachtexemplar von einem Wickelkind verwandelt sein, daß es kühn die ganze Welt hätte herausfordern können, ob je eins schöner war, so wurde es ganz plötzlich in ein Flanellmützchen versteckt und zu Bett gebracht, wo es zwischen zwei Decken nahezu eine Stunde lang schmorte, wenn ich mich so ausdrücken darf. Aus diesem Zustande der Untätigkeit wurde es dann, rot wie ein Krebs und indem es laut schrie, wieder herausgerissen, um teilzunehmen an – na, ich möchte sagen, wenn ihr mir erlauben wollt, mich so allgemein auszudrücken – an einer kleinen Mahlzeit. Alsdann ging es wieder schlafen. Mrs. Peerybingle nahm dies Intermezzo wahr, um sich in ihrer Weise so schmuck herauszuputzen, wie ihr es euch nur vorstellen könnt; und während desselben kurzen Waffenstillstandes arbeitete Fräulein Tolpatsch in einem Gewand von so überraschender und sinnreicher Form, daß es weder zu ihr, noch überhaupt zu irgendeinem Menschenkinde in irgendeiner Beziehung stand; es war ein so zusammengeschrumpftes, hundsohrenartig herabhängendes Etwas, das seinen einsamen Gang ohne die mindeste Rücksicht auf seine Trägerin ging. Jetzt wurde das Baby, das bereits wieder wach geworden war, durch die vereinten Bemühungen von Mrs. Peerybingle und Tilly mit einem butterfarbigen Mäntelchen und einer pastetenförmigen Nankingmütze fertig angeputzt; und so kamen sie alle drei im Laufe der Zeit an die Tür, wo das alte Pferd sich bereits mehr als vollständig bezahlt gemacht hatte für sein heutiges Wegegeld an dem Schlagbaum, indem es die Straße mit seinen ungeduldigen Hufen aushöhlte, während Boxer in weiter Ferne kaum zu bemerken war, wie er dastand und nach seinem Gefährten zurücksah, als wolle er ihn verführen nachzukommen, ohne erst weitere Befehle abzuwarten.

Wenn ihr glaubt, daß es eines Stuhls oder eines andern Gegenstandes dieser Art bedurft hätte, um Mrs. Peerybingle in den Wagen zu helfen, so kennt ihr John wirklich sehr schlecht. Ehe ihr ihn hättet sehen können, sie vom Boden aufheben, saß sie schon da auf ihrem Platz, frisch und rot, und sagte:

"Aber John! Wie kannst du nur! Denk doch an Tilly!"

Wenn ich mir irgendwie erlauben dürfte, von den Beinen einer jungen Dame zu reden, so würde ich bezüglich derjenigen des Fräulein Tolpatsch bemerken, daß sie infolge eines eigentümlich fatalen Umstandes beständig in Gefahr schwebten, gestreift zu werden, und daß sie nie den kleinsten Auf- oder Abstieg ausführen konnte, ohne das Ereignis an den Beinen mit einem Kerbstrich zu notieren, gerade wie Robinson Crusoe die Tage in seinen Holzkalender einkerbte. Aber da dies unpassend erscheinen möchte, so will ich es nur in Gedanken tun.

"John", sagte Dot, "hast du den Korb mit der Kalbs- und Schinkenpastete und den übrigen Sachen und den Bierflaschen auch nicht vergessen? Dann mußt du augenblicklich wieder umkehren und sie holen."

"Du bist mir eine nette Person", versetzte der Fuhrmann, "mir von einer Umkehr zu reden, nachdem du schuld bist, daß wir eine gute Viertelstunde zu spät kommen."

"Das tut mir leid, John", sagte Dot sehr verwirrt, "aber ich möchte wirklich nicht daran denken zu Bertha zu gehen ... ich würde es unter keinen Umständen tun, John ... ohne die Kalbs- und Schinkenpastete und die andern Sachen und die Bierflaschen ... Hü!".

Dies einsilbige Wörtchen galt dem Pferde, das ihm aber nicht die geringste Beachtung schenkte.

"So sag' du doch ›Hü‹, John!" sagte Mrs. Peerybingle. "Ich bitte dich drum, John!"

"Da werden wir noch Zeit genug zu haben", versetzte John, "wenn ich einmal was vergessen habe. Hier ist der Korb sicher genug."

"Was für ein hartherziges Ungeheuer bist du doch, John, daß du mir das nicht gleich gesagt und mir einen solchen Schrecken nicht erspart hast! Ich erkläre, daß ich um alles in der Welt ohne die Kalbs- und Schinkenpastete und die andern Sachen und die Bierflaschen nicht zu Bertha gegangen wäre. Regelmäßig alle vierzehn Tage seit unserer Heirat, John, haben wir dort unser kleines Picknick gehalten. Wenn einmal bei diesem kleinen Fest etwas verkehrt wäre, so würde ich fast glauben, wir könnten nie wieder ganz glücklich sein."

"Es war gleich ein schöner Gedanke", sagte der Fuhrmann; "ich habe daher allen Respekt vor dir, Frauchen."

"Mein lieber John", versetzte Dot, über und über errötend, "rede doch nicht von Respekt vor mir! Du lieber Gott!"

"Beiläufig..." bemerkte der Fuhrmann. "Jener alte Herr..."

Neue Verlegenheit Dots, und zwar eine sehr auffallige.

"Er ist ein komischer Kauz", sagte der Fuhrmann, grade vor sich hin die Straße entlang blickend. "Ich kann nicht klug aus ihm werden. Ich will jedoch hoffen, daß man nichts von ihm zu fürchten hat."

"O durchaus nicht. Ich... ich bin überzeugt... durchaus nicht."

"Nein", sagte der Fuhrmann, dessen Augen sich infolge ihres großen Ernstes auf ihr Antlitz geheftet hatten. "Es freut mich, daß du in der Sache so sicher bist, denn das ist eine Bestätigung für mich. Aber es ist doch seltsam, daß es ihm in den Kopf kam, uns um ein Nachtlager zu bitten, nicht wahr? Es geschehen oft wunderliche Dinge in der Welt!"

"Ja, sehr wunderliche", bestätigte sie mit leiser, kaum vernehmlicher Stimme.

"Bei alledem ist er ein gutmütiger alter Herr", fuhr John fort, "und er zahlt auch anständig wie ein Herr, und so glaube ich auch, daß man sich auf sein Wort verlassen kann wie auf das eines Ehrenmannes. Ich hatte heute morgen eine ganz lange Unterredung mit ihm: er kann mich bereits besser verstehen, sagt er, da er sich mehr an meine Stimme gewöhnt hat. Er hat mir sehr viel von sich erzählt, und ich habe ihm viel von mir gesprochen, und er fragte mich nach einer Unmenge von Dingen. Ich teilte ihm mit, daß ich in meinem Geschäft zwei Touren zu machen hätte; an dem einen Tage rechts von unserm Hause aus und wieder zurück, an dem andern links von unserm Hause aus und wieder zurück – denn er ist ein Fremder hierzulande und kennt nicht die Namen der Plätze hier herum; – und das schien ihm viel Vergnügen zu machen. ›Na‹ sagte er, ›dann kehre ich ja heut' abend denselben Weg nach Hause zurück, während ich doch glaubte, Ihr würdet in ganz entgegengesetzter Richtung zurückkommen. Das ist ja ganz schön! Ich werde Euch da vielleicht noch einmal um einen Platz in Eurem Wagen bitten, aber ich verspreche Euch, nicht wieder so einzuschlafen.‹ In der Tat, er schlief sehr fest!... Dot, woran denkst du?"

"Woran ich denke, John? Ich ... hörte dir zu."

"Ah so! Gut, gut", sagte der ehrliche Fuhrmann. "Nach deinen zerstreuten Blicken zu urteilen, fürchtete ich schon, ich hätte so lange geschwatzt, daß du schließlich an ganz andere Dinge gedacht hättest. Ganz gewiß, ich war sehr nahe daran."

Da Dot nicht antwortete, trotteten sie eine Zeitlang schweigend dahin. Aber es war nicht leicht, in John Peerybingles Wagen lange still zu sein; denn alle, denen man begegnete, hatten ihm etwas zu sagen, und war es auch weiter nichts als ein "Wie geht's?" Und wirklich, sehr oft war es weiter nichts. Indes, um ihnen in dem richtigen Geiste der Herzlichkeit ihren Gruß zurückzugeben, war nicht nur ein Kopfnicken und Lächeln nötig, sondern es war auch eine ebenso heilsame Lungenübung, wie es eine langatmige Parlamentsrede ist. Bisweilen gingen Reisende zu Fuß oder zu Pferde eine kleine Strecke neben dem Wagen her, einzig zu dem Zweck, ein wenig zu plaudern; und dann gab es von beiden Seiten gar mancherlei zu sagen.

Sodann gab Boxer Gelegenheit zu mehr freundschaftlichen Erkennungsszenen, als ein halb Dutzend Christenmenschen es gekonnt hätten. Alle Welt kannte ihn längs des Weges – besonders die Hühner und Schweine, die, wenn sie ihn herankommen sahen mit seinem windschiefen Körper und die Ohren zum Horchen gespitzt und indem er sich sehr wichtig machte mit dem aufgerichteten Schwanzrest, sich sofort in die entferntesten Ecken ihres Quartiers zurückzogen, ohne die Ehre einer näheren Bekanntschaft abzuwarten. Boxer hatte überall etwas zu tun; er ging in alle Querstraßen, blickte in alle Brunnen, stürzte in alle Hütten, trabte in alle Mädchenschulen hinein, scheuchte alle Tauben auf, bewirkte, daß sich sämtliche Katzenschwänze steil aufrichteten, und lief wie ein Stammgast in alle Schenken hinein. Wo immer er erschien, hörte man jemand rufen: "Holla, da ist Boxer!" Und heraus kam sofort dieser Jemand, begleitet von mindestens zwei oder drei andern Jemands, um John Peerybingle und seinem hübschen Weibchen guten Tag zu sagen.

Die großen Ballen und die kleinen Pakete für den Botenwagen waren sehr zahlreich, und dies nötigte sie, häufig haltzumachen, um sie in Empfang zu nehmen oder sie abzuliefern; und diese Unterbrechungen bildeten keineswegs den am wenigsten angenehmen Teil der Reise. Manche Leute erwarteten ihre Pakete mit solcher Ungeduld, und andere waren sehr erstaunt, überhaupt welche zu bekommen, und wieder andere waren unerschöpflich, Anweisungen für die ihrigen zu geben, und John nahm ein so lebhaftes Interesse an den Paketen, daß es fast wie in der Komödie war. Und dann waren da Gegenstände, die John nicht mit gutem Gewissen annehmen konnte, ohne vorher alles genau zu überlegen und mit den Absendern alles zu besprechen, und da fanden denn zwischen diesen und dem Fuhrmann lange Beratungen statt – Beratungen, denen Boxer in der Regel beiwohnte, und zwar durch kurze Anfälle sehr ernster Aufmerksamkeit und besonders durch lange Anfälle von Narrheit, während denen er wie toll um die versammelten Weisen herumsprang und bis zum Heiserwerden bellte. Dot, die unbeweglich auf ihrem Platz im Wagen saß, amüsierte sich über all diese kleinen Zwischenfälle, deren aufmerksame Zuschauerin sie war; und wie sie so dasaß und um sich schaute – ein reizendes kleines Bild, wundervoll eingerahmt von den Rahmen der Wagendecke –, da fehlte es nicht an Rippenstößen und Blicken und neidischem Flüstern unter dem jüngeren Volk, das versichere ich euch. Und den glücklichen Fuhrmann John entzückte das alles außerordentlich; denn er war stolz darauf, sein kleines Weibchen bewundert zu sehen, da er ja wußte, daß sie sich nichts daraus machte – wenn sie auch vielleicht gerade keinen Widerwillen davor hatte.

Die kleine Reise ging in dem Januarwetter allerdings nicht ohne ein wenig Nebel vonstatten; denn es war rauh und kalt. Aber wer kehrte sich an solche Kleinigkeiten? Dot sicherlich nicht. Auch Tilly nicht; denn für sie war das Fahren, gleichviel unter welchen Umständen, der Gipfel menschlichen Glücks, die Krone irdischer Hoffnungen. Auch das Wickelkind nicht, auf mein Wort, denn es liegt nicht in der Natur eines Wickelkindes, wärmer und fester zu schlafen, obgleich seine Befähigung in beiden Beziehungen sehr groß ist, als es bei diesem glücklichen jungen Peerybingle während des ganzen Weges der Fall war.

Man konnte freilich in dem Nebel nicht weit vor sich sehen, aber doch immerhin viel, sehr viel! Es ist erstaunlich, wieviel man selbst in einem dickeren Nebel als diesem sehen kann, wenn man sich nur die Mühe nehmen will, um sich zu blicken. Ja, selbst wenn man von seinem Platze aus nur die Elfenringe auf den Feldern und die bereiften Stellen, die noch im Schatten neben Hecken und Bäumen geblieben sind, beobachtete, so war das schon eine angenehme Beschäftigung – nicht zu reden von den überraschenden Gestalten, als welche die Bäume sich plötzlich darstellten, indem sie sich aus dem Nebel loslösten und bevor sie wieder in denselben hineinglitten. Die Hecken waren kahl und nackt und ließen viele verwelkte Kränze im Winde flattern; aber es lag nichts Trübseliges in diesem Anblick. Es war im Gegenteil ein angenehmes Schauspiel; denn es machte den Herd, den man daheim hatte, wärmer und den Sommer, den man erwartete, grüner. Der Fluß sah eisig aus, aber er war in Bewegung, und zwar in kräftiger Bewegung – und das will schon etwas heißen. Der Kanal war ein wenig langsam und müde, das läßt sich nicht leugnen. Aber was tut's, er mußte um so rascher zufrieren, wenn ordentliche Kälte eintrat, und dann konnte man Schlitten fahren und Schlittschuh laufen, und die schwerfälligen, alten Kähne, die irgendwo in der Nähe der Werft eingefroren waren, rauchten dann den ganzen Tag ihre verrosteten, eisernen Schornsteinpfeifen und machten sich einen guten Tag.

An einer Stelle da drüben brannte ein großer Haufen Unkraut oder Stoppeln. Und sie sahen dem Feuer zu, wie es am Tage so weiß durch den Nebel schimmerte und nur hin und wieder einen roten Strahl aufzucken ließ, bis Tilly Tolpatsch infolge der Wahrnehmung, daß der Rauch ihr in die Nase steige, zu ersticken anfing – was sie freilich bei der geringsten Veranlassung konnte – und das Kind weckte, das nun nicht wieder einschlafen wollte. Aber Boxer, der wohl fünf Minuten voraus war, hatte schon die ersten Häuser der Stadt hinter sich und die Ecke der Straße erreicht, wo Kaleb mit seiner Tochter wohnte; und lange bevor sie das Haus erreichten, standen er und das blinde Mädchen auf dem Trottoir, um sie zu empfangen.

Boxer machte, nebenbei gesagt, gewisse zarte Unterscheidungen in seinem Verkehr mit Bertha, und ich bin daher vollständig überzeugt, daß er wußte, daß sie blind war. Er suchte nie ihre Aufmerksamkeit auf sich zu ziehen, indem er sie anblickte, wie er es oft andern Leuten gegenüber tat, sondern stieß sie dann jedesmal leise an. Welche Erfahrungen er bei blinden Menschen oder blinden Hunden gesammelt haben konnte, weiß ich nicht. Er hatte nie einen blinden Herrn gehabt, auch waren, soviel mir bekannt geworden, weder Herr Boxer Vater noch Frau Boxer noch irgendein anderes Mitglied seiner ehrenwerten Familie, sei es von väterlicher, sei es von mütterlicher Seite, jemals von Blindheit heimgesucht worden. Vielleicht hatte er's selbst herausgefunden; jedenfalls verstand er sich auf den Verkehr mit Blinden, und darum hielt er auch Bertha am Rock fest, und zwar so lange, bis Mrs. Peerybingle und das Wickelkind und Tilly und der Korb samt und sonders im Hause in Sicherheit waren.

May Fielding war bereits da; ebenso ihre Mutter – eine kleine, zänkische Person, eine alte Dame mit mürrischem Gesicht – die, weil sie sich eine Taille wie ein Bettpfosten bewahrt hatte, für eine Frau von höchst vornehmen Manieren galt, und die, weil sie früher in besseren Verhältnissen gewesen oder doch an der Vorstellung litt, sie hätte in besseren Verhältnissen gewesen sein können, wenn ein gewisses Etwas sich ereignet hätte, das sich aber nie ereignete und niemals besondere Aussicht gehabt zu haben schien, sich jemals zu ereignen – was übrigens ganz dasselbe ist –, sehr vornehm und herablassend tat. Gruff und Tackleton waren ebenfalls da und spielten den Schwerenöter mit der Miene eines Menschen, der sich so vollständig zu Hause und so unbestreitbar in seinem Element fühlt, wie ein frischer, junger Lachs oben auf der großen Pyramide.

"May! Meine liebe, teure Freundin!" rief Dot, ihr entgegeneilend. "Welch ein Glück, dich wiederzusehen!"

Ihre liebe, teure Freundin war ganz ebenso entzückt und erfreut wie sie, und es war, ihr könnt mir's glauben, ein ganz reizender Anblick, wie sie sich umarmten.

Tackleton war ein Mann von Geschmack, daran ist gar nicht zu zweifeln: May war sehr schön.

Ihr wißt, wenn ihr an ein schönes Gesicht gewöhnt seid und es sich zufällig neben einem andern schönen Gesicht befindet, so scheint es bisweilen bei dem ersten Vergleich gewöhnlich und alltäglich und die hohe Meinung kaum zu verdienen, die ihr von ihm gehabt habt. Nun, das war hier gar nicht der Fall, weder bei Dot noch May; denn Mays Gesicht ließ dasjenige Dots schöner erscheinen und Dots Gesicht hob dasjenige Mays hervor, und zwar in so natürlicher und angenehmer Weise, daß, wie John Peerybingle sehr nahe daran war zu sagen, als er ins Zimmer trat, sie geborene Schwestern hätten sein können. – Und das wäre die einzige Verbesserung gewesen, die hätte ersonnen werden können.

Tackleton hatte seine Hammelkeule gebracht und außerdem noch, fast unglaublich zu sagen, eine Torte – aber wir gestatten uns schon eine kleine Verschwendung, wenn unsere Bräute mit dabei im Spiel sind: wir heiraten ja nicht alle Tage! –, und zu diesen Leckerbissen kamen die Kalbs- und Schinkenpasteten und die andern "Dingerchen", wie Mrs. Peerybingle sie nannte, das heißt Nüsse, Orangen und Kuchen und derlei Kleinigkeiten. Als das Mahl aufgetragen war, gemeinsam mit Kalebs Beiträgen, die in einer großen Holzschüssel voll dampfender Kartoffeln bestanden – es war ihm kraft eines feierlichen Vertrags verboten, andere Lebensmittel zu liefern –, führte Tackleton seine zukünftige Schwiegermutter auf den Ehrenplatz. Um sich bei dem hohen Feste dieses Platzes würdiger zu zeigen, hatte sich die majestätische alte Seele mit einer Haube geschmückt, die darauf berechnet war, selbst die Gleichgültigsten mit Gefühlen der Ehrfurcht zu erfüllen. Auch hatte sie Handschuhe an. Sie muß vornehm sein – sonst lieber sterben!

Kaleb saß neben seiner Tochter, Dot neben ihrer alten Schulgenossin, der gute Fuhrmann nahm von dem untern Ende des Tisches Besitz. Fräulein Tolpatsch wurde zunächst von jedem Stück Möbel entfernt, ausgenommen der Stuhl, auf dem sie saß, damit sie keinen andern Gegenstand in der Nähe hätte, an den sie den Kopf des Kindes stoßen könnte.

Wie Tilly die Puppen und Spielsachen um sich her anstarrte, so starrten diese ihrerseits sie und die Gesellschaft wieder an. Die ehrwürdigen alten Herren vor den Haustüren – alle in voller Tätigkeit – zeigten ein ganz besonderes Interesse an diesem kleinen Fest; bisweilen warteten sie ein wenig, bevor sie sprangen, als wenn sie der Unterhaltung lauschten, und sprangen dann wieder, ich weiß nicht wie oft, wild darauf los, ohne sich nur Zeit zum Atemholen zu lassen – als wenn diese unaufhörlichen Bocksprünge ihnen ein unendliches Vergnügen machten.

Wirklich, wenn diese alten Herren es darauf abgesehen hatten, bei der Betrachtung von Tackletons Unbehagen eine boshafte Freude zu empfinden, so hatten sie allen Grund, zufrieden zu sein.

Tackleton konnte gar nicht in Stimmung kommen; und je heiterer seine Verlobte in Dots Gesellschaft wurde, um so weniger Freude empfand er darüber, obgleich er sie zu diesem Zweck zusammengebracht hatte. Denn er war ein neidischer, mißgünstiger Mensch, dieser Tackleton; und wenn sie lachten, ohne daß er wußte warum, so setzte er sich's sofort in den Kopf, sie lachten über ihn.

"Ach May!" sagte Dot. "Du lieber Gott, wie sich alles geändert hat! Es macht einen ordentlich wieder jung, wenn man so von den glücklichen Schultagen plaudern kann."

"Na, so besonders alt seid ihr denn doch noch nicht, scheint mir", sagte Tackleton.

"Seht nur, wie gesetzt und würdevoll mein Ehemann da ist", versetzte Dot. "Er hat meinem Alter wenigstens zwanzig Jahre zugelegt. Nicht wahr, John?"

"Vierzig", erwiderte John.

"Und wieviel Ihr Mays Alter zulegen werdet, daß weiß ich wahrhaftig nicht", sagte Dot lachend. "Aber sie wird an ihrem nächsten Geburtstage nicht viel weniger als hundert Jahre alt sein."

"Ha ha!" lachte Tackleton. Aber es klang hohl wie aus einer Trommel. Und dabei warf er einen Blick auf Dot, als hätte er ihr mit der größten Behaglichkeit den Hals umdrehen können.

"Du lieber Gott", sagte Dot, "wenn ich noch daran denke, wie wir in der Schule von den Männern redeten, die wir uns wählen wollten. Ich weiß nicht mehr, wie jung und wie hübsch und wie vergnügt und wie liebenswürdig der meine sein sollte! Und was Mays Zukünftigen betraf...! Gott, ich weiß nicht, soll ich lachen oder weinen, wenn ich daran denke, wie albern wir als Mädchen waren."

May schien zu wissen, was sie tun sollte; denn ihre Wangen färbten sich mit einem lebhaften Rot, und die Tränen standen ihr in den Augen.

"Und sogar auf Personen – auf wirkliche junge Männer von Fleisch und Blut – richteten wir zuweilen unsere Gedanken", fuhr Dot fort. "Wie wenig dachten wir daran, wie sehr sich alles ändern würde. Ich hatte nicht im entferntesten an John gedacht, das ist gewiß; auch nicht im entferntesten hatte ich an ihn gedacht. Und wenn ich dir damals gesagt hätte, du würdest noch einmal Herrn Tackleton heiraten, so hättest du mir vielleicht eine Backpfeife verabreicht! Nicht wahr, May?"

Obgleich May nicht ja sagte, so sagte sie sicherlich auch nicht nein, noch deutete sie es irgendwie an.

Tackleton lachte – ja er schrie förmlich, so laut lachte er. John Peerybingle lachte ebenfalls, aber in seiner gewöhnlichen gutmütigen und zufriedenen Weise, sein Lachen war ein Flüstern im Vergleich zu dem von Tackleton.

"Und trotzdem", sagte dieser, "habt ihr nicht anders können. Ihr konntet uns nicht widerstehen, seht ihr! Da habt ihr uns nun! Wo sind nun eure vergnügten, liebenswerten, jungen Bräutigame?"

"Einige von ihnen sind tot", entgegnete Dot, "und andere vergessen. Wenn jetzt einer von ihnen in diesem Augenblick in unserer Mitte erschiene, er würde gar nicht glauben, daß wir dieselben Geschöpfe sind; nicht glauben, daß das, was er sähe und hörte, Wirklichkeit sei und daß wir sie so hätten vergessen *können*. Nein, nichts würden sie davon glauben!"

"Aber Dot!" rief der Fuhrmann. "Kleine Frau!"

Sie hatte mit solcher Lebhaftigkeit und solchem Feuer gesprochen, daß sie ohne Zweifel zu sich selbst zurückgerufen werden mußte. Die Unterbrechung ihres Mannes geschah sehr sanft, denn er mischte sich nur ein, wie er glaubte, um den alten Tackleton zu schützen; aber er erreichte seinen Zweck, denn sie schwieg und sagte kein Wort weiter. Doch lag selbst in ihrem Schweigen eine ungewöhnliche Aufregung, wie der schlaue Tackleton, der sein halb geschlossenes Auge auf sie gerichtet hielt, sehr wohl merkte, um sich bei guter Gelegenheit daran zu erinnern.

May sagte kein Wort, weder ein gutes noch ein böses, sie saß da ganz still, die Augen niedergeschlagen, und legte durch kein Zeichen irgendwelches Interesse an dem, was gesprochen worden war, an den Tag. Aber die gute Dame, ihre Mutter, mischte sich jetzt hinein, indem sie erstlich bemerkte, Mädchen seien Mädchen, und was geschehen sei, sei geschehen, und solange junge Leute jung und leichtsinnig seien, würden sie sich wahrscheinlich auch wie junge, leichtsinnige Leute betragen. Nachdem sie zweitens und drittens noch einige andere Behauptungen von nicht weniger tiefer und unumstößlicher Weisheit aufgestellt hatte, machte sie dann mit frommer Miene die Bemerkung, sie danke dem Himmel, daß sie allzeit in ihrer Tochter May ein pflichtgetreues und gehorsames Kind gefunden habe, was sie sich nicht als Verdienst anrechne, obgleich sie allen Grund habe zu glauben, daß sie es nur ganz sich selbst zu verdanken habe. Was Herrn Tackleton betreffe, so sagte sie, vom moralischen Gesichtspunkte sei er ein unleugbares Individuum und vom Gesichtspunkt einer Heirat aus ein durchaus wünschenswerter Schwiegersohn, das könne kein vernünftiger Mensch bezweifeln. (Hier wurde sie sehr empathisch.) Was die Familie angehe, in die er nach einigem Werben aufgenommen worden sei, so glaube sie, es sei Herrn Tackleton nicht unbekannt, daß dieselbe, obgleich den Reichtum betreffend ein wenig zurückgekommen, immerhin Ansprüche auf vornehmen Stand habe: und wenn gewisse Umstände, die dem Indigohandel nicht ganz fern lägen – denn sie wolle den Ursprung des Übels nur andeuten, ohne sich jedoch in die Einzelheiten der Frage einzulassen –, ganz anders gekommen wären, so hätte die Familie vielleicht ein ansehnliches Vermögen besessen.

Dann bemerkte sie, von der Vergangenheit wolle sie nicht sprechen und nicht daran erinnern, daß ihre Tochter eine Zeitlang die Anträge des Herrn Tackleton zurückgewiesen und daß sie noch eine große Anzahl anderer Dinge unberührt lassen wolle, was sie aber dennoch in aller Ausführlichkeit tat. Endlich behauptete sie als das Ergebnis ihrer Beobachtung und Erfahrung, daß diejenigen Ehen, in denen es sich am wenigsten um das handle, was man romantischer- und törichterweise Liebe nenne, stets die glücklichsten seien; und daß sie darum bei demjenigen Paar, dessen Hochzeit bevorstehe, die größtmögliche Summe von Glück voraussehe – nicht jenes verzückte Glück, sondern den soliden, gangbaren Artikel. Sie schloß damit, daß sie der Gesellschaft mitteilte, morgen sei der Tag, für den sie ausschließlich gelebt habe, und daß, wenn er vorüber, sie nichts weiter wünsche, als eingepackt und an irgendeinem netten Kirchhofsplätzchen untergebracht zu werden.

Da auf diese Bemerkungen gar nichts zu antworten war – das glückliche Vorrecht aller Bemerkungen, die sich möglichst weit von der Sache halten –, so änderte man den Lauf der Unterhaltung und lenkte die allgemeine Aufmerksamkeit auf die Kalbs- und Schinkenpastete, die Hammelkeule, die Kartoffeln und die Torte. Damit die Bierflaschen nicht vernachlässigt wurden, brachte John Peerybingle auf den morgigen Tag, den Hochzeitstag, einen Toast aus und forderte alle auf, ein volles Glas darauf zu leeren, bevor er seine Fahrt fortsetze.

Denn ihr müßt wissen, daß er hier nur haltgemacht hatte, um sein altes Pferd zu füttern. Er hatte noch etwa eine Stunde weit zu fahren, und wenn er abends zurückkam, so holte er Dot ab und machte noch einmal halt, bevor er heimkehrte. Dies war die Tagesordnung bei allen Picknicks, und sie war seit Einrichtung derselben immer getreulich beobachtet worden.

Es waren außer Braut und Bräutigam noch zwei Personen zugegen, die dem Trinkspruch kaum Ehre erwiesen. Die eine war Dot, die zu sehr erregt und beunruhigt war, um an den kleinen Zwischenfällen des Festes teilzunehmen, die andere Bertha, die hastig vor den andern aufstand und den Tisch verließ.

"Auf Wiedersehen!" sagte der robuste John Peerybingle, seinen allem trotzenden Flausrock anziehend. "Zur gewöhnlichen Zeit werde ich wieder hier sein. Laßt es euch allen inzwischen gut gehen!"

"Auf Wiedersehen, John!" antwortete Kaleb.

Er sagte das mechanisch, und auch mit der Hand winkte er nur gleichsam unbewußt; denn er beobachtete Bertha mit einem ängstlich staunenden Gesicht, das seinen Ausdruck kaum änderte.

"Adieu, kleines Bürschchen!" sagte der lustige Fuhrmann, indem er sich herabneigte, um das Kind zu küssen, das Tilly, jetzt ausschließlich mit Messer und Gabel beschäftigt, schlafend – und ausnahmsweise ohne Schaden! – in ein kleines, von Bertha möbliertes Häuschen gelegt hatte. "Adieu! Hoffentlich kommt einmal die Zeit, wo *du*, mein kleiner Freund, hinausziehst in Wind und Wetter, um deinen alten Vater hinter dem Ofen seine Pfeife rauchen und seinen Rheumatismus pflegen zu lassen, he? Wo ist Dot?"

"Hier bin ich, John!" sagte sie, indem sie erschrak.

"Weiter, weiter!" erwiderte der Fuhrmann, indem er kräftig in die Hände schlug. "Wo ist die Pfeife?"

"Die Pfeife habe ich ganz vergessen, John."

"Die Pfeife vergessen! Hat man je so etwas erlebt! Sieh! Dot! die Pfeife vergessen!"

"Ich ... ich will sie gleich stopfen. Es ist bald geschehen."

Es war jedoch nicht so bald geschehen. Sie war an ihrem gewöhnlichen Platze – in des Fuhrmanns Flausrocktasche – neben dem kleinen Tabaksbeutel, einem Werk ihrer Hände, aus dem sie die Pfeife zu stopfen pflegte; aber ihre Hand zitterte so sehr, daß sie nicht hineinkommen konnte (und doch war diese Hand wahrhaftig klein genug, um ohne Mühe herauszukommen), und so stümperte sie bei ihrer Arbeit. Das Stopfen und Anzünden, kurz all die kleinen Dienste, die sie meiner Meinung nach, wie ihr euch erinnern werdet, so vorzüglich verstand, wurden miserabel ausgeführt von Anfang bis zu Ende. Während des ganzen Verfahrens sah Tackleton sie mit dem halbgeschlossenen Auge boshaft an, und dies, wenn es den ihren begegnete – oder es auffing; denn man kann schwerlich sagen, daß es je einem andern Auge begegnete, war es doch vielmehr eine Art Falle, worin andere sich fingen – so vermehrte das ihre Verwirrung in durchaus merkwürdiger Weise.

"Na, was für eine ungeschickte Dot du heute nachmittag bist!" sagte John. "Ich glaube wahrhaftig, ich selber hätt' es besser gemacht!"

Mit diesen gutmütigen Worten schritt er von dannen, und man hörte ihn bald in Gemeinschaft mit Boxer und dem alten Pferd und dem Wagen eine fröhliche Musik die Straße hinunter machen.

Und inzwischen beobachtete Kaleb noch immer seine blinde Tochter mit demselben gedankenvollen Ausdruck in seinem Gesicht.

"Bertha", sagte er sanft. "Was ist geschehen? Wie hast du dich, mein gutes Kind, in ein paar Stunden – seit heute früh – verändert! Den ganzen Tag bist du traurig und still gewesen! Was fehlt dir? Sage es mir!"

"O Vater, Vater!" rief das blinde Mädchen, in Tränen ausbrechend. "O mein hartes, grausames Schicksal!"

Kaleb fuhr sich mit der Hand über die Augen, bevor er antwortete.

"Aber denke doch daran, Bertha, wie fröhlich und glücklich du immer gewesen bist! Wie gut und wie geliebt von so vielen Menschen!"

"Das eben kränkt mich bis in das Herz, lieber Vater! Immer so aufmerksam, immer so freundlich gegen mich!"

Kaleb war viel zu verwirrt, um sie zu verstehen.

"Blind ... blind zu sein, Bertha, mein armes, liebes Kind", stotterte er, "ist gewiß ein großer Schmerz; indes ..."

"Ich habe das nie empfunden!" rief das blinde Mädchen. "Ich habe das nie empfunden, wenigstens nicht in seiner ganzen Schwere. Nie! Bisweilen habe ich gewünscht, ich könnte dich sehen, oder ihn – nur ein einziges Mal, Vater, nur einen einzigen kleinen Augenblick – damit ich wüßte, was es sei, was ich hier", – sie legte die Hand auf die Brust – "was ich hier als mein köstlichstes Gut bewahre, damit ich wüßte, ob ich mich auch nicht geirrt habe! Und manchmal (aber da war ich noch ein Kind) hab' ich abends bei meinen Gebeten geweint, wenn ich dachte, daß eure Bilder, wie sie aus meinem Herzen zum Himmel stiegen, keine genaue Ähnlichkeit mit euch haben möchten. Aber ich habe diese Gefühle nicht lange gehabt. Sie sind verschwunden, und ich war wieder ruhig und zufrieden."

"Und sie werden auch jetzt wieder verschwinden", sagte Kaleb.

"Aber Vater! O guter, liebster Vater, habe Geduld mit mir, wenn ich schlecht bin!" sagte das blinde Mädchen. "Das ist der Kummer nicht, der mich so niederdrückt!"

Ihr Vater konnte die Tränen nicht mehr zurückhalten, die ihm in die Augen gestiegen waren, in so bewegtem und traurigem Tone sprach sie. Indes verstand er sie noch nicht.

"Bringe sie zu mir", sagte Bertha. "Ich kann es nicht in meiner Brust verschließen. Hole sie mir, Vater."

Sie merkte, daß er zauderte, und setzte hinzu:

"May. Hole mir May!"

May hörte ihren Namen nennen, trat still an sie heran und berührte ihren Arm. Das blinde Mädchen wandte sich sofort um und ergriff ihre beiden Hände.

"Schau mir ins Gesicht, liebste, beste Freundin!" sagte Bertha; "lies darin mit deinen schönen Augen und sage mir, ob die Wahrheit darin geschrieben steht."

"Liebe Bertha, ja!"

Das blinde Mädchen, ihr lichtloses Antlitz emporhebend, über das die Tränen flossen, sagte folgendes zu ihr:

"Kein Wunsch oder Gedanke ist in meiner Seele, der nicht auch deinem Glück gälte, schöne May! Keine dankbare Erinnerung ist tiefer in meine Seele eingegraben als die zahlreichen Beweise von Freundlichkeit, die du, die du stolz sein konntest auf deine hellblickenden Augen und auf deine Schönheit, der armen, blinden Bertha geschenkt hast, selbst damals, als wir beide noch Kinder waren – wenn es für ein blindes Kind überhaupt eine Kindheit geben kann! Alles Glück auf dein Haupt! Möge dein Lebensweg hell und glücklich sein! Und darum nicht weniger, liebe Freundin" – und sie schmiegte sich noch enger an sie und drückte noch fester ihre Hände – "und darum nicht weniger, liebe May, weil die heutige Nachricht, du solltest *seine* Frau werden, mir fast das Herz gebrochen hat! Vater, May, liebe May, o verzeiht mir, daß es so ist, um alles dessen willen, was er getan hat, um mir das Los meines finstern Lebens zu erleichtern, und um des Vertrauens willen, das er zu mir hat, wenn ich den Himmel zum Zeugen anrufe, daß ich ihm kein Weib wünschen könnte, das seiner Herzensgüte würdiger wäre!"

Während sie sprach, hatte sie May Fieldings Hände losgelassen, um ihre Kleider zu umfassen, in einer halb bittenden, halb zärtlichen Stellung, bis sie, immer tiefer herabgleitend, je weiter sie kam in ihrer seltsamen Beichte, sich endlich zu den Füßen ihrer Freundin niederließ und ihr blindes Antlitz in den Falten ihres Kleides verbarg.

"Großer Gott!" rief ihr Vater, dem plötzlich wie ein Blitz die Wahrheit aufleuchtete, "habe ich sie darum von der Wiege an getäuscht, um ihr schließlich das Herz zu brechen!"

Es war ein Glück für alle, daß Dot, diese strahlende, nützliche, geschäftige, kleine Dot – denn das alles war sie, trotz all' ihrer Fehler, von denen ihr bald genug lernen werdet, sie zu verachten – es war ein Glück für alle, sag' ich, daß sie da war, sonst wäre schwer zu sagen, wie das geendet hätte. Aber Dot, die ihre Geistesgegenwart wiedergewonnen hatte, fiel hier ein, ehe May antworten oder Kaleb noch sonst etwas sagen konnte.

"Komm, komm, liebe Bertha! Komm mit mir! Reich ihr den Arm, May. So! Seht, wie sie sich schon wieder beruhigt hat und wie brav es von ihr ist, zu tun, was wir sagen", sagte die fröhliche, kleine Frau und küßte sie auf die Stirn. "Komm mit, komm, liebe Bertha! Und ihr guter Vater hier kommt auch mit, nicht wahr, Kaleb? Natürlich!"

Ja, ja, sie war eine herrliche, kleine Dot bei solchen Gelegenheiten, diese Dot, und es hätte schon eine sehr verstockte Natur dazu gehört, ihrem Einfluß zu widerstehen. Als sie den armen Kaleb und seine Bertha hinausgebracht, damit sie einander trösten und ermutigen könnten – sie wußte ja, daß sie dazu nur allein imstande waren! –, eilte sie sofort mit einem Sprunge zurück, frisch wie eine Maiblume, pflegt man zu sagen, ich aber sage: noch weit frischer, um bei dieser vornehmen Person in Mütze und Handschuhen Wache zu halten und zu verhüten, daß das liebe, alte Geschöpf unangenehme Entdeckungen mache.

"Nun bring' mir den köstlichen Jungen, Tilly", sagte sie, indem sie einen Stuhl ans Feuer zog, "und während ich ihn auf dem Schoß habe, wird Mrs. Fielding hier mir sagen, wie man solche Wickelkinder behandeln muß und mir in zwanzig Dingen, worin ich so ungeschickt wie möglich bin, Rat erteilen. Nicht wahr, Mrs. Fielding?"

Nicht einmal der Walliser Riese, der der volkstümlichen Sage zufolge so schwer von Begriffen war, eine verhängnisvolle chirurgische Operation an seinem eigenen Körper vorzunehmen, um den Streich, den sein Erzfeind beim Frühstück ihm vorgeschwindelt, nachzuahmen, – nicht einmal *der* fiel halb so schnell in die ihm gelegte Falle, wie die alte Dame in diese kunstvolle Grube. Die Tatsache, daß Tackleton fortgegangen und daß ferner zwei oder drei Personen in einiger Entfernung von ihr miteinander geflüstert und sie sich selbst überlassen hatten, hätte vollständig genügt, sie an ihre verletzte Würde zu erinnern und sie vierundzwanzig Stunden lang den Ausdruck ihres Bedauerns über jene geheimnisvolle Wendung in dem Indigohandel erneuern zu lassen. Aber ein so tiefer Respekt vor ihrer Erfahrung seitens der jungen Mutter war so unwiderstehlich, daß sie, nachdem sie einiges, bescheidene Sträuben vorgetäuscht hatte, anfing, sie mit der gnädigsten Miene von der Welt zu belehren, und, sich aufrecht vor die boshafte kleine Dot setzend, gab sie in einer halben Stunde mehr unfehlbare Hausrezepte und Ratschläge, als nötig gewesen wären, um den jungen Peerybingle in eine andere Welt zu befördern, und wäre er auch ein Simson in der Wiege gewesen.

Um ein wenig abzulenken, nahm Dot ihr Nähzeug zur Hand – wie sie es anfing, weiß ich nicht, aber sie trug immer den Inhalt eines ganzen Arbeitsbeutels in ihrer Tasche –; dann stillte sie ein wenig das Kind; darauf nahm sie wieder ein Weilchen ihre Arbeit zur Hand, worauf sie, während die alte Dame schlummerte, ein kleines Flüsterduett mit May begann. Und so brachte sie, stets in geschäftiger

Rührigkeit, wie das so ihre Art war, sehr rasch den Nachmittag hin. Und als es dann dunkel wurde, schürte sie – da es eine der feierlichen Vereinbarungen dieser Picknickeinrichtung war, daß sie an diesem Tage Berthas Haushalt besorge – das Feuer, fegte den Herd, deckte den Teetisch, zog die Vorhänge zusammen und steckte Licht an. Dann spielte sie ein paar Lieder auf einer Art Harfe, die Kaleb für seine Tochter fabriziert hatte; und sie spielte sehr hübsch, denn die Natur hatte ihr zartes, kleines Ohr ebenso vollkommen für Musik ausgebildet, wie für Juwelen, wenn sie welche zu tragen gehabt hätte. Da jetzt die für den Tee angesetzte Zeit gekommen war, erschien auch Tackleton wieder, um an dem Mal teilzunehmen und sich des Abends zu erfreuen.

Kaleb und Bertha waren seit einiger Zeit zurückgekehrt, und Kaleb hatte die unterbrochene Nachmittagsarbeit wieder aufgenommen. Aber er konnte nichts zuwege bringen, der arme Teufel, so voll Angst war er und solche Gewissensbisse empfand er wegen seiner Tochter. Es war rührend, ihn müßig auf seinem Arbeitsschemel sitzen zu sehen, indem er traurig die Blicke auf sie gerichtet hatte und in einem fort für sich hinsagte:

"Habe ich sie denn nur darum von der Wiege an getäuscht, um ihr schließlich das Herz zu brechen?"

Als es ganz dunkel wurde und der Tee eingenommen war und Dot nichts mehr an den Tassen zu waschen hatte, mit einem Wort – denn ich muß es geradeheraus sagen, und es hat keinen Sinn, es hinauszuschieben –, als die Zeit nahte, wo jedes ferne Wagengerassel ihnen ankündete, daß sie die nahe Ankunft des Fuhrmanns zu erwarten hätten, veränderte sich abermals Dots ganzes Wesen. Sie wurde bald rot, bald blaß und war vollständig rastlos. Nicht so, wie gute Frauen sind, wenn sie ihre Männer erwarten. Nein, nein, nein! Es war eine ganz andere Art von Unruhe.

Wagengerassel. Hufklappern. Hundegebell. Allmähliches Näherkommen all dieser Töne. Boxers scharrende Pfote an der Tür!

"Wessen Tritt ist das!" rief Bertha auffahrend.

"Wessen Tritt?" versetzte der Fuhrmann, auf der Schwelle erscheinend, das braune Gesicht von der scharfen Nachtluft gerötet wie eine Winterbeere. "Na, meiner!"

"Der andere Tritt?" sagte Bertha. "Der Männertritt hinter Euch?"

"Sie ist gar nicht zu täuschen", bemerkte der Fuhrmann lachend. "Spaziert nur herein, Herr. Ihr werdet willkommen sein; seid ohne Sorgen!"

Er sprach das in lautem Ton, und während er sprach, trat der alte, taube Herr ins Zimmer.

"Er ist Euch nicht ganz fremd, Kaleb; Ihr habt ihn schon mal gesehen", sagte der Fuhrmann. "Wollt Ihr ihm Obdach geben, bis wir gehen?"

"O gewiß, John, ich rechne mir's zur Ehre."

"Er ist übrigens der beste Gesellschafter, den man sich nur wünschen kann, wenn man sich Geheimnisse zu erzählen hat", sagte John. "Ich habe anständig gute Lungen, aber er stellt sie auf die Probe, das kann ich Euch versichern. Setzt Euch, Herr. Lauter gute Freunde hier, die sich freuen, Euch zu sehen."

Nachdem er dem Fremden diese Versicherung mit einer Stimme gegeben, die vollkommen bestätigte, was er von seinen Lungen gesagt, setzte er in seinem natürlichen Tone hinzu:

"Ein Stuhl in der Kaminecke und die Erlaubnis, ganz still dazusitzen und sich vergnügt umzusehen, das ist alles, was er verlangt. Es ist leicht, ihn zufriedenzustellen."

Bertha hatte aufmerksam zugehört. Sie rief Kaleb zu sich, als er den Stuhl hingestellt hatte, und bat ihn leise, ihr den Fremden zu beschreiben. Als er das getan – und diesmal ganz wahrheitsgemäß, mit gewissenhafter Treue – machte sie eine Bewegung, das erstemal, seit er eingetreten war, seufzte und schien ferner kein Interesse mehr für ihn zu haben.

Der Fuhrmann war in sehr fideler Stimmung, der gute Gesell, und verliebter in seine kleine Frau als je.

"War das aber eine ungeschickte Dot heute nachmittag!" sagte er, indem er seinen starken Arm um sie legte, während sie von den anderen Gästen etwas abseits stand, "und doch hab ich sie gern. Schau mal dorthin, Dot!"

Er zeigte auf den alten Mann. Sie senkte die Augen. Ich glaube sogar, sie zitterte.

"Er ist... hahaha!... ist voller Bewunderung für dich!" sagte der Fuhrmann. "Plauderte von nichts anderem, den ganzen Weg entlang. Na, er ist ein braver alter Bursche. Das gefällt mir an ihm!"

"Ich wollte, er hätte sich einen bessern Gegenstand gewählt, John", sagte sie, einen beunruhigten Blick im Zimmer umherwerfend; er war besonders nach Tackletons Seite gerichtet.

"Einen bessern Gegenstand!" rief John vergnügt. "Den gibt's gar nicht. Nun, weg mit dem Überzieher, fort mit dem Tuche, fort mit den schweren Gamaschen und dann ein gemütliches halbes Stündchen am Feuer! Gehorsamer Diener, Madam. Wollen wir beide eine Partie Piquet machen? Ich stehe zu Diensten. Dot, die Karten und das Brett. Und auch ein Glas Bier, wenn noch was da ist, kleine Frau!"

Seine Aufforderung war an die alte Dame gerichtet, und da sie mit gnädiger Bereitwilligkeit annahm, waren sie bald in das Spiel vertieft. Anfangs blickte der Fuhrmann bisweilen mit einem Lächeln um sich, oder rief von Zeit zu Zeit Dot herbei, daß sie ihm in schwierigen Fällen rate. Da jedoch seine Gegnerin sehr streng auf Disziplin hielt und zudem der Schwäche unterworfen war, gelegentlich mehr zu markieren als sie berechtigt war, so mußte er seinerseits so scharf aufpassen, daß ihm für etwas anderes weder Auge noch Ohr blieb. Allmählich nahmen die Karten seine ganze Aufmerksamkeit in Anspruch, und er dachte an nichts weiter, bis eine Hand auf seiner Schulter ihn daran erinnerte, daß ein Tackleton auf der Welt war.

"Bedaure Euch stören zu müssen – nur auf ein Wort, aber gleich."

"Ich bin gerade am Geben", versetzte der Fuhrmann. "Der Augenblick ist kritisch."

"Das ist er", sagte Tackleton. "Kommt mal her, mein Lieber!"

Es lag ein Ausdruck in seinem bleichen Gesicht, der den andern veranlaßte, sofort aufzustehen und ihn hastig zu fragen, was los wäre.

"Pst! John Peerybingle!" sagte Tackleton. "Es tut mir leid. Wahrhaftig. Ich hab's befürchtet. Ich hab' ihn gleich vom ersten Augenblick an im Verdacht gehabt."

"Was ist denn los?" fragte der Fuhrmann mit erschrecktem Gesicht.

"Pst! Das will ich Euch zeigen, wenn Ihr mit mir kommen wollt."

Der Fuhrmann begleitete ihn, ohne noch ein Wort zu sagen. Sie gingen über einen Hof, wo die Sterne schienen, und traten durch eine kleine Hintertür in Tackletons Bureau, von wo man durch eine Glastür, die des Nachts geschlossen war, in den Laden sehen konnte. Im Bureau war kein Licht, aber es brannten Lampen in dem langen schmalen Warenlager, so daß das Fenster erleuchtet war.

"Einen Augenblick!" sagte Tackleton. "Könnt Ihr durch das Fenster blicken? Glaubt Ihr, Ihr könntet's?"

"Warum nicht?" versetzte der Fuhrmann.

"Noch einen Augenblick", sagte Tackleton. "Begeht keine Gewalttat. Würde nichts nützen. Ist zudem gefährlich. Ihr seid ein kräftiger Mann und könntet einen Mord begehen, bevor Ihr es selbst wißt."

Der Fuhrmann sah ihn ins Gesicht und wich einen Schritt zurück, als hätte er einen Schlag bekommen. Mit einem Sprung war er an der Glastür und sah... O welch ein Schatten auf dem Herde! O treues Heimchen! O treuloses Weib!

Er sah sie mit dem alten Mann – was sag' ich: alt! Keineswegs! Jung und gerade und schön war er, in der Hand die falschen weißen Haare haltend, die ihm Zugang verschafft zu ihrem fortan einsamen und traurigen Herd. Er sah, wie sie ihm lauschte, während er sich zu ihr herabneigte, um ihr ins Ohr zu flüstern; wie sie ihn seine Hand um ihre Taille legen ließ, während sie langsam die dunkle Holzgalerie auf die Tür zugingen, durch die sie eingetreten waren. Er sah sie stehenbleiben, er sah seine Frau sich umwenden – oh, dieses Gesicht sich so gegenüber zu sehen, dieses Gesicht, das er so sehr liebte!... Und er sah sie mit ihren eigenen Händen ihm die täuschende Perücke auf dem Kopfe zurechtrücken... und sie lachte, während sie dies tat, lachte ohne Zweifel über die vertrauensvolle, leichtgläubige Natur ihres Mannes!

Anfangs ballte er seine starke Rechte, als wolle er einen Löwen niederschlagen. Aber er öffnete sie sofort wieder und hielt sie vor Tackletons Augen – denn er liebte sie noch, liebte sie selbst noch in diesem Augenblick; und dann, als sie verschwunden waren, sank er auf ein Pult nieder und weinte wie ein kleines Kind...

Er war schon bis ans Kinn eingehüllt und mit dem Pferde und den Paketen beschäftigt, als Dot wieder in das Zimmer trat, um sich zur Heimfahrt zu rüsten.

"Nun vorwärts, lieber John!... Gute Nacht, May! Gute Nacht, Bertha!"

Hatte sie noch das Herz, sie zu küssen? Konnte sie beim Abschied noch vergnügt und guter Laune sein? Hatte sie noch die Stirn, ihnen ohne Erröten ins Gesicht zu sehen? Ja, Tackleton beobachtete sie genau – und zu alledem hatte sie den Mut.

Tilly summte das Kindchen in Schlaf, und sie ging immer wieder am Tackleton vorüber, wohl ein dutzendmal, und wiederholte schläfrig:

"Hat denn, daß sie sein Weibchen soll werden, fast ihr gebrochen das Herzchen entzwei? Und hat Väterchen vom Wiegelchen an sie getäuscht, um endlich ihr Herzchen zu brechen?"

"Nun, Tilly, gib mir das Kind. Gute Nacht, Mr. Tackleton. Wo ist John? Gott, wo ist er denn?"

"Er will zu Fuß gehen, vorn neben dem Pferde her", sagte Tackleton, der ihr auf den Wagen half.

"Aber lieber John, zu Fuß gehen? Bei Nacht!"

Die vermummte Gestalt ihres Mannes machte ein hastiges Zeichen der Bejahung; und als auch der verräterische Fremde und die kleine Wärterin ihre Plätze eingenommen hatten, setzte sich das alte Pferd in Trab, der nichtsahnende Boxer lief voraus, lief wieder zurück, lief immer von neuem um den Wagen und bellte dabei so triumphierend und lustig wie immer.

Als auch Tackleton sich entfernt hatte, um May und ihre Mutter nach Hause zu begleiten, setzte sich der arme Kaleb neben seine Tochter ans Feuer, das Herz zerrissen von Angst und Gewissensbissen, und in einem fort, während er sie traurig ansah flüsterte er vor sich hin:

"Hab' ich sie denn nur darum von der Wiege an getäuscht, um ihr am Ende das Herz zu brechen!"

Die Spielsachen, die man, um das Kindchen zu amüsieren, in Bewegung gesetzt hatte, waren alle längst stehengeblieben und abgelaufen. In dem Dämmerlicht und der Stille machten die Puppen mit ihrer unerschütterlichen Ruhe; die vorhin so wilden Schaukelpferde mit den weit geöffneten Augen und Nüstern; die alten Herren, die, auf ihren Knien und Schenkeln halb zusammengeklappt, an den Straßentüren standen; die Nußknacker mit ihren Grimassen; ja sogar die Tiere, die paarweise in die Arche spazierten, wie wenn eine Pension spazieren geführt wird – sie alle machten ein Gesicht, als wären sie mit phantastischer Unbeweglichkeit geschlagen worden, als sie das doppelte Wunder einer treulosen Dot und eines geliebten Tackleton, unter welchem Zusammentreffen von Umständen auch immer, sahen.

**Drittes Zirpen.**

Die Schwarzwälder Uhr in der Ecke schlug zehn, als der Fuhrmann sich wieder an seinem Herde niederließ. So verstört und kummervoll, daß er sogar den Kuckuck zu erschrecken schien, der, nachdem er seine zehn melodischen Ankündigungen so kurz wie möglich geschlagen, rasch in den maurischen Palast zurückstürzte und seine kleine Tür hinter sich zuschloß, als könne er es nicht ertragen, dies ungewohnte Schauspiel länger mit anzusehen.

Wäre der kleine Heumäher mit der schärfsten aller Sensen bewaffnet gewesen und hätte er sie bei jedem Schlage dem Fuhrmann ins Herz gestoßen, er hätte es nimmer so grausam zerreißen und verwunden können, wie Dot getan hatte.

Es war ein Herz so voll Liebe zu ihr, so eng und fest vereinigt mit dem ihren durch unzählige Fäden liebevoller Erinnerungen – gesponnen aus ihren Vorzügen, die ebenso zahlreich wie fesselnd, die darauf zielten, es mit jedem Tage fester zu machen –; es war ein Herz, so einfach und so wahr, so stark im Guten, so schwach im Bösen, daß es anfangs weder Zorn noch Rache hegen konnte und nur noch existierte, um darin das zerbrochene Bild seines Abgottes zu bewahren.

Aber allmählich, wie der Fuhrmann nachdenklich an seinem jetzt kalten und finstern Herde saß, begann ein anderer wilderer Gedanke sich seiner Gedanken zu bemächtigen, wie ein böser Sturmwind sich mitten in der Nacht erhebt. Der Fremde befand sich unter seinem entehrten Dache. Drei Schritte führten ihn an seine Tür. Ein einziger Schlag genügte, sie einzustoßen. "Ihr könntet einen Mord begehen, bevor Ihr daran denkt", hatte Tackleton gesagt. Wie konnte es ein Mord sein, wenn er dem Elenden Gelegenheit gab, mit ihm Brust an Brust zu ringen! War er nicht jünger?

Es war ein schlimmer Gedanke, doppelt schlimm bei der finstern Stimmung seines Gemüts. Es war ein böser Gedanke, der ihn zu einer Rachetat verleiten wollte, die seine fröhliche Behausung in eine jener berüchtigten Höhlen verwandeln würde, vor der einsame Wanderer in der Nacht vorüberzugehen sich fürchten und wo der Furchtsame durch die zerschlagenen Fenster Schatten sehen will, wenn der Mond sich hinter Wolken versteckt und wo man bei stürmischem Wetter wilde Stimmen hören kann.

Er war jünger! Ja, ja, ein Geliebter, der das Herz gewonnen hatte, das nie für "ihn" geschlagen hatte. Irgendein Geliebter aus früherer Zeit, an den sie gedacht und von dem sie geträumt, nach dem sie geschmachtet und geseufzt hatte, während er sich eingebildet hatte, daß sie an seiner Seite glücklich sei! O welche Herzensangst, nur daran zu denken!

Sie war mit dem Kinde hinaufgegangen, um es zu Bett zu bringen. Während er da brütend am Herde saß, kam sie dicht an seine Seite, ohne daß er sie auch nur bemerkte – in den Folterqualen seines großen Elends hatte er den Sinn für alle anderen Töne verloren – und stellte ihren kleinen Stuhl neben seine Füße. Er bemerkte es erst, als er ihre Hand auf der seinen fühlte und ihre Augen nach seinem Gesicht emporblicken sah.

Mit Erstaunen? Nein. Das war sein erster Eindruck, und er mußte sie noch einmal ansehen, um sich zu überzeugen, daß es wirklich so war. Nein, nicht mit Erstaunen. Mit einem neugierig fragenden Blick; aber nicht mit Erstaunen. Anfangs war dieser Blick unruhig und ernst; dann machte er einem seltsamen, wilden, schrecklichen Lächeln Platz, als ob sie seine Gedanken erraten hätte; dann nichts anderes als ihre über der Stirn gekreuzten Hände und ihr geneigtes Haupt und die herabfallenden Haare.

Wenn John in diesem Augenblick selbst über die Allmacht Gottes hätte verfügen können: er hatte in seiner Brust zu viel von ihrer noch göttlicheren Eigenschaft, der Barmherzigkeit, um auch nur auf Dot das Gewicht einer Feder fallen zu lassen. Aber er konnte es nicht ertragen, sie auf dem kleinen Sitz kauern zu sehen, auf dem er sie so oft mit Stolz und Liebe betrachtet hatte, wie sie so unschuldig und so froh dasaß; und als sie aufstand und sich schluchzend von ihm entfernte, da fühlte er sich erleichtert: der leere Platz an seiner Seite war ihm lieber, als ihre sonst so teure Gegenwart. Dies war sein größter Schmerz, denn es erinnerte ihn daran, wie unglücklich er geworden und wie das große Band, das ihm das Leben wert gemacht hatte, zerrissen war.

Je mehr er hieran dachte, desto mehr fühlte er, daß er sie lieber frühzeitig tot, mit ihrem Kinde in den Armen vor sich liegen gesehen hätte, und desto heftiger wurde die Wut gegen seinen Feind. Er sah sich nach einer Waffe um.

Da hing eine Flinte an der Wand. Er nahm sie herab und tat einige Schritte auf die Tür des Zimmers zu, in dem sich der verräterische Fremde befand. Er wußte, daß das Gewehr geladen war. Eine unbestimmte Vorstellung, daß er ein Recht habe, diesen Menschen wie ein wildes Tier niederzuschießen, bemächtigte sich seines Geistes und ergriff ihn ganz und gar wie ein furchtbarer Dämon, der keine mildern Regungen aufkommen ließ und seine unbeschränkte Herrschaft geltend zu machen begann.

Nein, das wollte ich nicht sagen. Diese Vorstellung verbannte nicht alle milderen Gedanken aus seinem Herzen: sie verwandelte sie mit teuflischer Kunst, verwandelte sie in Nadeln, um ihn aufzuhetzen; wandelte Wasser in Blut, Liebe in Haß, Milde in blinde Raserei. Ihr Bild, trauernd, gedemütigt, aber immer noch mit unwiderstehlicher Macht an seine Zärtlichkeit und Barmherzigkeit appellierend, kam ihm nie aus der Seele; aber die Erinnerung schon an dieses Bild genügte, um ihn an die Tür zu treiben, die Waffe an seine Schulter zu heben, seine Finger an den Hahn zu legen und ihm zuzurufen: Töte ihn! In seinem Bette!

Er kehrte das Gewehr um, die Tür mit dem Kolben einzuschlagen; schon schwang er es hoch in der Luft; er fühlte, wie es ihm auf den Lippen lag, dem da drinnen zuzurufen: Fliehe, um Gottes willen, fliehe, durch das Fenster!

Da plötzlich glimmte das erlöschende Feuer auf, erhellte den ganzen Kamin mit einem Lichtschein, und das Heimchen am Herde begann zu zirpen!

Kein Ton, den er hätte hören können, keine menschliche Stimme, nicht einmal die ihre, würde ihn so bewegt, erschüttert und beruhigt haben. Die kunstlosen Worte, mit denen sie ihm von ihrer Liebe zu diesem Heimchen gesprochen hatte, hört er noch ganz frisch in den Ohren; er sah sie wieder vor sich mit ihrem ernsten Wesen, ihrer lieblichen Stimme – o welch eine Stimme es war, so ganz dazu angetan, mit ihrer traulichen Musik einen ehrlichen Mann am häuslichen Herde zu erfreuen! – Das alles durchbebte bis ins Innerste seine bessere Natur und wurde zu Leben und Bewegung.

Er wich von der Tür zurück wie ein Schlafwandler, der aus einem schrecklichen Traum aufwacht. Er stellte das Gewehr weg; dann bedeckte er das Gesicht mit den Händen, setzte sich wieder ans Feuer und erleichterte sein Gemüt in Tränen.

Das Heimchen am Herde kam hinein ins Zimmer und stand in Feengestalt vor ihm.

"Ich liebe es!" sang die Feenstimme, die Worte wiederholend, deren es sich so wohl erinnerte; "ich liebe es, weil ich es so oft gehört, und wegen der vielen guten Gedanken, die seine unschuldige Musik in mir angeregt hat."

"So sagte sie!" rief der Fuhrmann. "Und es ist wahr!"

"Es ist ein glückliches Daheim für mich gewesen, John; und darum liebe ich das Heimchen!"

"Ja, das ist es gewesen, Gott weiß es", versetzte der Fuhrmann. "Sie hat dieses Haus glücklich gemacht, immer . . . . bis heute."

"So lieblich, so sanft, so häuslich, vergnügt, geschäftig und leichtherzig!" sang die Stimme.

"Sonst hätte ich sie nie so lieben können, wie ich sie liebte!" erwiderte der Fuhrmann.

"Sage doch vielmehr: wie ich sie liebe!" verbesserte die Stimme.

"Wie ich sie liebte!" wiederholte der Fuhrmann. Aber nicht in festem Tone. Seine etwas unsichere Zunge widerstand seinem Willen und redete in ihrer eigenen Weise, für sich selbst und für ihn.

Die Erscheinung erhob feierlich die Hand und sagte:

"An deinem Herde . . . . ."

"Den sie geschändet hat", unterbrach der Fuhrmann.

"Den sie – und wie oft! – gesegnet und erhellt hat", sagte das Heimchen, "an dem Herde, der sonst nur Kalk und Ziegelsteine und rostige Eisenstangen war, der aber durch sie dein Hausaltar geworden, – der Altar, auf den du jeden Abend irgendeine kleine Leidenschaft, irgendeine Selbstsucht oder Sorge gelegt hast, um darauf das Opfer eines ruhigen Herzens, einer vertrauenden Seele und eines überströmenden Gemüts darzubringen, so daß der Rauch mit einem lieblicheren Duft als der kostbarste Weihrauch, vor dem kostbarsten Schrein in den herrlichsten Tempeln der Welt verbrannt, von deinem armseligen Kamin emporstieg! . . . Bei deinem Herde, bei deinem friedlichen Heiligtum, umgeben von allen schönen Einflüssen und Erinnerungen: Höre sie! Höre mich! Höre alles, was die Sprache deines häuslichen Herdes redet!"

"Und zu ihren Gunsten spricht?" fragte der Fuhrmann.

"Alles, was die Sprache deines häuslichen Herdes redet, kann garnicht anders als zu ihren Gunsten sprechen!" versetzte das Heimchen. "Denn diese Sprache kann nicht lügen."

Und während der Fuhrmann, der den Kopf auf die Hände sinken ließ, auf seinem Stuhl zu träumen fortfuhr, stand ihr Bild neben ihm, gab ihm seine Gedanken durch seine übernatürliche Macht ein und stellte sie wieder in einem Spiegel oder in einem Gemälde vor ihn hin.

Die Erscheinung blieb nicht allein. Aus der Herdplatte, dem Kamin, der Uhr, der Pfeife, dem Kessel, der Wiege; aus dem Fußboden, den Wänden, der Decke und der Treppe; aus dem Wagen draußen und dem Schrank drinnen, aus den

Haushaltsgegenständen, aus jedem Ding und jeder Stelle, mit dem Dot zu tun gehabt hatte und woran sich eine Erinnerung an sie in dem Geiste ihres unglücklichen Mannes knüpfte, kamen in ganzen Scharen Feen hervor. Nicht, um wie das Heimchen unbeweglich neben ihm zu bleiben, sondern um sich zu rühren und sich zu beschäftigen; um ihrem Bilde alle Ehre zu erweisen, ihn an den Rockschößen zu zerren und ihm zu zeigen, wie sie erschienen; um sich um sie herumzustellen, sie in ihre Arme zu nehmen und Blumen auf ihren Weg zu streuen. Um zu versuchen, ihr schönes Haupt mit ihren zarten Händen zu bekränzen. Um ihr zu zeigen, wie innig sie sie liebten, und daß es kein einziges, häßliches, boshaftes oder anklagendes Wesen gab, das sich rühmen konnte, sie zu kennen. – Niemand als sie, ihre getreuen Gefährtinnen, kannten sie und ihren Wert!

Seine Gedanken folgten unablässig ihrem Bilde. Es war immer zur Stelle.

Vor dem Feuer sitzend arbeitete sie mit der Nadel und sang vor sich hin. Welch ein heiteres, tätiges und ausdauerndes Geschöpf war diese kleine Dot! Die Feengestalten wandten sich alle zugleich ihr zu, richteten mit einer einzigen Bewegung einen einzigen Blick auf sie und schienen voller Stolz zu sagen:

"Ist das die leichtsinnige Frau, um die du trauerst?"

Da hörte man von draußen die fröhlichen Töne von Musikinstrumenten, lärmenden Stimmen und hellem Lachen. Ein Schwarm junger, lustiger Leute kam plötzlich ins Haus; unter ihnen Mary Fielding mit einigen zwanzig ebenso hübschen jungen Mädchen. Dot war die schönste von allen, und auch so jung wie irgendeine von ihnen. Sie kamen, um sie einzuladen, an ihrem Feste teilzunehmen. Es handelte sich um einen Tanz. Waren je kleine Füße zum Tanzen geschaffen, so sicherlich die ihren. Aber sie lachte, schüttelte den Kopf und zeigte auf das Essen am Feuer und den bereits gedeckten Tisch; mit einer so herausfordernden Miene, daß sie nur noch reizender aussah. Und so verabschiedete sie sie denn ganz vergnügt, ihren Möchte-gern-Tänzern einem nach dem andern zunickend, während sie fortgingen, aber mit einer so komischen Gleichgültigkeit, die sie hätte veranlassen können, sofort hinzugehen und sich vor Verzweiflung ins Wasser zu stürzen, wenn sie zu ihren Bewunderern gehörten – und das waren wohl mehr oder weniger alle, aber das war eben nicht anders möglich. Und doch war von Gleichgültigkeit nichts in ihrem Wesen. O nein, denn in diesem Augenblick kam ein gewisser Fuhrmann und Gott weiß, welch ein Willkomm sie ihm gab!

Wiederum wandten sich die Feengestalten ihm gleichzeitig zu und schienen zu sagen:

"Ist das die Frau, die dich verlassen hat?"

Ein Schatten fiel auf den Spiegel oder das Bild – nennt es, wie ihr wollt. Ein großer Schatten, der Schatten des Fremden, wie er zuerst unter ihrem Dache erschien, bedeckte seine ganze Oberfläche, und löschte alle anderen Gegenstände aus. Aber die gewandten Feen arbeiteten wie Bienen, um ihn wieder wegzuwischen, und da war Dot wieder schön und glänzend wie vorher.

Sie wiegte ihr Kind, sang ihm leise ein Liedchen vor, lehnte das Haupt auf seine Schulter, die ihre Gegenstütze in der sinnenden Gestalt hatte, neben der das Feenheimchen stand.

Die Nacht – ich meine die wirkliche Nacht: nicht diejenige, die sich nach den Uhren der Elfen richtet – die Nacht rückte allmählich vor; und in diesem Stadium der Gedanken des Fuhrmanns kam hell und klar der Mond hinter den Wolken hervor. Vielleicht war in seiner Seele ebenfalls ein stilles ruhiges Licht aufgegangen, und er konnte mit mehr Ruhe nachdenken über das, was geschehen war.

Wenn auch der Schatten des Fremden von Zeit zu Zeit über den Spiegel glitt – immer deutlich, greifbar und genau ausgeprägt – so zeigte er sich doch nicht wieder so finster wie das erstemal. Sooft er erschien, stießen die Feen alle miteinander einen Schrei des Schreckens aus und setzten mit unbegreiflicher Behendigkeit ihre Ärmchen und Beinchen in Bewegung, um ihn auszuwischen. Und wenn sie sich dann wieder zu Dot wandten und sie ihm wieder zeigten, strahlend und schön, so legten sie in der begeisterndsten Weise ihre Freude an den Tag.

Sie zeigten sie nie anders als glänzend und schön, denn sie waren Hausgeister, für die die Lüge ein Nichts ist, und Dot war für sie nichts anderes als das tätige, fröhliche, liebliche, kleine Wesen, das immer das Licht und die Sonne in des Fuhrmanns Hause gewesen war!

Die Feen waren wunderbar eifrig, wenn sie sie mit dem Kinde zeigten, wie sie in einer Versammlung weiser alter Matronen plauderte und tat, als sei sie selbst so wunderbar weise und matronenhaft, und sich mit gesetzter, ernster und einer alten Dame würdigen Miene auf ihres Mannes Arm stützte, indem sie versuchte – sie, eine kleine Knospe von einer kleinen Frau! – versuchte, ihnen die Meinung beizubringen, sie hätte die Eitelkeiten der Welt alle miteinander abgeschworen und sie gehöre zu jener Klasse von reiferen Personen, denen es gar nichts Neues ist, Mutter zu sein, doch in demselben Augenblick zeigten sie sie wieder, wie sie über die Ungeschicklichkeit des Fuhrmanns lachte und ihm den Hemdkragen ordnete, um etwas wie einen Stutzer aus ihm zu machen, und ihn fröhlich mit sich durch das Zimmer zog, um ihn tanzen zu lehren!

Sie wandten sich mehr denn je ihm zu und sahen ihn mit ungewöhnlich weit geöffneten Augen an, als sie sie ihm neben dem blinden Mädchen zeigten; denn wenn sie auch überall Leben und Heiterkeit mit sich brachte, wohin sie ging, so war ihr Einfluß doch ganz besonders groß in Kaleb Plummers Heim. Des blinden Mädchens Liebe zu ihr, die zarte Weise, in der sie Berthas Dank zurückzuweisen verstand; wie sie zu mancher kleinen List ihre Zuflucht nahm, um jeden Augenblick ihres Besuches so auszufüllen, daß er Kalebs Hause zugute kam und unter dem Vorwand, sich einen Tag köstlich zu amüsieren, wirklich schwer arbeitete; ihre großmütige Sorge für jene verabredeten Leckereien, die Kalbs- und Schinkenpastete und die Bierflaschen; ihr heiteres Gesicht, wenn sie an der Tür erschien und wenn sie Abschied nahm; dieser wundervolle Ausdruck in ihrem ganzen Wesen, von ihrem allerliebsten Fuß an bis zu ihrem Köpfchen, daß sie die Bedeutung ihrer Rolle bei diesem von ihr gegründeten Feste fühle – daß sie dort notwendig, unentbehrlich sei; das alles erhöhte die Freude der Feen und verdoppelte ihre Liebe zu ihr. Und noch einmal sahen sie den Fuhrmann alle zugleich an, gleichsam flehend und als schienen sie ihm zu sagen, während einige von ihnen sich in die Falten ihres Kleides nestelten, um sie besser liebkosen zu können:

"Ist das die Frau, die dein Vertrauen getäuscht hat?"

Mehr als ein- oder zwei- oder dreimal während der langen gedankenvollen Nacht zeigten sie sie ihm auch, wie sie auf ihrem Lieblingsstuhl saß, vorgeneigt den Kopf, mit über der Stirn gefalteten Händen und aufgelöstem Haar, wie er sie zuletzt gesehen hatte. Wenn sie sie so fanden, dann kümmerten sie sich gar nicht um ihn, sondern drängten sich um sie und trösteten und küßten sie und beeilten sich um die Wette, ihre Teilnahme und ihr Wohlwollen zu zeigen, während sie ihn vollständig vergaßen.

So verging die Nacht. Der Mond ging unter, die Sterne verblaßten; der kalte Tag brach an; die Sonne ging auf. Noch immer saß der Fuhrmann gedankenvoll in der Kaminecke. Er hatte dort, den Kopf auf die Hände gestützt, die ganze Nacht gesessen. Die ganze Nacht hatte das treue Heimchen auf dem Herde sein Zirp-zirp-zirp gesungen. Die ganze Nacht waren die Hausfeen mit ihm beschäftigt gewesen. Die ganze Nacht war sie liebenswert und makellos gewesen, ausgenommen in den Augenblicken, wo jener Schatten darauf fiel.

Als es heller Tag war, stand er auf, wusch sich und kleidete sich an. Er konnte seinem gewöhnlichen ihm so lieb gewordenen Beruf nicht nachgehen – dazu fehlte es ihm an Mut –, aber es hatte das nichts zu bedeuten; da Tackletons Hochzeit war, hatte er sich darauf eingerichtet, seine Touren durch jemand anders machen zu lassen. Es war seine Absicht gewesen, heiter mit Dot zur Kirche zu gehen. Aber an so etwas war jetzt nicht mehr zu denken. Es war auch ihr Hochzeitstag. O wie wenig hatte er erwartet, daß dieses Jahr so enden könnte!

Der Fuhrmann hatte von Tackleton einen Morgenbesuch erwartet; und er irrte sich nicht. Kaum hatte er vor seiner Tür angefangen, auf und ab zu gehen, als er den Spielwarenhändler in seinem Wagen daherkommen sah. Als die Chaise näher kam, bemerkte er, daß Tackleton bereits hochzeitlich geschmückt war und daß er den Kopf des Pferdes mit Blumen und Bändern geschmückt hatte.

Das Pferd sah einem Bräutigam viel mehr ähnlich als Tackleton, dessen halbgeschlossenes Auge einen unangenehmeren Ausdruck hatte als je. Aber der Fuhrmann achtete wenig darauf. Seine Gedanken gingen in ganz anderer Richtung.

"John Peerybingle!" sagte Tackleton mit einer Trauermiene. "Armer Freund, wie geht es Euch heute morgen?"

"Ich habe eine schlechte Nacht gehabt, Mr. Tackleton", erwiderte der Fuhrmann und schüttelte den Kopf; "denn mir ist allerhand durch den Sinn gegangen. Aber es ist jetzt vorüber. Habt Ihr etwa ein halbes Stündchen für mich übrig? Zu einer privaten Unterredung . . . ?"

"Dazu bin ich gerade gekommen", erwiderte Tackleton, indem er vom Wagen stieg. "Kümmert Euch nur nicht um das Pferd. Es wird schon still stehen, wenn man die Zügel hier befestigt und Ihr ihm eine Handvoll Heu geben wollt."

Nachdem der Fuhrmann dies aus dem Stalle geholt und es dem Pferde gegeben hatte, traten sie in das Haus.

"Die Trauung findet wohl nicht vor Mittag statt?" sagte John.

"Nein", erwiderte Tackleton. "Zeit genug. Zeit genug."

Als sie in die Küche traten, klopfte Tilly gerade an die Tür des Fremden; sie war nur einen halben Schritt davon entfernt. Das eine ihrer roten Augen – denn Tilly hatte die ganze Nacht geweint und natürlich nur, weil ihre Herrin weinte – hatte sie an das Schlüsselloch gelegt; sie klopfte sehr laut und schien gar sehr erschreckt.

"Wenn's erlauben", rief sie hinein, "ich kann niemand hören. Wenn's erlauben. Sie sind doch am Ende nicht gestorben?"

Diese philantropischen Worte begleitete Fräulein Tolpatsch nachdrücklich durch mehrmaliges Klopfen und durch Fußtritte gegen die Tür, ohne jedoch irgendein Resultat zu erzielen.

"Soll ich nachsehen?" fragte Tackleton. "Der Fall ist wichtig."

Der Fuhrmann, der sein Gesicht von der Tür abgewendet hatte, gab ihm ein Zeichen, er solle nur nachsehen, wenn er wolle.

Tackleton löste also Tilly ab; er trat und klopfte ebenfalls gegen die Tür, aber es gelang ihm ebensowenig, irgendwelche Antwort zu erhalten. Aber da kam er auf den Einfall, den Drehknopf der Tür zu probieren; und da sie leicht aufging, schaute er hinein und steckte den Kopf in die Stube, prallte aber rasch wieder zurück.

"John Peerybingle", sagte er ihm ins Ohr. "Da ist doch heute nacht nichts – nichts Gewaltsames geschehen?"

Der Fuhrmann wandte sich rasch zu ihm um.

"Er ist nämlich fort!" sagte Tackleton: "und das Fenster ist offen. Ich sehe gar keine Spur... Allerdings liegt das Zimmer fast in gleicher Höhe mit dem Garten... Aber ich befürchte... es könnte irgendein... kleiner Streit, he?"

Er schloß das ausdrucksvolle Auge fast ganz und sah John durchdringend an. Sein Auge, sein Gesicht, ja seine ganze Gestalt bekam ein heftiges Zucken – als hätte er die Wahrheit aus ihm herausschneiden wollen.

"Beruhigt Euch", sagte der Fuhrmann. "Er trat gestern abend in dies Zimmer, ohne daß ich ihm mit Worten oder Werken etwas zuleide getan habe; und niemand ist seitdem darin gewesen. Er ist aus freiem Willen fortgegangen. Auch ich möchte mit Freuden dies Haus verlassen, um von Tür zu Tür mein Brot zu erbetteln, wenn ich um diesen Preis fertigbringen könnte, daß er nie hier eingetreten wäre. Aber er ist gekommen und gegangen. Und nun habe ich nichts mehr mit ihm zu schaffen!"

"Ah!... Na, mir scheint, er ist ziemlich leicht davongekommen", sagte Tackleton und nahm sich einen Stuhl.

Sein höhnisches Lachen ging dem Fuhrmann verloren, der sich ebenfalls setzte und, bevor er fortfuhr, einen Augenblick sein Gesicht mit seiner Hand beschattete.

"Ihr zeigtet mir gestern abend", sagte er endlich, "Meine Frau, die ich liebe... wie sie heimlich..."

"Und zärtlich..." ergänzte Tackleton.

"Jenem Manne half, sich zu verkleiden, und ihm Gelegenheit gab, sie allein zu sprechen. Es gibt nichts, das ich nicht lieber gesehen hätte, als gerade das. Und es gibt wohl keinen Menschen in der Welt, von dem ich's mir nicht lieber hätte zeigen lassen."

"Ich gestehe, daß ich stets meinen Verdacht gehabt habe", sagte Tackleton; "und ich weiß, das ist's auch, was mich hier mißliebig gemacht hat."

"Aber da Ihr es mir nun einmal gezeigt habt", sagte der Fuhrmann, ohne auf seine Worte zu achten, "und da Ihr sie gesehen habt, meine Frau, meine Frau, die ich liebe" – seine Stimme, sein Blick, seine Hand wurden fester und gleichsam sicherer, als er diese Worte sprach: ein offenbarer Beweis, daß er einen festen Entschluß gefaßt – "da Ihr sie in dieser ungünstigen Stellung gesehen, so ist es nur in Ordnung, daß Ihr sie auch mit meinen Augen seht und in meine Brust schaut, um zu erfahren, wie ich hierüber denke, denn mein Entschluß ist gefaßt", sagte der Fuhrmann, ihn aufmerksam anblickend. "Und nichts kann ihn jetzt mehr erschüttern."

Tackleton murmelte einige allgemeine Worte der Zustimmung hinsichtlich der Notwendigkeit, an irgend jemand Rache zu üben; aber das Benehmen des Fuhrmanns flößte ihm beinahe Ehrfurcht ein.

Wie einfach und schlicht es auch war, es lag etwas Würdevolles und Stolzes darin, das nur der edleren und großmütigeren Seele dieses Mannes entspringen konnte.

"Ich bin ein einfacher, ungebildeter Mensch", fuhr der Fuhrmann fort: "ich habe wenig Vorzüge. Ich bin nicht gerade ein liebenswürdiger Mann, wie Ihr sehr wohl wißt. Ich bin auch kein junger Mann. Ich liebte meine kleine Dot, weil ich sie von Kindheit an im Hause ihres Vaters hatte aufwachsen sehen; weil ich wußte, wie vortrefflich sie war; weil sie seit vielen Jahren mein Leben und mein Alles gewesen. Es gibt gewiß viele Menschen, mit denen ich mich nicht vergleichen kann, die aber sicherlich meine kleine Dot nicht so hätten lieben können wie ich."

Er hielt inne und stieß einige Augenblicke sanft auf den Fußboden, bevor er fortfuhr.

"Ich habe oft gedacht, daß ich, wenn ich auch nicht gut genug für sie sei, doch ein freundlicher Ehemann gegen sie sein möchte und ihren Wert vielleicht besser zu schätzen wisse, als irgendein anderer, und so fand ich mich damit ab und dachte so in meinem Sinn, daß unsere Heirat doch wohl nicht ganz unvernünftig sein könnte. Und so geschah es, und wir heirateten uns."

"Freilich", sagte Tackleton mit einem bedeutsamen Kopfschütteln.

"Ich hatte mich kennenzulernen gesucht; ich hatte mir alle möglichen Fragen vorgelegt, ich wußte, wie sehr ich sie liebte und wie glücklich ich sein würde", setzte der Fuhrmann hinzu. "Aber ich hatte – das fühle ich jetzt – sie selbst nicht genug in Erwägung gezogen."

"Natürlich nicht!" sagte Tackleton. "Eitelkeit, Leichtsinn, Unbeständigkeit, Koketterie. Nicht genug bedacht! Alles aus den Augen gelassen! Ja, ja!"

"Ihr tätet besser, mich nicht zu unterbrechen", sagte der Fuhrmann mit gerunzelter Stirn, "bis Ihr mich verstanden habt, und davon seid Ihr noch weit entfernt. Wenn ich gestern jeden mit einem Schlage getötet hätte, der sich herausgenommen hätte, auch nur ein Wort gegen sie zu sagen, heute würde ich ihm den Kopf mit meinem Fuß zertreten, und wenn es mein Bruder wäre!"

Der Spielwarenhändler sah ihn bestürzt an. John fuhr in sanfterem Tone fort:

"Hatte ich bedacht, daß ich sie – in ihrem Alter und mit ihrer Schönheit! – aus der Mitte ihrer jungen Freundinnen und aus den Kreisen wegnahm, deren Schmuck, deren hellster Stern sie war, um sie für immer in mein langweiliges Haus zu verschließen und sie an meine trübselige Gesellschaft zu fesseln? Hatte ich bedacht, wie wenig ich zu ihrer Lebhaftigkeit paßte und wie unerträglich ein Mann von so langsamen Begriffen wie ich für eine Frau von so schnellem Verstande wie sie sein mußte? Hatte ich bedacht, daß ich gar keine Vorzüge oder Ansprüche hatte, daß ich sie liebte, da alle, die sie kannten, sie lieben mußten? Nein, nie! Ich nutzte ihre arglose Natur und ihr liebevolles Temperament zu meinen Gunsten aus und heiratete sie. Ich wollte, ich hätte es nie getan! Um ihretwillen; nicht um meinetwillen!"

Der Spielwarenhändler sah ihn an, jedoch ohne mit der Augenwimper zu zucken. Sogar das halbgeschlossene Auge war jetzt weit offen.

"Der Himmel segne sie", sagte der Fuhrmann, "für die liebevolle Festigkeit, mit der sie diese Entdeckung von mir fernzuhalten suchte! Und der Himmel stehe mir bei, daß ich mit meinem trägen Kopfe das nicht früher herausgefunden habe! Armes Kind! Arme Dot! Ich ahnte es nicht, ich, der ich ihre Augen sich mit Tränen füllen sah, wenn von einer Heirat wie der unsern gesprochen wurde! Ich, der ich das Geheimnis wohl hundertmal auf ihren Lippen zittern sah und doch bis gestern abend nie eine Ahnung davon hatte! Armes Kind! Daß ich je hoffen konnte, sie könne mich lieben! Daß ich je glauben konnte, sie liebe mich wirklich!"

"Sie tat nur so", sagte Tackleton. "So sehr gab sie sich den Anschein, daß, um Euch die Wahrheit zu sagen, dies meinen Argwohn erregte."

Und nun hob er die Überlegenheit von May Fieldings Tugenden hervor, die man sicherlich nicht beschuldigen könne, sie täte so, als sei sie in ihn verliebt.

"Sie hat's versucht", sagte der arme Fuhrmann mit größerer Erregung, als man bis dahin an ihm bemerken konnte; "jetzt erst fange ich an zu begreifen, wie schwer sie gekämpft hat, mein treues und ergebenes Weib zu sein. Wie gut ist sie gewesen; wie viel hat sie für mich getan; welch ein tapferes und starkes Herz! Das Glück, das ich unter diesem Dache genossen, möge Zeuge dafür sein! Das wird immer ein Trost und eine Erleichterung für mich sein, wenn ich hier allein bin."

"Hier allein?" sagte Tackleton. "Aha! Ihr habt also doch die Absicht, die Sache doch nicht als ungeschehen zu betrachten?"

"Ich habe die Absicht", versetzte der Fuhrmann, "ihr das größte Zeichen von Liebe und die beste Genugtuung zu geben, die in meiner Macht sind. Ich kann sie von der täglichen Qual einer ungleichen Ehe und dem Kampfe, dies zu verbergen, befreien. Sie soll so frei sein, wie ich es machen kann."

"Ihr Genugtuung geben, ihr!" rief Tackleton, indem er an seinen großen Ohren mit den Händen herumzerrte. "Hier muß ein Mißverständnis vorliegen. Ich muß nicht richtig verstanden haben."

Der Fuhrmann packte den Spielwarenhändler beim Kragen und schüttelte ihn wie ein Schilfrohr.

"Hört einmal!" sagte er, "und sorgt dafür, daß Ihr mich richtig versteht. Hört mal. Rede ich deutlich?"

"In der Tat, sehr deutlich!" antwortete Tackleton.

"Als ein Mann, der es ernst meint?"

"Gewiß, gewiß, als ein Mann, der es ernst meint."

"Ich habe die letzte Nacht, die ganze Nacht, da am Herde gesessen", rief der Fuhrmann aus. "An der Stelle, wo sie so oft, mich mit ihrem süßen Gesicht anblickend, neben mir gesessen hat. Ich habe ihr ganzes Leben, Tag für Tag, an mir vorübergehen lassen. Ich habe ihr teures Bild in allen Lagen des Lebens vor mich hintreten lassen. Bei meiner Seele, sie ist unschuldig, so wahr es Einen im Himmel gibt, der über die Schuldigen und die Unschuldigen richtet."

O tapferes Heimchen am Herde! O treue Hausfeen!

"Zorn und Mißtrauen haben mich verlassen", sprach der Fuhrmann weiter. "Es bleibt mir nichts übrig als mein Schmerz. In einem unglücklichen Augenblick ist ein früherer Geliebter, der ihr besser gefallen konnte und zu ihren Jahren besser paßt – vielleicht meinetwegen, wider ihren Willen verlassen – zurückgekehrt. In einem unglücklichen Augenblick hat sie, überrascht und ohne Zeit zu haben, zu bedenken, was sie tat, sich an seiner Verräterei mitschuldig gemacht, indem sie es verheimlichte. Gestern abend hat sie ihn gesehen bei der Zusammenkunft, von der wir Zeuge waren. Das war unrecht von ihr. Aber dies ausgenommen, ist sie unschuldig, wenn es noch Wahrheit auf Erden gibt."

"Wenn Ihr das glaubt", begann Tackleton.

"So kann sie gehen!" sagte der Fuhrmann weiter. "Gehen mit meinem Segen für die vielen glücklichen Stunden, die sie mir geschenkt hat, und ich vergebe ihr den Schmerz, den sie mir verursacht hat. Mag sie gehen mit dem Frieden des Herzens, den ich ihr wünsche! Sie wird mich niemals hassen. Sie wird mich vielmehr besser lieben lernen, wenn sie nicht mehr an mich gefesselt ist. Sie wird dann die Kette, die ich für sie geschmiedet habe, leichter tragen können. Heut ist der Tag an dem ich sie von ihrem väterlichen Herde wegführte, ohne irgendwie nach ihrem eigenen Glücke zu fragen. Heute soll sie dahin zurückkehren und nichts mehr zu leiden haben. Ihre Eltern werden sogleich hier sein – wir hatten einen kleinen Plan gemacht, wie wir den heutigen Tag miteinander feiern wollten – und sie mögen sie wieder mit nach Hause nehmen. Ich kann mich auf sie verlassen, dort und überall. Sie verläßt mich ohne Schuld, und sie wird auch so leben, das weiß ich ein für allemal. Und wenn ich sterbe – ich kann vielleicht sterben, während sie noch jung ist; ich habe in wenigen Stunden viel von meinem Lebensmut verloren – dann wird sie wissen, daß ich mich ihrer erinnerte und sie bis zur letzten Stunde liebte. Und damit ist es vorbei."

"O nein, John, noch nicht vorbei! Noch nicht ganz. Ich habe deine hochherzigen Worte gehört. Ich konnte nicht fortgehen, ohne dir zu sagen, wie unendlich dankbar ich dir bin. Sage nicht, es sei aus, ehe die Uhr noch einmal geschlagen hat!"

Sie war kurz nach Tackleton eingetreten und dageblieben. Für Tackleton hatte sie keinen einzigen Blick übrig, ihre Augen waren unablässig auf ihren Mann gerichtet. Aber sie hielt sich fern von ihm, so weit wie irgend möglich; und wenngleich sie mit leidenschaftlichem Nachdruck sprach, so trat sie ihm doch noch immer nicht näher. Wie verschieden war sie von ihrem früheren Selbst!

"Keine Hand kann die Uhr verfertigen, die mir noch einmal die Stunden schlagen wird, die dahin sind", entgegnete der Fuhrmann mit einem leeren Lächeln. "Aber es sei, wenn du willst, mein Kind. Die Uhr wird bald schlagen. Es hat wenig zu bedeuten, was wir sagen. Ich würde gern versuchen, dir in einer viel schwereren Sache zu Gefallen sein."

"Nun!" brummte Tackleton. "Ich muß gehen, denn wenn die Uhr noch einmal schlägt, muß ich auf dem Wege zur Kirche sein. Guten Morgen, John Peerybingle. Es tut mir leid, das Vergnügen Eurer Gesellschaft entbehren zu müssen. Tut mir leid um den Verlust und die Veranlassung dazu!"

"Habe ich deutlich gesprochen?" fragte der Fuhrmann, indem er ihn bis zur Tür begleitete.

"O sehr deutlich!"

"Und werdet Ihr Euch merken, was ich gesagt habe?"

"Gewiß, gewiß, und – da Ihr mich absolut zwingt, die Bemerkung zu machen – " sagte Tackleton, nicht ohne zuvor die Vorsicht zu gebrauchen, in seinen Wagen zu steigen, "so muß ich sagen, die Sache kam mir so unerwartet, daß ich sie wohl schwerlich je vergessen werde."

"Um so besser für uns beide," versetzte der Fuhrmann. "Gehabt Euch wohl. Viel Glück."

"Ich wollte, ich könnte Euch denselben Wunsch zurufen", sagte Tackleton. "Da das aber nicht möglich ist, so danke ich Euch. Unter uns – ich habs Euch schon einmal gesagt, wie? oder nicht? – unter uns, ich glaube nicht, daß ich in meinem Ehestande darum nicht weniger glücklich sein werde, weil May nicht allzuviel Liebe und Glück gezeigt hat. Laßt es Euch gut gehen und nehmt Euch die Sache nicht allzu sehr zu Herzen!"

Der Fuhrmann sah ihm nach, bis er in der Ferne kleiner erschien als seines Pferdes Blumen und Bänder in der Nähe. Und dann irrte er seufzend und sich grämend wie ein ruheloser gebrochener Mann zwischen einigen Bäumen in der Nachbarschaft umher; er mochte nicht zurückkehren, bis die Uhr bald schlagen würde.

Seine kleine Frau, allein geblieben, schluchzte zum Erbarmen; aber sie trocknete sich immer wieder die Augen und drängte die Tränen zurück, um zu sagen, wie gut, wie brav ihr Mann sei, und ein paarmal lachte sie auf, so herzlich, so siegesgewiß, so unbegreiflich – denn sie weinte gleichzeitig – daß Tilly aus dem Schrecken gar nicht herauskam.

"O bitte, nicht so!" sagte Tilly. "Es könnte ja das Kindchen rein unter die Erde bringen, wenn's erlauben."

"Willst du es bisweilen seinem Vater bringen, Tilly, wenn ich hier nicht mehr wohnen kann und in mein väterliches Haus zurückgekehrt bin?" fragte die Herrin, sich die Augen trocknend.

"O, o, bitte nicht so!" rief Tilly, den Kopf zurückwerfend und in ein Geheul ausbrechend – sie sah in diesem Augenblick Boxer ungewöhnlich ähnlich. "O, o, bitte nicht so! O, o, was hat denn alle Welt nur aller Welt getan, um alle Welt so unglücklich zu machen! O, o, o, o!"

Und die gefühlvolle Tilly brach in ein anhaltendes Klagegeheul aus, das um so furchtbarer wurde, je länger sie es zurückzuhalten versucht, so daß sie das Wickelkind unfehlbar geweckt und in einen mit sehr ernsten Folgen – wahrscheinlich mit Krämpfen – verbundenen Schrecken versetzt hätte, wenn ihre Augen nicht Kaleb Plummer begegnet wären, der grade mit seiner Tochter ins Zimmer trat. Da dieser Anblick das Gefühl des Anstandes in ihr wieder zurückrief, blieb sie einige Augenblicke mit geöffnetem Munde schweigend dastehen, und dann nach dem Bett davonstürzend, auf welchem das Kind schlief, begann sie in unheimlicher Weise, als hätte sie den Veitstanz, auf dem Boden umherzuspringen, während sie sich zugleich mit Gesicht und Kopf in die Bettücher hineinwühlte, offenbar viel Erleichterung für ihren Schmerz aus diesen außerordentlichen Operationen schöpfend.

"Marie!" rief Bertha. "Nicht auf der Hochzeit!"

"Ich habe ihr gesagt, junge Frau, Ihr würdet nicht mit dabei sein", flüsterte Kaleb. "Ich habe gestern abend so was gehört. Aber mein Gott", sagte der kleine Mann, zärtlich ihre beiden Hände drückend, "ich achte nicht darauf, was sie sagen. Ich glaub' nichts davon. Es ist nicht viel an mir, aber dieses Wenige würde ich erst in Stücke reißen lassen, ehe ich auch nur ein Wort gegen Euch glaubte."

Er legte die Arme um sie und herzte sie, wie ein Kind seine Puppe herzt.

"Bertha konnte es heute morgen zu Hause nicht aushalten", fuhr Kaleb fort. "Ich weiß, sie fürchtete die Glocken läuten zu hören und hatte nicht das Herz, ihnen an ihrem Hochzeitstage so nahe zu sein. So machten wir uns denn frühzeitig auf den Weg und kamen hierher. Ich habe mir dies alles überlegt", sagte er nach kurzem Schweigen. "Ich habe mich ausgescholten, bis ich kaum mehr wußte, was ich tun oder wohin ich mich wenden sollte; denn all ihren Kummer habe ich verschuldet; und da bin ich zu dem Entschlusse gekommen, es sei besser – das heißt – wenn Ihr mir beistehen wollt, junge Frau – ihr die Wahrheit zu sagen. Wollt Ihr mir beistehen?" fragte er, von Kopf bis zu den Füßen zitternd. "Ich weiß nicht, was sie von mir denken wird, ich weiß nicht, ob sie dann noch ihren Vater lieben wird. Aber es ist das beste für sie, daß sie erfährt, daß alles Täuschung war, und ich muß die Folgen tragen, wie ich's verdient habe."

"Marie", sagte Bertha, "wo ist deine Hand? Ah, hier ist sie, hier ist sie!"

Sie drückte sie mit einem Lächeln an die Lippen und zog sie unter ihren Arm.

"Ich hörte sie miteinander flüstern gestern abend und dich wegen irgend etwas tadeln. Sie hatten unrecht."

Des Fuhrmanns Frau schwieg. Kaleb nahm das Wort für sie.

"Sie hatten unrecht", sagte er.

"Ich weiß es" rief Bertha stolz. "Und ich hab's ihnen auch gesagt. Es wäre verächtlich erschienen, auch nur ein einziges Wort anzuhören. Ein Recht haben, Dot zu tadeln!" Und sie drückte die Hand in die ihrige und näherte ihre weiche Wange ihrem Gesicht. "Nein, so blind bin ich nicht."

Ihr Vater stellte sich ihr zur Linken, während Dot, noch immer ihre Hand haltend, auf ihrer rechten Seite blieb.

"Ich kenne euch alle", sagte Bertha, "besser als ihr glaubt. Aber niemand so gut wie sie. Nicht einmal dich, Vater. In meiner ganzen Umgebung gibt es nichts so Reines und Wahres wie sie. Wenn ich in diesem Augenblick mein Gesicht wieder erlangen könnte, ich würde sie in einer zahlreichen Menge heraus erkennen, ohne daß nur ein Wort gesagt würde! Meine Schwester!"

"Bertha, mein liebes Kind", sagte Kaleb, "ich habe etwas auf dem Gewissen, das ich dir sagen muß, solange wir drei allein sind. Höre mich freundlich an! Ich habe dir ein Bekenntnis zu machen, mein gutes Kind."

"Ein Bekenntnis, Vater?"

"Ich habe mich von der Wahrheit entfernt und mich geirrt, liebes Kind", sagte Kaleb mit einem herzzerreißenden Ausdruck in seinen aufgeregten Zügen. "Ich habe mich von der Wahrheit entfernt, aus Liebe zu dir; und diese Liebe hat mich grausam gemacht."

Sie wandte ihm ihr Gesicht zu, das den Ausdruck des höchsten Erstaunens zeigte, und wiederholte: "Grausam!"

"Er klagt sich zu streng an, Bertha", sagte Dot. "Das wirst du ihm gleich selbst sagen, wie ich es jetzt tue."

"Er grausam gegen mich!" rief Bertha mit einem ungläubigen Lächeln.

"Ohne es zu wollen, mein Kind!" sagte Kaleb. "Aber ich bin's gewesen, wenn es mir auch erst gestern zum Bewußtsein gekommen ist. Meine teure blinde Tochter, höre mich an und vergib mir! Die Welt, in der du lebst, Kind meines Herzens, ist nicht so, wie ich sie dir dargestellt habe. Die Augen, denen du vertrautest, haben dich belogen."

Noch immer war ihr überraschtes und erstauntes Antlitz ihm zugewandt, aber jetzt wich sie zurück und klammerte sich fester an ihre Freundin.

"Dein Lebensweg war rauh, mein teures liebes Kind," fuhr Kaleb fort, "und ich wollte ihn dir glatt und eben machen. Ich habe die Gegenstände verändert, den Charakter der Menschen umgeschaffen, viele Dinge erfunden, die nie existiert haben, um dich glücklicher zu machen. Ich habe dir vieles verheimlicht, dich in Täuschungen versetzt, Gott verzeihe mir, und dich mit erträumten Wesen umgeben."

"Aber lebende Menschen sind doch keine erträumten Wesen!" rief sie rasch, während sie erbleichte und sich noch mehr von ihm zurückzog. "Die kannst du doch nicht verändern!"

"Und doch hab' ich's getan, Bertha!" bekannte Kaleb. "Es gibt eine Person, die du kennst, mein Liebstes..."

"O Vater!" versetzte sie in einem Tone bittern Vorwurfs, "warum sagst du, ich kenne sie? Wen und was soll ich kennen! Ich, die ich keinen Führer habe! Ich bin so elendiglich blind."

In Herzensangst streckte sie die Hände aus, als suche sie sich tastend einen Weg; dann legte sie sie trostlos, ja fast verzweiflungsvoll vor das Gesicht.

"Der Mann, der heute Hochzeit feiert", sagte Kaleb, "ist ein finsterer, filziger Geizhals; dir und mir ein harter Herr, mein Kind, und das schon seit vielen Jahren, häßlich in seinem Äußern und in seiner Seele. Immer kalt, immer hart. Ganz und gar anders als das Bild, das ich dir von ihm geschildert habe. In jeder Beziehung."

"O, warum", rief das blinde Mädchen in überwältigendem Schmerz, "warum tatst du das! Warum hast du stets mein Herz so reich gemacht, um nun zu kommen wie der Tod, um herauszureißen, was ich liebe! O mein Gott, wie blind bin ich! Wie hilflos und verlassen!"

Ihr Vater ließ trostlos den Kopf sinken und antwortete nur mit seiner Reue und seiner Qual.

Sie hatte sich noch nicht lange diesem leidenschaftlichen Ausbruch des Jammers hingegeben, als das Heimchen am Herde, nur von ihr allein gehört, zu zirpen begann. Aber nicht fröhlich, sondern leise, schwach und traurig; so traurig und schwermütig klang sein Lied, daß sie in Tränen ausbrach. Als jedoch das Bild, das die ganze Nacht den Fuhrmann umschwebt hatte, hinter ihr erschien und auf ihren Vater deutete, da flossen ihre Tränen in Strömen.

Bald vernahm sie die Stimme des Heimchens deutlicher und fühlte trotz ihrer Blindheit, daß die Erscheinung ihren Vater umschwebte. "Marie", sagte das blinde Mädchen, "sage mir, wie unsere Wohnung ist. Wie sie in Wirklichkeit aussieht."

"Es ist eine ärmliche Behausung, Bertha, sehr arm wahrlich, sehr arm und kahl. Das Häuschen wird kaum noch einen Winter dem Wind und Wetter widerstehen können. Es ist gegen das Unwetter so schlecht geschützt, Bertha", fuhr Dot mit leiser, aber deutlicher Stimme fort, "wie dein armer Vater in seinem Überzieher aus Sackleinewand."

Das blinde Mädchen stand in großer Erregung auf und zog die kleine Frau des Fuhrmanns auf die Seite.

"Jene Geschenke, die ich so sorgfältig hütete", sagte sie mit bebender Stimme, "die fast allen meinen Wünschen zuvorkamen, und die mir alle eine solche Freude machten – woher sie? Hast du sie geschickt?"

"Nein."

"Wer denn?"

Dot sah, daß sie das Geheimnis bereits erraten hatte, und schwieg. Das blinde Mädchen bedeckte wieder das Gesicht mit beiden Händen. Aber diesmal in ganz andrer Weise.

"Liebe Marie, nur einen Augenblick! Nur einen einzigen Augenblick! Komm noch etwas näher – hierher! Sprich leise. Du bist aufrichtig, ich weiß es. Du wirst mich jetzt nicht täuschen, nicht wahr?"

"Nein, Bertha, sicherlich nicht!"

"Nein, das wirst du gewiß nicht! Du hast zuviel Mitleid mit mir, Marie, blicke durch das Zimmer, nach der Stelle, wo wir soeben standen . . . wo mein Vater ist . . . mein Vater, der so mitleidig, so liebevoll gegen mich ist . . . und sage mir, was du siehst."

"Ich sehe", antwortete Dot, die sie vollkommen verstand, "einen alten Mann auf einem Stuhl sitzen und schmerzlich zurückgelehnt, das Gesicht auf die Hand gestützt, als bedürfe er des Trostes seines Kindes, Bertha."

"Ja, ja, es wird ihn trösten. Weiter."

"Es ist ein alter Mann, von Arbeit und Sorgen aufgerieben: ein magerer, gramerfüllter alter Mann mit grauem Haar. Ich sehe ihn jetzt verzweifelt, zerschmettert und gebrochen. Aber, Bertha, ich habe ihn oft früher gesehen, wie er tapfer und standhaft für einen großen, heiligen Zweck kämpfte. Und ich ehre sein graues Haupt und segne ihn."

Das blinde Mädchen machte sich plötzlich von ihr los, warf sich vor ihrem Vater auf die Knie und drückte sein Haupt an ihre Brust.

"Jetzt habe ich mein Augenlicht wieder!" rief sie aus. "Ich war blind, jetzt sind mir die Augen geöffnet. Ich kannte ihn garnicht! Zu denken, daß ich hätte sterben können, ohne je richtig den Vater erkannt zu haben, der mich mit so vieler Liebe umgeben hat."

Kaleb fand keine Worte, um seine Rührung auszudrücken.

"Es gibt auf der ganzen Erde kein so schönes und edles Haupt", rief die Blinde, ihn mit ihren Armen umfangend, "das ich so zärtlich, so hingebend liebe wie dieses! Je grauer und gebeugter, um so teurer ist es mir, Vater! Nie sollen sie wieder sagen, ich sei blind. Da ist keine Falte in diesem Gesicht, kein Haar auf diesem Haupt, das in meinen Gebeten und in meinem Dank zum Himmel vergessen werden soll!"

Kaleb vermochte nur die Worte: "Meine Bertha!" vor sich hinzustammeln. .

"Und in meiner Blindheit glaubte ich ihm", sagte das Mädchen, ihn unter Tränen in der zärtlichsten Weise liebkosend. "Ich hielt ihn für so ganz anders! Daß ich ihn Tag für Tag an meiner Seite hatte, immer so sehr mit mir beschäftigt, und nie an so etwas gedacht hatte!"

"Der jugendliche, schmucke Vater in dem blauen Rock – er ist verschwunden, Bertha!" sagte der arme Kaleb.

"Nichts ist verschwunden", antwortete sie. "Nein, nichts, bester Vater! Alles ist da – in dir. Der Vater, den ich so sehr liebte und nie kannte: der Wohltäter, den ich zuerst zu verehren und zu lieben anfing, weil er eine solche Liebe für mich zeigte – das alles findet sich hier in dir wieder. Nichts ist tot für mich. Der Inbegriff alles dessen, was meinem Herzen am teuersten war, ist hier – hier in seinem verrunzelten Gesicht und seinem grauen Haupt, Und ich bin nicht mehr blind, Vater!"

Dots ganze Aufmerksamkeit war während dieses Gesprächs auf Vater und Tochter gerichtet gewesen. Aber als Dot jetzt nach dem kleinen Mäher auf der maurischen Wiese blickte, sah sie, daß die Uhr in ein paar Minuten schlagen werde, und verfiel sofort in einen Zustand nervöser Aufregung.

"Vater", sagte Bertha zögernd. "Marie . . ."

"Ja, mein liebes Kind," erwiderte Kaleb, "hier ist sie."

"Sie hat sich doch in nichts verändert. Von ihr hast du mir nie etwas gesagt, was nicht wahr gewesen wäre?"

"Ich würde es wohl auch getan haben, Kind, befürchte ich", antwortete Kaleb, "wenn ich sie hätte besser machen können, als sie war. Aber ich hätte sie schlechter machen müssen, wenn ich überhaupt an ihr etwas geändert hätte. An ihr kann man nichts verschönern, Bertha."

Wie vertrauensvoll die Blinde auch gewesen war, als sie dies angefragt hatte, ihre Freude und ihr Stolz über Kalebs Antwort und die neuen Zärtlichkeiten, womit sie Dot überhäufte, waren überaus rührend anzusehen.

"Es können allerdings noch mehr Veränderungen kommen, als du glaubst, Liebe", sagte Dot. "Veränderungen zum Bessern; ich meine Veränderungen, die einigen von uns große Freude verursachen werden. Du mußt dich aber nicht zu sehr aufregen, wenn eine solche eintritt, die dich näher angehen sollte! . . . Ist das nicht Wagengerassel? Du hast ein feines Ohr, Bertha – rührt das nicht von Rädern her?"

"Ja, und sie nähern sich mit großer Schnelligkeit."

"Ich ... ich ... ich weiß, du hast ein feines Ohr", sagte Dot, indem sie die Hand aufs Herz legte und augenscheinlich nur so schnell wie möglich redete, um das Pochen desselben nicht hören zu lassen; "ich weiß es, weil ich es oft bemerkt habe und weil du gestern abend so schnell den Schritt des Fremden erkanntest: obgleich ich nicht recht weiß, warum du sagtest, Bertha – denn ich weiß es noch ganz genau – wessen Tritt das sei und warum er dir mehr auffiel als irgendein anderer. Ja, wie ich soeben sagte, Bertha, es kommen große Veränderungen in der Welt vor, große Veränderungen, und wir können nichts Besseres tun, als uns darauf vorzubereiten, um von nichts mehr überrascht zu werden."

Kaleb fragte sich, was das alles zu bedeuten habe, da er bemerkte, daß sie sich ebensosehr an ihn wie an seine Tochter wandte. Zu seinem Erstaunen sah er sie so aufgeregt und traurig, daß sie kaum noch zu atmen vermochte und mußte sich an einem Stuhl festhalten, um nicht umzufallen.

"Ja, es sind wirklich Wagenräder!" rief sie außer Atem. "Da kommen sie heran! Und nun hört ihr sie am Hoftor halten ... und was ist das für ein Tritt vor der Haustür – derselbe Tritt von gestern abend, Bertha, nicht wahr? ... Und jetzt ..."

Sie stieß einen lauten Freudenschrei aus, und als sie sich dann auf Kaleb stürzte, legte sie ihm die Hände auf die Augen, genau in dem Augenblick, als ein junger Mann ins Zimmer stürzte und, seinen Hut hoch in die Luft werfend, auf sie zueilte.

"Ist es geschehen?" rief Dot.

"Ja."

"Und glücklich?"

"Ja."

"Erinnert Ihr Euch noch dieser Stimme, lieber Kaleb?" rief Dot. "Habt Ihr früher jemals eine ähnliche gehört?"

"Wenn mein Junge in dem goldenen Südamerika noch lebte ...", begann Kaleb zitternd.

"Er ist noch am Leben!" rief Dot aus, indem sie ihre Hände Kaleb vom Gesicht nahm und entzückt zu klatschen anfing. "Da seht ihn! Seht, da steht er vor Euch, gesund und frisch! Euer lieber guter Sohn! Dein teurer Bruder, Bertha, der lebt und dich liebt!"

Alle Achtung vor dem Entzücken dieses kleinen Geschöpfchens, alle Achtung vor ihrem Weinen und Lachen, während die drei einander umschlungen hielten! Alle Achtung vor der Herzlichkeit, mit welcher sie dem sonnenverbrannten Matrosen mit den fast bis zu den Schultern herabfallenden Haaren entgegentrat, ohne ihr rosiges Mäulchen abzuwenden, ihm vielmehr gestattete, sie frank und frei zu küssen und sie an seine wogende Brust zu drücken.

Aber alle Achtung auch vor dem Kuckuck – und warum nicht! –, daß er aus seiner Luke in dem maurischen Palast grade jetzt wie ein Hausfriedensstörer herausstürzte und zwölfmal über die versammelte Gesellschaft hinweg einen Schluckauf erschallen ließ, als wäre auch er vor Freude trunken!

Der Fuhrmann, der jetzt eintrat, wich zurück. Und dazu hatte er schon Grund, denn sich in einer so glücklichen Gesellschaft zu finden, das hatte er nicht erwartet.

"Seht ihn Euch an, John!" rief Kaleb außer sich. "Schaut her! Mein lieber Junge aus dem goldenen Südamerika. Mein leibhaftiger Sohn! Derselbe, den Ihr selbst ausgerüstet und fortgeschickt hattet! Derselbe, dem Ihr allzeit so viel Freundschaft erwieset!"

Der Fuhrmann näherte sich, um ihm die Hand zu reichen. Aber plötzlich wich er zurück; denn einige Züge seines Gesichtes erinnerten ihn an den tauben Mann auf dem Wagen.

"Eduard", rief er, "warst du es?"

"Jetzt erzähle ihm nur alles", sagte Dot. "Erzähle ihm alles, Eduard; und schone mich nicht, denn ich bin entschlossen, mich selbst nicht zu schonen."

"Ja, ich war es", begann Eduard.

"Und du konntest dich verkleidet in das Haus deines alten Freundes schleichen", versetzte der Fuhrmann. "Ich kannte einst einen treuherzigen offenen Jungen – wieviel Jahre sind es her, Kaleb, daß wir hörten, er sei tot, und die Beweise dafür zu haben glaubten? – der so etwas nie getan haben würde."

"Und ich habe einst einen großmütigen Freund gekannt – er war mir mehr Vater als Freund –" sagte Eduard, "der weder mich noch irgendeinen andern Menschen ungehört verurteilt haben würde. Das wart Ihr. Und so bin ich überzeugt, Ihr werdet mich jetzt anhören."

Der Fuhrmann wurde ganz verwirrt, sah Dot an, die sich noch immer fern von ihm hielt, und sagte:

"Wohlan, es sei ... es ist nur billig und recht ... erzähle!"

"So wißt denn, daß ich, als ich noch ganz junger Mann von hier fortging", fuhr Eduard fort, "verliebt war und daß meine Liebe erwidert wurde. Sie war noch ein sehr junges Mädchen, das vielleicht – wie Ihr sagen dürftet – ihr Herz noch nicht kannte. Aber ich kannte jedenfalls das meine und hegte eine sehr starke Liebe zu ihr."

"Du!" rief der Fuhrmann. "Du!"

"Ja freilich, ich!" versetzte der andre. "Und ich fand Gegenliebe. Ich habe es immer geglaubt, und jetzt weiß ich es ganz gewiß!"

"Gott steh' bei mir!" rief der Fuhrmann. "Das ist ja noch schlimmer als alles andere!"

"Treu, wie ich ihr geblieben", begann Eduard von neuem, "kam ich nach vielen Gefahren und Leiden hoffnungsvoll zurück, um meinen Teil unseres gegenseitigen Schwures zu erfüllen ... da hörte ich einige Meilen von hier, daß sie mir untreu geworden war, daß sie mich vergessen und sich einem andern, reichen Manne geschenkt habe. Ich hatte nicht die Absicht, ihr Vorwürfe zu machen, aber ich wollte sie sehen und mich mit eigenen Augen überzeugen, daß es wahr sei. Ich hoffte, sie möchte dazu gegen ihren Wunsch und Willen gezwungen worden sein. Es wird das nur ein ganz kleiner Trost sein, dachte ich, aber doch immerhin ein Trost, und so kam ich. Um die Wahrheit zu erfahren, die wirkliche Wahrheit und selbst frei beobachten und urteilen zu können, ohne Hindernisse von ihrer Seite und ohne von meinem Einflusse auf sie – wenn ich noch welchen hätte – meinerseits Gebrauch zu machen, verkleidete ich mich – Ihr wißt wie, und wartete an der Landstraße – Ihr wißt wo. Ihr hegtet keinen Verdacht gegen mich; auch sie nicht" – hier deutete er auf Dot – "bis ich ihr da am Kamin ein Wörtchen ins Ohr flüsterte und sie mich fast verraten hätte."

"Aber als sie erfuhr, daß Eduard noch lebte und zurückgekommen war", schluchzte Dot, die jetzt selbst das Wort ergriff, worauf sie während der ganzen Erzählung des Matrosen ungeduldig gewartet hatte; "und als sie seine Absicht merkte, riet sie ihm dringend, die Sache geheimzuhalten, denn sein alter Freund Peerybingle wäre von Natur viel zu offenherzig und auch zu linkisch in allen Kunststücken, um das Geheimnis bewahren zu können, – wie er überhaupt ein linkischer Mann ist", setzte Dot halb lachend, halb weinend hinzu. "Und als sie –

das heißt ich, John – ihm alles erzählt hatte, wie sein geliebtes Mädchen ihn für tot gehalten, und wie sie sich schließlich von ihrer Mutter zu einer Heirat habe überreden lassen, die die gute alte Dame in ihrer Einfalt vorteilhaft nannte, und als sie – das heißt wieder ich, John – ihm erzählte, daß sie noch nicht verheiratet (wenn auch kurz davor) seien und daß, wenn diese Heirat zustande käme, es nur eine Aufopferung für die Mutter wäre, da auf ihrer Seite gar keine Liebe vorhanden sei, und als er bei dieser Nachricht vor Freude fast toll wurde, da sagte sie – das heißt nochmals ich, John – daß sie ihm helfen wolle, wie sie das früher schon oft getan, daß sie John und sein Liebchen ausforschen werde und daß sie überzeugt sei, daß das, was sie – wieder ich, John – dachte und tun würde, das Richtige sei. Und es war das Richtige, John! Und da wurden sie zusammengebracht, John! Und dann wurden sie getraut, John – vor einer Stunde! Und hier steht die junge Frau! Und Gruff und Tackleton kann sich als Junggeselle begraben lassen! Und ich bin eine glückliche kleine Frau, May, und der Himmel schenke Euch seinen Segen!"

Nebenbei bemerkt – und das muß festgestellt werden –: sie war ein unwiderstehliches kleines Geschöpf; aber nie war sie so absolut unwiderstehlich gewesen, wie in ihrer augenblicklichen Freude. Niemals hat es so zärtliche Glückwünsche gegeben wie die, die sie jetzt an sich selbst und an die junge Frau verschwendete.

Inmitten des Tumults der Gefühle, der sich in seiner Brust erhob, hatte der ehrliche Fuhrmann ganz verdutzt dagestanden. Jetzt eilte er auf sie zu; aber Dot streckte ihm abwehrend die Hand entgegen und wich vor ihm zurück.

"Nein, John, nein! Höre alles! Liebe mich nicht eher wieder, als bis du alles gehört hast, was ich dir zu sagen habe. Es war unrecht von mir, etwas vor dir zu verbergen, John, und ich bereue es bitter. Ich hielt es nicht für so schlimm, bis ich mich gestern abend neben dich auf den kleinen Sessel setzte. Aber als ich auf deinem Gesicht las, daß du mich mit Eduard in der Galerie auf und ab hattest gehen sehen; als ich merkte, was du von mir dachtest, da fühlte ich erst, wie leichtsinnig und ungerecht ich gehandelt.

Aber du mein Gott, lieber John, wie konntest du, wie konntest du nur so etwas von mir denken!"

Diese kleine Frau, wie sie wieder schluchzte. John Peerybingle wollte sie wieder in seine Arme schließen. Aber nein, das konnte sie nicht zugeben!

"Bitte, John, noch darfst du mich nicht wieder liebhaben! Noch lange nicht! Daß mich diese beabsichtigte Heirat so traurig machte. Lieber, das geschah, weil ich an May und Eduard dachte, die sich schon als junge Leute so sehr liebten, und weil ich wußte, daß ihr Herz gar nicht an Tackleton dachte. Das glaubst du doch jetzt auch – nicht wahr, John?"

Bei diesem Appell wollte John einen neuen Angriff auf sie machen. Aber sie wehrte ihn noch einmal ab.

"Nein, bleib noch zurück, John, ich bitte dich! Wenn ich dich, wie ich das ja bisweilen tue, auslache und dich linkisch und einen lieben alten Einfaltspinsel und so weiter nenne, so geschieht das nur, weil ich dich so sehr liebe, John, und deine Art und Weise mir so sehr gefällt, daß ich sie um nichts in der Welt anders haben möchte, und solltest du noch morgen am Tage König werden!"

"Hurra hoch!" rief Kaleb begeistert aus. "Ganz meine Meinung!"

"Und wenn ich von Leuten von reifem und gesetztem Alter rede, John, und behaupte, wir gäben ein komisches Paar ab und liefen nur so dahin wie ein hinkendes Gespann, – das geschieht nur, weil ich ein so albernes kleines Geschöpf bin, John, und bisweilen sogar mit dem Wickelkindchen ein wenig Posse spiele."

Sie sah, daß er sich wieder näherte, hielt ihn aber zum dritten Mal zurück. Doch beinahe wäre es zu spät gewesen.

"Nein, liebe mich ein paar Minuten lang noch nicht, wenn ich bitten darf, John! . . . Was mir ganz besonders am Herzen liegt, habe ich bis zuletzt aufgespart. Mein lieber, guter, rechtschaffener John, als wir neulich abend von dem Heimchen redeten, da hatte ich ein Geheimnis auf den Lippen, nämlich, daß ich dich anfangs nicht ganz so sehr liebte wie jetzt; daß, als ich zum erstenmal hierher in dein Haus kam, ich fast fürchtete, ich könnte dich nicht ganz und gar so lieben lernen, wie ich hoffte und wünschte – ich war ja noch so jung, John! Aber, lieber John, mit jedem Tage, mit jeder Stunde liebte ich dich mehr. Und wäre es mir möglich, dich noch mehr zu lieben, als es der Fall ist, so geschähe es wegen der edlen Worte, die ich heute morgen von dir hörte. Aber das ist unmöglich. All die Zärtlichkeit, die ich besaß, – und das ist eine große Menge, John – habe ich dir geschenkt, wie du es auch verdientest; und zwar schon lange, schon sehr lange, und so habe ich dir nun nichts mehr zu geben. Und jetzt, mein lieber Mann, drücke mich an dein Herz! Hier ist mein Heim, John, und denke nie, nie wieder daran, mich nach einem andern zu schicken!"

Niemals könnt ihr eine solche Freude darüber empfinden, wenn ihr eine wundervolle kleine Frau in den Armen eines andern seht, wie ihr sie empfunden haben würdet, hättet ihr gesehen, wie Dot dem Fuhrmann entgegeneilte. Es war der vollkommenste, ungetrübteste, herzinnigste Ausbruch von Zärtlichkeit, den ihr Zeit eures Lebens gesehen habt.

Das dürft ihr mir glauben, daß der Fuhrmann sich in einem Zustande vollkommener Glückseligkeit befand, und daß es mit Dot ebenfalls so war, ja daß es bei allen der Fall war – einschließlich Tilly Tolpatschs, die vor lauter Freude reichlich Tränen vergoß, und da sie den Wunsch hegte, daß ihr junger Zögling an der allgemeinen Freude sich ebenfalls beteiligte, reichte sie ihn sämtlichen Anwesenden der Reihe nach hin, als wäre er irgendeine Erfrischung gewesen.

Aber jetzt konnte man draußen wieder den Ton von Rädern hören, und jemand sagte, daß Gruff und Tackleton zurückkehre. Wirklich tauchte bald darauf dieser würdige Herr auf, und zwar mit aufgeregtem und hochrotem Gesicht.

"Na, was zum Teufel ist denn das, John Peerybingle?" rief er. "Da muß ein Mißverständnis vorliegen. Ich hatte mit Frau Tackleton eine Zusammenkunft an der Kirche verabredet, aber ich möchte darauf schwören, daß ich ihr begegnet bin, als ich hierher fuhr ... Ah, da ist sie ja! Verzeihung, mein Herr: habe nicht das Vergnügen, Sie zu kennen – aber wollten Sie mir wohl die Gunst gewähren, mir diese junge Dame abzutreten? – sie hat heute eine ganz besondere Verabredung."

"Tut mir leid, aber ich kann sie nicht einen Augenblick entbehren", versetzte Eduard. "Gar kein Gedanke daran!"

"Was wollen Sie damit sagen, Sie Vagabund?" fragte Tackleton.

"Ich will damit sagen", entgegnete der andere lächelnd, "daß ich, da ich auf Ihren Zorn Rücksicht nehmen muß, allen Ihren Reden gegenüber heute ebenso taub bin, wie ich es gestern gegen alle Reden war."

Welch einen Blick ihm Tackleton zuwarf! Und wie er plötzlich erschrak!

"Ich bedaure, mein Herr", fuhr Eduard fort, indem er Mays Hand und besonders den Goldfinger emporhielt, "ich bedaure, daß diese junge Dame Sie nicht in der Kirche treffen kann; aber da sie heute morgen bereits einmal dort gewesen ist, so haben Sie vielleicht die Güte, sie zu entschuldigen."

Tackleton starrte nach dem vorgezeigten Goldfinger, und dann zog er aus seiner Westentasche ein Stückchen Seidenpapier, das, wie es schien, einen Ring enthielt.

"Fräulein Tilly", sagte Tackleton, "wollten Sie wohl so freundlich sein, das ins Feuer zu werfen? ... So, danke."

"Sehen Sie", begann Eduard wieder, "sie hatte sich mit mir schon früher verlobt – und so ist es meiner jungen Frau nicht möglich, zu Ihrem Stelldichein zu kommen."

"Herr Tackleton wird mir die Gerechtigkeit widerfahren lassen, anzuerkennen, daß ich ihm alles ehrlich berichtete", sagte May errötend, "und daß ich ihm oft erklärt habe, es sei mir unmöglich, es jemals zu vergessen."

"O gewiß!" versetzte Tackleton. "O gewiß! Natürlich. Vollkommen richtig. O, ganz in der Ordnung, Mrs. Eduard Plummer – vermutlich?"

"Das ist ihr jetziger Name", erwiderte der junge Ehemann,

"Ah! Ich hätte Sie nicht wiedererkannt, mein Herr", sagte Tackleton, indem er aufmerksam sein Gesicht musterte und ihm eine tiefe Verbeugung machte. "Wünsche Ihnen viel Vergnügen, mein Herr!"

"Gleichfalls."

"Mrs. Peerybingle", fuhr Tackleton fort, indem er sich plötzlich nach der Seite wandte, wo Dot mit ihrem Mann stand, "ich drücke Ihnen mein Bedauern aus. Sie haben mir zwar nie ein besonderes Wohlwollen bewiesen, aber, bei meinem Leben, ich drücke Ihnen mein Bedauern aus. Sie sind besser, als ich glaubte ... John Peerybingle, empfangt ebenfalls den Ausdruck meines Bedauerns. Ihr versteht mich; das genügt. Alles in Richtigkeit, meine Herren und Damen, und zwar zu allseitiger Zufriedenheit. Guten Morgen!"

Mit diesen Worten ging er über die Sache hinweg und ging dann selber von dannen – nur einen Augenblick an der Haustür blieb er stehen, um seinem Pferde den hochzeitlichen Blumen- und Bänderschmuck vom Kopfe zu reißen und diesem armen Tier einen Tritt in die Rippen zu versetzen; vermutlich wollte er ihm auf diese Weise kundtun, daß gerade nicht alles in Richtigkeit sei.

Natürlich wurde es jetzt eine ernste Pflicht, diesen Tag so zu feiern, daß er sein Andenken für immer in dem Festkalender des Hauses Peerybingle zurückließ.

Demgemäß machte sich Dot an die Arbeit, um ein Mahl zu bereiten, das ihr Haus und alle, die ihm verwandt und zugetan sind, mit unsterblicher Ehre bedecken sollte; und in kürzester Frist hatte sie ihre mit Grübchen geschmückten Ellenbogen in Mehl getaucht, wobei sie sich das Vergnügen machte, Johns Rock weiß anzustreichen, sooft er ihr nahe kam, indem sie ihn anhielt, um ihn abzuküssen. Dieser gute Bursche wusch das Gemüse, zerschnitt die Rüben, zerbrach die Teller, stieß die mit Wasser gefüllten Töpfe am Feuer um und machte sich überhaupt in jeder Weise nützlich, während ein paar Köchinnen von Beruf, die in der Eile – just wie bei einem Sterbefall oder einer Geburt – irgendwoher aus der Nachbarschaft zusammengerufen waren, in allen Türen und an allen Ecken gegeneinander rannten und immerfort über Tilly Tolpatsch und das Wickelkindchen stolperten. Noch nie hatte Tilly sich durch ihre Leistungen so ausgezeichnet. Ihre Allgegenwart erregte allgemeine Bewunderung. Sie war ein Stein des Anstoßes im Flur um zwei Uhr fünfundzwanzig Minuten; eine Fallgrube in der Küche um genau halb drei und eine Art Fallstrick in der Dachkammer fünfundzwanzig Minuten vor drei. Des Kindes Kopf war sozusagen ein Prüfstein für jede Art von Gegenstand – mochte er ins Tier-, Pflanzen- oder Mineralreich gehören. Nichts war an diesem Tage im Gebrauch, das nicht früher oder später nähere Bekanntschaft mit ihm machte.

Dann wurde eine große Expedition ausgerüstet, um Mrs. Fielding aufzusuchen und vor dieser vornehmen Dame reuig und bußfertig zu sein und sie, wenn nötig, mit Gewalt herzubringen, um glücklich zu sein und Absolution zu erteilen. Und als die Expedition sie entdeckte, wollte sie von nichts hören, sondern wiederholte unaufhörlich, sie habe einzig gelebt, um einen solchen Tag erleben zu müssen, und man konnte sie nicht dazu bringen, etwas anderes zu sagen als: "Nun legt mich nur ins Grab hinein" – eine recht unvernünftige Redensart, weil sie weder tot war, noch die Absicht zu sterben hatte. Nach einiger Zeit verfiel sie in einen Zustand beunruhigendster Ruhe und bemerkte, sie habe damals, zur Zeit jener verhängnisvollen Wendung im Indigohandel, deutlich vorausgewußt, daß sie ihr ganzes Leben lang jeder Art von Beleidigung und Beschimpfung ausgesetzt sein würde, und sie sei gar nicht erstaunt, daß es wirklich so gekommen sei, und sie bitte nur, man möge sich ihretwegen nicht bemühen – denn was sei sie? Du lieber Gott, ein Nichts! Man würde ja bald vergessen haben, daß so ein armes Geschöpf wie sie überhaupt gelebt habe, und die Welt würde sich schon ohne sie behelfen. Aus diesem beißenden bittern Ton ging sie zu einem zornigen über und verstieg sich zu der großartigen Äußerung, der Wurm krümme sich, wenn er getreten werde. Hierauf trat eine Stimmung milder Wehmut ein: wenn man sie nur ins Vertrauen gezogen hätte – was für nützliche Ratschläge hätte sie nicht geben können! Diese Krisis in ihren Gefühlen benutzte die Deputation, umarmte sie, und nicht lange nachher hatte sie ihre Handschuhe angezogen und befand sich in tadelloser Vornehmheit auf dem Wege nach John Peerybingles Hause, ein Papierpaket an der Seite mit einer Staatshaube, die fast ebenso groß und jedenfalls ganz ebenso steif war wie eine Bischofsmütze.

Dann mußten in einem zweiten Wagen Dots Eltern geholt werden, und da diese auf sich warten ließen, geriet man in große Unruhe und blickte beständig die Straße hinunter, ob sie noch nicht kämen, und Mrs. Fielding schaute jedesmal nach der verkehrten, ja, vollständig unmöglichen Richtung, und als man sie hierauf aufmerksam machte, sprach sie die Hoffnung aus, sie werde doch wohl die Freiheit haben, hinzublicken, wohin es ihr beliebe. Endlich kamen sie: ein kleines rundliches Paar, in jener zierlichen gemächlichen Weise einherschreitend, die ganz zu der Dot'schen Familie gehörte, und Dot und ihre Mutter hatten eine wunderbare Ähnlichkeit, wie sie so nebeneinander saßen.

Und nun mußte Dots Mutter ihre Bekanntschaft mit Mays Mutter erneuern, und Mays Mutter hob immer wieder ihre Vornehmheit hervor, wogegen Dots Mutter weiter nichts als ihre rührigen kleinen Füße rühmte. Und der alte Dot – ich meine Dots Vater: ich vergaß, daß es nicht sein eigentlicher Name war: aber das ist ganz gleich – der alte Dot erlaubte sich allerlei Freiheiten; schüttelte Leuten, die er bisher nie gesehen, die Hände und schien an einer Haube nichts zu finden, als eine gewisse Menge von Stärke und Musselin, hatte auch dem Indigohandel gegenüber nicht den geringsten Respekt, sondern sagte, daran sei nun einmal nichts zu ändern – kurz er war, nach Mrs. Fieldings summarischem Urteil, ein guter Mann – aber du grundgütiger Himmel, wie ungebildet!

Um nichts hätte ich Dot missen mögen, wie sie in ihrem Hochzeitsstaate die Honneurs machte – und meinen Segen über ihr strahlendes Gesicht! Ja, auch den guten Fuhrmann nicht, der so innerlich froh und mit so hochrotem Gesicht unten am Tisch saß. Noch den gebräunten frischen Matrosen und seine hübsche junge Frau. Noch sonst jemand von den Gästen. Das Essen missen, hieße ein so vergnügtes solides Festmahl missen, wie man sich nur eins wünschen kann: ebenso gut hätte man die überfließenden Becher missen können, aus welchen man auf den Hochzeitstag trank, und das wäre sicherlich der allergrößte Verlust gewesen.

Nach dem Festmahl sang Kaleb sein Lied von der schäumenden Bowle. Und so wahr ich am Leben bin und es noch einige Jahre zu bleiben hoffe, – er sang alle Strophen bis zu Ende.

Und nebenbei bemerkt, gerade in dem Augenblick, als Kaleb mit dem letzten Vers fertig war, geschah etwas ganz und gar Unerwartetes.

Es wurde leise an die Tür geklopft, und ein Mann mit etwas Schwerem auf dem Kopfe kam, ohne zu sagen: "Darf ich?" oder "Mit Eurer Erlaubnis" ins Zimmer gestolpert. Er stellte eine Last mitten auf den Tisch, genau in die Mitte von Nüssen und Äpfeln, und sagte:

"Kompliment von Mr. Tackleton, und da er von dem Hochzeitskuchen selbst keinen Gebrauch mehr machen könne, so möchtet Ihr ihm die Ehre antun, ihn zu verspeisen."

Mit diesen Worten ging er wieder von dannen.

Wie man sich leicht vorstellen kann, war die Gesellschaft sehr überrascht. Mrs. Fielding, eine Dame von unendlichem Scharfsinn, äußerte sich dahin, der Kuchen sei vergiftet, und erzählte sofort die Geschichte eines Kuchens, von dem ein ganzes Mädchenpensionat blau angelaufen sei. Aber sie ward durch Akklamation überstimmt, und der Kuchen wurde mit großer Feierlichkeit und unter allgemeinem Jubel von May selbst zerschnitten.

Noch niemand, glaube ich, hatte davon gekostet, als zum zweitenmal an die Tür geklopft wurde, und es erschien derselbe Mann mit einem großen braunen Paket unter dem Arm.

"Kompliment von Mr. Tackleton, und hier schicke er einige Spielsachen fürs Wickelkindchen. Und sie seien nicht häßlich."

Nachdem er hiermit seinen Auftrag ausgerichtet, eilte er wieder davon.

So groß war das Erstaunen der ganzen Gesellschaft, daß sie sehr verlegen um Worte gewesen wäre, selbst wenn sie Zeit genug gehabt hätte, danach zu suchen. Aber es blieb ihr keine Zeit übrig; denn kaum hatte der Bote die Tür hinter sich geschlossen, als zum drittenmal geklopft wurde und Tackleton selbst ins Zimmer trat.

"Mrs. Peerybingle", begann der Spielwarenhändler mit dem Hut in der Hand, "es tut mir sehr leid. Jetzt noch mehr als heute morgen. Ich habe Zeit gehabt, darüber nachzudenken ... John Peerybingle, ich bin von Haus aus ein alter Griesgram; aber ich kann nicht anders mehr oder weniger weichmütig werden in Gesellschaft eines Mannes, wie Ihr seid ... Kaleb, dieses ahnungslose Kindermädchen, gab mir gestern abend einen rätselhaften Wink, zu dem ich nun die Lösung gefunden habe. Ich erröte, wenn ich daran denke, wie leicht ich Euch und Eure Tochter an mich hätte fesseln können und welch ein erbärmlicher Tropf ich war, als ich sie für einen solchen hielt! Ihr Freunde – erlaubt mir, Euch alle miteinander so zu nennen! – mein Haus ist heute abend ganz verlassen. Nicht einmal ein Heimchen hab ich an meinem Herd. Ich habe sie alle verscheucht. Habt Mitleid mit mir; laßt mich in Eurer glücklichen Gesellschaft auch froh sein!"

## Hochzeitsttanz.

In fünf Minuten fühlte er sich vollständig heimisch. Nie habt ihr einen so fidelen Gesellschafter gesehen. Was hatte er denn sein Leben lang getrieben, daß er bis jetzt nie erkannt, welch ein Talent zur Lustigkeit er hatte! Oder wie hatten die Elfen es angefangen, eine solche Verwandlung hervorzubringen?

"John", flüsterte Dot, "nicht wahr, du schickst mich heute abend doch nicht mehr nach Hause, wie?"

Aber er war doch sehr nahe daran gewesen!

Es fehlte nur noch ein lebendes Wesen, um die Gesellschaft vollzählig zu machen. Und in einem Augenblick war es da, sehr durstig vom schnellen Laufen und indem es sich anstrengte und hoffnungslose Anstrengungen machte, seinen Kopf in einen engen Wasserkrug zu zwängen. Er hatte den Wagen bis ans Ziel seiner Reise begleitet, höchst aufgebracht über die Abwesenheit seines Herrn und schrecklich rebellisch gegen die Expedition. Nachdem er dann einige Zeit um den Stall herumgestrichen und vergebens versucht hatte, das alte Pferd zu einer aufrührerischen Tat zu verführen, war er auf eigene Faust umgekehrt, war in das Schankzimmer gegangen und hatte sich vor das Feuer gelegt. Da er sich jedoch davon überzeugt hatte, daß der Stellvertreter ein Schwindler sei und nicht verdiene, daß man bei ihm bleibe, hatte er sich wieder auf die Beine gemacht und war sporntreichs nach Hause zurückgelaufen.

Am Abend gab's ein Tänzchen. Mit der allgemeinen Erwähnung dieser Lustbarkeit könnte ich die Sache auf sich beruhen lassen, hätte ich nicht einigen Grund anzunehmen, daß es ein ganz origineller und ungewöhnlicher Tanz war. Er wurde in ganz eigentümlicher Weise arrangiert, und zwar folgendermaßen:

Eduard, der Matrose – ein echter, braver, flotter Bursch war er – hatte ihnen allerhand Wunderdinge von Papageien, Goldminen, Mexikanern, Goldstaub usw. erzählt, als es ihm plötzlich in den Kopf kam, aufzuspringen und einen Tanz vorzuschlagen: denn Berthas Harfe war zur Hand, und sie spielte sie, wie ihr's selten zu hören bekommt.

Dot – das heuchlerische kleine Ding, konnte sich manchmal so aufspielen! – Dot behauptete, ihre Tanztage wären vorüber. Aber ich glaube, das sagte sie darum, weil der Fuhrmann gerade seine Pfeife rauchte und sie lieber neben ihm sitzen wollte. Mrs. Fielding blieb nun natürlich nichts andres übrig, als ebenfalls zu behaupten, ihre Tanzzeit sei dahin; und das behaupteten alle, May ausgenommen; May war bereit.

Und so traten Eduard und May unter allgemeinem Beifall vor, um allein zu tanzen, und Bertha spielte ihre fröhlichste Melodie.

Aber ihr mögt mir's glauben oder nicht – noch keine fünf Minuten haben sie getanzt, da wirft plötzlich der Fuhrmann seine Pfeife fort, faßt Dot um die Taille, stürzt mit ihr mitten ins Zimmer und wirbelt auf Hack' und Spitze mit ihr herum, ganz wundervoll. Kaum sieht dies Tackleton, so gleitet er hinüber zu Mrs. Fielding, faßt sie um die Hüfte und tut ebenfalls mit. Kaum sieht dies der alte Dot, sofort ist er ganz Feuer und Flamme, schiebt mit Mrs. Dot mitten in die Tanzenden hinein und ist bald an der Spitze. Als Kaleb dies kaum gesehen hat, packt er Tilly Tolpatsch bei den Händen, und feste geht es darauf los. Fräulein Tolpatsch glaubt natürlich, daß das ganze Geheimnis der Tanzkunst darin liegt, daß man immer in die anderen Paare hineinfällt und möglichst mit ihnen zusammenstößt.

Horcht! Wie das Heimchen mit seinem Zirp–zirp–zirp in die Musik einfällt und wie der Kessel summt!

Aber was ist das! Eben da ich ihnen fröhlich lausche und mich nach Dot umwende, um noch einen Blick auf diese kleine, mir so liebgewordene Gestalt zu werfen, ist sie mit allen andern in Luft zerflossen, und ich bin allein. Ein Heimchen singt am Herde: ein zerbrochenes Kinderspielzeug liegt am Boden, und sonst bleibt mir nichts.

*Ende.*

### Erster Teil.

Lang, lang ist's her – wann und wo in England, mag uns gleichgültig sein – da ward eine hitzige Schlacht geschlagen. Sie wurde geschlagen an einem langen Sommertage, da das Gras grün wogte. Manche stolze Blume, geschaffen von des Allmächtigen Hand zu einem duftenden Pokal für den Tau, sah an diesem Tage ihren bunten Kelch von Blut überfließen und verging schaudernd. Manches Insekt, das in unschuldigen Flügeln und Kleidern von zarter Farbe leuchtete, ward an diesem Tag neu gefärbt von sterbenden Menschen und bezeichnete seine hastige Flucht mit einer widerlichen Spur. Der farbige Schmetterling trug auf dem Rand seiner Flügel Blut in die Luft. Der Bach floß rot vorbei. Aus dem zerstampften Erdboden wurde ein Sumpf, wo in trübem Schlamm, der voll Spuren von menschlichen Füßen und Pferdehufen war, die überall vorherrschende Farbe unheimlich in der Sonne glänzte.

Möge uns der Himmel vor dem Anblick eines Schauspiels behüten, wie es der Mond auf dieser Kampfstätte sah, als er über den waldumsäumten schwarzen Hügelrücken am Horizont heraufstieg und über das flache Feld herniederschaute. Dies Feld war besät mit Gesichtern, die zum Himmel gewandt waren, mit Gesichtern, die einst an der Brust der Mutter sicher geschlummert hatten. Der Himmel behüte uns vor den Geheimnissen, die der mit Leichenduft beladene Wind über dem Schauplatz von dieses Tages Arbeit und dieser Nacht Tod und Leiden wob. Mancher einsame Mond glänzte über dieser Kampfstätte empor: mancher Stern hielt trauervoll darüber Wache, mancher Wind, aus allen Himmelsrichtungen, wehte darüber hin, bevor die Spuren dieses Kampfes vergingen.

Sie bestanden noch lange Zeit, aber nur in geringfügigen Dingen; denn die Natur, hinausgehoben über die schlechten Leidenschaften des Menschen, gewann bald ihre Heiterkeit zurück und lächelte auf das sündige Schlachtfeld herab wie einst, als es noch sündlos war. Die Lerchen trillerten droben in den Lüften, die Schatten der fliehenden Wolken jagten sich spielend über Wiese und Wald und über Dächer und Kirchtürme der von Hainen umgebenen Stadt bis hin in die leuchtende Ferne, da Erde und Himmel ineinander übergehen und das Abendrot verdämmert. Saaten wurden gesät, keimten auf und wurden geerntet. Der Bach, der mit Purpur gefärbt gewesen, drehte ein Mühlrad: Männer pfiffen hinter dem Pfluge; Mäher und Garbenbinder arbeiteten in gelassenen Scharen; Schafe und Kühe grasten auf der Weide; Knaben lärmten auf den Feldern, um die Vögel zu verjagen; Rauch stieg aus den Feueressen empor; Sonntagsglocken ließen ihr Geläut ertönen; alte Leute lebten und starben; die scheuen Geschöpfe des Feldes und die einfachen Blumen des Waldes und des Gartens blühten und vergingen in der gewohnten Zeit auf jener blutigen Kampfstätte, wo tausend und abertausend Menschen in der großen Schlacht gefallen waren.

Aber anfangs sah man noch dunklere Stellen in der jungen Saat, die die Leute mit scheuem Grauen betrachteten. Jahr für Jahr kamen sie wieder; und man wußte, daß an diesen fruchtbaren Stellen Menschen und Pferde in wechselvollem Durcheinander begraben lagen und den Boden düngten. Der Landmann, der dort pflügte, ekelte sich vor den großen Würmern, die hier in der Erde hausten; und die Garben, die man dort band, wurden viele, viele Jahre lang die Schlachtgarben genannt und besonders heimgebracht, aber niemals gelangte eine Schlachtgarbe zum Erntefest auf den letzten Wagen. Lange Zeit noch gelangte mit jeder Furche, die gepflügt wurde, eine Spur des Gefechts zum Vorschein. Lange noch gewahrte man verletzte Bäume auf der Kampfstätte und halbzerstörte Hecken und Mauern an den Stellen, wo mörderischer Nahkampf gedauert hatte, und festgestampfte Stellen, an denen kein Halm wachsen sollte. Lange noch scheute sich jedes Mädchen, sich Haar oder Brust mit der schönsten Blume dieses Totenfeldes zu schmücken; und viele Jahre glaubte man, die dort wachsenden Beeren hinterließen in der Hand, die sie pflückte, unvertilgbare Spuren.

Aber die Jahreszeiten, obwohl sie so flüchtig vorübergingen wie die Sommerwolken, ließen in ihrem Verlauf selbst diese Erinnerungszeichen des alten Kampfes verschwinden und tilgten die sagenhaften Andenken daran aus dem Gedächtnis der Menschen, bis sie zu Altenweibermärchen zusammensanken und mit jedem Jahre mehr in Vergessenheit gerieten. Wo die wilden Blumen und Beeren so lange ungepflückt geblieben waren, befanden sich jetzt Gärten und Häuser, und Kinder spielten Krieg auf der Wiese. Die verwundeten Bäume waren schon lange als Weihnachtsholz verbrannt worden. Die dunkelgrünen Stellen waren nicht frischer als das Gedächtnis derer, die darunter beerdigt lagen. Noch immer förderte der Pflug von Zeit zu Zeit Stücke verrosteten Eisens hervor, aber es war schwer zu erkennen, wozu es gedient hatte, und die Finder grübelten und stritten sich darob. Ein alter schwarzer Harnisch und ein Helm hatten so lange in der Kirche gehangen, daß derselbe schwache halbblinde Greis, der sich jetzt vergebens bemühte, sie oben an der weißen Wölbung wiederzuerkennen, sie schon als Kind staunend betrachtet hatte. Wenn das auf dem Feld erschlagene Heer einen Augenblick lang in der Gestalt, wie jeder gefallen, und auf dem Platze, da er seinen Tod gefunden, hätte aufstehen können, dann hätten gespaltene Schädel zu Hunderten in die Türen der Hütten und in die Fenster hineingeschaut. Sie wären erschienen um den friedlichen Herd; wären aufgestapelt gewesen in den Scheunen; wären emporgestiegen zwischen dem Kind in der Wiege und seiner Wärterin; sie hätten den Bach gestaut, wären über das Mühlrad gedreht, hätten den Obstgarten und den Rasen angefüllt, den Heuschober hoch beladen mit Sterbenden. So verwandelt war die Kampfstätte, wo tausend und aber Tausende von Menschen in der großen Schlacht gefallen waren.

Nirgends war sie vielleicht indessen mehr verwandelt vor etwa hundert Jahren, als in einem kleinen Obstgarten hinter einem alten Haus aus Steinen mit einer Jelängerjelieber-Laube vor der Tür. Dort wurden an einem schönen Herbstmorgen Musik und heiteres Lachen vernehmlich, und zwei Mädchen tanzten lustig auf dem Rasen, während ein halbdutzend Landfrauen auf Leitern standen und Äpfel von den Bäumen sammelten, jedoch mitunter in ihrer Arbeit innehielten und den Fröhlichen zuschauten. Das war ein anmutiges, schlichtes Schauspiel;

ein schöner Tag, ein stiller Platz; und die beiden Mädchen tanzten nach Herzenslust ganz froh und ungezwungen.

Wenn auf der Welt niemand sich hervortun wollte – das ist meine Ansicht, und ich nehme an, ihr stimmt mit mir überein – so würden wir viel besser weiter kommen und uns einander viel mehr Freude bereiten. Es war ganz wundernett zu sehen, wie die beiden Mädchen tanzten. Sie hatten keine Zuschauer als die äpfelpflückenden Frauen auf den Leitern. Sie freuten sich sehr, daß sie ihnen Spaß machten, aber sie tanzten zuerst um der eigenen Freude willen (wenigstens mußte man das glauben); und man konnte sich ebensowenig der Verwunderung wie sie sich des Tanzens enthalten. Und wie tanzten sie!

Nicht wie Ballettänzer. Durchaus nicht! Und nicht wie Madame Soundsos ausgezeichnete Elevinnen. Nicht im mindesten! Es war keine Quadrille, kein Menuett, nicht einmal eine einfache Chaine Anglaise. Es war weder nach dem alten, noch nach dem neuen Stil; nicht nach dem französischen, nicht nach dem englischen Stil; eher von ungefähr ein bißchen im spanischen Stil, der, wie man sagt, ein freier und frischer Stil ist und von den klirrenden Kastagnetten den Charakter einer wunderhübschen Improvisation bekommt. Wie sie unter den Obstbäumen tanzten, und den Garten hinauf und hinunter walzten, sich wechselseitig umeinander drehten, da schien sich die Wirkung ihrer lustigen Bewegung auch der sonnigen Umgebung mitzuteilen, wie ein immer größer werdender Kreis im Wasser. Ihr fliegendes Haar und ihr wehendes Gewand, das schmiegsame Gras zu ihren Füßen, die Zweige, die sich in dem Morgenwind bogen, die glänzenden Blätter und ihre behenden Schatten auf dem frischgrünen Boden – der leichte erquickende Wind, der das Land durchwehte und sich darauf freute, die fernen Windmühlen zu drehen – alles zwischen den beiden Mädchen und dem pflügenden Bauer auf jener fernen Anhöhe, wie er sich vom Himmel abhob, als stünde er am Ende der Welt – schien gleichfalls mitzutanzen.

Endlich sank die jüngere der tanzenden Schwestern außer Atem und fröhlich lachend auf eine Bank, um sich zu erholen. Die andere lehnte sich an einen Baum ihr zur Seite. Die Spielleute, eine Harfe und eine Geige, schlossen mit einem vollen Akkord, als prahlten sie mit ihrer Ausgelassenheit, obwohl die Musik eigentlich so rasch gespielt worden und mit dem Tanzen so eifrig um die Wette dahingejagt war, daß sie es keine halbe Minute länger hätten aushalten können. Die äpfelpflückenden Frauen auf den Leitern spendeten Beifall und fingen dann wieder an eifrig zu arbeiten, wie Bienen.

Um so tätiger vielleicht, weil ein älterer Herr, namens Doktor Jeddler, in eigener Person – es war Doktor Jeddlers Haus und Garten, müßt ihr wissen, und die beiden Mädchen waren Doktor Jeddlers Töchter – zum Nachsehen kam, um zu forschen, was eigentlich los sei und wer zum Donnerwetter auf seinem eigenen Grund und Boden vor dem Frühstück musiziere. Denn Doktor Jeddler war ein großer Gelehrter und nicht sehr musikalisch.

"Musik und Tanz heute!" sagte der Doktor zu sich selbst und hielt verwundert inne. "Ich glaubte, sie hätten Respekt vor dem heutigen Tag. Es ist eben eine kuriose Welt. Aber Grace, aber Marion!" fügte er lauter hinzu, "ist die Welt heute morgen verdrehter als gewöhnlich?"

"Wenn dies der Fall wäre, so sei heute nicht böse, Vater", antwortete ihm die jüngere Tochter Marion. Dabei trat sie zu ihm und schaute zu ihm empor: "denn heute hat jemand Geburtstag."

"Jemand hat Geburtstag, mein Kind?" sagte der Doktor. "Weißt du nicht, daß alle Tage jemand Geburtstag hat? Weißt du nicht, wie viele Neulinge jede Minute das wunderliche und lächerliche Wesen – ha, ha, ha! man kann gar nicht ernsthaft davon reden – das man das Leben nennt, anfangen?"

"Nein, Vater!"

"Natürlich nicht: du bist ja auch eine Frau – beinahe", sagte der Doktor. "Übrigens", fügte er hinzu und blickte in das hübsche Gesicht, das sich dicht an das seine schmiegte, "glaube ich, es ist dein Geburtstag."

"Ach was! Wirklich, Vater?" rief seine Lieblingstochter und bot ihm die Lippen zum Kuß.

"Da! Und meine Liebe dazu", sagte der Doktor und küßte sie: "und möge der Tag oft, sehr oft, wiederkehren – welche Idee! Die Idee, eine häufige Wiederholung in einem solchen Possenspiel zu wünschen", sagte der Doktor vor sich hin, "ist gut! Ha, ha, ha!"

Doktor Jeddler war, wie der Leser schon weiß, ein großer Philosoph; und der Scherz seiner Philosophie war, die ganze Welt als einen ungeheuren Scherz anzusehen, als etwas zu Törichtes, als daß ein vernünftiger Mensch ernsthaft darüber nachdenken könnte. Dieser Fundamentalsatz war ursprünglich ein Ergebnis des Schlachtfeldes, auf dem er wohnte, was ihr nun bald erfahren sollt.

"Wie seid ihr eigentlich zu der Musik gekommen?" fragte der Doktor. "Natürlich sind es Hühnerdiebe. Woher kommen die Musikanten?"

"Alfred hat sie hierher gesandt", gab seine Tochter Grace zur Antwort und steckte ein paar schlichte Blumen, mit denen sie ihrer Schwester Haar vorher geschmückt hatte und die durch den Tanz gelockert waren, wieder fest.

"Also Alfred hat die Musik hergeschickt?" versetzte der Doktor.

"Ja, er begegnete ihnen unterwegs, als er früh hineinschritt. Die Leute wandern zu Fuß umher und hatten heute in der Stadt übernachtet. Weil nun heute Marions Geburtstag ist, und er ihr eine Freude zu machen gedachte, so sandte er sie hierher mit einem Billett des Inhalts, daß sie, wenn ich es für gut fände, ihr ein Ständchen bringen sollten."

"Ja, ja", sagte der Doktor flüchtig, "er fragt immer nach deiner Ansicht."

"Und da meine Ansicht dann günstig war", sagte Grace fröhlich und hielt einen Augenblick inne, um den hübschen Kopf, den sie schmückte, zu bewundern; "und da Marion sehr lustig war und zu tanzen anfing, so tanzten wir zuletzt beide nach Alfreds Musik, bis wir keinen Atem mehr hatten. Die Musik aber gefiel uns um so mehr, weil Alfred sie geschickt hatte. Nicht wahr, liebe Marion?"

"O, ich weiß nicht, Grace. Wie du mich mit dem Alfred peinigst!"

"Ich sollte dich peinigen, wenn ich deinen Geliebten nenne!" sagte ihre Schwester.

"Ich kann nur sagen, daß es mir ziemlich gleichgültig ist, ob er genannt wird oder nicht", sagte die kleine Schnippische und zerpflückte ein paar Blumen, die sie in der Hand hielt, so daß sich die Blätter auf dem Boden verstreuten. "Ich habe es beinahe satt, von ihm zu hören: und wenn du behauptest, er sei mein Geliebter..."

"Ruhig! Sprich nicht so leichtfertig von einem treuen Herzen, das ganz dir ergeben ist, Marion", rief ihre Schwester aus: "selbst im Scherz nicht. Es gibt kein treueres Herz auf der Welt als Alfred!"

"Nein, o nein!" sagte Marion und machte eine krause Stirn mit einer komischen Miene flüchtigen Nachdenkens, "vielleicht nicht. Aber ich weiß nicht, ob dies ein großes Verdienst ist. Ich – ich mag ihn eigentlich gar nicht so sehr treu haben. Ich habe ihn nie darum gebeten. Wenn er denkt, daß ich –. Aber, beste Grace, warum müssen wir gerade augenblicklich von ihm sprechen?"

Es war ein heiterer Anblick, die beiden anmutigen Gestalten der blühenden Schwestern Seite an Seite unter den Bäumen wandeln und miteinander sich unterhalten zu sehen, wie dabei Ernst dem leichten Sinn, auf jeden Fall aber Liebe der Liebe zärtlich antwortete. Und seltsam genug war es, daß in den Augen der jüngern Schwester eine Träne glänzte und daß ein tiefes und herzliches Gefühl durch den Mutwillen ihrer Worte schimmerte und stark dagegen ankämpfte.

Beide Mädchen mochten ihrem Alter nach nicht mehr als vier Jahre auseinander sein. Aber Grace erschien, wie oft in solchen Fällen, wo keine Mutter über beide wacht (des Doktors Frau war gestorben), in der mütterlichen Liebe zu ihrer jüngern Schwester älter, als sie war; und von natürlicher Anlage aller Neigung – außer durch mitfühlende Liebe, zu deren mutwilligen Laune ferner, als man nach ihren Jahren hätte meinen sollen. Hoher Mutterberuf, der selbst in diesem seinem Schattenbild das Herz läutert und das geheiligte Gemüt in Sphären des Engels erhebt!

Des Doktors Seele, während er ihnen nachschaute und zuhörte, beschäftigte sich im Anfang nur mit verschiedenen lustigen Gedanken über die Dummheit, etwas zu lieben und gern zu haben, über den eitlen Traum, durch den sich junge Herzen täuschen, wenn sie einen Augenblick glauben, es könnte etwas Ernstes hinter einer solchen Seifenblase, wie die Liebe ist, stecken, bis sie zuletzt sich enttäuscht sehen, und zwar in jedem Falle. Aber das anspruchslose, liebende Wesen seiner älteren Tochter, ihr sanftes Gemüt, das doch mit so viel Festigkeit und Frische gepaart erschien, rückte ihm stets den Kontrast ihrer stillen seelenvollen Erscheinung zu der glänzenden Schönheit seiner jüngeren Tochter vor Augen: und es tat ihm um ihretwillen leid, daß das Leben eine so lächerliche Angelegenheit war.

Der Doktor dachte nie daran, zu fragen, ob seine Kinder auf irgendeine Weise danach strebten, es zu einer ernsten Sache zu machen. Dafür war er eben ein Philosoph.

Von Natur ein Mann von gefühlvollem und warmem Herzen, war er durch Zufall auf jenen gewöhnlichen Stein der Weisen gestoßen (viel leichter zu finden als der, den die Alchimisten suchen), der oft gutmütigen Geistern ein Bein stellt und die unangenehme Eigenschaft hat, Gold in Schlacke und jedes kostbare Ding in etwas Wertloses zu wandeln.

"Britain!" rief der Doktor. "Britain! Hallo!"

Ein kleiner Mann mit hervorragend mürrischem und bissigem Gesicht trat jetzt aus dem Hause und beantwortete diesen Ruf ziemlich gleichmütig mit den Worten: "Nun, wo brennt's denn?"

"Wo befindet sich der Frühstückstisch?" fragte der Doktor.

"Im Hause", gab Britain zur Antwort.

"Wirst du ihn hier draußen decken, wie ich es dir gestern abend anordnete?" sagte der Doktor. "Weißt du nicht, daß Gesellschaft kommt? Daß, ehe die Landkutsche vorbeifährt, hier noch Geschäfte abgewickelt werden müssen? Daß heute ein besonders festlicher Tag ist?"

"Konnte ich denn etwas herrichten, Doktor Jeddler, bevor die Weiber ihre Äpfel gepflückt hatten, he?" sagte Britain und steigerte seine Stimme allgemach, so daß er zuletzt förmlich brüllte.

"Nun, sind sie denn jetzt fertig?" sagte der Doktor und blickte auf die Uhr. "Vorwärts, nun aber schnell! Wo ist Clemency?"

"Hier bin ich, Herr", rief die Stimme von einer der Leitern herab, auf der ein Paar plumpe Füße rasch abwärts stiegen. "Wir sind fertig. Räumt fort, ihr Mädchen. In einer halben Minute soll alles aufgeräumt sein, Herr."

Mit diesen Worten machte sie sich eifrig an die Arbeit und zeigte sich dabei in so eigenartiger Aufmachung, daß wohl einige Worte von ihr gesagt werden dürfen.

Sie war etwa dreißig Jahre alt und hatte ein ziemlich rundwangiges und freundliches Gesicht, obwohl sie sich dazu einen Ausdruck von gesetztem Wesen angenommen hatte, was ihr sehr drollig stand. Aber ihre außerordentlich linkische Art stellte das noch in Schatten. Wenn wir sagen, sie habe zwei linke Beine und Arme gehabt, die eigentlich einem andern gehörten, und daß diese vier Gliedmaßen ausgerenkt und gar nicht an ihrer rechten Stelle angesetzt zu sein schienen, so geben wir damit nur der Wahrheit so schonend wie möglich die Ehre. Wenn wir aber sagen, daß sie mit dieser Begabung völlig zufrieden war und ihre Arme und Beine gebrauchte, wie sie waren, daß sie deren Launen durchaus keinen Zwang auferlegte, so werden wir ihrer Gelassenheit nur im geringsten Maß gerecht. Ihr Anzug bestand aus ein paar riesengroßen, eigenwilligen Schuhen, die immer anderswohin wollten, als ihre Füße, aus blauen Strümpfen und einem bunten Kattunkleid vom häßlichsten Muster, das man für Geld überhaupt bekommen könnte, und einer weißen Schürze. Sie trug immer kurze Ärmel und hatte sich stets die Ellbogen wundgescheuert. Dabei nahm sie an diesen solch lebhaften Anteil, daß sie sich ständig bemühte, sie in jeder Stellung, selbst wo es ganz unmöglich war, herumzudrehen und zu besehen. Gewöhnlich saß eine kleine Mütze irgendwo auf ihrem Kopf, obwohl sie nur selten auf dem Platze zu sehen war, den dieses Kleidungsstück bei andern Leuten meistens einnimmt;

aber vom Scheitel bis zur Zehe war sie überaus propre und zeigte eine Art linkischer Gefälligkeit.

Dies war die äußere Erscheinung und Kleidung von Clemency Newcome, die man im Verdacht hatte, selbst, obzwar unschuldig daran, eine Verfälschung ihres Taufnamens Klementine veranlaßt zu haben (aber niemand wußte es gewiß, denn ihre taube alte Mutter, die ihres hohen Alters wegen ein reines Wunder war, und die sie fast von ihrer Kindheit an unterstützt hatte, war gestorben, und andere Verwandte hatte sie nicht mehr). Jetzt war sie damit beschäftigt, den Tisch zu decken, und stand von Zeit zu Zeit da, die roten Arme übereinander geschlagen, den wundgestoßenen Ellbogen mit der Hand des andern Armes reibend und sie seelenruhig betrachtend, bis sie sich plötzlich auf etwas besann, was noch fehlte, und dann forteilte, um es zu holen.

"Da kommen die beiden Anwälte, Herr!" sagte Clemency in nicht sehr freundlichem Ton.

"Ah!" rief der Doktor und ging ihnen entgegen. "Guten Morgen, guten Morgen! Liebe Grace! Marion! Hier sind Mr. Snitchey und Mr. Craggs. Wo bleibt Alfred?"

"Er wird gewiß sofort kommen, Vater", sagte Grace. "Er hatte diesen Morgen mit den Vorbereitungen zur Abreise so viel zu tun, daß er schon in der Morgendämmerung aufgestanden und ausgegangen ist. – Guten Morgen, meine Herren!"

"Guten Morgen, meine Damen", sagte Mr. Snitchey, "für mich und Craggs" – dieser verneigte sich "guten Morgen, mein Fräulein" – zu Marion – "ich küsse Ihnen die Hand", was er auch wirklich tat. "Und ich wünsche" – das sah man ihm freilich nicht an; denn im ersten Anblick mochte man ihm eigentlich nicht sehr viel gute Wünsche für andere Leute zutrauen – "daß dieser glückliche Tag hundertmal wiederkehren möge."

"Ha, ha, ha!" lachte der Doktor ironisch, die Hände in die Taschen gesteckt. "Das große Possenspiel in hundert Akten!"

"Sie werden doch sicherlich nicht wünschen, Doktor Jeddler", sagte Mr. Snitchey und stellte einen kleinen blauen Aktenstoß auf den Tisch, "das große Possenspiel für diese Schauspielerin abzukürzen?"

"O nein", entgegnete der Doktor. "Gott bewahre! Möge sie leben und darüber lachen, solange sie lachen kann, und dann sagen mit jenem Franzosen: Die Komödie ist aus, laßt den Vorhang fallen."

"Der Franzose", sagte Mr. Snitchey und guckte auf den blauen Stoß, "hatte unrecht, Doktor Jeddler; und Ihre Philosophie hat auch völlig unrecht, darauf können Sie sich verlassen. Ich habe das Ihnen schon oft gesagt. Es gäbe keinen Ernst im Leben! Als was bezeichnen sie dann einen Prozeß?"

"Als Spaß", erwiderte der Doktor.

"Haben Sie einmal einen Prozeß gehabt?" fragte Mr. Snitchey, von dem blauen Stoß aufblickend.

"Nie", antwortete der Doktor.

"Wenn Sie einmal zu einem gelangen", sagte Mr. Snitchey, "so lernen Sie wohl anders darüber denken."

Craggs, der von Snitchey vorgestellt zu werden und sich seines besondern Daseins und Ich's nur wenig oder gar nicht bewußt zu sein schien, gab jetzt einen eigenen Gedanken zum besten. Dieser bezog sich auf die einzige Idee, die er nicht mit Snitchey zur gleichen Hälfte innehatte; dafür nahmen sie noch einige andere kluge und erfahrene Leute in Anspruch.

"Die Prozesse werden den Leuten viel zu leicht gemacht", sagte Craggs.

"Die Prozesse?" fragte der Doktor.

"Ja", sagte Mr. Craggs, "wie alles andere. Alles auf der Welt ist heutigentags nur dazu da, um zu leicht gemacht zu werden. Das ist die Schwachheit unserer Zeit. Wenn die Welt ein Spaß ist (ich bin nicht geneigt, dies in Abrede zu stellen), so sollte sie ein sehr schwieriger Spaß sein. Das Leben sollte ein möglichst anstrengender Kampf sein, Sir. Dazu ist es doch da. Aber jetzt wird es leicht gemacht. Wir schmieren die Türangeln des Lebens gut ein. Aber sie sollten rostig sein. Sie werden sich bald ganz alleine auftun lernen. Und doch sollten sie in der Angel knirschen, Sir."

Mr. Craggs schien selbst mit seinen Türangeln zu knirschen, als er seine Meinung darlegte, deren Eindruck er durch sein Äußeres bedeutend verstärkte, denn er war ein kalter, trockener, finsterer Mann, in Grau und Weiß gehüllt wie ein Feuerstein, und hatte kleine funkelnde Augen, als ob man Feuer aus ihnen schlüge. Alle drei Reiche der Natur hatten eigentlich ihren Vertreter unter diesen drei Männern: denn Snitchey glich einer Elster oder einem Raben (nur, daß er nicht so glatt und glänzend aussah), und der Doktor hatte ein streifiges Gesicht wie ein Zitronenapfel, und dazu hier und da ein Grübchen, als ob dort die Vögel gepickt haben könnten, und hinten hing ihm ein kleines Zöpfchen, das den Stiel bedeutete.

Da erschien die schmucke Gestalt eines hübschen Jünglings im Reiseanzug. Er war begleitet von einem Mann, der sein Gepäck trug, und näherte sich der Gartentür mit schnellem Schritt und einem Gesicht voll Fröhlichkeit und Hoffnung, wie es zu dem Morgen paßte. Da traten ihm die drei entgegen, wie die Brüder der drei Parzen, oder wie die höchst effektvoll verkleideten drei Grazien, oder wie die grauen Propheten in der Einöde, und begrüßten ihn.

"Also noch viele solche glücklichen Tage, Fred", sagte der Doktor obenhin.

"Möge dieser glückliche Tag hundertmal sich wiederholen, Mr. Heathfield", sagte Mr. Snitchey und verbeugte sich tief.

"Möge er sich vielmal wiederholen!" sagte als Echo Craggs im tiefen Baß.

"Welch Gruß!" rief Alfred aus und blieb stehen, "und eins – zwei – drei – lauter Propheten von nichts Gutem auf dem großen Lebensmeer. Ich bin froh, daß sie nicht die ersten sind, die ich heut morgen erblicke; ich hätte es für üble Vorbedeutung genommen. Aber Grace war die erste – meine liebe, teure Grace – so nehme ich euch alle in den Kauf."

"Wenn Sie erlauben, Herr, ich war die erste", sagte Clemency Newcome. "Sie wissen, Sie gingen hier draußen in der Morgendämmerung spazieren. Ich war drin im Hause."

"Das ist wahr! Clemency war die erste", sagte Alfred. "So setze ich Clemency als Gegengewicht gegen euch."

"Ha, ha, ha! – gegen mich und Craggs", sagte Snitchey. "Welches Gegengewicht!"

"Sie ist vielleicht nicht so schlecht, wie sie ausschaut", sagte Alfred und schüttelte dem Doktor herzlich die Hand, dann auch Snitchey und Craggs und blickte sich um. "Wo sind die – lieber Himmel!"

Mit einer schnellen Wendung, die auf einen Augenblick Jonathan Snitchey und Thomas Craggs in intimere Berührung miteinander brachte, als sie dies in ihrem Geschäftskontrakt vorgesehen hatten, eilte er dorthin, wo die beiden Schwestern standen, – ich brauche nicht erst zu erzählen, wie er zuerst Marion und dann Grace begrüßte, und möchte nur feststellen, wie Mr. Craggs vielleicht gefunden haben wird, daß er es sich zu leicht mache.

Vielleicht in der Absicht, die Aufmerksamkeit abzulenken, eilte Doktor Jeddler an den Frühstückstisch, und alle ließen sich zum Mahl nieder. Grace saß an der Spitze der Tafel, verstand es aber, sich so zu placieren, daß sie ihre Schwester und Alfred von der übrigen Gesellschaft trennte. Snitchey und Craggs saßen sich vis-à-vis, zwischen sich den blauen Stoß zur Sicherung. Der Doktor aber hatte seinen üblichen Platz Grace gegenüber. Clemency schwebte irrlichterierend um den Tisch als Kellnerin; und der melancholische Britain übte an einem kleinen Seitentisch das Amt des Tranchierens.

"Fleisch?" sagte Britain, indem er sich Mr. Snitchey, Tranchier und Gabel in der Hand, näherte und ihm die Frage wie einen Stein an den Kopf schleuderte.

"Ja", antwortete der Anwalt.

"Wünschen Sie welches?" sagte dann Britain zu Craggs.

"Mager und gebräunt", antwortete dieser.

Nachdem er die Wünsche dieser beiden erledigt und den Doktor leidlich bedient hatte (er schien zu wissen, daß die anderen nach Speise kein Verlangen trugen), blieb er den beiden Anwälten so nahe, wie es nur der Anstand erlaubte, und beobachtete sie mit starrem Blick. Nur einmal besänftigte sich sein unfreundliches Gesicht ein wenig, nämlich als Mister Craggs, dessen Zähne nicht die besten waren, sich verschluckt hatte und von einem heftigen Hustenanfall befallen wurde. Da rief er mit besonderer Lebhaftigkeit aus: "Ich dachte, er sollte ersticken!"

"Nun, Alfred", sagte der Doktor, "ein paar Worte über Geschäftssachen, solange wir noch beim Frühstück sind."

"Solange wir noch beim Frühstück sind", sagten Snitchey und Craggs, die noch gar nicht ans Aufhören denken mochten.

Obwohl Alfred nicht gefrühstückt hatte und offenbar nachgerade beschäftigt war, so gab er doch ehrerbietig zur Antwort: "Wie es Ihnen angenehm ist, Sir!"

"Wenn es etwas Ernsthaftes geben sollte", begann der Doktor, "in diesem –"

"In diesem Possenspiel", fuhr der Doktor fort, "so wäre es solch ein Zusammentreffen des Abschiedstages mit einem doppelten Geburtstage, an den sich für uns vier manche freundliche Erinnerung knüpft, und der uns immer unser langes und freundschaftliches Zusammensein ins Gedächtnis zurückrufen wird. Doch das gehört nicht hierher."

"O doch, Doktor Jeddler", sagte der Jüngling. "Sicher gehört es hierher, das sagt mir mein Herz heute morgen, und das Ihre würde es auch tun, wenn Sie nur darauf hören wollten. Ich verlasse heute Ihr Heim; ich höre heute auf, Ihr Mündel zu sein; wir scheiden als halbe Verwandte, die ein Band lösen, während andere Bande schon in der Zukunft locken", er blickte bei diesen Worten auf Marion, die an seiner Seite saß, hernieder, "Bande, so reich an Hoffnungen, wie es Worte nicht auszudrücken vermögen. Sie sehen", setzte er fröhlich hinzu, "Sie sehen, Doktor, es ist noch ein Körnchen Ernst in diesem großen närrischen Haufen Nichtigkeit. Heute wollen wir wenigstens eingestehen, daß noch ein Körnchen Ernst vorhanden ist."

"Heute!" rief der Doktor. "Hört nur, hört! ha, ha, ha! Gerade heute von allen Tagen im Lauf des närrischen Jahres. Was, heute, wo hier die große Schlacht geschlagen wurde? Auf diesem Platze, wo wir jetzt sitzen, wo ich meine Mädchen heute morgen tanzen sah, wo das Obst für unser Frühstück von diesen Bäumen gepflückt wurde, von Bäumen, die nicht in der Erde, sondern in Menschen wurzeln, traf so viele der Tod, daß in meiner Jugend noch – und auch für spätere Generationen wird das der Fall sein – ein guter Kirchhof voll Gebeine, und Staub von Gebeinen, und Splitter gespaltener Schädel hier ausgegraben wurden. Und doch wußten nicht hundert Menschen in dieser Schlacht, wofür und warum sie kämpften; nicht hundert derer, die über den Sieg frohlockten, warum sie es taten! Nicht fünfzig Menschen wurden glücklicher durch den Gewinn und den Verlust. Nicht sechs Menschen können sich bis heute über die Ursache und die Wirkungen einigen; kurz, niemand, außer denen, die um die Erschlagenen trauerten, hat jemals etwas Genaues davon gewußt. Ernst!" sagte der Doktor lachend. "Eine solche Welt!"

"Aber mir kommt dies alles ernst genug vor", sagte Alfred.

"Ernst genug", rief der Doktor. "Wenn Sie solche Dinge als ernst gelten lassen wollen, so müssen Sie wahnsinnig werden oder sterben oder auf einen hohen Berg steigen und Asket werden."

"Und dann ist es lange her", sagte Alfred.

"Lange her!" entgegnete der Doktor, "wissen Sie, was die Welt seit jener Zeit getrieben hat? Ich weiß es nicht!"

"Sie hatte ein bißchen prozessiert", bemerkte Mr. Snitchey und rührte seinen Tee um.

"Obgleich es den Leuten zu leicht gemacht worden ist", sagte sein Gefährte.

"Und mir gestatten Sie bitte, Ihnen zu sagen, Doktor", fuhr Mr. Snitchey fort, "wiewohl ich es Ihnen schon tausendmal auseinandergesetzt habe, daß ich in der Welt, indem sie prozessiert, und überhaupt in dem Systeme ihres Gerichtswesens etwas wirklich Ernsthaftes, etwas durchaus Reelles erkenne, etwas, was sein Ziel und seinen Zweck hat."

Clemency Newcome stieß jetzt an die Tafel, daß alle Teller und Tassen klapperten.

"Nun, was gibt es denn?" rief der Doktor.

"Es ist der dumme Aktenstoß", sagte Clemency, "der einem immer zwischen die Gliedmaßen gerät."

"Was sein Ziel und seinen Zweck hat, sagte ich", wiederholte Snitchey, "etwas, das unsere Achtung verlangt. Das Leben wäre ein Narrenspiel, Doktor Jeddler? Das Leben *mit* der Gerichtsbarkeit?"

Der Doktor lachte und sah Alfred an.

"Zugegeben, daß der Krieg eine Dummheit ist", sagte Snitchey, "darin stimmen wir überein. Zum Beispiel, hier sehen wir eine entzückende Gegend." Er deutete mit der Gabel ins Freie. "Ehedem aber war sie bedeckt mit Scharen von Soldaten – jeder einzelne des Landfriedensbruches schuldig – und sie war verwüstet durch Feuer und Schwert. Ha, ha, ha! Nur der Gedanke allein, daß sich ein Mensch aus freien Stücken dem Tod durch Feuer und Schwert ausliefert! Das ist dumm, ist vollkommen lächerlich; man muß die Schultern zucken über seine Mitmenschen, wenn man daran denkt! Aber nehmen wir diese freundliche Gegend, wie sie jetzt ist. Denken wir an die aus dem Grundeigentum entspringenden Rechtsverhältnisse; an die Vererbung und Schenkung des Grundeigentums; an Freipacht, Erbpacht, zeitweise Pacht; denken wir", sagte Mr. Snitchey mit solcher Hingerissenheit, daß er mit den Lippen schmatzte, "denken wir an die komplizierten Gesetze, die sich auf das Besitzrecht und den Beweis des Besitzrechtes erstrecken, nebst allen sich widersprechenden Präzedenzfällen und Gesetzesakten, die dazu gehören; an die unendliche Fülle von verwickelten und endlosen Kanzleigerichtsprozessen, zu denen diese schöne Serie den Anlaß gibt: – und geben Sie zu, Doktor Jeddler, daß dies eine Oase in der Welt ist! – Ich hoffe", sagte Mr. Snitchey mit einem Blick auf seinen Kompagnon, "daß ich im Namen der Firma rede, Mr. Craggs."

Da Mr. Craggs zustimmte, bemerkte Mr. Snitchey, dessen Appetit durch die Rede gesteigert worden war, "daß er noch eine Scheibe Fleisch und eine Tasse Tee zu sich nehmen wolle".

"Ich möchte nicht das Leben im allgemeinen verteidigen", fügte er hinzu und rieb sich, während er in sich hineinlachte, die Hände; "es ist voller Torheit, voll von noch Schlimmerem. Versicherungen der Treue, des Vertrauens und der Uneigennützigkeit, und Ähnliches. Ach, was! Wir wissen, was sie wert sind. Aber Sie dürfen nicht über das Leben lachen; Sie haben eine Partie zu spielen; eine sehr schwierige Partie! Alle Menschen spielen gegen Sie, und Sie spielen gegen alle Menschen. O, es ist eine recht interessante Geschichte. Es sind raffinierte Züge auf diesem Spielbrett. Sie dürfen nur lachen, Doktor Jeddler, wenn Sie gewinnen; aber auch dann nicht zu laut. Ha, ha, ha! und auch dann nicht zu laut!" wiederholte Snitchey, indem er den Kopf hin und her drehte und das eine Auge zukniff, als wollte er hinzufügen: "Sie können dafür das machen!"

"Nun, Alfred", fragte der Doktor, "was sagen Sie dazu?"

"Ich sage nur", erwiderte Alfred, "Sie können mir und vermutlich auch sich selbst keinen größeren Gefallen erweisen, als daß Sie manchmal versuchten, dieses Schlachtfeld zu vergessen. Nicht minder aber andere, die Teile dieses großen Schlachtfeldes des Lebens überhaupt sind; eines Schlachtfeldes, das die Sonne täglich bescheint."

"Nun, ich fürchte, das würde ihn nicht milder stimmen, Mr. Alfred", sagte Snitchey. "Die Kämpfer in dieser Lebensschlacht sind sehr grimmig und erbittert gegeneinander. Ganz empörend ist das Schlagen und Stechen, und das heimliche Niederstoßen von rückwärts; ferner das Zu-Boden-Treten und Erdrücken; kurz, es ist eigentlich eine böse Geschichte."

"Ich glaube, Mr. Snitchey", sagte Alfred, "daß in dieser Schlacht stille Siege und Kämpfe, große Selbstaufopferung und edle, heldenmütige Taten – selbst in scheinbaren Nichtigkeiten und Widersprüchen – sich ereignen. Sie sind gewiß nicht minder schwer zu vollbringen, weil sie in keiner irdischen Chronik verzeichnet werden, weil kein irdisches Publikum sie sieht; Taten, die jeden Tag in verborgenen Winkeln, in Hütten und in männlichen und weiblichen Herzen geschehen – von denen eine einzige den strengsten Kritiker mit dieser Welt versöhnen und ihn belehren könnte, auf sie zu vertrauen und zu bauen, selbst wenn eine Hälfte ihrer Bewohner im Krieg, und ein Viertel ins Prozessieren verwickelt wäre; und das ist doch noch übertrieben."

Beide Schwestern lauschten mit gespannter Aufmerksamkeit.

"Na schön!" sagte der Doktor, "ich bin zu alt, um noch bekehrt zu werden, selbst von meinem Freund Snitchey hier, oder von meiner guten Schwester, Martha Jeddler. Sie hat ja ihre Schicksalsprüfungen durchgemacht, wie sie es nennt, und seitdem ist sie mildtätig und voll Erbarmen gegen allerlei Leute geworden. Sie ist auch durchaus Ihrer Meinung (nur ist sie als Frau weniger vernünftig und hartnäckiger), daß wir uns nicht vertragen können und daher selten sehen. Ich bin geboren auf diesem Schlachtfeld. Von Kind auf wandten sich meine Gedanken auf die Geschichte dieses Schlachtfeldes. Sechzig Jahre sind an mir vorübergezogen, und ich habe immer erfahren, daß die ganze christliche Welt, mit wer weiß wie viel zärtlichen Müttern und leidlich braven Töchtern, wie den meinen, sich ganz toll auf dem Schlachtfeld gebärdet hat. Dieselben Widersprüche finden wir allenthalben. Man muß entweder lachen oder weinen über diese absurden Inkonsequenzen; und ich lache lieber darüber."

Britain, der jedem einzelnen Sprecher in tiefster Aufmerksamkeit zugehört hatte, schien sich plötzlich der gleichen Ansicht anschließen zu wollen, wofern ein ganz dumpfer, ein tiefster Grabeston, den er von sich gab, für ein Lachen gehalten werden durfte. Sein Gesicht blieb aber dabei so unbewegt, daß, obgleich ein paar der Frühstücksgäste erschreckt von dem unheimlichen Ton sich umwandten, doch niemand auf den Urheber Verdacht warf.

Ausgenommen die mitbedienende Clemency Newcome versetzte ihm mit einem ihrer Lieblingsgliedmaßen, dem Ellbogen, einen Stoß und fragte ihn mit vorwurfsvollem Lispeln, worüber er lachte.

"Nicht über Sie!" sagte Britain.

"Über wen denn?"

"Über die Menschheit", sagte Britain. "Das ist ein Spaß."

"Wahrhaftig, zwischen dem Herrn und diesen Anwälten wird er mit jedem Tag dümmer!" rief Clemency und gab ihm noch einen Stoß mit dem anderen Ellbogen. "Wissen Sie, wer Sie sind? Wollen Sie an die Luft befördert werden?"

"Ich weiß gar nichts", sagte Britain mit leerem Blick und unveränderter Miene. "Ich kümmere mich um nichts. Ich glaube an nichts. Ich strebe nach nichts."

Wenn auch vielleicht diese trübe Behauptung in einem Anfall von Melancholie etwas übertrieben war, so hatte doch Benjamin Britain – zuweilen Klein-Britannien genannt zum Unterschied von Großbritannien; wie man von Jung-England spricht, um Alt-England durch Gegensatz zu charakterisieren – seine wahre Geistesverfassung besser gekennzeichnet, als man hätte meinen sollen. Denn da der Arme Tag für Tag den zahllosen Vorträgen zuhörte, die der Doktor über verschiedene Leute ergehen ließ und die alle auf den Beweis hinausliefen, daß sogar seine Existenz im besten Falle ein Irrtum und eine Groteske sei, so war er schließlich in einen solchen Abgrund verwirrter und sich widersprechender Vorstellungen, die ihn von außen und von innen bedrängten, geraten, daß die brunnentiefe Wahrheit im Vergleich mit Britains geistig tiefer Verdunkelung sich noch hoch oben auf flacher Erde befand. Das einzige, was er wirklich einsah, war, daß das neue Element, das Snitchey und Craggs gewöhnlich in diese Diskussionen brachten, diese nur unverständlicher machte, und daß dies für den Doktor stets eine Art Vorteil und Bestätigung darzustellen schien. Darum betrachtete er die beiden Anwälte als Miturheber seines Gemütszustandes und verabscheute sie tief innerlich.

"Aber damit haben wir jetzt nichts zu tun, Alfred", sagte der Doktor. "Sie hören heute auf, mein Mündel zu sein, und verlassen uns, ausgerüstet mit dem, was Ihnen die lateinische Schule und Ihre Studien in London und ein alter einfacher Landdoktor, wie ich, lehren konnten, um in die Welt zu treten. Der erste Abschnitt Ihrer von Ihrem seligen Vater festgesetzten Probezeit ist nun vorüber. Sie gehen entsprechend seinem zweiten Wunsch als Ihr eigener Herr in die Welt hinaus, und lange, bevor Ihr dreijähriger Aufenthalt auf den ärztlichen Schulen des Auslands beendet ist, werden Sie uns vergessen haben. Beim Himmel, Sie werden uns binnen einem halben Jahr vergessen!"

"Wenn ich das tue – aber Sie wissen es ja besser: warum sollte ich mit Ihnen streiten?" sagte Alfred lachend.

"Ich weiß gar nichts Derartiges", erwiderte der Doktor. "Was meinst Du dazu, Marion?"

Marion, mit ihrer Tasse spielend, schien zu sagen – aber sie sagte es nicht – daß er sie nur immer vergessen möge, wenn er es könne. Grace schmiegte ihr schönes Gesicht an Marions Wangen und lächelte.

"Ich bin, wie ich hoffe, nicht ein sehr ungerechter Verwalter des mir anvertrauten Gutes gewesen", sprach der Doktor weiter: "aber jedenfalls muß ich heute meines Amtes offiziell enthoben und aus ihm entlassen werden; und hier sind unsere guten Freunde Snitchey und Craggs mit einem ganzen Stoß von Papieren, Rechnungen und Dokumenten über das Vermögen, das ich Ihnen zu übertragen habe (ich wollte, es wäre erheblicher, Alfred, aber Sie müssen ein tüchtiger Mann werden und es vergrößern), und anderem törichten Kram dieser Art. Der ist nur zu unterzeichnen, zu siegeln und zu übergeben."

"Und rechtskräftig zu bestätigen, wie es das Gesetz vorschreibt", sagte Snitchey. Er schob seinen Teller beiseite, holte die Papiere hervor, die sein Sozius auf dem Tische ausbreitete, und fuhr fort: "Da ich und Craggs gemeinschaftlich mit Ihnen, Doktor, Verwalter des Vermögens waren, so werden uns Ihre beiden Hausangestellten als Zeugen dienen – können Sie lesen, Mrs. Newcome?"

"Ich bin nicht verheiratet, mein Herr", sagte Clemency.

"Ach, Verzeihung. Ich konnte mir dies denken", sagte Snitchey lächelnd und betrachtete zugleich die wunderliche Erscheinung. "Sie können lesen?"

"Ein bißchen", erwiderte Clemency.

"Sie lesen wohl am liebsten, von früh bis abends, das Verheiratungsformular, nicht wahr?" bemerkte scherzend der Anwalt.

"Nein", sagte Clemency. "Zu schwer. Ich lese nur den Fingerhut."

"Den Fingerhut?" wiederholte Snitchey. "Was soll das bedeuten?"

Clemency nickte und sagte: "Und das Muskatsieb".

"Sie ist verrückt! Etwas für den Lord Oberkanzler!" sagte Snitchey und fixierte sie.

"Wenn sie Vermögen besitzt", bemerkte Craggs.

Jetzt mischte sich aber Grace dazwischen und erklärte ihnen, daß auf die beiden genannten Gegenstände ein Motto geschrieben sei, und daß sie auf diese Weise die Taschenbibliothek Clemencys bildeten, die sich mit Büchern nicht viel abgab.

"Ach, das bedeutet es, Miß Grace!" sagte Snitchey. "Ja, ja. Ha, ha, ha! ich dachte, das gute Mädchen wäre im Verstand nicht richtig. Sie sieht ganz danach aus", sagte er und schüttelte den Kopf. "Was aber steht auf dem Fingerhut, Mrs. Newcome?"

"Ich bin nicht verheiratet, Mister", bemerkte Clemency.

"Na, dann nur Newcome. Wird das passen?" sagte der Anwalt. "Was steht auf dem Fingerhut, Newcome?"

Wie Clemency, ehe sie diese Frage beantwortete, eine Tasche aufklappte und in ihrer gähnenden Tiefe nach dem Fingerhut suchte, der nicht darin war – und wie sie es mit der andern Tasche ebenso machte, und ihn tief unten wie eine Perle von großem Werte zu entdecken schien; wie sie dann alle dazwischenliegenden Hindernisse, als da waren ein Schnupftuch, ein Kerzenstummel, ein rotbäckiger Apfel, eine Orange, ein Glückspfennig, ein Schloß, eine Schere in Futteral, eine Handvoll Glasperlen, mehrere Garnknäuel, eine Nadelbüchse, eine vollständige Sammlung von Haarwickeln und ein Zwieback, beiseite räumte und jedes dieser Dinge einzeln Britain zu halten gab – das kümmert uns wenig. Auch nicht, wie sie bei ihrem Bemühen, die Tasche zu packen und festzuhalten (denn diese hatte merkwürdige Neigung zu schaukeln und in die nächste Ecke zu schlüpfen), eine Haltung annahm und diese festhielt, obwohl sie allem Anschein nach mit der menschlichen Anatomie und den Gesetzen der Schwerkraft im vollkommensten Widerspruch stand. Es genügt uns, daß sie zuletzt mit Triumph den Fingerhut auf den Finger steckte, und mit dem Muskatsieb klirrte, wobei zu beachten ist, daß die Literatur dieser beiden Geräte infolge der übermäßigen Abnutzung dem Verschwinden nahe war.

"Das ist also der Fingerhut?" sagte Mr. Snitchey, um sich auf ihre Kosten zu amüsieren. "Und was sagt der Fingerhut?"

"Er sagt", antwortete Clemency und buchstabierte langsam die Inschrift heraus: "Ver – giß – und – ver – gib."

Snitchey und Craggs lachten vergnügt. "Das ist nett!" sagte Snitchey. "Nicht übel!" sagte Craggs. "Soviel Menschenkenntnis verratend", sagte Snitchey. "So praktisch fürs tägliche Leben", sagte Craggs.

"Und das Muskatsieb?" forschte Snitchey weiter.

"Das Muskatsieb sagt", entgegnete Clemency: "Was – du – willst – daß – dir – die – Leute – tun – das – tue – du – ihnen – auch."

"Tue den Leuten etwas, damit sie dir nichts tun, wollen Sie wohl sagen?" sagte Mr. Snitchey.

"Das verstehe ich nicht", antwortete Clemency und schüttelte den Kopf. "Ich bin kein Anwalt."

"Ich fürchte, wenn sie es wären, Doktor", sagte Mr. Snitchey, indem er sich schnell zu diesem kehrte, als wollte er im voraus den Eindruck verwischen, den diese Antwort vielleicht hervorrufen könnte, "würden sie finden, daß dies die Moral ihrer meisten Klienten wäre. Darin sind sie sehr ernsthaft – so komisch sonst die Welt ist – und schieben dann die Schuld uns zu. Wir Juristen sind im

Grund nur eine Art Spiegel, Mr. Alfred; aber meistens wenden sich hitzige, zornige und zänkische Leute, die nicht zum besten aussehen, an uns um Rat. Es ist daher eigentlich unrecht, auf uns zu schimpfen, wenn wir den Leuten unfreundliche Gesichter zeigen. Ich glaube", sagte Mr. Snitchey, "ich spreche zugleich die Meinung unseres Mr. Craggs aus."

"Ganz und gar", sagte Craggs.

"Und so wollen wir denn, wenn Mr. Britain uns etwas Tinte gestatten will", sagte Mr. Snitchey und nahm die Papiere wieder zur Hand, "sobald wie möglich unterzeichnen, besiegeln und übergeben; sonst kommt die Landkutsche, noch ehe wir wissen, wie weit wir sind."

Wenn man nach dem Äußern urteilen wollte, so war es sehr wahrscheinlich, daß die Kutsche vorbeifuhr, noch bevor Mr. Britain wußte, wo er war; denn er stand ganz in Gedanken verloren da und wog die Argumente des Doktors gegen die der Anwälte, und der Anwälte gegen den Doktor, und der Klienten gegen beide bei sich gegeneinander ab; er machte schwache Versuche, den Fingerhut, und das Muskatsieb (ein ihm ganz neuer Begriff) mit irgendeiner ihm geläufigen Philosophie in Einklang zu bringen. Kurzum, er zerbrach sich, wie nur je seine große Namensvetterin, den Kopf mit Theorien und Systemen. Aber Clemency – die sein guter Geist war – obgleich er, weil sie sich nur selten um abstrakte Gedankengänge kümmerte und immer bei der Hand war, um das Rechte zur rechten Zeit zu tun, nur eine zu geringe Meinung von ihrer Vernunft hatte – war währenddem mit der Tinte erschienen und half ihm ferner noch dadurch, daß sie ihn durch einen Stoß mit dem Ellbogen aus seiner Zerstreutheit wieder zu sich brachte und ihn ganz munter machte.

Ich unterlasse es zu erzählen, wie ihn die bei Leuten seines Standes, die mit der Feder nicht umzugehen verstehen, häufige Besorgnis peinigte, daß er ein nicht von ihm selbst geschriebenes Schriftstück nicht mit einem Namen unterzeichnen könnte, ohne sich einer noch unbekannten Gefahr auszuliefern oder sich unbewußt zur Zahlung ungeheurer Summen zu verpflichten; oder wie er sich den Dokumenten nur mit Zagen und gezwungen vom Doktor näherte, und sie durchaus erst durchsehen wollte, ehe er unterschrieb (die Schreibschnörkel und gar erst die juristischen Ausdrücke waren für ihn so gut wie chinesisch), und das Blatt umwenden, um zu sehen, ob auf der anderen Seite nicht Gefährliches stünde: und wie er, nachdem er seinen Namen unterzeichnet hatte, ganz unglücklich wurde wie einer, der sein Vermögen und seine Rechte preisgegeben. Ich kann auch nicht ausführlich schildern, wie der blaue Beutel, der seine Unterschrift aufbewahrte, später eine geheimnisvolle Anziehungskraft auf ihn ausübte, so daß er nicht von ihm weichen mochte; ferner wie Clemency Newcome, ganz aus dem Häuschen vor Vergnügen bei dem Gedanken, sie sei eine Person von Wichtigkeit, sich mit ihren beiden Ellbogen über die ganze Tafel legte und den Kopf auf dem linken Arm ruhen ließ, ehe sie anfing, ihre rätselhaften Zeichen zu machen, zu denen sie sehr viel Tinte benötigte, und die sie gleichzeitig mit ihrer Zunge in der Luft nachmalte. Ferner wie sie, nachdem sie einmal Tinte geschmeckt, durstig danach wurde, wie der Tiger, wenn er Blut geleckt, und alles mögliche unterzeichnen und ihren Namen in alle Ecken schreiben wollte. Schließlich aber wurde dabei der Doktor seines Amtes und seiner Verantwortlichkeit enthoben, und Alfred nahm diese selbst auf sich und trat seine Studienreise an.

"Britain!" sagte der Doktor, "eile zur Gartentür und sieh, ob die Kutsche kommt. Die Zeit entflieht, Alfred."

"Ja, Herr, ja", entgegnete der Jüngling hastig. "Liebe Grace! einen Augenblick! Marion – so jung und schön, so liebenswert und so bewundert, meinem Herzen so lieb wie nichts auf der Welt – vergiß es nicht! Ich empfehle Marion in deine Hände."

"Sie war mir immer ein teures Vermächtnis, Alfred. Jetzt ist sie mir doppelt teuer. Ich werde mich deines Vertrauens würdig erweisen", sagte Grace.

"Ich glaube es, Grace", versetzte Alfred. "Ich weiß es. Wer könnte in dein Auge schauen, deine innige Stimme hören, und es nicht wissen? Ach, liebe Grace! hätte ich dein sicheres Gefühl, dein ruhiges Gemüt, wie unbekümmert würde ich heute diese Stätte verlassen."

"Glaubst du?" antwortete sie mit ruhigem Lächeln.

"Und doch, Grace – Schwester möchte ich beinahe sagen –"

"Sag es!" unterbrach sie ihn lebhaft. "Ich höre es gern, nenne mich niemals anders."

"Schwester also", sagte Alfred, "und doch ist es besser für Marion und für mich, wenn uns dein beständiges und getreues Gemüt hier hilft und uns glücklicher und besser macht. Selbst wenn ich es vermöchte, würde ich sie nicht meinetwegen mitnehmen."

"Die Kutsche hat die Höhe erreicht!" rief Britain.

"Die Zeit vergeht, Alfred", mahnte der Doktor.

Marion hatte beiseite gestanden, die Augen zu Boden gesenkt; aber jetzt führte Alfred sie liebevoll zur Schwester hin und legte sie an deren Brust.

"Ich habe Grace gesagt, liebe Marion", sprach er, "daß ich dich ihrer Obhut anvertraue, dich ihr beim Scheiden als mein teuerstes Kleinod übergebe. Und wenn ich wiederkomme und dich zurückfordere, Geliebteste, und die schöne Zukunft unseres Ehelebens sich vor uns breitet, da soll es eine unserer schönsten Freuden sein, darüber nachzudenken, wie wir Grace glücklich machen, ihren Wünschen zuvorkommen, ihr unsere Liebe und Dankbarkeit beweisen und ihr etwas von der Schuld zurückzahlen können, die wir ihr gegenüber haben."

Die jüngere Schwester hatte eine Hand in die seine gelegt; mit der andern hielt sie ihre Schwester umschlungen. Sie sah in die sicheren heiteren Augen ihrer Schwester mit einem Blick, in dem sich Liebe, Bewunderung, Trauer und fast Verehrung vermischten. Sie blickte empor zum Gesicht der Schwester, als wäre es das Antlitz eines himmlischen Engels. Und mit heiterer, seliger Ruhe schaute dieses Antlitz auf sie und ihren Geliebten herab.

"Und sobald die Zeit kommt, wenn sie einmal kommen muß", sagte Alfred; "es wundert mich, daß sie noch nicht gekommen ist: aber Grace weiß dies am besten, und Grace hat immer recht – wo sie das Herz eines Freundes nötig hat, dem sie sich vertrauen kann, wie wir ihr vertrauten: wie treu wollen wir dann zu ihr sein, Marion, und wie wollen wir uns freuen, daß unsere gute Schwester liebt und geliebt wird, wie sie es immer wert ist!"

Immer noch sah ihr die jüngere Schwester in die Augen und wandte sich nicht ab – nicht einmal nach ihm hin. Und immer noch verweilten diese treuen Augen mit friedvoller Ruhe auf ihr und ihrem Geliebten.

"Und wenn das alles vergangen ist und wir alt sind und in enger Gemeinschaft leben und oft von vergangenen Zeiten reden", sagte Alfred, "dann soll diese vor allem anderen unsere Lieblingszeit sein – vornehmlich dieser Tag! und dann werden wir uns erzählen, was wir beim Abschied dachten und fühlten und hofften und fürchteten; und wie wir uns nicht Lebewohl zu sagen vermochten."

"Die Kutsche fährt durch das Wäldchen", rief Britain.

"Ja! Ich bin bereit – und wie wir trotz allem uns so glücklich wiedersahen: diesen Tag wollen wir zum glücklichsten im ganzen Jahre machen und als einen dreifachen Geburtstag feiern. Nicht wahr, Liebe?"

"Ja!" sagte die ältere Schwester feurig mit strahlendem Lächeln. "Ja! Alfred, aber verweile nicht länger. Es bleibt keine Zeit mehr übrig. Verabschiede dich von Marion, und möge Gott dich beschützen!"

Er zog die jüngere Schwester an seine Brust. Als er sie wieder losließ, lehnte sie sich erneut an Grace und sah wieder mit dem gleichen empfindungsreichen Blick in das ruhige Auge.

"Leben Sie wohl, Alfred!" sagte der Doktor. "Von ernsthaftem Briefwechsel oder tiefer Zuneigung und Verpflichtung und so weiter in diesem – ha, ha, ha! – Ihr wißt, was ich sagen will – zu reden, das wäre natürlich ein Unfug. Ich vermag nur festzustellen, daß, wenn Sie und Marion desselben vernarrten Sinnes bleiben, ich gegen Sie als Schwiegersohn, wenn die Zeit reif sein wird, nichts zu bemerken hätte."

"Auf der Brücke!" schrie Britain.

"Möge sie kommen!" sagte Alfred und schüttelte dem Doktor herzlich die Hand. "Gedenken Sie bisweilen meiner, mein alter Freund und Vormund, so ernst, wie es Ihnen möglich ist! Leben Sie wohl, Mr. Snitchey! Leben Sie wohl, Mr. Craggs!"

"Sie fährt die Straße herunter!" rief Britain.

"Einen Kuß für Clemency Newcome, in alter Freundschaft, – hier die Hand, Britain – Marion, liebstes Herz, lebe wohl! Schwester Grace, vergiß nicht!"

Die mütterliche Gestalt mit dem in seiner heiteren Ruhe so schönen Antlitz wandte sich ihm zu; aber Marions Auge vermochte nicht mehr, sich von der Schwester abzuwenden.

Die Kutsche war vor der Tür. Das Gepäck wurde hinaufgehoben. Die Kutsche fuhr weiter. Marion rührte sich nicht.

"Er winkt dir mit dem Hut nach, Liebe", sagte Grace. "Dein Bräutigam, teures Herz. Sieh!"

Die jüngere Schwester sah auf und wendete für einen Augenblick das Haupt. Als sie aber nun zum erstenmal dem vollen Blick dieser ruhigen Augen begegnete, warf sie sich der älteren Schwester weinend um den Hals.

"O Grace, Gott segne dich! Aber ich kann das nicht sehen, Grace! Es zerbricht mir das Herz."

## Zweiter Teil.

Snitchey und Craggs hatten ein nettes kleines Bureau auf dem alten Schlachtfeld, wo sie ein nettes, kleines Geschäft betrieben und viele kleine Schlachten für viele streitende Parteien lieferten. Obgleich man eigentlich nicht behaupten konnte, daß diese Kämpfe leichte und muntere Schützengefechte waren – denn sie verliefen gewöhnlich recht langsam und mühselig – so konnte man doch die Beteiligung der Firma daran insofern unter dieser Kampfesart charakterisieren, als sie bald einen Schuß auf diesen Kläger, bald eine Kugel auf jenen Verteidiger abfeuerten, bald mit aller Macht über ein unter Sequester stehendes Grundstück herfielen, bald aber wieder ein Scharmützel mit einem beliebigen Korps kleiner Schuldner hatten, je nachdem wie sich dazu die Gelegenheit bot und der Feind sich ihnen stellte. Für sie war ebenso wie für berühmtere Leute die Zeitung ein wichtiges und höchst interessantes Blatt; und von den meisten Unternehmungen, in denen sie ihr Feldherrntalent gezeigt, erklärten die Kämpfenden später, daß sie wegen des vielen Rauchs, von dem sie umwölkt gewesen, sich nur sehr schwer hätten erkennen und kaum hätten erfahren können, was sie eigentlich machten.

Das Bureau der Herren Snitchey und Craggs lag sehr bequem am Markte hinter einer offenen Tür und zwei poliertenabwärtsgesenkten Stufen, so daß jeder erboste Pächter, den es nach einem Prozeß gelüstete, mit der größten Leichtigkeit hineinstolpern konnte. Ihre Besprechungen hielten sie in einem Hinterzimmer, eine Treppe hoch, ab; einem Raum mit einer niedrigen dunklen Decke, als ob dieser Raum die Brauen in düsterm Grübeln über verwickelte Rechtsprobleme zusammenzöge. Seine Einrichtung bestand aus einigen Lederstühlen mit hohen Lehnen, besteckt mit großen runden Messingnägeln, von denen einzelne ausgefallen waren, vielleicht auch von dem bewußtlosen Finger wirr gewordener Klienten herausgezogen worden waren. Außerdem gewahrte man einen Kupferstich von einem berühmten Richter, der mit jeder Locke seiner großen Perücke einem Menschen die Haare vor Erstaunen sträuben konnte. Papiere füllten in Ballen die staubigen Schränke, Regale und Tische. Die untere Täfelung aber war verdeckt von Reihen feuersicherer Kisten, mit Vorlegeschlössern und groß darauf geschriebenen Namen. Harrende Klienten sahen sich wie durch einen unbarmherzigen Zauber veranlaßt, diese Namen vorwärts und rückwärts zu buchstabieren, während sie scheinbar Snitchey und Craggs zuhörten, ohne ein Wort von dem, was diese redeten, zu verstehen.

Snitchey und Craggs waren beide verehelicht. Snitchey und Craggs waren die dicksten Freunde von der Welt und schenkten einander wirkliches Vertrauen. Aber wie es häufig im Leben vorkommt, musterte Mrs. Snitchey aus Prinzip Mr. Craggs mit argwöhnischen Blicken, und dasselbe tat in bezug auf Mr. Snitchey Mrs. Craggs. "Mit deinem Snitchey", pflegte die letztere Dame zuweilen zu Mr. Craggs zu sagen, "ich weiß gar nicht, was du mit deinem Snitchey willst. Du vertraust viel zu sehr auf deinen Snitchey, sage ich, und ich hoffe nur, daß du nie von ihm getäuscht wirst." Dagegen äußerte sich Mrs. Snitchey zu ihrem Mann über Craggs, daß, wenn er sich jemals von einem Menschen auf Irrwege verleiten ließe, es durch diesen Mann geschehen würde; und daß, wenn ein Mensch einen falschen Blick habe, es Craggs sei. Trotzdem waren sie aber doch im ganzen recht gute Freunde; und zwischen Mrs. Snitchey und Mrs. Craggs bestand ein enges Schutz- und Trutzbündnis gegen das Bureau, das in ihren Augen eine Mörderhöhle und ein gemeinschaftlicher Feind voll gefährlicher und geheimnisvoller Einrichtungen war.

Und doch erzeugten in dieser Klause Snitchey und Craggs ihren Honig. Hier standen sie zuweilen an schönen Abenden bei dem Fenster ihres Empfangszimmers, das auf das alte Schlachtfeld hinausging, und wunderten sich (aber das war meistens der Fall, wo die Assisen "fest" waren, und wo rastlos gutgehende Geschäfte sie sentimental stimmten) über die Torheit der Menschenkinder, die nicht immer in Frieden miteinander leben und ihre Zwistigkeiten in Seelenruhe vor Gericht ausfechten konnten. Hier strichen Tage, Wochen, Monate und Jahre an ihnen vorbei, und ihr Gerichtskalender, die allgemach sich verringernde Zahl der messingenen Nägel in den Lederstühlen und die wachsende Last von Papieren auf dem Tisch zeugten genugsam davon. Hier hatten fast drei seit jenem Lunch im Obstgarten vergangene Jahre die einen vermindert und die anderen vermehrt, als sie eines Abends bei einer Besprechung zusammensaßen.

Sie waren nicht allein, sondern zusammen mit einem Mann von ungefähr dreißig Jahren, der ein wenig nachlässig in seiner Haltung, etwas schmal im Gesicht, aber sonst wohlgebaut, wohlgekleidet und von schmuckem Aussehen war. Er saß in dem Staatslehnstuhl, die eine Hand oben in der Falte des Rocks, die andere in dem ungeordneten Haar, in trübes Nachdenken versunken. Snitchey und Craggs saßen daneben. Eine der feuersicheren Kisten stand geöffnet auf diesem; ein Teil des Inhalts lag auf dem Tisch ausgebreitet, während der Rest durch die Hand Mrs. Snitcheys ging, der ein Dokument nach dem andern gegen das Licht hielt, jedes Papier einzeln prüfte, dabei den Kopf schüttelte und es Mr. Craggs hinreichte, der es ebenfalls prüfte und den Kopf schüttelte. Zuweilen hielten sie damit inne, schüttelten beide den Kopf und sahen ihren in Gedanken versunkenen Klienten an. Da auf der Kiste geschrieben stand: Michael Warden Esquire, dürfen wir aus allem folgern, daß Name und Kiste jenem gehörten und daß die Angelegenheiten Michael Wardens, Esquire, nicht günstig standen.

"Das ist alles", sagte Mr. Snitchey, und legte das letzte Papier nieder. "Ich sehe keinen Weg weiter. Keinen Weg weiter."

"Alles verloren, durchgebracht, verpfändet, verliehen und verkauft?" sagte der Klient und blickte auf.

"Alles", antwortete Mr. Snitchey.

"Weiter ist nichts zu machen, sagen Sie?"

"Gar nichts", war die Antwort des Advokaten.

Der Klient biß sich in die Nägel und versank wieder in sein altes Grübeln.

"Und sogar meine persönliche Sicherheit ist gefährdet, glauben Sie?" fing er nach einer Pause wieder an.

"In jedem Bezirk der vereinigten Königreiche Großbritannien und Irland", erwiderte Mr. Snitchey.

"Also nichts als ein verlorener Sohn, der zu keinem Vater mehr zurückkehren kann, keine Schweine zu hüten hat und keine Treber mit diesen teilen kann?" fuhr der Klient fort, indem er ein Bein über das andere schaukelnd schlug und zu Boden blickte.

Mr. Snitchey hustete, gleichsam als wollte er die Zumutung zurückweisen, an irgendeiner allegorischen Deutung eines Rechtsverhältnisses sich zu beteiligen. Mr. Craggs hustete gleichfalls, als wolle er zu verstehen geben, daß dieses in der Tat die Auffassung des Hauses sei.

"Zugrunde gerichtet mit dreißig Jahren", sagte der Klient. "Hach!"

"Nicht zugrunde gerichtet, Mr. Warden", entgegnete Snitchey. "So arg ist es noch nicht. Sie haben zwar alles dazu getan, muß ich sagen, aber Sie sind nicht zugrunde gerichtet. Etwas Einschränkung –"

"Zum Kuckuck mit der Einschränkung", rief der Klient.

"Mr. Craggs, wollen Sie mir eine Prise gestatten? Ich danke Ihnen."

Als der gemächliche Rechtsanwalt die Prise ersichtlich mit großer Vorfreude und ganz in diesen Genuß vertieft in die Nase steckte, verzog sich das Gesicht des Klienten schließlich zu einem Lächeln, und er sagte: "Sie reden von Einschränkung. Wie lange?"

"Wie lange?" wiederholte Snitchey und schnippte sich den Tabak von den Fingern, während er angestrengt nachzudenken schien. "Bei treuen Händen – sagen wir in Snitcheys und Craggs Namen – sechs oder sieben Jahre."

"Sechs oder sieben Jahre hungern!" sagte der Klient mit verdrießlichem Lachen und rückte ungeduldig auf dem Stuhle hin und her.

"Sechs oder sieben Jahre zu hungern, Mr. Warden, wäre freilich etwas Außerordentliches", sagte Snitchey. "Sie könnten mit der Zeit allein dadurch, daß Sie sich ausstellen ließen, ein neues Grundstück verdienen. Aber wir glauben nicht, daß Sie dies vermöchten, und raten es Ihnen daher auch nicht."

"Was raten Sie mir dann also?"

"Einschränkung", wiederholte Snitchey. "Ein paar Jahre Einschränkung unter unserer Geschäftsaufsicht würde Sie wieder auf die Beine bringen. Aber dann müßten Sie ins Ausland gehen. Was das Darben angeht, so könnten wir Ihnen selbst jetzt schon ein paar hundert Pfund abgeben, Mr. Warden."

"Ein paar hundert Pfund?" sagte der Klient. "Und ich habe Tausende benötigt!"

"Daran", entgegnete Mr. Snitchey und legte die Papiere sorgfältig in den eisernen Kasten, "daran ist gar kein Zweifel. Gar kein Zweifel", wiederholte er langsam, indessen er seine Tätigkeit nachdenklich fortsetzte.

Der Anwalt kannte sicherlich seinen Mann; jedenfalls hatte seine trockene und humorvolle Manier einen günstigen Eindruck auf die Niedergeschlagenheit des Klienten hervorgerufen und veranlaßte ihn, offen und mitteilsamer zu sein. Oder vielleicht wußte der Klient Bescheid über seinen Mann und hatte die ermutigenden Angebote nur herausgelockt, um einen Schachzug, den er enthüllen wollte, besser verteidigen zu können. Er erhob jetzt langsam den Kopf und schaute seine erhabenen Ratgeber mit einem Lächeln an, aus dem bald ein Lachen wurde.

"Im Grunde, mein verehrter Freund –"

Mr. Snitchey wies auf seinen Kompagnon: "Snitchey und – entschuldigen Sie – Craggs."

"Ich bitte Mr. Craggs um Verzeihung", sagte der Klient. "Im Grunde aber, meine verehrten Freunde", er beugte sich dabei vor und ließ die Stimme fallen, "wissen Sie noch gar nicht, wie schlimm es mit mir steht."

Mr. Snitchey blickte ihn ganz erstaunt und erschreckt an. Mr. Craggs musterte ihn mit denselben Blicken.

"Ich bin nicht nur schrecklich verschuldet", sagte der Klient, "sondern auch schrecklich –"

"Doch nicht verliebt?" schrie Snitchey.

"Ja!" sagte der Klient, indem er auf den Stuhl zurücksank und die beiden Anwälte ansah. Die Hände hatte er dabei in die Taschen gesteckt. "Schrecklich verliebt."

"Und nicht in eine Erbin?" fragte Snitchey.

"Nicht in eine Erbin."

"Auch nicht in eine reiche Dame?" forschte der Anwalt weiter.

"Nicht reich, soweit ich weiß – außer an Schönheit und Vorzügen des Charakters."

"Hoffentlich eine unverheiratete Dame?" sagte Mr. Snitchey mit großem Nachdruck.

"Selbstverständlich!"

"Nicht in eine von Doktor Jeddlers Töchtern?" sagte Snitchey, und stützte die Ellbogen auf die Knie, wobei er sein Gesicht mindestens einen halben Meter vorschob.

"Doch!" entgegnete der Klient.

"Nicht in seine jüngere Tochter?" fragte Snitchey.

"Doch!" war die Antwort Mr. Wardens.

"Mr. Craggs", sagte Snitchey erleichtert, "wollen Sie mir eine Prise gestatten? Danke bestens! Es freut mich, Ihnen sagen zu können, Mr. Warden, daß das nichts schadet; sie ist schon verlobt, Sir, sie ist Braut. Mein Kompagnon kann das bezeugen. Wir sind über die Angelegenheit informiert."

"Wir sind über die Angelegenheit informiert", wiederholte Craggs.

"Was macht das? Sie wollen Männer von Lebenserfahrung sein und hätten nie gehört, daß ein Weib ihren Sinn geändert hätte?"

"Es sind allerdings Klagen wegen Brechens von Eheversprechen vorgekommen", sagte Mr. Snitchey, "sowohl gegen Jungfrauen, wie gegen Witwen, indessen in den meisten Affären – –"

"Affären – –!" unterbrach ihn der Klient ungeduldig. "Reden Sie mir nichts von Affären. Das Leben ist ein viel stärkeres und inhaltreicheres Buch als Ihre juristischen Bände. Und im übrigen: glauben Sie vielleicht, ich hätte umsonst sechs Wochen lang in dem Haus des Doktors mich aufgehalten?"

"Ich glaube, Sir", bemerkte Mr. Snitchey und wandte sich ernst an seinen Sozius, "ich bin der Ansicht, daß von allen Streichen, die Mr. Warden von seinen Rennpferden gespielt worden sind – und sie waren ziemlich zahlreich und ziemlich kostspielig, wie er und wir beide am besten wissen – der schlimmste der war, daß ihn eins von ihnen mit drei gebrochenen Rippen, einem ausgerenkten Schulterblatt und der Himmel weiß, mit wie viel Beulen an der Gartenmauer des Doktors zurückgelassen hat. Damals, als wir ihn unter des Doktors Obhut und Dach gesunden sahen, ahnten wir soSchlimmes nicht. Aber es steht sehr böse, Sir, böse! Es steht sehr böse. Und Doktor Jeddler – unser Klient, Mr. Craggs."

"Und Mr. Alfred Heathfield – ist auch so etwas wie ein Klient, Mr. Snitchey", meinte Mr. Craggs.

"Und Mr. Michael Warden auch so etwas wie ein Klient", fiel der Besuch ruhig in die Rede, "und kein schlechter, weil er zehn oder zwölf Jahre lang leichten Sinnes verbracht hat. Aber Michael Warden hat sich jetzt ausgetobt; dort in dem Kasten liegen die Ergebnisse und Instrumente, um reuig fortan sein klügeres Leben zu beginnen. Und um das zu beweisen, hat Mr. Warden die Absicht, Marion, des Doktors liebenswürdige Tochter, zu heiraten und mit sich fortzuführen."

"Wirklich, Mr. Craggs?" hub Snitchey an.

"Wirklich, Mr. Snitchey und Mr. Craggs", unterbrach sie der Klient. "Sie wissen Ihre Pflichten gegen Ihren Klienten, und wissen ferner genau, daß Sie nicht verpflichtet sind, sich in eine Sache zu mischen, die bloß eine Liebesgeschichte ist und die ich Ihnen anvertrauen muß. Ich möchte die junge Dame nicht ohne ihre Zustimmung davonführen. Dabei ist nichts Ungesetzliches. Ich war niemals Mr. Heathfields Busenfreund. Ich mache mich durchaus nicht eines Vertrauensbruchs gegen ihn schuldig. Ich liebe, wie er liebt, und gedenke zu gewinnen, was er gewinnen wollte, wenn es mir möglich ist."

"Es ist ihm nicht möglich, Mr. Craggs", sagte Snitchey, offenbar sehr beunruhigt. "Es kann ihm nicht möglich werden, Sir. Sie hängt sehr an Mr. Alfred."

"Mr. Craggs, sie hängt sehr an ihm", beteuerte Snitchey.

"Ich habe nicht vergebens sechs Wochen lang in des Doktors Haus gelebt; und ich hatte bald daran meine Zweifel", meinte Mr. Warden. "Sie würde ihn lieben, wenn es nach dem Wunsch ihrer Schwester geschähe, aber ich habe sie beobachtet. Marion mied es, ihn zu nennen und zu erwähnen; sie litt bei der leisesten Anspielung auf ihn offensichtlich."

"Wieso sollte sie dies, Mr. Craggs? Warum sollte sie dies, Sir?" forschte Snitchey.

"Wieso, weiß ich nicht, wiewohl es viele Gründe der Erklärung dafür gibt", sagte der Klient lächelnd ob der Betretenheit und Verwirrung, die in Snitcheys Gesicht zu lesen war, und ob der vorsichtigen Manier, auf die er selbst die Unterhaltung lenkte, um von der Angelegenheit mehr zu erfahren, "aber ich weiß, daß es sich so verhält. Sie war sehr jung, als sie sich verlobten – wenn man das überhaupt so bezeichnen darf – und hat es vielleicht bereut. Vielleicht – es klingt anmaßend, aber ich meine es wirklich nicht so – hat sie sich in mich verliebt, wie ich mich in sie verliebt habe."

"He, he! Mr. Alfred, ihr alter Spielkamerad", sagte Snitchey verlegen lächelnd, "kannte sie ja schon von früher Kindheit an!"

"Um so wahrscheinlicher ist es, daß sie es satt hat, an ihn zu denken", fuhr der Klient selbstsicher fort, "und daß sie nicht abgeneigt ist, ihn gegen einen neuen Liebhaber einzutauschen, der ihr unter romantischen Voraussetzungen entgegentritt – oder hoch zu Roß sich produziert; der in dem für ein Mädchen vom Lande recht lockenden Ruf steht, leichten Sinnes und flott gelebt zu haben nach dem Motto: Leben und leben lassen! und der es seinem Äußern nach – das mag sich wieder anmaßend anhören, indessen bei meiner Ehre, ich meine es nicht so – wohl auch noch mit Mr. Alfred aufnehmen könnte."

Dies letztere ließ sich gewiß nicht bestreiten, und Mr. Snitchey, als er seinen Klienten anblickte, dachte das gleiche. Gerade sein nonchalantes Wesen lieh ihm eine gewisse natürliche Anmut und machte ihn interessant. Es schien zu sagen, daß sein nettes Gesicht und seine wohlgebaute Gestalt viel besser sein könnten, wenn er nur wollte; und daß er, wenn er sich einmal zusammenraffte und Ernst macht, voll feuriger Tatkraft sein könnte. Das ist ein gefährlicher Spitzbube, sagte sich der menschenkundige Anwalt, er scheint das beseelende Feuer, das ihm mangelt, aus eines Mädchens Augen zu gewinnen.

"Darum hören Sie, Snitchey", fuhr er fort, indem er aufstand und ihn bei einem Rockknopf ergriff, "und Sie, Craggs", er packte ihn gleichfalls an einem Knopf, und stellte den einen rechts, den andern links neben sich, so daß sie ihm nicht entgehen konnten, "ich frage Sie nicht um Rat, Sie verfahren sehr richtig, wenn Sie sich von dieser Sache unbedingt ganz fernhalten; denn es gehört sich hierbei nicht, daß sich gereifte Männer, wie Sie es sind, einmischen. Ich will nur kurz meine Situation und meine Absichten dartun und es dann Ihnen überlassen, für mich in betreff meiner Finanzen so geschickt wie möglich zu operieren; denn Sie sehen ein, wenn ich jetzt mit des Doktors schöner Tochter entfliehe (und ich denke das zu erreichen und durch ihre Liebe ein anderer Mensch zu werden), so wird das für den Augenblick mehr Kosten verursachen, als wenn ich allein entfliehe. Aber ich werde dies durch ein anderes Leben bald wieder einholen."

"Meiner Meinung nach ist es besser, wir hören das nicht an, Mr. Craggs?" sagte Snitchey und blickte auf seinen Sozius.

"Ich meine das auch", sagte Craggs. Indessen hörten beide aufmerksam zu.

"Sie brauchen es nicht anzuhören", entgegnete ihr Klient. "Ich will es aber doch mitteilen. Ich habe nicht die Absicht, den Doktor um seine Erlaubnis zu fragen, denn er würde sie mir doch nicht erteilen. Aber ich will dem Doktor nichts Böses zufügen. Ich will ja nur sein Kind (zudem sagt er überdies, daß solche Bagatellen keine ernsten Sachen sind), meine Marion, von etwas befreien, was sie – wie ich weiß – mit Furcht und Schmerz nahen sieht; ich meine die Rückkehr ihres Freundes. Wenn etwas in der Welt wahr ist, so ist es eben die Tatsache, daß sie sich vor seiner Rückkehr fürchtet. Allerdings lebe ich jetzt wie ein gejagter Hund, wage mich bloß im Dunkeln heraus, und darf mein Haus und meinen eigenen Besitz nicht betreten; aber dieses Haus und dieser Besitz wird eines Tages wieder mein sein, wie Sie wissen und selbst zugeben; und Marion wird als Gattin in zehn Jahren – Sie sagen es selbst und Sie sind nicht optimistisch-verschwommen – wahrscheinlich reicher sein, als wenn sie sich mit Alfred Heathfield vermählt, dessen Rückkehr sie voll Furcht erwartet (vergessen Sie das nicht), und dessen Liebe nicht – und keine auf der Welt – glühender sein kann als die meine. Wem geschieht dabei ein Unrecht? Alles erfolgt recht und billig. Meine Sache ist so gerecht wie seine, wenn sie sich eben für mich entscheidet; und auf ihre Entscheidung will ich es ankommen lassen. Es wird Ihnen angenehm sein, nicht mehr von dieser Sache zu hören, und ich werde Sie auch nicht weiter damit belästigen. Sie wissen jetzt meine Absichten und was ich nötig habe. Wann muß ich England verlassen?"

"In einer Woche", sagte Snitchey. "Mr. Craggs –?"

"Noch etwas früher, würde ich empfehlen", gab Craggs zur Antwort.

"In einem Monat", sagte der Klient, nachdem er die beiden Gesichter prüfend beobachtet hatte. "Heute in einem Monat. Heute ist Donnerstag. Glücklich oder unglücklich, heute in einem Monat reise ich ab."

"Das ist zu lange", sagte Snitchey; "viel zu lange. Aber schließlich meinetwegen. Ich dachte schon, er würde sich drei ausbedingen", bemerkte er brummend zu sich selber. "Wollen Sie gehen? Gute Nacht, Sir."

"Gute Nacht!" versetzte der Klient und drückte beiden die Hand. "Sie werden es noch erleben, wie ich meinen Reichtum gut zu verwenden verstehe. Von jetzt an ist Marion mein Stern des Glückes."

"Passen Sie auf der Treppe auf, Sir", sagte Snitchey; "denn dort leuchtet er nicht. Gute Nacht!"

"Gute Nacht!" entgegnete Mr. Warden.

Die beiden Kompagnons blieben bei der Treppe stehen und leuchteten ihm hinunter; als er gegangen war, standen sie immer noch und blickten sich an.

"Was sagen Sie dazu, Mr. Craggs?" fragte Snitchey.

Mr. Craggs schüttelte den Kopf.

"Wir glaubten doch, daß an dem Tag, wo die Mündigkeitserklärung stattfand, an der Manier, wie das Paar voneinander Abschied nahm, etwas Bemerkenswertes gewesen, daran erinnere ich mich", sagte Snitchey.

"Ja, ja", sagte Mr. Craggs.

"Vielleicht irrt er sich", fuhr Mr. Snitchey fort, schloß den feuerfesten Kasten zu und stellte ihn an seinen gewohnten Ort, "wenn das aber nicht der Fall ist, so wäre etwas Wankelmut und Untreue auch kein Wunder, Mr. Craggs. Freilich hätte ich das schöne Gesichtchen für sehr treu gehalten. Mir erschien es so", meinte Snitchey, indem er seinen Mantel und die Handschuhe anzog (es war recht kalt draußen) und ein Licht löschte, "als ob ihr Charakter gerade jetzt fester und ernster würde. Mehr noch als der ihrer Schwester."

"Mrs. Craggs war der gleichen Auffassung", meinte Craggs.

"Es sollte mich wirklich freuen", sagte Snitchey, der im Grunde ein sehr gutes Herz hatte, "wenn ich annehmen könnte, daß Mr. Warden die Rechnung ohne den Wirt gemacht hat. Aber so leichtsinnig und ruhelos er auch ist, so kennt er doch die Welt und die Menschen (und es wäre schlimm, wenn dies nicht der Fall wäre, denn diese seine Kenntnis ist ihm teuer genug zu stehen gekommen); und ich kann es mir nicht recht wahrscheinlich vorstellen. Das beste ist für uns, daß wir uns nicht hineinmischen; wir können nicht mehr tun, Mr. Craggs, als schweigen."

"Nicht mehr", war Craggs Antwort.

"Unser guter Freund, der Doktor, nimmt solche Dinge gleichgültig", sagte Snitchey und schüttelte den Kopf. "Ich will nur hoffen, daß er seine Philosophie nicht nötig hat. Unser Freund Alfred redet von dem Kampf des Lebens." Er schüttelte wieder den Kopf. "Ich hoffe zum mindesten, daß er nicht schon im Anfang des Kampfes fallen wird. Haben Sie Ihren Hut, Mr. Craggs? Ich will das andere Licht auslöschen."

Als Mr. Craggs bejahte, tat Mr. Snitchey wie er gesagt, und sie tasteten sich zum Besprechungszimmer hinaus, das jetzt so dunkel war, wie das Thema ihrer Rede oder wie die Justiz im allgemeinen.

\* \* \*

Meine Geschichte führt mich jetzt in ein kleines ruhiges Studierzimmer, wo am selben Abend die Schwestern und der muntere alte Doktor vor dem behaglichen Kamin saßen. Grace hatte eine Näharbeit, Marion las aus einem Buch vor. Der Doktor in Schlafrock und Pantoffeln, die Füße auf dem warmen Teppich, saß im Lehnstuhl, hörte der Lesenden zu und blickte auf seine Töchter. Sie waren sehr schön von Aussehen. Zwei erquickendere Gesichter hatten noch nie eine Kaminecke vertraut und heilig gemacht. Etwas von verschiedenem Wesen hatten die verflossenen drei Jahre gemildert; und auf der reinen Stirn der jüngeren Schwester, in ihrem Auge und in dem Klang ihrer Stimme war die gleiche ernste Innigkeit wahrnehmbar, die bei ihrer ältern Schwester die mutterlos verlebte Jugend schon längst zur Reife geführt hatte. Aber immer noch schien sie lieblicher und zarter als die andere; immer noch schien sie ihr Haupt an ihrer Schwester Brust zu legen und auf sie zu achten, und Rat und Hilfe in ihren Augen zu suchen. In diesen seelenvollen Augen, die so ruhig, so sicher und so freundlich waren, wie ehedem.

"Und als sie jetzt im Vaterhaus weilte", las Marion aus dem Buche, "das ihr so teuer durch alle diese Erinnerungen, begann sie zu empfinden, wie die schwere Prüfung ihres Herzens bald kommen müsse und nicht weiter zu bannen sei. O Vaterhaus, unser Trost und unser Freund, wenn alle andern uns verlassen, von dem der Abschied bei jedem Schritt zwischen Wiege und Grab –"

"Liebe Marion!" rief Grace.

"Mein Herzblatt!" sagte der Vater, "was ist mit dir?"

Sie ergriff die Hand, die ihr die Schwester reichte, und fuhr im Lesen fort. Aber ihre Stimme zitterte, obwohl sie sich bemühte, ihre Erregung zu unterdrücken.

"Von dem der Abschied bei jedem Schritt zwischen Wiege und Grab stets weh tut. O Vaterhaus, du immerdar treues und doch so oft von uns vernachlässigtes, sei nachsichtig gegen die, die dir untreu werden, und folge ihren irrenden Schritten nicht mit zu bitteren Vorwürfen. Laß keinen freundlichen Blick, kein Lächeln alter Zeit über deinem geistigen Antlitz aufleuchten. Laß keinen Strahl von Liebe, Milde, Langmut, Freundlichkeit von deinem hellen Haupt schimmern. Laß kein Gedenken an Liebesversicherung und Liebesglück gegen den, der dich verlassen, als Ankläger auftreten; sondern wenn dein Blick strafend und streng sein kann, dann sieh so voll Erbarmen die Reuevollen an."

"Liebe Marion, lies heute abend nicht weiter", sagte Grace – denn sie weinte.

"Ich kann nicht", entgegnete sie und klappte das Buch zu. "Die Buchstaben scheinen alle zu flammen."

Der Doktor hatte daran seinen Spaß, und er lachte, als er ihr die Wangen strich.

"Also bis zu Tränen gerührt von einem Roman!" sagte Doktor Jeddler. "Von Druckerschwärze und Papier! Nein, nein, es ist alles gleich, es ist ebenso gescheit, wie jeder andere Gegenstand. Aber wisch diese Tränen ab, wisch deine Tränen ab. Ich bin der Überzeugung, die Heldin ist längst wieder im Vaterhaus und hat sich mit allen versöhnt – und wenn sie dies nicht getan hat, so besteht womöglich ein wirkliches Vaterhaus bloß aus vier Wänden; und eines der Phantasie aus Lumpen und Tinte. Was gibt es?"

"Ich bin es, Herr", sagte Clemency, und steckte den Kopf zur Tür herein.

"Und was hast du?" fragte der Doktor.

"Ach, lieber Himmel, ich habe nichts", antwortete Clemency – und sie konnte recht haben, nach ihrem frischgewaschenen Gesicht zu urteilen, aus dem wie gewöhnlich die reine Quintessenz der fröhlichen Laune strahlte, wodurch sie, so wenig hübsch sie war, wirklich sympathisch wirkte. Wundgestoßene Ellbogen werden gewöhnlich nicht zu den schönen Dingen gezählt. Aber bei der Wanderung durch das Leben ist es immer besser, auf dem engen Pfad sich bloß die Arme statt die fröhliche Stimmung zu verderben, und Clemency war so munter und gesund dabei, wie jede Schöne im ganzen Lande.

"O, ich habe nichts", sagte Clemency und trat vollends ins Zimmer, "aber kommen Sie etwas näher, Herr."

Etwas erstaunt willfahrte der Doktor ihrem Wunsche.

"Sie sagten, ich sollte Ihnen keinen in ihrer Gegenwart geben, erinnern Sie sich", sagte Clemency.

Ein in der Familie Fremder hätte nach ihrem seltsamen Augenzwinkern bei diesen Worten und bei der merkwürdig verzückten Bewegung ihrer Ellbogen, als ob sie sich selbst umarmen wolle, vielleicht der Meinung sein können, "keinen" bedeute, am freundlichsten ausgedeutet, einen ehrbaren Kuß. In der Tat schien der Doktor im ersten Moment selbst nicht zu wissen, was er davon halten sollte. Er gewann indessen rasch seine Fassung wieder, als Clemency, nachdem sie beide Taschen durchforscht – wobei sie mit der rechten begann, dann in der falschen wühlte und zuletzt zu der rechten wieder zurückkehrte – einen Brief herausbeförderte.

"Britain fuhr vorbei", sagte sie und überreichte den Brief dem Doktor, "gerade als die Post ankam, und wartete darauf. Es steht A. H. in der Ecke. Ich wette, Mr. Alfred ist auf der Rückkehr begriffen. Wir bekommen eine Hochzeit im Haus – ich hatte heute morgen zwei Löffel in der Tasse. Mein Gott! wie langsam er ihn öffnet!"

Sie sprach das alles als Selbstgespräch und erhob sich in ihrer Ungeduld, die Neuigkeit zu erfahren, auf den Fußspitzen, zugleich machte sie einen Korkzieher aus ihrer Schürze und eine Flasche aus ihrem Munde. Endlich ließ sie sich, auf dem Gipfel ihrer Erwartung angelangt, indessen der Doktor mit dem Brief noch immer nicht zu Ende war, plötzlich wieder auf die Fußsohlen fallen, warf ihre Schürze als Schleier über den Kopf, von stummer Verzweiflung völlig überwältigt und nicht imstande, dies länger auszuhalten.

"Hier! Mädchen!" rief der Doktor. "Ich kann nicht anders; ich habe in meinem Leben kein Geheimnis bei mir bewahren können. Es gibt auch nicht viel Geheimnisse, die wert sind, bewahrt zu werden in dieser – aber still davon! Alfred ist auf dem Heimweg und kommt demnächst!"

"Demnächst!" rief Marion aus.

"Sieh mal an! Ist der Roman so rasch vergessen?" sagte der Doktor und kniff sie in die Wange. "Ich dachte es mir gleich, daß die Nachricht die Tränen trocknen würde. Ja! ›Ich will sie überraschen‹, schreibt er hier. Aber das geht nicht. Er muß eine Bewillkommnung erfahren."

"Demnächst!" wiederholte Marion.

"Nun, vielleicht nicht, was deine Ungeduld demnächst nennt", entgegnete der Doktor; "aber doch ziemlich bald. Wartet einmal! heute ist Donnerstag, nicht wahr? dann will er heute über einen Monat eintreffen."

"Heute über einen Monat", wiederholte Marion leise.

"Ein froher Tag und ein Feiertag für uns alle", sagte die heitere Stimme ihrer Schwester Grace, die sie beglückwünschend küßte. "Ein lange erwarteter Tag, Liebste, und endlich sich nahend."

Ein Lächeln war die Antwort; ein trübes Lächeln, aber voll schwesterlicher Liebe; und als sie ihrer Schwester ins Gesicht blickte und dem harmonischen Klang ihrer Stimme lauschte, wie sie die Freuden der Rückkehr weiter ausmalte, da schimmerte auch auf ihrem eigenen Antlitz Hoffnung und Freude.

Und noch etwas: ein Etwas, das mehr und mehr durch die übrigen Empfindungen hindurchdrang, und wofür ich keine Bezeichnung habe.

Es war nicht Freude, Jubel, strahlende Begeisterung. Die offenbaren sich nicht so ruhig. Es waren nicht nur Liebe und Dankbarkeit, obschon diese einen Teil davon ausmachten. Es ging aus keinem kleinlichen Gedanken hervor; denn diese leuchten nicht so auf der Stirn, brennen nicht so auf den Lippen.

Doktor Jeddler vermochte trotz seiner Philosophie – die er beständig in der Praxis leugnete, wie es bei berühmten Philosophen oft der Fall ist – nicht anders, ein ebenso großes Interesse an der Rückkehr seines alten Schülers und Mündels zu bekunden, als ob es ein bedeutsames Ereignis wäre. So setzte er sich wieder in seinen Lehnstuhl, streckte die Füße wiederum auf den warmen Teppich aus, las den Brief noch mehrere Male durch und sprach noch viel häufiger von ihm.

"O, es gab noch eine Zeit", sagte der Doktor und schaute ins Feuer, "als ihr beide zusammen, du, Grace und er, Arm in Arm herumlieft, wie ein paar lebende Puppen. Erinnerst du dich noch?"

"O gewiß", antwortete sie mit heiterm Lachen und nähte wieder emsig.

"Heute über einen Monat!" sagte der Doktor nachdenklich. "Kaum ein Jahr scheint vergangen zu sein. Und wo war meine kleine Marion damals?"

"Nie weit von ihrer Schwester, so klein sie auch war", sagte Marion; "Grace war mein Alles, auch als sie selbst noch ein Kind war."

"Sehr richtig, mein Herzblatt, sehr richtig", versetzte der Doktor. "Sie war eine wackere kleine Hausfrau, meine Grace, und eine gute Wirtschafterin und ein fleißiges, kluges Kind; voller Geduld für unsere Launen, immer bereit, unsern Wünschen zuvorzukommen, und die eigenen hintanzustellen; selbst damals schon. Schon damals, Grace, warst du nie verdrossen und eigenwillig, von einem einzigen Punkt abgesehen."

"Ich befürchte, daß ich mich seitdem sehr zu meinem Nachteil verändert habe", lachte Grace, immer noch eifrig arbeitend. "Was war denn das für ein Punkt, Vater?"

"Alfred natürlich", sagte der Doktor. "Du warst nur zufrieden, wenn man dich Alfreds Frau nannte; also nannten wir dich Alfreds Frau; und das gefiel dir besser (so merkwürdig es jetzt auch erscheinen mag), als wenn wir dir den Titel einer Herzogin verliehen hätten, wenn wir dich dazu hätten erheben können."

"Ist es wirklich so?" sagte Grace gelassen.

"Nanu, weißt du das nicht mehr?" fragte der Doktor.

"Ich glaube, ich erinnere mich noch etwas daran", erwiderte sie, "aber kaum. Es ist zu lange her." Und während sie nähte, summte sie den Refrain eines alten Liedes, das der Doktor liebte.

"Alfred wird bald eine wirkliche Frau haben", sagte sie und lenkte das Gespräch auf eine andere Bahn. "Und das wird eine schöne Zeit für uns alle sein. Meine dreijährige Verpflichtung ist bald vorüber, Marion. Du hast es mir sehr erleichtert. Ich werde Alfred sagen, wenn ich dich wieder an seine Brust lege, daß du ihn die ganze Zeit innig geliebt hast und daß er nicht ein einziges Mal meiner Hilfe bedurft hat. Darf ich ihm das sagen, meine Teure?"

"Sage ihm, liebe Grace", antwortete Marion, "daß nie eine Pflicht so edel, so vornehm, so treulich erfüllt wurde; daß ich dich seit damals von Tag zu Tag immer mehr habe lieben lernen, und daß ich dich jetzt so unaussprechlich liebe!"

"Das vermag ich ihm kaum zu sagen", versetzte ihre Schwester, sie ihrerseits umarmend, "meine Verdienste mag sich Alfreds Phantasie ausmalen. Er wird reichlich übertreiben, meine Marion: ganz wie du."

Sie griff nun wieder zu ihrer Arbeit, die sie aus der Hand gelegt hatte, als ihre Schwester so voller Rührung zu ihr geredet, und sie summte wieder das alte Lied, das der Doktor so gern hatte. Und der Doktor saß immer noch im Lehnstuhl, lauschte dem Lied, schlug mit Alfreds Brief den Takt dazu auf seinem Knie, schaute auf seine Töchter und sagte sich, daß unter den vielen Eitelkeiten der eitlen Welt diese wenigstens berechtigt waren.

Inzwischen eilte Clemency Newcome, nachdem sie ihre Botschaft erledigt und im Zimmer gewartet hatte, bis sie endlich alles wußte, wieder in die Küche, wo Mr. Britain es sich nach dem Abendessen behaglich machte, umgeben von einer so umfassenden Sammlung von blitzenden Deckeln, sauber gescheuerten Töpfen, polierten Schüsseln, glänzenden Kesseln und andern Zeugnissen ihres Fleißes an den Wänden und auf den Regalen, daß er gleichsam inmitten einer Spiegelhalle saß. Die spiegelten allerdings kein sehr schmeichelhaftes Bild von ihm wider. Zudem waren ihre Darstellungen keineswegs gleichartig; denn manche verliehen ihm ein sehr langes Gesicht, manche ein sehr breites; manche ein ganz nettes und andere ein sehr häßliches, je nach ihrer Manier zu reflektieren, ganz wie dies die Menschen tun. Aber darin stimmten sie völlig überein, daß in ihrer Mitte ganz gemütlich ein Individuum saß, mit der Pfeife im Mund, einen Krug Bier neben sich und Clemency gnädig zunickend, als sie sich an dem gleichen Tisch niederließ.

"Nun, Clemency", sagte Britain, "was hast du jetzt, und was gibt es Neues?"

Clemency erzählte ihm, was sie gehört, und er nahm es sehr liebenswürdig auf. Eine wohltuende Verwandlung war bei Benjamin vom Kopf bis zur Zehe erfolgt. Er war viel massiver und viel röter, viel vergnügter und viel lustiger anzusehen. Es machte den Eindruck, als ob sein Gesicht in einen Knoten zusammengebunden gewesen und jetzt aufgeknotet und ausgeplättet worden wäre.

"Das wird wohl ein neues Geschäft für Snitchey und Craggs ausmachen", versetzte er, behäbig Rauchwolken in die Luft blasend. "Und wir werden vielleicht wieder als Zeugen antreten, Clemency!"

"Himmel!" antwortete Clemency mit der üblichen Bewegung ihrer Lieblingsgliedmaßen. "Ich wollte, ich wäre dran, Britain!"

"Was denn dran?"

"Die dran ist zu heiraten!"

Benjamin nahm die Pfeife aus dem Mund und lachte hell auf. "Ja! Du bist ganz die Richtige dazu", sagte er: "dummbrave Clemency!" Clemency lachte nun ebenso herzlich wie er und schien an der Idee ebensoviel Vergnügen zu finden. "Ja", fuhr sie fort, "ich bin ganz die Richtige dazu; findest du nicht?"

"Du wirst selbstverständlich niemals heiraten", sagte Mr. Britain und führte die Pfeife wieder zum Mund.

"Glaubst du wirklich nicht?" sagte Clemency ganz arglos.

Mr. Britain schüttelte den Kopf. "Dafür bestehen keine Aussichten!"

"Aber bedenke doch!" sagte Clemency. "Nämlich: ich glaube, du wirst nächstens daran sein, Britain; nicht wahr?"

Eine so jäh gestellte Frage über eine so bedeutende Angelegenheit erforderte Überlegung. Nachdem er eine große Rauchwolke gebildet und sie, den Kopf bald auf diese bald auf jene Seite legend, beschaut hatte, als wäre diese Wolke das strittige Problem, und er betrachtete sie von verschiedenen Gesichtspunkten aus, entgegnete Mr. Britain, daß er über die Sache noch nicht ganz im klaren sei, aber – im übrigen – er könnte sich eventuell noch dazu entschließen.

"Wer sie auch sein mag, ich wünsche ihr Glück!" rief Clemency.

"O, daran wird es ihr nicht fehlen", meinte Benjamin, "bestimmt nicht."

"Aber sie würde nicht so glücklich sein und keinen so wirklich guten und lieben Mann haben", meinte Clemency und legte sich halb über den Tisch, um nachdenklich ins Licht zu sehen, "wenn ich nicht gewesen wäre – nicht daß ich es beabsichtigt hätte; denn es war reiner Zufall: ist es nicht so, Britain?"

"Sicherlich", sagte Mr. Britain, jetzt beim Vollgenuß seiner Pfeife, da der Raucher den Mund nur ein ganz klein bißchen zum Reden zu öffnen vermag und in genußreichster Ruhe in seinem Stuhl sitzt und nur imstande, seinem Gefährten die Augen zuzuwenden, und das sehr langsam und ernst. "O! ich bin dir sehr dankbar dafür, Clemency, das weißt du ja!"

"Ach, wie nett der Gedanke daran ist!" versetzte Clemency. In diesem Augenblick wurden ihre Gedanken und ihr Blick auf das Kerzenunschlitt gelenkt, und weil sie sich plötzlich an dessen Heilkraft als Wundbalsam erinnerte, salbte sie sich den linken Ellbogen ergiebig mit dem neuen Mittel.

"Du weißt, ich habe manche Untersuchung über dieses und jenes unternommen", fuhr Mr. Britain mit der würdigen Miene eines Denkers fort, "weil ich immer wißbegierig war, und ich habe viele Bücher über die Vorzüge und Mängel der irdischen Güter gelesen; denn ich habe mich selbst in meiner Jugend mit der Literatur befaßt."

"Wirklich!" rief die bewundernde Clemency.

"Ja", erzählte Mr. Britain; "ich stand zwei der besten Jahre meines Lebens hinter einer Antiquarsbude und war bereit herauszustürzen, wenn jemand ein Buch in die Tasche steckte; und dann war ich Bote bei einer Putzmacherin; in diesem Amt brachte ich in Wachstuchpaketen nichts als Lug und Trug zu den Leuten. – Dadurch wurde mein Gemüt verbittert und mein Vertrauen auf die menschliche Natur zerstört; und darauf hörte ich hier in diesem Hause vielerlei Reden, die mein Gemüt noch mehr verbitterten, und nach alledem ist es meine Ansicht, daß als sicherer und freundlicher Beruhiger des Gemüts und als guter Führer durch das Leben nichts über das Muskatsieb geht."

Clemency wollte etwas hinzufügen, aber er kam ihr zuvor. "Im Verein", setzte er ernst hinzu, "mit einem Fingerhut."

"Tue was du willst, und so fort, nicht wahr?" fiel Clemency ein und schlug ihre Arme voll Freude über das Geständnis übereinander und rieb sich den Ellbogen. "Ein so trefflicher Spruch, nicht wahr?"

"Ich weiß allerdings nicht", sagte Mr. Britain, "ob man es richtige Philosophie nennen könnte. Ich habe meine Zweifel deswegen; indessen es muntert auf und erspart viel Zwistigkeiten, was bei den fachmännischen Produkten nicht immer der Fall ist."

"Bedenke aber, wie du selbst manchmal knurrtest", sagte Clemency.

"Ach!" sagte Mr. Britain. "Aber das Seltsamste ist, Clemency, daß du mich bekehren mußtest. Das ist das Komischste bei der ganzen Sache. Ausgerechnet du! Ich glaube, du hast keinen halben Gedanken im Kopf."

Ohne dadurch im mindesten gekränkt zu sein, schüttelte Clemency den Kopf, lachte, umarmte sich und sagte: "Nein, ich glaube es auch nicht."

"Ich bin dessen ziemlich sicher", sagte Mr. Britain.

"O! ich glaube wohl, du hast recht", meinte Clemency. "Ich mag gar keinen. Ich brauche auch keinen."

Benjamin nahm die Pfeife aus dem Mund und lachte, bis ihm die Tränen über die Wangen kollerten. "Wie einfältig du bist, Clemency", fügte er, über den Scherz immer noch lachend und sich die Augen wischend, hinzu.

Clemency wandte nicht das geringste ein, sondern lachte ebenso herzlich wie er.

"Aber ich habe dich trotzdem gern", sagte Mr. Britain; "du bist ein recht gutes Mädchen auf deine Weise; so gib mir die Hand, Clemency. Was auch komme, ich will immer zu dir halten und immer dein Freund sein."

"Wahrhaftig?", fragte Clemency. "Nun, das ist gewiß recht schön von dir."

"Ja, ja", sagte Mr. Britain und hielt ihr die Pfeife zum Ausklopfen hin; "ich will dich nicht verlassen. Horch! das ist ein seltsames Geräusch!"

"Geräusch!" wiederholte Clemency.

"Fußtritte draußen. Es hörte sich an, als ob jemand über die Mauer springe."

"Sind sie oben alle zu Bett?"

"O, jetzt sind sie alle schlafen gegangen."

"Hörtest du nichts?"

"Nein!"

Sie horchten beide, hörten aber nichts mehr.

"Ich will dir was sagen", meinte Benjamin und nahm eine Laterne herab; "ich will der Vorsicht halber einmal draußen die Runde gehen, bevor ich mich schlafen lege. Öffne die Tür, während ich die Laterne anzünde, Clemency."

Clemency gehorchte schnell, merkte aber dabei, daß er sich umsonst bemühte, sich einzureden, es sei Einbildung. Mr. Britain sagte nämlich "sehr möglich", und ging hinaus. Bewaffnet mit dem Schüreisen leuchtete er nach allen Seiten.

"Es ist so still wie auf dem Kirchhof", sagte Clemency, als sie ihm nachblickte: "und auch fast so gräulich!" Als sie wieder in die Küche zurückschaute, schrie sie angstvoll auf, als sich ihr eine leichte Gestalt näherte. "Wer ist da?"

"Still!" flüsterte ihr Marion aufgeregt zu. "Du hast mich immer geliebt, nicht wahr?"

"Geliebt, Kind! Gewiß."

"Ich weiß es. Und ich kann mich dir anvertrauen, nicht? Ich habe jetzt hier fast niemanden, dem ich mich anvertrauen kann."

"Ja", sagte Clemency herzlich.

"Es harrt jemand draußen", sagte Marion und deutete nach der Tür, "den ich heute abend noch sehen und sprechen muß. Michael Warden, um Himmels willen, gehen Sie fort von hier! Jetzt nicht!"

Clemency schrak überrascht und beunruhigt auf, als sie dem Blick der Sprechenden folgte und eine dunkle Gestalt im Torweg stehen sah.

"Im nächsten Augenblick können Sie entdeckt sein", sagte Marion. "Jetzt nicht! Warten Sie möglichst in einem Versteck. Ich werde gleich kommen." Er grüßte sie mit der Hand und war verschwunden.

"Geh nicht zu Bett. Warte hier auf mich!" sagte Marion voll eiliger Hast. "Ich habe schon vor einer Stunde mit dir sprechen wollen. O, verrate mich nicht!" Marion ergriff heftig ihre Hand und drückte sie an die Brust – eine Bewegung, die in ihrer Leidenschaft mehr sprach, als das heißeste Flehen in Worten. Sodann eilte sie davon, als das Licht der zurückkehrenden Laterne die Stube zu erhellen begann.

"Alles ruhig und still. Niemand hier. Wohl Einbildung", sagte Mr. Britain, als er die Tür zuschloß und abriegelte. "Eine von den Folgen einer lebhaften Phantasie. Heda! Nun, was ist los?"

Clemency, die ihre Aufregung nicht zu verbergen vermochte, saß blaß und am ganzen Leib zitternd auf einem Stuhl. "Was los ist?" wiederholte sie und rieb sich, nach Fassung suchend, Hände und Ellbogen, wobei sie überall hinschaute, nur nicht ihm ins Gesicht. "Das ist ja nett von dir, Britain! Erst jagst du einem einen Totenschreck ein mit Lärmen und Laternen und der Himmel weiß was sonst noch. Was los ist! Auch noch!"

"Wenn du einen Totenschreck von einer Laterne bekommst, Clemency", sagte Mr. Britain und blies die Laterne ganz kaltblütig aus, "so läßt sich das Gespenst bald vertreiben. Aber du hast doch sonst Courage genug", sagte er und blieb stehen, um sie zu mustern: "und warst auch erst ganz ruhig nach dem Lärm und als ich die Laterne anzündete. Was ist dir in den Kopf gefahren? Doch nicht ein Gedanke?"

Aber da ihm Clemency leidlich wie sonst gute Nacht wünschte und sich zum Schlafengehen anzuschicken schien, sagte ihr auch Klein-Britannien gute Nacht, nachdem er noch die originelle Bemerkung geäußert hatte, es könne niemand wissen, wie er mit den Weibern daran sei. Darauf nahm er sein Licht und ging schläfrigen Schritts zu Bett. Als alles still war, kam Marion zurück.

"Schließ die Tür auf", sagte sie, "und warte dicht bei mir, während ich draußen mit ihm rede."

So schüchtern ihre Haltung auch war, so zeigte sich an ihr doch eine Sicherheit und Unbeirrtheit des Wollens, der Clemency nicht zu widerstehen vermochte. Sie entriegelte leise die Tür, aber bevor sie den Schlüssel im Schloß umdrehte, schaute sie sich um nach der jugendlichen Gestalt, die bloß das Öffnen abwartete, um hinauszueilen. Das Gesicht war nicht abgewandt oder zu Boden gesenkt, sondern blickte sie voll an in der Blüte der Jugend und Schönheit. Eine Ahnung von der schwachen Schranke, die zwischen dem glücklichen Vaterhaus samt der ehrbaren Liebe des schönen Mädchens lag, ein Gedanke an den Schmerz in diesem Hause und die Vernichtung der schönsten Hoffnungen, zogen in Clemencys einfache Seele und trafen ihr empfindungsfähiges Gemüt so tief, daß sie in Tränen ausbrach und ihre Arme um Marions Hals schlang.

"Ich weiß nur wenig, liebes Kind", rief Clemency, "sehr wenig: aber ich weiß, daß das nicht recht ist. Bedenken Sie doch, was Sie tun."

"Ich habe es vielmal bedacht", sagte Marion ruhig.

"Noch einmal", bat Clemency. "Bis morgen!"

Marion schüttelte das Haupt.

"Um Herrn Alfreds willen", sagte Clemency. "Um seinetwillen, den Sie einst so sehr liebten!"

Sie verhüllte ihr Antlitz mit den Händen und wiederholte: "Einst!", als ob das Wort ihr Herz zerschneide.

"Lassen Sie mich zu ihm hinaustreten", bat Clemency. "Ich will ihm sagen, was Sie wollen. Treten Sie nur heute nacht nicht über die Schwelle. Ich bin überzeugt, es kann nicht gut werden. Ach, es war ein Unglückstag, als Mr. Warden hierher gebracht wurde! Denken Sie an Ihren guten Vater, liebes Fräulein – an Ihre Schwester."

"Ich habe es getan", sagte Marion und erhob rasch den Kopf. "Du weißt nicht, was ich tue. Ich muß mit ihm sprechen. Du hast dich in dem, was du gesagt hast, als meine beste und zuverlässigste Freundin vor der Welt erwiesen, aber ich muß diesen Schritt tun. Willst du mich begleiten, Clemency", sie küßte ihr freundliches Gesicht, "oder soll ich allein gehen?"

Verwirrt und kummervoll drehte Clemency den Schlüssel im Schloß um und öffnete die Tür. Marion hielt die Hand der Gefährtin fest und schritt rasch in die schwarze Nacht hinaus. Dort trat er zu ihr, und sie sprachen leidenschaftlich und lange miteinander; und die Hand, mit der sie Clemency hielt, zitterte oder wurde kalt wie die einer Leiche, oder drückte sie innig im Feuer der Worte, die ihr willenlos entströmten. Als sie zurückkehrten, begleitete er Marion bis an die Tür; hier ergriff er die andere Hand und drückte sie an die Lippen. Dann entfernte er sich vorsichtig.

Die Tür ward wieder verriegelt und verschlossen, und wieder stand sie im Vaterhaus. Nicht niedergebeugt von dem Geheimnis, das sie heimtrug, obwohl sie noch so jung war. Mit dem gleichen Ausdruck jedoch in dem Gesicht, wofür mir schon früher der Name fehlte, und der durch ihre Tränen schimmerte. Sie dankte ihrer einfachen Freundin wiederholt und vertraute ihr, wie sie erklärte, völlig und ohne Vorbehalt. Als sie glücklich ihre Schlafkammer erreicht hatte, sank sie auf die Knie und konnte, ihr Geheimnis im Herzen, beten! Ja, sie vermochte aufzustehen vom Gebet so ruhig und glücklich, und sich über die schlummernde Schwester beugen, sie ansehen und lächeln – wenn auch traurig. Und als sie ihre Stirn küßte, murmelte sie leise vor sich hin, daß Grace ihr immer eine Mutter gewesen, und daß sie an ihr hinge wie ein Kind. Und sie konnte den willenlosen Arm sich um den Hals schlingen, als sie auf das Kissen sank – und der Arm schien sie selbstbewußt mit Schutz und Liebe festzuhalten, und die zarten Lippen schienen zu hauchen: Gott segne dich! Und sie konnte selbst ruhig einschlafen, nur von einem Traum gestört, in dem sie mit ihrer unschuldigen und ergreifenden Stimme rief, daß sie ganz allein sei und alle sie vergessen hätten. Ein Monat zieht bald vorüber, selbst wenn er langsam dahinzieht. Der Monat, der zwischen dieser Nacht und der Rückkehr lag, zog schnell vorbei und glitt dahin wie ein Nebelhauch.

Der Tag erschien. Es war ein stürmischer Wintertag, der das alte Haus manchmal erschütterte, als friere es. Ein Tag, wie er den heimischen Herd doppelt lieb macht, wie er der Ecke am Kamin neue Anziehungskraft verleiht, einen rötlichen Glutschimmer auf die um die Feuerstätte gereihten Gesichter wirft, und die Gruppen um jeden Kamin einen engeren und innigeren Bund gegen die tobenden Gewalten draußen schließen läßt. Ein rauher Wintertag, wie er am besten auf die ausgesperrte Nacht, auf zugezogene Fenster, freundliche Gesichter, Musik, Lachen, Tanz, Lichterfülle und geselliges Vergnügen vorbereitet!

Für all das hatte der Doktor gesorgt, um Alfred willkommen zu heißen. Sie wußten, daß er erst in der Nacht eintreffen konnte; und sie wollten die Nacht von Jubel widerhallen lassen, erklärte er, wenn er käme. Alle seine Freunde sollten versammelt sein. Kein Gesicht, das er gekannt und geliebt, sollte fehlen. Nein: sie sollten alle zugegen sein. Also wurden die Gäste eingeladen, eine Kapelle bestellt, Tafeln bereitet, der Tanzsaal hergerichtet und mit verschwenderischer Gastlichkeit für alle geselligen Wünsche gesorgt. Weil es Weihnachten war, und seine Augen nicht mehr die englische Stechpalme und ihr dunkles, immerwährendes Grün gewohnt waren, war der Tanzsaal damit ausgeschmückt. Die roten Beeren winkten aus der dunklen Laube einen heimatlichen Willkommengruß zu. Es war ein arbeitsreicher Tag für alle, jedoch für niemanden so sehr wie für Grace, die allenthalben still nach dem Rechten sah und die heitere Seele aller Vorbereitungen war. Oftmals schaute an diesem Tag (wie vielmal während des Monats, der ebenso schnell vergangen war) Clemency ängstlich forschend Marion an. Sie war vielleicht etwas blässer als sonst. Aber auf ihrem Antlitz lag eine freundlich sichere Ruhe, die es lieblicher als je machte.

Abends, als sie angekleidet war und in ihrem Haar einen Kranz trug, den Grace selbst hineingeflochten – es waren Alfreds Lieblingsblumen, und darum hatte Glace sie ausgesucht – lag jener bekannte Ausdruck, besinnlich, fast bekümmert, und doch so durchgeistigt, edel und rein wieder über ihrer Stirn und ließ die ganze Erscheinung noch hundertmal anmutsvoller aussehen.

"Der nächste Kranz, den ich in dein Haar flechte, ist der Brautkranz", sagte Grace; "oder ich bin keine gute Prophetin."

Ihre Schwester lächelte und umschlang sie mit ihren Armen.

"Noch einen Augenblick, Grace. Verlaß mich noch nicht. Weißt du sicher, daß mir nichts mehr fehlt?"

Sie verstand Marions Anspielung nicht recht. Sie dachte an das Gesicht ihrer Schwester, und ihr Blick ruhte mit zärtlicher Innigkeit über ihr.

"Meine Kunst kann nicht weitergehen, teures Kind", sagte Grace; "und auch nicht deine Schönheit. Ich habe dich nie so schön gesehen wie jetzt."

"Ich fühlte mich nie so glücklich", entgegnete diese.

"Ja, aber größeres Glück harrt noch auf dich. An einem andern solchen Herd, ebenso freundlich und anheimelnd wie dieser hier", sagte Grace, "werden bald Alfred und seine junge Frau hausen."

Sie lächelte wieder. "Du denkst dir ein glückliches Heim, Grace. Ich sehe es deinen Augen an. Ich weiß es, daß es glücklich sein wird, Liebe. Wie fröhlich bin ich, das zu wissen!"

"Nun", sagte der Doktor, geschäftig eintretend. "Sind wir alle fertig, um Alfred zu empfangen? Er kann erst ziemlich spät eintreffen – etwa eine Stunde vor Mitternacht – so haben wir Zeit genug, um vor seiner Ankunft in Stimmung zu kommen. Er soll nicht erscheinen, bevor das Eis gebrochen ist. Schüre das Feuer, Britain! Laß es auf die Stechpalme leuchten, bis sie glüht. Es ist eine Welt der Narrheit, meine guten Kinder, Liebhaber, – alles andere – lauter Unfug. Jedoch wir wollen mit den andern Menschen töricht sein und unserm treuen Liebhaber einen ausgelassenen Willkommen geben. Wahrhaftig!" sagte der Doktor und blickte seine Töchter mit stolzer Freude an, "ich glaube heute abend beinahe neben anderer Narrheit, daß ich Vater von zwei hübschen Töchtern bin."

"Und alles, was die eine je begangen hat und noch begehen kann, um dir Schmerz zu bereiten, lieber Vater", sagte Marion, "das vergib ihr jetzt, wo ihr Herz voll ist. Sage, daß du ihr vergibst. Daß du ihr vergeben wirst. Daß du ihr immer deine Liebe erhalten wirst, und" – sie brach ab und barg ihr Gesicht an des alten Mannes Brust.

"Kind, Kind!" sagte der Doktor sanft. "Vergeben! Was soll ich denn vergeben? Wahrhaftig, wenn unsere treuen Liebhaber zurückkehren, um uns solche Szenen zu bereiten, dann müssen wir sie uns vom Leibe halten. Wir müssen ihnen Sendboten entgegensenden und sie nur eine Stunde für den Tag reisen lassen, bis wir gehörig vorbereitet sind, um sie zu empfangen. Küsse mich, mein Herzblatt. Vergeben! Was für ein einfältiges Kind du bist. Wenn du mich fünfzigmal des Tages geärgert hättest, statt gar nicht, so würde ich dir alles vergeben, nur nicht eine solche Bitte. Küsse mich, mein Herzblatt! Also: in Vergangenheit und Zukunft – reine Rechnung zwischen uns. Schürt das Feuer an! Sollen die Leute in der kalten Dezembernacht erfrieren? Laßt es licht und warm und heiter sein, oder ich vergebe gewissen Leuten gewiß nicht!"

So guter Dinge und vergnügt war der Doktor. Und das Feuer wurde angeschürt, die Lichter brannten hell; die Gäste kamen, ein frohes Durcheinander hob an, und schon herrschte ein angenehmer Ton festlicher Erregung im ganzen Hause. Immer mehr Gäste kamen an. Helle Augen grüßten Marion. Lächelnde Lippen wünschten ihr Glück. Erfahrene Mütter spielten mit dem Fächer und hofften, sie möge nicht zu jung und leichten Sinnes für das häusliche Leben sein. Temperamentvolle Väter fielen in Ungnade, weil sie ihre Schönheit zu sehr bewunderten. Töchter beneideten sie. Söhne beneideten ihn. Ungezählte verliebte Paare machten sich die Gelegenheit zunutze; alle waren voll Beteiligung, Aufregung und Erwartung.

Mr. Craggs und Mrs. Craggs erschienen Arm in Arm, aber Mrs. Snitchey erschien allein. "Mein Gott, wo haben Sie Ihren Mann?" fragte der Doktor.

Der Paradiesvogel auf Mrs. Snitcheys Turban bebte, als ob er wieder lebendig geworden wäre, und sie sagte, daß es jedenfalls Mr. Craggs wisse. Ihr teilten sie es ja nie mit.

"Das garstige Bureau", sagte Mr. Craggs.

"Ich wollte, es würde bis auf den Grund niederbrennen", seufzte Mrs. Snitchey.

"Er ist – er ist – eine kleine geschäftliche Angelegenheit hält meinen Sozius etwas auf", sagte Mr. Craggs und sah sich beunruhigt um.

"Ach was, geschäftliche Angelegenheit. Machen Sie mir das nicht weis!" begann Mrs. Snitchey.

"Wir wissen, was es heißt, geschäftliche Angelegenheit", sagte Mrs. Craggs.

Aber daß sie es nicht wußten, war vielleicht die Ursache, weshalb Mrs. Snitcheys Paradiesvogel so unheilverkündend bebte und alle einzelnen Teile von Mrs. Craggs' Ohrringen wie kleine Schellen läuteten.

"Es wundert mich, daß du kommen konntest, Craggs", meinte seine Frau.

"Mr. Craggs ist darob glücklich, sicherlich", sagte Mrs. Snitchey.

"Das Bureau nimmt sie so in Anspruch", sagte Mrs. Craggs.

"Jemand, der ein Geschäft hat, darf eigentlich gar nicht heiraten", sagte Mrs. Snitchey.

Dann stellte Mrs. Snitchey für sich fest, daß der Blick, mit dem sie dies gesagt, Craggs ins tiefste Herz getroffen habe und daß er dies empfinde. Mrs. Craggs aber meinte zu ihrem Gatten, daß Snitchey ihn hinter dem Rücken betrüge, und daß er das erkennen werde, wenn es zu spät sei.

Aber Mr. Craggs blickte sich, ohne diese Bemerkungen sehr zu beachten, noch immer beunruhigt um, bis sein Blick Grace begegnete, die er alsbald begrüßte.

"Guten Abend, Ma'am", sagte Craggs. "Sie sehen entzückend aus. Ihre – Fräulein – Ihre Schwester, Fräulein Marion ist –"

"O, sie ist ganz munter, Mr. Craggs."

"Ja – ich – ist sie hier?" fragte Craggs.

"Hier! sehen Sie sie dort nicht? Sie tritt eben zum Tanz an", sagte Grace.

Mr. Craggs setzte die Brille auf, um besser zu sehen; musterte Marion eine Weile. Dann räusperte er sich und steckte die Brille mit zufriedener Miene wieder ins Futteral und in die Tasche.

Jetzt erklang die Musik und der Tanz hob an. Das helle Feuer prasselte lustig und sprang, als ob es vor lauter Freude selber mit tanzen wollte. Zuweilen knisterte es, als wollte es auch musizieren. Dann wieder strahlte und glühte es, als wäre es das Auge des alten Zimmers, und manchmal zwinkerte dies Auge pfiffig, wie ein ausgelassener Alter, wenn er die Jugend in den Ecken miteinander tuscheln sieht. Manchmal kokettierte es mit den Stechpalmenzweigen; und wenn sein flimmernder Schein auf die dunkeln Blätter fiel, schien es, als ständen diese wieder draußen in der kalten Winternacht und wurden gezaust vom Winde. Manchmal ward seine Stimmung ganz wild und ausgelassen und übersprang alle Grenzen. Dann verpustete es laut lachend mitten unter die Tanzenden einen Regen harmloser Funken und schwang sich laut jubelnd den alten Schornstein empor. Ein zweiter Tanz war fast vorüber, da ergriff Mr. Snitchey seinen zuschauenden Sozius beim Arm.

Mr. Craggs zuckte zusammen, als wäre sein Freund ein Geist.

"Ist er fort?" fragte er.

"Pscht!" sagte Snitchey. ""Er hat länger als drei Stunden bei mir verweilt. Er überprüfte alles und nahm es sehr gründlich. Er – hm!"

Der Tanz war vorbei. Marion schritt dicht an ihm vorüber, als er redete. Sie achtete weder auf ihn noch seinen Sozius, vielmehr sah sie sich nach ihrer Schwester im Hintergrunde des Saales um, als sie langsam durch das Gewimmel schritt und ihren Blicken entschwand.

"Sehen Sie, alles gut und in Ordnung", sagte Mr. Craggs. "Er sprach nicht mehr davon, denke ich?"

"Kein Wort."

"Und ist er wirklich weg? Und ohne Gefahr?"

"Er hält sein Wort. Er fährt in seiner Nußschale bei Ebbe stromabwärts und segelt vor dem Wind in dieser dunklen Nacht zum Meer. Ein Abenteurer ist er einmal. Es gibt sonst nirgends eine so verlassene Reederei. Das ist ihm gleich. Die Ebbe tritt gegenwärtig eine Stunde vor Mitternacht ein, meinte er. Ich bin froh, daß es vorüber ist." Mr. Snitchey wischte sich den Schweiß aus dem Gesicht, das ganz rot und erregt ausschaute.

"Was halten Sie", sagte Craggs, "von der –"

"Still!" warnte sein vorsichtiger Sozius und blickte geradeaus. "Ich verstehe Sie. Nennen Sie keinen Namen und lassen Sie sich nicht merken, daß wir von Geheimnissen reden. Ich weiß nicht, was ich davon halten soll; und um Ihnen die Wahrheit zu gestehen, es ist mir jetzt auch gleichgültig. Mir ist es eine wirkliche Erleichterung. Ich glaube, seine Eitelkeit täuschte ihn. Vielleicht war auch das Mädchen ein wenig kokett. Es scheint fast so. Ist Alfred da?"

"Noch nicht", sagte Mr. Craggs, "er wird aber jeden Augenblick erwartet."

"Schön." Mr. Snitchey trocknete sich die Stirn von neuem. "Es ist eine große innere Befreiung. Ich bin noch nicht so unruhig gewesen, seitdem wir zusammen arbeiten. Ich möchte nun den Abend genießen, Mr. Craggs."

Mrs. Craggs und Mrs. Snitchey traten zu ihnen, als er diese Absicht äußerte. Der Paradiesvogel war in großer Erregung; und die Glöckchen läuteten vernehmlich.

"Es ist allgemein darüber geredet worden, Mr. Snitchey", sagte Mrs. Snitchey. "Ich hoffe, das Geschäft ist befriedigt."

"Womit befriedigt, meine Beste?" fragte Mr. Snitchey.

"Daß ein wehrloses Weib dem Spott und der Rederei der Welt ausgesetzt worden ist", erwiderte seine Frau. "Das liegt aber völlig in der Natur des Geschäfts, das ist ganz klar."

"Ich bin schon so lange daran gewöhnt", fuhr Mrs. Craggs fort, "das Geschäft mit allem, was das häusliche Glück verdirbt, verbündet zu sehen, daß ich schon zufrieden bin, es als den ehrlichen Feind meiner Ruhe zu erkennen. Das ist doch wenigstens offen und ehrlich."

"Liebe Frau", versetzte Mr. Craggs, "deine werte Meinung in allen Ehren! Aber ich habe doch nie behauptet, daß das Geschäft der Feind deiner Ruhe sei."

"Nein", entgegnete Mrs. Craggs und schüttelte ihre Glöckchen, "Nein, du natürlich nicht. Du würdest dich ja des Geschäfts nicht würdig erweisen, wenn du so aufrichtig wärest."

"Was mein langes Bleiben heute abend anbelangt, meine Beste", sagte Mr. Snitchey und nahm seine Frau am Arm, "so war das Mißgeschick allein auf meiner Seite; aber, wie Mr. Craggs weiß –"

Mrs. Snitchey ließ ihn das Kompliment nicht zu Ende ausreden; denn sie zog ihren Gatten zur Seite und verlangte von ihm, diesen Menschen anzusehen. Ihr den Gefallen zu tun, ihn anzusehen.

"Wen, liebe Frau?" fragte Mr. Snitchey.

"Den Verbündeten deines Lebens; das bin ich dir freilich nicht, Mr. Snitchey", seufzte Mrs. Snitchey.

"Aber, ich bitte dich, liebe Frau", beruhigte ihr Gatte.

"Nein, nein", sagte Mrs. Snitchey mit erhabenem Lächeln. "Ich kenne meine Stellung. Sieh ihn an, den Verbündeten deines Lebens; dein Musterbild, den Bewahrer deiner Geheimnisse; den Mann, dem du vertraust; dein zweites Selbst –"

Dem Blicke seiner Frau folgend, sah Snitchey nach seinem Sozius hin.

"Wenn du heute abend diesem Menschen in die Augen blicken kannst", sprach Mrs. Snitchey weiter, "und nicht weißt, daß du belogen und betrogen bist; daß du ein Opfer seiner Hinterhalte, ein Knecht seines Willens geworden bist durch einen rätselhaften Zauber, vor dem ich dich umsonst gewarnt habe, so kann ich nur sagen: du tust mir leid!"

Im gleichen Augenblick ließ Mrs. Craggs eine Standpauke los. Wie es nur möglich sei, fragte sie, daß er seinem Snitchey so blind zu trauen vermöchte? Ob er etwa behaupten wolle, er habe Snitchey nicht hereinkommen und in seinem Gesicht nicht Hinterlist, Tücke und Verrat harren sehen? Ob er leugnen wolle, daß schon die Manier, wie er sich die Stirn trockne und scheu um sich schaue, verrate, daß etwas schwer auf seines Snitcheys Gewissen drücke, wofern sein Snitchey überhaupt ein Gewissen habe? Ob etwa andere Leute auch wie sein Snitchey zu festlichen Abenden wie Einbrecher ins Haus einfielen? – was übrigens kaum ein passender Vergleich war, denn er war sehr leise zur Tür eingetreten. Und ob er wirklich am hellen lichten Tage (es war beinahe Mitternacht) so hartnäckig dabei beharren wolle, seinen Snitchey entgegen allen offenbaren Tatsachen, aller Vernunft und Weltkenntnis noch zu verteidigen und in Schutz zu nehmen?

Weder Snitchey noch Craggs hielten es für ratsam, sich dem Strom dieses Zornes offen zu widersetzen. Vielmehr begnügten sie sich damit, sich in diesem treiben zu lassen, bis seine Kraft abgeebbt war; und das geschah in demselben Augenblick, als man zu einem neuen Tanz antrat. Diese Gelegenheit nutzte Mr. Snitchey aus, um Mrs. Craggs um ihre Hand zu bitten, während Mr. Craggs so viel Kavalier war, Mrs. Snitchey aufzufordern. Die Damen willigten auch nach einigen nichtigen Ausflüchten, wie: "Warum fordern Sie nicht eine andere auf?" oder: "Ich weiß, Sie würden froh sein, wenn ich es ausschlage", oder: "Mich wundert es, daß Sie auch außerhalb des Bureaus tanzen können" (dies schon scherzend), gnädig ein und traten an.

Es war diese wechselweise Höflichkeit bei den beiden Familien ein alter Brauch. Sie waren nämlich alle sehr befreundet miteinander und lebten im Tone vergnügter Vertraulichkeit. Vielleicht war der falsche Craggs und der böse Snitchey bei den Damen nur eine Rechtsfiktion, wie Cajus und Sempronius in den Akten der beiden Ehemänner; oder die beiden Damen hatten diese beiden Akten im Geschäft selbst hergestellt und gefördert, bloß um nicht gänzlich ausgeschlossen zu sein. So viel ist jedenfalls sicher, daß jede der beiden Damen ihr Fach ebenso eifrig und stetig betrieb, wie ihr Mann das seine, und daß jede eine glückliche Entwicklung der Firma ohne ihre lobenswerten Anstrengungen fast für gänzlich ausgeschlossen gehalten hätte.

Aber jetzt schwebte der Paradiesvogel in der Mitte herab; und die Glöckchen fingen an zu nicken und zu klingeln; und das rote Gesicht des Doktors drehte sich rundherum, wie ein glänzend gefirnißter Kreisel mit einem Menschengesicht. Der außer Atem geratene Mr. Craggs begann schon zu zweifeln, daß das Tanzen wie das übrige Leben den Menschen zu leicht gemacht worden. Mr. Snitchey aber tanzte mit muntern Sprüngen für sich selbst, für Craggs und für ein halbes Dutzend andere Leute.

Und auch das Feuer faßte frische Lust und loderte heller auf, angefeuert von dem Zug, den der Tanz hervorbrachte. Es war der Genius des Zimmers und überall vorhanden. Es glänzte in den Augen der Männer, schimmerte in den Juwelen am weißen Busen der Mädchen, gaukelte um ihre Ohren, als ob es ihnen neckisch etwas zuraune, erleuchtete den Fußboden und bereitete zu ihren Füßen einen rosigen Teppich, er glänzte und spiegelte und entflammte eine große Illumination in Mrs. Craggs' kleinem Glockenturm...

Und jetzt wurde die Luft, die es anfachte, frischer. Die Musik wurde fröhlicher, und der Tanz bewegte sich in lebhafterem Takt. Ein Wehen erhob sich, das die Blätter und Beeren an den Wänden sich wiegen machte, wie früher im Freien. Ein

Rauschen ging durch das Zimmer, als ob eine unsichtbare Schar Elfen den irdischen Tänzern auf den Fersen folgte. Nun konnte kein Zug von dem Gesicht des Doktors erkannt werden, wie er sich rundherum drehte. Jetzt sah es aus, als ob ein Dutzend Paradiesvögel durchs Zimmer flögen und tausend kleine Glöckchen erklängen. Jetzt ward ein Geschwader wehender Kleider im Sturm dahin getrieben, als die Musik verklang und der Tanz sein Ende hatte.

Der Doktor fühlte sich erhitzt und außer Atem, so daß er nur noch ungeduldiger auf Alfreds Kommen ward.

"Hast du etwas erblickt, Britannien, etwas gehört?"

"Es ist zu finster, um weit zu schauen, Herr, und zu viel Lärmen im Hause, um etwas hören zu können", antwortete der Diener.

"Das ist richtig! Um so lustiger der Willkomm. Wie spät ist es?"

"Punkt zwölf, Herr. Er kann nicht lange mehr verziehen, Herr."

"So frische das Feuer auf und wirf noch einen Kloben dazu", sagte der Doktor. "Sein Willkomm soll ihm durch die Nacht entgegenglänzen, je näher er kommt!"

Er schaute es – ja! Aus seinem Wagen bemerkte er den Schein, da er um die Ecke bei der alten Kirche fuhr. Er kannte das Zimmer, aus dem er strahlte. Er sah die nächsten Zweige der ihm wohlbekannten Bäume zwischen dem Leuchten und sich. Er wußte, daß einer dieser Bäume in sommerlichen Tagen hold vor Marions Fenster rauschte.

Tränen traten ihm ins Auge. Sein Herz klopfte so stark, daß er kaum sein Glück auszuhalten vermochte. Wie oft hatte er dieser Epoche gedacht, sie sich vorgestellt in allen ihren Umständen – gebangt, daß sie doch nicht erscheinen würde, und danach verlangt und sich gesehnt, fern, fern von hier!

Wieder der Glanz! Deutlich und weithin leuchtend, entzündet, wie er wußte, um ihn willkommen zu heißen und um ihm nach dem alten Haus zu leuchten. Er winkte mit der Hand, schwenkte den Hut und begrüßte sie mit Zurufen, als ob sie die Glut wären und als ob sie ihn schauen und hören könnten, wie er jauchzend ihnen auf der Straße entgegenfuhr.

Doch halt! Er kannte den Doktor und vermutete, was dieser getan hatte. Er sollte sie nicht überraschen. Und doch konnte er dies, wenn er nämlich zu Fuß auf das Haus zuschritt. Wenn die Gartentür geöffnet stand, so konnte er dort hinein. Wenn dies nicht der Fall war, so war die Mauer bald überklettert; das wußte er von früher her, und er hätte in einem Augenblick unter ihnen gestanden.

Er stieg aus dem Wagen und befahl dem Kutscher – selbst dies fiel ihm nicht leicht in seiner Erregung – ein paar Minuten zu warten und ihm dann langsam nachzufahren. Darauf eilte er schnell voraus, versuchte, ob die Tür offen war, kletterte über die Mauer, sprang auf die andere Seite herab und stand schweratmend in dem alten Obstgarten.

Es lag ein heller Reif auf den Bäumen, der in dem matten Licht des umwölkten Mondes an den dünnen Zweigen gleich welken Girlanden hing. Dürres Laub raschelte unter seinem Schritt, als er leise auf das Haus zuschlich. Die Winternacht starrte in ihrer ganzen Öde auf die Erde und erschien ebenso am Himmel. Aber der rote Glanz leuchtete ihm freundlich aus den Fenstern entgegen; Gestalten bewegten sich an ihm vorbei, und das Brausen menschlicher Stimmen traf angenehm sein Ohr.

Bemüht, ihre Stimme aus den übrigen herauszuhören und schon zur Hälfte der Überzeugung, daß er sie wirklich höre, hatte er fast schon die Tür erreicht, als sie jäh geöffnet ward und eine Gestalt ihm entgegentrat. Sie wich erschrocken und mit unterdrücktem Ruf zurück.

"Clemency", sagte er, "kennst du mich nicht mehr?"

"Kommen Sie nicht herein!" sagte sie und suchte ihm den Eintritt zu verwehren. "Gehen Sie fort. Fragen Sie nicht weshalb. Kommen Sie nicht herein!"

"Was ist denn?" rief er aus.

"Ich weiß es nicht. Es graut mir, daran zu denken. Eilen Sie von hinnen. Hören Sie?"

Ein Lärm erhob sich im Hause. Sie hielt sich die Ohren mit den Händen zu. Ein Verzweiflungsruf, so gellend, daß keine Hand das Ohr absperren konnte, erscholl; und Grace – Entsetzen in Gesicht und Haltung – stürzte aus dem Hause.

"Grace!" Er fing sie mit den Armen auf. "Was ist los? Ist sie tot?"

Sie machte sich frei, als wollte sie ihm ins Gesicht schauen, und sank bewußtlos vor ihm zu Boden.

Eine Anzahl Menschen kam aus dem Hause gerannt. Darunter der Vater, der ein Papier in der Hand hielt.

"Was gibt es?" stöhnte Alfred und wandte seinen Blick verzweifelt von Gesicht zu Gesicht, indessen er neben der Ohnmächtigen kniete. "Will mich niemand anblicken? Will niemand mit mir sprechen? Kennt mich denn niemand? Ist keine Lippe vorhanden, die mir verrät, was passiert ist?"

Ein Geraune ward hörbar: "Sie ist fort!"

"Fort!" wiederholte er.

"Geflüchtet, lieber Alfred!" sagte der Doktor mit gebrochener Stimme und bedeckte sein Gesicht mit den Händen. "Geflüchtet aus dem Vaterhaus. Heute nacht! Sie sagt, sie hätte selbständig und einwandfrei gewählt – bittet, wir möchten ihr verzeihen – und ist geflüchtet."

"Mit wem? Wohin?" fragte er hastig unterdrückt.

Er sprang auf, als ob er ihr folgen wollte. Aber als sie ihm aus dem Weg wichen, sah er verstört um sich, wankte ein paar Schritte zurück und sank wieder nieder. Er blieb neben Grace knien und ergriff eine ihrer kalten Hände.

Große Verwirrung und Aufregung hatten Platz gegriffen, aber ohne Sinn und Ziel. Einige eilten auf verschiedenen Straßen nach, andere holten Pferde oder Fackeln herbei, andere redeten laut miteinander und wandten ein, daß man nicht die geringste Spur hätte. Einige traten auf ihn zu und versuchten ihn zu trösten. Andere bedeuteten ihm, daß Grace in das Haus geschafft werden müsse, aber er duldete es nicht. Er hörte auf niemanden und rührte sich nicht.

Der Schnee fiel immer dichter. Er sah einmal zum Himmel empor und dachte bei sich, daß diese weiße Asche, die über sein Hoffen und sein Leid gestreut ward, ihr gut stehe. Er schaute umher auf dem weißen Erdboden und dachte daran, daß die Spur von Marions Fuß, kaum eingedrückt, wieder verdeckt werde, und selbst dieses Gedenken an sie nicht von Dauer sein würde. Bei alledem spürte er nichts von dem Wetter und bewegte sich nicht von der Stelle.

### Dritter Teil.

Die Welt war seit dieser Nacht der Rückkehr sechs Jahre älter geworden. Es war ein warmer Herbstnachmittag und es hatte stark geregnet. Die Sonne schien plötzlich durch die Wolken, und das alte Schlachtfeld glänzte bei ihrem Anblick von einem grünen Fleck her aufleuchtend, strahlte ihr einen Willkommensgruß entgegen. Dieser Gruß dehnte sich über das ganze Land aus, als ob man ein Freudenfeuer angezündet hätte, das von tausend Höhen her seine Antwort fände.

Wie schön und herrlich die Landschaft in dem Licht leuchtete! Der Wald, vorher eine dunkle, schwarze Materie, zeigte sein buntes Gewand aus Gelb, Grün, Braun, Rot und seine verschiedenen Gestalten der Bäume, an deren Blättern Regentropfen zitterten und funkelnd herniederfielen. Die sonnige Wiese sah aus, als sei sie noch vor einer Minute blind gewesen und hatte jetzt das Sehvermögen gefunden, mit dem sie zum strahlenden Himmel emporschaute. Getreidefelder, Hecken, Hütten, dichtgedrängte Dächer, der Kirchturm, der Bach, die Mühle, alles leuchtete lächelnd aus der nebligen Dämmerung hervor. Die Vögel sangen erfreulich, die Blumen richteten ihre gesenkten Häupter auf, frische Düfte stiegen aus dem neuerquickten Boden herauf. Die blauen Himmelstreifen aber wurden größer und breiter. Bald erreichten die schrägen Strahlen der Sonne mit unwiderstehlichem Pfeil die vorgelagerte Wolkenwand, die noch zu fliehen zauderte; und ein Regenbogen, ein Inbegriff aller Farben, die Erde und Himmel zierten, wölbte sich im Triumph über den ganzen Horizont.

In solch einer abendlichen Stunde zeigte eine kleine Schenke an der Straße, hübsch verborgen unter einer großen Ulme mit einer herrlichen Sitzbank um den dicken Stamm, ihr freundliches Äußere dem Reisenden, wie es sich für eine Gastwirtschaft schickt, und lockte ihn mit mancher stummen, aber inhaltsvollen Zusage eines freundlichen Empfangs. Das rotbraune Schild nahm sich mit seinen goldenen, in der Sonne leuchtenden Buchstaben in dem dunkeln Laube des Baumes wie ein fideles Gesicht aus und verhieß gute Bewirtung. Die Tiertränke voll reinen Wassers und auf dem Erdboden davor einige Halme duftenden Heues ließen jedes Pferd, das vorbeikam, die Ohren spitzen. Die roten Vorhänge in den Zimmern des Erdgeschosses und die blütenweißen Gardinen in dem kleinen Schlafkabinett droben winkten mit jedem Lüftchen: Hereinspaziert! Auf den frischgestrichenen grünen Schildern stand mit goldenen Lettern zu lesen von Bier und Ale, guten Weinen und guten Betten, und daneben hing ein ergreifendes Bild von einer braunen überschäumenden Trinkkanne. Auf den Fensterbrettern prangten Blumen in ziegelroten Töpfen, die sich sehr fröhlich von der weißen Front des Hauses abhoben. In dem schattigen Torweg aber entdeckte man noch einzelne Streifen Licht, die um die blitzenden Flaschen und Zinnkrüge spielten.

In der Tür tauchte jetzt ein Musterbild von einem Wirt auf. Wenn er nämlich auch klein war, so war er doch voll und umfangreich und stand da, mit den Händen in den Taschen und die Beine gerade so weit auseinandergestellt, daß er dadurch volle Zuversicht auf seinen Keller und unbekümmertes Vertrauen – zu sicher und anspruchslos, um als Prahler zu wirken – auf die sonstigen Freuden des Gasthofs auszudrücken vermochte. Das schwere Naß, das von jedem Dinge nach dem starken Regen herniedertropfte, stand ihm recht gut. Nichts rund um ihn war durstig. Einige Dahlien mit schwerem Kopf, die über den Zaun des gutgepflegten Gärtchens lugten, hatten so viel getrunken, wie sie nur vertragen konnten – vielleicht sogar etwas mehr – und waren vom erquickenden Tranke schwer; aber die Hagebutten, der Lack, die Blumen im Fenster und das Laub des alten Baumes waren in der behaglich heitern Stimmung von Leuten, die nur so viel getrunken, wie ihnen bekommt; nämlich gerade so viel, daß sie damit ihre besten Eigenschaften zur Entwicklung bringen konnten. Während sie klare Tropfen auf den Boden sprengten, schienen sie reichlich linde Luft zu spenden, die Gutes erwirkte, wohin sie vordrang, verkümmerte Winkel traf, in die der ernsthaftere Regen nur selten gelangte, und niemandem weh tat.

Dieser ländliche Gasthof hatte bei seiner Gründung ein außergewöhnliches Wahrzeichen angenommen. Er hieß "Zum Muskatsieb". Unter diesem Namen stand auf demselben roten Schild im dunkeln Laub und mit den gleichen goldenen Buchstaben: Benjamin Britain.

Auf einen zweiten Blick und bei genauerer Betrachtung des Gesichts erkannte man, daß niemand anders als Benjamin Britain selbst in der Tür stand – ziemlich gewandelt, aber zu seinem Vorteil; ein recht ansehnlicher und netter Wirt.

"Mrs. Britain", bemerkte Mr. Britain und sah die Straße hinab, "bleibt etwas lange. Es ist Teestunde."

Weil noch keine Mrs. Britain zu sehen war, bummelte er langsam bis zur Mitte der Straße und sah sich sehr befriedigt das Haus an. "Es schaut ganz wie das Haus aus", sagte Benjamin, "in dem ich einkehren würde, wenn es nicht mir gehörte."

Dann ging er nach dem Gartenzaun und musterte die Dahlien. Sie blickten ihn an, müde und schläfrig mit hängenden Köpfen, die stets nickten, wenn die schweren Regentropfen von ihnen zur Erde fielen.

"Für euch muß gesorgt werden", sagte Benjamin. "Ich darf nicht vergessen, sie darauf aufmerksam zu machen. Sie verweilt lange."

Mr. Britains bessere Hälfte schien in so hohem Maß seine bessere Hälfte zu sein, daß er ohne sie hilflos und aufgegeben war.

"Sie hat nicht viel zu erledigen, glaube ich", sagte Ben. "Es waren ein paar Einkäufe auf dem Markt zu besorgen, aber nicht viel. O! da erscheinen wir endlich!"

Ein Sitzwagen, gelenkt von einem Burschen, kam die Straße daherkutschiert; und drinnen, einen mächtigen, tüchtig nassen Regenschirm hinter sich zum

Trocknen aufgespannt, saß die rundliche Gestalt einer Dame reifen Alters, die bloßen Arme über einem Korb, den sie auf den Knien hielt, gekreuzt, und verschiedene andere Körbe und Pakete um sich. Das gefällige, gutmütige Gesicht und eine gewisse behagliche Widerstandslosigkeit, wie sie von den Erschütterungen des Wagens auf ihrem Sitze hin und her geworfen wurde, erinnerten schon von weitem an alte Zeiten. Als sie näherkam, zeigte sich dies nicht minder; und als der Wagen vor dem Gasthof haltmachte und ein paar Schuhe, aus dem Wagen steigend, schnell durch Mr. Britains geöffnete Arme schlüpften und mit wichtigem Nachdruck den Boden berührten, erkannte man sofort, daß diese Schuhe niemandem anders als Clemency Newcome gehören konnten.

Und dies war auch in der Tat der Fall. Da steht sie denn vor uns, eine gesunde dralle Seele; mit so viel Seifenglanz auf dem Gesicht wie ehedem, nur mit heilen Ellbogen, die jetzt beinahe Grübchen zeigten.

"Du warst lange fort, Clemency!" sagte Mr. Britain.

"Ja, sieh mal an, Ben, ich hatte sehr viel zu besorgen!" antwortete sie und beaufsichtigte emsig das Hineinschaffen ihrer Körbe und Pakete; "acht, neun, zehn – wo ist elf? O! mein Korb elf! es stimmt. Bring das Pferd in den Stall, Harry, und wenn es wieder hustet, so verabfolge ihm heute abend ein warmes Futtergemenge. Acht, neun, zehn. Nun, wo ist elf? Ach, ich vergaß, es ist schon gut. Was machen die Kinder, Ben?"

"Frisch und munter, Clemency."

"Gott beschütze ihre lieben Häupter!" sagte Mrs. Britain und setzte den Hut ab (denn sie und ihr Mann waren jetzt in der Gaststube) und strich sich das Haar mit der flachen Hand glatt. "Gib mir einen Kuß, Alter."

Mr. Britain ließ sich das nicht zweimal sagen.

"Ich glaube", sagte Mrs. Britain und holte ein ganzes Bündel schmaler Hefte und zerknitterter Papiere aus der Tasche, "ich habe alles in Ordnung gebracht. Die Rechnungen alle beglichen – den Rübsen verkauft – Brauereirechnung bezahlt – Tabakspfeifen bestellt – siebzehn Pfund vier Schilling auf der Sparkasse eingezahlt – und Doktor Heathfields Rezepte für die Kleine – du wirst dir schon denken können, wie es ist. – Doktor Heathfield will wieder nichts annehmen, Tim."

"Ich dachte es mir gleich", meinte Britain.

"Ja. Er sagte, Tim, so groß deine Familie auch werde, er werde dir nie einen halben Penny abnehmen. Nicht wenn du zwanzig Kinder kriegen solltest."

Mr. Britains Gesicht nahm einen sehr ernsten Ausdruck an und sah starr an die Wand.

"Ist das nicht recht freundlich?" sagte Clemency.

"Gewiß", entgegnete Mr. Britain. "Aber es ist eine Freundlichkeit, die ich um keinen Preis in Anspruch nehmen möchte."

"Nein", entgegnete Clemency. "Natürlich nicht. Dann ist das Füllen – es hat acht Pfund zwei Schilling eingetragen; und das ist nicht übel, nicht wahr?"

"Es ist sehr gut", sagte Ben.

"Ich freue mich, daß du zufrieden bist", rief seine Frau. "Ich dachte es mir schon; und das, glaube ich, ist alles. Aber jetzt Schluß, Britain. Ha, ha, ha! Hier. Nimm die Papiere und prüfe sie. Doch halt, noch einen Augenblick! Hier ist noch ein gedruckter Zettel. Frisch aus der Druckerei. Wie gut er riecht!"

"Was ist das?" sagte Tim und betrachtete das Blatt.

"Ich weiß nicht", antwortete seine Frau. "Ich habe kein Wort davon gelesen."

"Verkauf durch freiwillige öffentliche Versteigerung", las der Wirt, "unter Vorbehalt früheren Privatübereinkommens."

"Das schreiben sie immer darauf", sagte Clemency.

"Ja, aber doch nicht immer dieses", versetzte er. "Schau her: Herrenhaus und Wirtschaftsgebäude, Park und Garten von Mr. Snitchey und Craggs und das schuldenfreie Gut von Mich. Warden, Esquire, wegen Fortzugs ins Ausland!"

"Wegen Fortzugs ins Ausland!" wiederholte Clemency.

"Hier steht es", sagte Mr. Britain. "Sieh her."

"Und heute hörte ich erst von drüben, daß sie bessere und deutlichere Nachrichten bald senden wolle!" sagte Clemency. Dabei schüttelte sie traurig den Kopf und griff wieder nach ihren Ellbogen, als ob die Erinnerung an alte Zeiten auch alte Gewohnheiten erwecke. "Hm, hm, hm! Das wird drüben wieder die Herzen schwer machen, Ben."

Mr. Britain seufzte, schüttelte den Kopf und sagte, er könne die Angelegenheit von Grund auf nicht begreifen und habe sie längst aufgegeben. Bei dieser Randbemerkung beließ er es und klebte den Zettel hinter die Büfettfensterscheibe, Clemency aber, nachdem sie eine Weile grübelnd dagestanden, machte sich auf und eilte hinaus, um nach den Kindern zu schauen.

Obgleich der Wirt des Muskatsiebs großen Respekt vor seiner Hausfrau hatte, so blieb diese doch ganz in der alten unterwürfigen Art; und das ergötzte ihn außerordentlich. Nichts hätte ihn in größere Verwunderung gebracht, als wenn ihn ein Dritter darauf aufmerksam gemacht hätte, wie sie allein die ganze Wirtschaft führte und ihn durch kluge haushälterische Weise, frischen Unternehmungsgeist, Ehrlichkeit und Fleiß zum wohlhabenden Manne machte. So leicht ist es in jedem Lebensverhältnis (und gar oft ist es wirklich der Fall), die stillen Naturen, die nie ihre Verdienste zur Schau stellen, nach ihrem eigenen bescheidenen Urteil zu werten und ein unerfreuliches Gefallen wegen äußerlicher Besonderheiten und Scheinvorzüge an Menschen zu finden, deren innerer Wert, wenn wir so tief blicken wollten, uns erröten machen müßte!

Es erfüllte Mr. Britain mit Wohlbehagen, wenn er an die Herablassung dachte, mit der er Clemency geheiratet. Sie erschien ihm als ein beständiges Zeugnis seines edlen Herzens, und er spürte, daß ihre Trefflichkeit nur den alten Spruch bestätigte, daß die Tugend sich selbst belohne.

Er hatte den Zettel angeklebt und die Quittungen über die Geschäfte des heutigen Tages in den Büfettschrank geschlossen – wobei er immer über ihre Geschäftstüchtigkeit vor sich hinschmunzelte – als sie mit der Nachricht zurückkam, daß die beiden Master Britains unter Obhut einer gewissen Betsy im Schuppen spielten, die kleine Clemency aber schlafe "wie ein Engel". Jetzt ließ sie sich auch zum Tee nieder, der, auf ihr Erscheinen wartend, auf einem kleinen Tisch bereitstand. Es war ein hübsches kleines Büfett mit der üblichen Dekoration von Flaschen und Gläsern und einer gerichteten Uhr, die auf die Minute ging (es war halb sechs). Jeder Gegenstand war an seinem gehörigen Platz und bis auf das äußerste blankgescheuert und poliert.

"Es ist das erstemal, daß ich heute ruhig zum Sitzen komme", sagte Mrs. Britain und schöpfte tief Atem, als ob sie nun für den Abend festen Sitz gefaßt hätte, aber sie erhob sich doch gleich wieder, um ihrem Mann Tee einzugießen und Butter und Brot zu schneiden; "wie dieser Zettel mich an alte Zeiten denken läßt!"

"Ja, ja!" erwiderte Mr. Britain, packte seine Untertasse wie eine Auster, und schlürfte sie in derselben Weise aus.

"Dieser selbe Mr. Michael Warden", sagte Clemency grübelnd, "brachte mich um meine alte Stelle."

"Und verschaffte dir einen Mann", ergänzte Mr. Britain.

"Na ja", meinte Clemency, "und dafür will ich ihm auch dankbar sein."

"Der Mensch ist ein Knecht der Gewohnheit", sagte Mr. Britain und sah seine Frau über seine Untertasse hin prüfend an. "Ich hatte mich an dich gewöhnt und sah ein, daß ich mich ohne dich nicht recht wohl fühlen würde. Ha, ha! Wer hätte das für möglich gehalten!"

"Ja wirklich!" rief Clemency, "Es war sehr gütig von dir, Ben."

"Nein, nein, nein", antwortete Ben mit selbstgefälliger Bescheidenheit. "Nicht der Rede wert."

"O ja, Ben", sagte seine Frau herzlich. "Ich glaube es doch und bin dir sehr zu Dank verbunden. Ach!" – sie schaute wieder auf den Zettel – "als es bekannt wurde, daß sie entflohen war, das liebe Mädchen, da konnte ich nicht anders – ihretwegen und der Schwester und des Vaters wegen – zu sagen, was ich wußte, nicht wahr?"

"Jedenfalls erzähltest du es", bestätigte ihr Gatte.

"Und Doktor Jeddler", sagte Clemency, ihre Tasse hinsetzend und nachdenklich auf den Zettel schauend, "jagte mich in seinem Kummer und Zorn aus dem Haus! Wie bin ich froh, daß ich damals kein böses Wort gesagt habe und ihm nichts Böses nachtrug; denn er hat es später herzlich bereut. Wie oft hat er hier gegessen und mir immer wieder gesagt, daß es ihm leid tue! – Zum letztenmal gestern noch, als du nicht da warst. Wie oft hat er hier gesessen und stundenlang von dem und jenem geredet, als ob es ihm wohl tue! – aber eigentlich nur aus Liebe zur einstigen Zeit und weil er wußte, daß sie mich gern gehabt hat, Ben!"

"Mein Gott, wie hast du das herausbekommen, Clemency?" fragte ihr Mann, ganz erstaunt, daß sie eine Wahrheit klar erkannte, die in seiner philosophischen Vernunft nur gedämmert hatte.

"Ich weiß es nicht", sagte Clemency, und pustete über ihren Tee, um ihn abzukühlen. "Himmel! ich könnte es nicht sagen, und wenn man mir eine Belohnung von hundert Pfund verspräche."

Er hätte seine philosophischen Gedankengänge wohl noch weiter fortgesetzt, hätte er nicht hinter ihm an der Tür der Gaststube eine substantielle Erscheinung in Gestalt eines Herrn in Trauer, der einen Reitanzug trug, wahrgenommen. Er schien auf ihr Gespräch zu achten und gar nicht die Absicht zu haben, sie zu unterbrechen.

Clemency erhob sich. Auch Mr. Britain stand auf und begrüßte den Gast. "Wünschen Sie gefälligst hinaufzugehen, Sir? Es ist ein sehr hübsches Quartier oben, Sir."

"Ich danke Ihnen", sagte der Fremde und sah Mrs. Britain aufmerksam an. "Ist es gestattet, hier einzutreten?"

"O, wenn Sie wünschen", gab Clemency zur Antwort und öffnete das Schankzimmer. "Was wünschen Sie, Herr?"

Er hatte den Zettel bemerkt und las ihn jetzt.

"Ein sehr schönes Grundstück, Herr", erklärte Mr. Britain.

Er antwortete nicht, sondern drehte sich um, als er die Lektüre beendet, und schaute Clemency mit der gleichen forschenden Aufmerksamkeit wie zuvor an. "Sie fragten", sagte er, ohne den Blick von ihr abzuwenden –

"Was der Herr wünschen", entgegnete Clemency und sah ihn gleichfalls verstohlen an.

"Wenn Sie mir einen Schluck Ale geben wollen", sagte er und trat an einen Tisch am Fenster, "und zwar hierher bringen wollen, ohne daß Sie sich bei Ihrem Tee stören lassen, würde es mir sehr lieb sein."

Er nahm ohne weiteres Platz und schaute auf die Landschaft hinaus. Er war ein Mann in der Blüte seines Lebens, gut und kräftig gebaut. Sein sonnengebräuntes Gesicht überschattete dunkles Haar, und er trug einen Schnurrbart. Als man ihm sein Bier gebracht hatte, schenkte er sich ein Glas ein und trank freundlich auf das Wohl des Hauses; als er das Glas wieder niedersetzte, bemerkte er: "Ein neues Haus, nicht wahr?"

"Nicht gerade neu, Sir", erwiderte Mr. Britain.

"Etwa fünf bis sechs Jahre alt", sagte Clemency, mit ausgesprochener Betonung.

"Ich glaubte vorhin, als ich eintrat, den Namen Dr. Jeddlers zu hören", bemerkte der Fremde. "Dieser Zettel erinnert mich an ihn; denn ich weiß durch Zufall von der Angelegenheit durch Hörensagen und gewisse Beziehungen. – Lebt der alte Herr noch?"

"Gewiß, Herr", sagte Clemency.

"Hat er sich sehr verändert?"

"Seit wann, Herr?" fragte Clemency mit besonderem Ton in der Stimme.

"Seit seine Tochter – ihn verließ."

"Ja! Seitdem hat er sich verändert", sagte Clemency. "Er ist alt und grau geworden und ist durchaus nicht mehr derselbe Mann; aber ich meine, er hat jetzt einen Trost gefunden. Er hat sich seitdem mit seiner Schwester versöhnt und besucht sie oft. Das hat ihm gleich wohl getan. Anfangs war er sehr niedergedrückt, und das Herz konnte sich einem im Leibe umwenden, wenn man ihn herumwandern sah und auf die Welt schelten hörte. Aber nach einem oder zwei Jahren wurde er ein ganz Anderer und Besserer, und dann begann er, gern von seiner verlornen Tochter zu reden, und sie zu loben und auch die Welt! Und er ward nie müde, zu erklären, unter Tränen zu erklären, wie schön und wie gut sie gewesen. Er hatte ihr verziehen. Das war um die Zeit von Miß Graces Hochzeit. Du weißt noch, Britain?"

Mr. Britain erinnerte sich der Geschichte noch sehr gut.

"Die Schwester ist also verheiratet", meinte der Fremde. Er schwieg einen Augenblick, bevor er fragte: "Mit wem?"

Clemency hätte vor Überraschung über diese Frage beinahe das Teebrett umgeworfen.

"Vernahmen Sie nie davon?" fragte sie.

"Nie, ich möchte es aber wissen", antwortete er und goß sich ein neues Glas ein, das er an die Lippen führte.

"O, es wäre eine lange Geschichte, wenn man sie regelrecht erzählen wollte", meinte Clemency und stützte ihr Kinn auf ihre linke Hand, indes sie den linken Ellbogen auf die andere Hand legte und kopfschüttelnd auf die inzwischen verflossenen Jahre zurückschaute, wie man in ein Feuer hineinschaut. "Es wäre eine lange Geschichte."

"Aber rasch erzählt?" forschte der Fremde.

"Rasch erzählt", wiederholte Clemency in dem gleichen nachdenklichen Ton und anscheinend ohne sich um ihn zu kümmern oder sich bewußt zu sein, daß sie Zuhörer habe, "was wäre da zu sagen? Daß sie gemeinsam bekümmert waren, ihrer gedachten wie einer Verstorbenen; daß sie sie in guter Erinnerung behielten, ihr keine Vorwürfe machten und sie zu entschuldigen wußten? Das weiß jeder. Ich zum mindesten weiß es, und niemand besser!" setzte Clemency hinzu und wischte sich die Augen mit der Hand.

"Und dann", half der Fremde ein – –

"Und dann", wiederholte Clemency mechanisch seine Worte, ohne ihre Haltung oder ihre Art zu ändern, "dann fanden sie sich schließlich als Mann und Weib. Sie wurden getraut an ihrem Geburtstag – er jährt sich morgen – in aller Stille, aber zufrieden und glücklich. Mr. Alfred sagte eines Abends, als sie im Obstgarten spazierten: ›Grace, soll unser Hochzeitstag auf Marions Geburtstag fallen?‹ Und so geschah es."

"Und sie leben glücklich zusammen?" fragte der Fremde.

"Ja", sagte Clemency. "Nie lebten Eheleute glücklicher. Sie haben keinen Kummer; nur diesen."

Sie hob das Haupt, als werde sie plötzlich gewahr, unter welchen Umständen sie an diese Geschehnisse zurückdenke, und warf einen schnellen Blick auf den Fremden. Da sie sah, daß er sein Gesicht dem Fenster zugekehrt hatte, als ob er in der Betrachtung der Aussicht versunken wäre, machte sie ihrem Mann ein paar rasche Zeichen, deutete auf den Anschlag und bewegte die Lippen, als habe sie sehr angelegentlich ein Wort oder einen Satz zu wiederholen. Da sie dabei keinen Laut hören ließ und ihre stummen Gesten wie gewöhnlich sehr verwundersam waren, so brachte dies rätselhafte Betragen Mr. Britain bis zum Rand der Verzweiflung. Er staunte den Tisch an, den Fremden, die silbernen Löffel, seine Frau – folgte ihren Mienen mit Blicken tiefen Erstaunens und größter Ratlosigkeit – fragte sie in der gleichen Sprache, ob sein Besitz oder er in Gefahr sei – beantwortete ihre Zeichen mit andern, die seine tiefste Betroffenheit zum Ausdruck brachten – verfolgte die Bewegung ihrer Lippen – riet halblaut "Milch und Wasser", "Scheck", "Maus und Walnuß" und konnte doch über nichts klar werden.

Clemency gab zuletzt ihre aussichtslose Bemühung auf, rückte etwas näher an den Fremden heran und musterte ihn mit scheinbar gesenkten Augen scharf, während sie eine neue Frage erwartete. Sie brauchte nicht lange zu harren; denn er hob gleich wieder von neuem an.

"Und was wurde später aus der Tochter, die ihn verließ? Sie kennen sie, meine ich?"

Clemency schüttelte den Kopf. "Ich hörte", sagte sie, "Doktor Jeddler solle mehr wissen als er zu wissen vorgebe. Miß Grace hat Briefe von ihr erhalten, in denen sie schreibt, daß es ihr gut gehe und daß sie durch ihre Heirat glücklich geworden sei. Sie hat ihr darauf geantwortet. Aber es schwebt ein Geheimnis über ihrem Leben und ihrem Geschick, das bis jetzt nicht aufgeklärt ist, und das –"

Ihre Stimme wurde schwankend und sie stockte.

"Und das –" fuhr der Fremde fort.

"Das nur ein einziger Mensch aufklären könnte", sagte Clemency atmend.

"Und wer wäre das?" forschte der Fremde.

"Mr. Michael Warden!" antwortete Clemency beinahe mit einem Schrei und bekundete damit zugleich ihrem Gatten, was sie ihm vorhin hatte deutlich machen wollen, und Michael Warden, daß er erkannt sei.

"Sie kennen mich noch, Herr", sagte Clemency, zitternd vor Erregung. "Ich sah es soeben! Sie kennen mich noch von der Nacht damals im Garten. Ich war bei ihr!"

"Ja, ich weiß es", entgegnete er.

"Ja, Herr", versetzte Clemency. "Ja, bestimmt. Das ist mein Mann, Herr. Ben, lieber Ben, lauf zu Miß Grace – laufe zu Mr. Alfred – lauf zu irgend jemandem, Ben! Hole irgend jemanden herbei, sogleich!"

"Bleiben Sie!" sagte Michael Warden und trat gelassen zwischen die Tür und Britain. "Was wollen Sie anfangen?"

"Geben Sie ihnen Nachricht, daß Sie hier sind, Sir", bat Clemency und schlug die Hände zusammen, ganz außer sich vor Verwirrung. "Geben Sie ihnen Nachricht, daß sie aus Ihrem Munde mehr von ihr erfahren können; daß sie ihnen nicht ganz verloren ist, sondern daß sie wieder heimkommen wird, um ihren Vater und ihre Schwester – und auch ihre alte Dienerin, mich", sie schlug sich mit beiden Händen auf die Brust, "mit dem Anblick ihres lieben Gesichts zu trösten. Eil', Ben, eil'!" Und noch immer drängte sie ihn gegen die Tür, und noch immer stand Mr. Warden davor und versperrte ihm den Ausgang, nicht mit zorniger, sondern mit betrübter Miene.

"Oder vielleicht", sagte Clemency und hielt sich an Mr. Wardens Mantel, "vielleicht ist sie jetzt hier; vielleicht ist sie ganz nahe. Ja, ich merke es Ihnen an, sie muß hier sein. Bitte, Herr, lassen Sie mich zu ihr. Ich hütete sie, als sie noch ein kleines Kind war. Ich sah sie aufwachsen als Freude dieses Ortes. Ich kannte sie, als sie Mr. Alfreds Braut war. Ich versuchte sie zurückzuhalten, als Sie sie hinweglockten. Ich kenne ihr Vaterhaus, wie es war, als sie es noch beseelte, und wie es sich geändert hat, seitdem sie entfloh. Bitte, Herr, lassen Sie mich zu ihr!"

Er sah sie mitleidig und erstaunt an, machte aber keine Geste der Einwilligung.

"Ich glaube nicht, daß sie wissen kann", erklärte Clemency, "wie aufrichtig sie ihr vergeben haben; wie sehr sie sie lieben; welche Freude es ihnen bereiten würde, sie noch einmal zu sehen. Sie scheut sich vielleicht, nach Hause heimzukehren. Ich kann ihr vielleicht Mut zusprechen, wenn sie mich erblickt. Nur sagen Sie mir, haben Sie sie mitgebracht?"

"Nein", sagte er kopfschüttelnd.

Diese Antwort, sein Verhalten, sein Traueranzug, seine stille Rückkehr, die angekündigte Absicht, ins Ausland zu ziehen, offenbarten alles: Marion war tot.

Er konnte ihr nichts entgegnen, ja, sie war tot! Clemency setzte sich nieder, legte das Gesicht auf den Tisch und weinte bittere Tränen.

In diesem Augenblick stürzte ein alter, grauhaariger Herr außer Atem ins Zimmer und keuchte so sehr, daß man an seiner Stimme kaum Mr. Snitchey erraten hätte.

"Mein Gott, Mr. Warden!" rief der Advokat und zog ihn beiseite, "was für ein Wind", er war so erschöpft, daß er pausieren mußte und erst nach einer Weile ganz schwach fortfuhr, "hat Sie hierher geführt?"

"Ein schlimmer, fürchte ich", antwortete er. "Wenn Sie hätten hören können, was hier eben geschah – wie ich Unmögliches tun soll – wie ich Betrübnis und Herzeleid mitbringe!"

"Ich kann alles begreifen. Aber warum sind Sie gerade hierher gekommen?" sagte Snitchey.

"Weshalb sollte ich nicht! Wie konnte ich wissen, wer hier Wirt ist? Als ich meinen Diener zu Ihnen schickte, ging ich hier herein, weil mir das Haus neu war. Ich hatte ein begreifliches Interesse für alles Neue und Alte in dieser Umgebung von einst. Außerdem aber wollte ich vor der Stadt erst einmal mit Ihnen zusammentreffen. Ich wollte wissen, was die Leute über mich reden. Ich sehe es an Ihrer Haltung, daß Sie es mir sagen können. Wäre Ihre verwünschte Vorsicht nicht gewesen, dann hätte ich längst alles erfahren können."

"Unsere Vorsicht!" rief der Advokat aus. "Im Namen meiner selbst und Craggs' – selig", hier blickte er auf den Flor an seinem Hut und schüttelte den Kopf, "zu Ihnen gesprochen, Mr. Warden, wie können Sie uns klugermaßen eine Schuld zuschreiben? Wir einigten uns, diese Angelegenheit nicht wieder zu berühren, da es keine Sache war, in die sich so würdige und gesetzte Männer wie wir (ich notierte mir Ihre damaligen Bemerkungen) mischen dürften. Unsere Vorsicht! während Mr. Craggs in sein ehrenwertes Grab stieg in dem Glauben –"

"Ich hatte feierlich versprochen, zu schweigen, bis ich zurückkehren würde, wie lange dies auch immer dauern möchte", unterbrach ihn Mr. Warden; "und ich habe das Versprechen gehalten."

"Gut, Herr, und ich wiederhole es, wir waren gleichfalls zum Schweigen verpflichtet. Dazu zwang uns unsere Verpflichtung gegen uns selbst und gegen verschiedene Klienten, unter denen auch Sie waren. Es war nicht unsere Sache, Sie über eine so persönliche Angelegenheit auszuforschen; ich hatte meine Befürchtung, Herr; aber erst seit sechs Monaten habe ich die Wahrheit erfahren."

"Durch wen?" fragte sein Klient.

"Durch Doktor Jeddler selbst, Herr, der mir freiwillig sein Vertrauen schenkte. Er, und nur er, hat um die ganze Wahrheit seit mehreren Jahren gewußt."

"Und Sie wissen sie auch?" sagte sein Klient.

"Ja, Herr!" erwiderte Snitchey, "und ich habe auch allen Anlaß, anzunehmen, daß ihre Schwester sie morgen abend hören wird. Unterdessen werden Sie mir hoffentlich die Ehre erweisen, Gast in meinem Hause zu sein, da man Sie bei den Ihren nicht erwartet hat. Doch um etwaigen weitern Verlegenheiten vorzubeugen, für den Fall, daß man Sie erkennen sollte – ist es besser, wir essen hier und gehen abends nach der Stadt. Man speist hier recht gut, Mr. Warden; das Haus ist übrigens das Ihre. Ich und Craggs (selig) aßen hier oft ein Kotelett und fanden es immer delikat. Mr. Craggs, mein Herr", sagte Snitchey und schloß die Augen fast für einen Augenblick, um sie dann wieder zu öffnen, "wurde zu früh aus dem Buche der Lebendigen gelöscht."

"Der Himmel vergebe es mir, daß ich Ihnen nicht mein Beileid sagte", versetzte Michael Warden und fuhr mit der Hand über die Stirn; "aber mir ist es, als ob ich träumte. Es ist mir, als wäre ich nicht ganz bei Bewußtsein. Mr. Craggs, – ja – ich bedauere es sehr, daß wir Mr. Craggs verloren haben." Aber er blickte, indem er so sprach, auf Clemency und schien mit Ben, der sie tröstete, Sympathie zu fühlen.

"Mr. Craggs, Sir", entgegnete Snitchey, "erfuhr, was ich zu meinem Leidwesen bekennen muß, daß das Leben nicht zu leicht zu behalten war, wie es ihm seine Theorie sagte, sonst würde er noch unter uns verweilen. Es ist ein herber Verlust für mich. Mr. Craggs war mein rechter Arm, mein rechtes Bein, mein rechtes Ohr, mein rechtes Auge. Ich komme mir ohne ihn wie ein Lahmer vor. Er vermachte seinen Geschäftsanteil der Mrs. Craggs, den Testamentsvollstreckern, Sachwaltern und Kuratoren. Sein Name steht noch heute im Schild der Firma. Manchmal versuche ich wie ein Kind, mich in den Glauben einzuwiegen, als lebe er noch. Ich sage immer wieder: Snitchey allein und Craggs – selig, mein Herr, – selig", sagte der gefühlvolle Anwalt und zog ein Taschentuch hervor.

Michael Warden, der Clemency noch immer ansah, wandte sich zu Snitchey, als dieser aufhörte zu reden, und flüsterte ihm etwas ins Ohr.

"Ach, die arme Frau!" sagte Snitchey und schüttelte den Kopf, "Ja. Sie hing immer sehr an Marion. Schöne Marion! Arme Marion! Aber Kopf hoch, liebe Frau – Sie sind ja jetzt verheiratet, Clemency."

Clemency seufzte nur und schüttelte das Haupt.

"Nur Geduld bis morgen", sagte der Advokat voll Güte.

"Das Morgen macht die Toten nicht lebendig, Herr", sagte Clemency schluchzend.

"Dies freilich nicht, sonst würde es auch Mr. Craggs, selig, wieder lebendig machen", erwiderte der Anwalt. "Jedoch Trost kann es bringen. Geduld bis morgen."

Clemency schüttelte die hingestreckte Hand und versprach sich zu beruhigen. Britain aber, der beim Anblick seiner kummervollen Gattin (es war gerade, als lasse das ganze Geschäft den Kopf hängen) ganz niedergeschlagen worden war, erklärte, so sei es richtig. Mr. Snitchey und Michael Warden gingen hinauf und waren droben alsbald in eine so vorsichtig gehaltene Unterredung vertieft, daß durch das Klirren der Teller und Schüsseln, das Zischen der Pfannen, das Prutzeln in den Kasserollen, das gleichförmige Schnurren des Bratspießrades – das von Zeit zu Zeit schrecklich gluckste, als sei ihm in einem Anfall von Schwindel etwas zugestoßen – und die andern Vorbereitungen zu ihrem Diner in der Küche auch kein Wörtchen hörbar ward.

Der folgende Tag war schön und heiter, und nirgends sah die herbstlich gefärbte Landschaft schöner aus, als von des Doktors freundlichem Obstgarten her. Der Schnee vieler Winternächte war hier zerronnen, die welken Blätter manches Sommers hatten hier geraschelt, seitdem sie geflüchtet war. Die Jelängerjelieber-Laube war wieder grün, die Bäume warfen schöne wechselnde Schatten auf den

Rasen; die Landschaft war so heiter ruhig, wie sie nur sein konnte. Wo aber war sie?

Nicht hier. Nicht dort. Sie wäre jetzt ein seltsamer Anblick in dem alten Haus gewesen, seltsamer selbst, als anfangs das Haus ohne sie. Aber an ihrem gewohnten Platz saß eine Dame, aus deren Herzen sie nie entschwunden war; in deren treuer Erinnerung sie fortlebte, unverändert, im vollen Glanz ihrer Jugend und Schönheit; in deren Liebe – und es war nur die Liebe einer Mutter: eine geliebte kleine Tochter spielte neben ihr – sie keine Nebenbuhlerin, keine Nachfolgerin hatte und auf deren zarten Lippen ihr Name jetzt hauchte.

Der Geist der entschwundenen Jungfrau schaute aus diesen Augen; aus diesen Augen Graces, ihrer Schwester, wie sie mit dem Gatten an ihrem Hochzeitstag und Marions Geburtstag im Obstgarten saß.

Er hatte es zu keinem berühmten Namen gebracht, hatte auch keine Reichtümer gesammelt, hatte aber die Umwelt und die Freunde seiner Jugend nicht vergessen; er hatte keine von des Doktors Voraussagungen erfüllt. Aber bei seinen stillen und wohltuenden Besuchen in niedern Hütten; bei seinen Nachtwachen am Krankenlager und bei seiner täglichen Erkenntnis des vielen Schönen und Guten, das auf den Seitenwegen des Lebens blüht und nicht niedergetreten wird von dem schweren Fuß der Armut, sondern kräftig emporsprießt in ihren Spuren, hatte er von Jahr zu Jahr die Wahrheit seines alten Glaubens besser gelernt und bewiesen. Seine Lebenshaltung, so ruhig und bescheiden sie auch war, hatte ihm bewiesen, wie oft sich noch immer Engel der Menschen annehmen, wie in alter Urzeit; und wie oft die unscheinbaren Gestalten – selbst manche, die dem Äußern nach gewöhnlich und häßlich erscheinen und in Lumpen gekleidet sind – am Schmerzenslager des Kranken in einem neuen Licht erscheinen und sich zu hilfsbereiten Engeln wandeln mit einer Strahlenkrone um das Haupt.

Er hatte vielleicht seinen Menschenberuf besser erfüllt auf diesem alten Schlachtfeld, als wenn er ohne Rast auf ruhmvolleren Bahnen gekämpft hätte; und er war glücklich mit seiner Gattin Grace.

Und Marion? Hatte er sie vergessen?

"Die Zeit ist seither schnell vergangen, liebe Grace", sagte er – sie sprachen von jener Nacht – "und doch scheint es schon lange gewesen zu sein. Wir zählen nach den Wandlungen und Erlebnissen in uns, nicht nach Jahren."

"Aber auch Jahre sind verstrichen, seitdem Marion uns verlassen", entgegnete Grace. "Sechsmal, lieber Mann, den heurigen Tag mit inbegriffen, haben wir an ihrem Geburtstag hier gesessen und von ihrer so heiß ersehnten und so lange aufgeschobenen Rückkehr gesprochen. Wann wird dies endlich der Fall sein!"

Ihr Gatte sah sie aufmerksam an, wie sich die Tränen unter ihren Wimpern sammelten, und sagte dann, sie näher zu sich ziehend: "Aber Marion erklärte dir doch in ihrem Abschiedsbrief, den sie auf dem Tisch zurückließ und den du so oft liest, daß Jahre darüber hingehen müßten, ehe dies eintreffen könnte. Ist das nicht wahr?"

Sie zog den Brief aus der Brust, küßte ihn und sagte: "Ja".

"Daß sie während dieser Zeit, so glücklich sie auch sein möge, auf die Zeit harren werde, wo sie heimkehren und alles aufklären könne; und daß sie dich bitte, im gleichen Sinn zu hoffen und zu vertrauen. Das steht im Brief, nicht wahr. Liebste!"

"Ja, Alfred!"

"Und in jedem Brief, den sie seither geschrieben?"

"Außer in dem letzten – vor einigen Monaten – in dem sie von dir schrieb und von dem, was du damals erfahren und was ich heute abend hören sollte."

Er blickte nach der Sonne, die sich dem Abend zugeneigt hatte, und sagte, die angesetzte Zeit sei Sonnenuntergang! –

"Alfred!" sagte Grace und legte innig die Hand auf seine Schulter; "es steht etwas in dem Brief, was ich dir nie mitgeteilt habe. Aber heute abend, geliebter Gatte, da dieser Sonnenuntergang naht, und unser Leben mit dem scheidenden Tage feierlicher und stiller zu werden scheint, kann ich es nicht verbergen."

"Was ist es, Geliebte?"

"Als Marion von uns ging, schrieb sie in diesem Brief, daß, wie du sie mir einst anvertraut, sie dich jetzt in meine Hände lege, Alfred; sie beschwor mich im Namen meiner Liebe zu ihr und zu dir, nicht die Neigung zurückzuweisen, die du, wie sie wisse, auf mich übertragen würdest, sobald die noch frische Wunde geheilt sei, sondern sie zu ermuntern und zu erwidern."

"Und um mich wieder zu einem glücklichen und zufriedenen Manne zu machen, Grace. Schrieb sie dies nicht?"

"Sie meinte, mich so beglückt und geehrt mit deiner Liebe zu machen!" war seiner Frau Antwort, als er sie in seinen Armen umfing.

"Höre mich, Geliebte!" sagte er. – "Nein. So!" – Und mit diesen Worten legte er sachte ihren Kopf an seine Brust. "Ich weiß, weshalb ich von dieser Stelle im Briefe nie etwas vernommen habe. Ich weiß, weshalb sich damals bei dir nie eine Spur davon in Wort oder Blick verraten hat. Ich weiß, weshalb Grace, obwohl meine echte Freundin, doch so schwer dahin zu bringen war, mein Weib zu werden. Ja, ich kenne den nicht auszumessenden Wert des Wesens, das ich in meinen Armen halte, und danke Gott für den köstlichen Schatz!"

Sie weinte, jedoch nicht aus Kummer, als er sie gegen sein Herz preßte. Nach einer Pause sah er auf das Kind herab, das ihnen zu Füßen saß und mit einem Körbchen voll Blumen spielte, und sagte zu ihm: "Sieh einmal, wie rot und golden die Sonne ist."

"Alfred", versetzte Grace und schaute bei diesen Worten rasch auf. "Die Sonne sinkt. Du hast nicht vergessen, was ich vernehmen soll, bevor sie untergegangen ist."

"Du sollst die Wahrheit über Marions Schicksal hören, Liebe", entgegnete er.

"Die ganze Wahrheit", bat sie flehentlich. "Ohne weiteres Verbergen. So lautet das Versprechen, nicht wahr?"

"Freilich", meinte ihr Gatte.

"Bevor die Sonne an Marions Geburtstag unterginge. Und du siehst, Alfred, sie ist nahe am Untergehen."

Er schlang die Arme um sie, blickte ihr tief ins Auge und sagte: "Nicht ich soll dir diese Botschaft eröffnen, liebe Grace. Sie soll von andern Lippen kommen."

"Von andern Lippen!" wiederholte sie lautlos.

"Ja. Ich kenne dein treues Gemüt. Ich weiß, wie fest du bist, und daß ein Wort der Vorbereitung bei dir genügt. Du sagtest, die Zeit sei genaht. Sie ist da. Sage mir, ob du stark genug bist, eine Überraschung, eine Erschütterung zu ertragen: dann harrt der Bote schon vor der Tür."

"Welcher Bote?" fragte sie. "Und was für eine Nachricht bringt er?"

"Ich darf nicht mehr sagen", versetzte er mit demselben festen Blick. "Glaubst du mich zu begreifen?"

"Ich zittere bei dem Gedanken", sagte sie.

Trotz seiner ruhigen Miene lag ein Ausdruck auf seinem Gesicht, der sie in Schrecken setzte. Von neuem barg sie ihr Antlitz an seiner Brust und bat ihn bebend, noch einen Augenblick zu warten.

"Mut, arme Grace! Wenn du genug Kraft hast, harrt der Bote schon vor der Tür. Die Sonne geht über Marions Geburtstag unter. Mut, Mut, Grace!"

Sie erhob den Kopf, blickte ihn an und erklärte, sie sei bereit. Indessen sie so dastand und ihm nachschaute, ähnelte sie Marion in deren letzten Zeit wunderbar. Er nahm ihr Kind zu sich. Sie rief es zurück – es hatte der verlornen Schwester Namen – und drückte es an ihr Herz. Aber als sie die Kleine wieder losließ, eilte diese ihm nach, und Grace war allein. Sie wußte nicht, was sie ängstigte oder was sie erhoffte, sondern blieb ohne Regung stehen und schaute nach der Tür, durch die sie entschwunden waren.

Himmel, was ist das, was aus dem Schatten hervor sich nähert und auf der Schwelle verweilt? Diese Gestalt in dem weißen, von der Abendluft bewegten Gewand, das Haupt zärtlich ruhend an ihres Vaters Brust! Gott, war es ein Traumgesicht, das sich aus ihres Vaters Armen losriß und mit einem Schrei in heißer Liebesfreude ihr in die Arme sank?

"Marion, Marion! Meine Schwester! Mein teures geliebtes Herz! Ach unsagbares Glück des Wiedersehens!"

Es war kein Traum, kein von Hoffnung und Furcht beschworenes Bild der Phantasie, es war Marion selbst! So hold, so glücklich, so unberührt von Schmerz und Leiden, so schön in ihrer Anmut, daß, als die Sonne auf ihr gen Himmel gewandtes Antlitz leuchtete, sie wie ein Engel aussah, der die Erde segenspendend aufsuchte.

Marion hielt ihre Schwester umarmt, die auf eine Bank gesunken war, und neigte sich zu ihr nieder. Sie lächelte durch ihre Tränen, und nun kniete sie vor ihr hin und konnte keinen Augenblick das Auge von ihr wenden. Endlich brach sie das Schweigen, und ihre Stimme klang klar, leise und harmonisch in die Stille des Feierabends.

"Als ich noch unter diesem geliebten Dache lebte, Grace –"

"Mein süßes Herz! Nur einen Augenblick! O Marion, dich wieder reden zu hören!"

Sie konnte die geliebte Stimme nicht ohne tiefe, fast schmerzliche Erschütterung vernehmen.

"Als ich noch unter diesem Dache lebte, Grace, liebte ich ihn von ganzer Seele. Ich liebte ihn auf das innigste. Ich hätte für ihn sterben können, wiewohl ich noch so jung war. Ich verschmähte seine Liebe nie in meinem innersten Gemüt; nicht einen einzigen Augenblick. Sie war mir teurer, als ich es zu beschreiben vermag. Obwohl es lange her ist, längst vergangen und alles ganz anders geworden, so konnte ich doch den Gedanken nicht ertragen, daß du etwa glaubtest, ich hätte ihn ehedem nicht treu geliebt. Ich liebte ihn nie mehr, Grace, als an dem Tage, da er von hier Abschied nahm. Ich liebte ihn nie mehr, als an dem Abend, da ich von hier flüchtete."

Ihre Schwester vermochte nur ihr ins Antlitz zu schauen und sie fest in den Armen zu halten.

"Aber ohne es zu ahnen", sagte Marion sanft lächelnd, "hatte er ein anderes Herz gewonnen, ehe ich überhaupt eins besaß, um es ihm zu schenken. Dieses Herz – deines, Schwester – war so erfüllt von Liebe zu mir, war so opferbereit und edel, daß es seine Liebe verhüllte und sie geheimhielt vor den Augen aller, außer vor den meinen – ah, welche Augen wären auch so von Liebe und Dankbarkeit geschärft gewesen! – und sich für mich aufopferte. Aber ich kannte die Tiefe dieses Herzens. Ich kannte den Kampf, den es ausgefochten. Ich wußte, wie hoch und unermeßlich sein Wert für ihn war und wie teuer er es schätzte, mochte er auch mich lieben. Ich wußte, wieviel ich diesem Herzen verdankte, ich hatte sein schönes Beispiel täglich vor Augen. Was du für mich getan hast, Grace, das wußte ich, würde ich auch für dich tun können, wenn ich den Willen dazu hatte. Ich legte mich nie zur Ruhe, ohne Gott mit Tränen zu bitten, daß er mir die Kraft dazu verleihen möge. Ich begab mich nie zur Ruhe, ohne an Alfreds eigene Worte beim Abschied zu denken, daß täglich in menschlichen Herzen Siege gewonnen würden, gegen die jene Schlachtfelder zu nichts würden. Und als ich immer mehr und mehr an die Entsagung dachte, die sich täglich in der Welt ereignet und die gemeinhin so wenig beachtet wird, da fühlte auch ich, daß mir meine Prüfung täglich leichter ward! Gott aber, der jetzt in unser Herz blickt und weiß, daß kein Tropfen Kummer oder Schmerz in dem meinen ist, nichts als Glück, verlieh mir die Kraft zu dem Entschluß, nie Alfreds Gattin zu werden. Daß er mein Bruder und dein Gatte werden sollte, wenn mein Beginnen dieses glückliche Ende herbeiführen könnte, daß ich aber nie (Grace, ich liebte ihn damals innig!) sein Weib werden wollte!"

"O, Marion! O, Marion!" hauchte Grace.

"Ich bemühte mich zu tun, als ob er mir gleichgültig wäre", und sie legte das Gesicht ihrer Schwester an ihre Wange, "aber das war zu schwer, und du sprachst immer eifrig für ihn. Ich bemühte mich, dir meinen Entschluß zu gestehen, doch du wolltest mich nie hören – nie verstehen. Die Zeit seiner Rückkehr kam herbei. Ich fühlte, daß ich handeln mußte, ehe dieser tägliche Verkehr neu auflebte. Ich fühlte, daß ein großer Schmerz in diesem Augenblick uns alle langen Leiden ersparen könnte. Ich wußte, daß, wenn ich vor ihm flüchtete, schließlich das eintreten müßte, was eingetreten ist, und was uns beide so glücklich gemacht hat, Grace! Ich schrieb an Tante Martha und bat sie um Aufnahme in ihrem Heim: ich sagte ihr damals nicht die ganze Wahrheit, aber sie erfüllte mir gern meine Bitte. Während meine Entschlußkraft noch mit mir und meiner Liebe zu Euch und dem Vaterhaus um Entscheidung rang, ward Mr. Warden durch einen Unglücksfall eine Zeitlang unser Hausgenosse."

"Ich habe das in letzter Zeit zuweilen gefürchtet," rief ihre Schwester aus und wurde totenblaß. "Du liebtest ihn nie und hast aus Entsagung geheiratet!"

"Er war damals", sagte Marion und zog ihre Schwester näher zu sich heran, "im Begriff, heimlich ins Ausland zu fliehen. Er schrieb an mich, offenbarte mir seine Verhältnisse und Aussichten und bot mir seine Hand an. Er erklärte mir, er habe empfunden, daß ich Alfreds Rückkehr nicht freudig entgegensähe. Ich glaube, er war der Ansicht, mein Herz hätte keine Neigung zu diesem Bündnis, oder ich hätte ihn wohl früher geliebt, liebe ihn indessen nicht mehr; oder ich suchte Gleichgültigkeit zu verbergen, indem ich mich gleichgültig stellte – kurz, ich weiß es nicht. Aber ich wollte, daß Alfred glauben sollte, ich sei ganz für ihn verloren. Verstehst du mich, geliebte Schwester?"

Ihre Schwester blickte ihr aufmerksam ins Gesicht. Sie schien in Unklarheit zu sein.

"Ich traf mich mit Mr. Warden und vertraute mich seiner Ehre an; ich offenbarte ihm mein Geheimnis am Abend vor seiner und meiner Flucht. Er hat es treu bewahrt. Verstehst du mich, Liebste?"

Grace schaute verwirrt um sich. Sie schien es kaum zu hören.

"Geliebte Schwester!" sagte Marion, "sammle deine Gedanken für einen Augenblick: höre mich. Blicke mich nicht so seltsam an. Es gibt Länder, wo die Menschen, die eine widerspenstige Leidenschaft unterdrücken oder einen tiefen Schmerz ihrer Brust heilen wollen, sich in immerwährende Einsamkeit zurückziehen und für ewig der Welt und deren Gefühlen den Abschied geben. Wenn

Frauen dies tun, so nehmen sie den Namen an, der mir durch dich so lieb ist, und nennen sich Schwestern. Aber es gibt auch Schwestern, Grace, die unter Gottes freiem Himmel und im geschäftigen Menschengewühl, wo sie möglichst bemüht sind, Segen zu spenden und Gutes zu tun, ein Gleiches lernen. Mit noch unverbrauchtem und jugendlichem Herzen und noch empfänglich für Glück können sie sagen: der Kampf ist langst vorbei, der Sieg längst gewonnen. Und eine solche Schwester bin ich! Begreifst du mich jetzt?"

Aber noch immer sah diese Marion starr an und antwortete nicht.

"O Grace, geliebte Grace", sagte sie und schmiegte sich noch inniger an die Brust, von der sie so lange getrennt gewesen, "wenn du nicht glücklich als Gattin und Mutter wärest wenn ich keine kleine Namensschwester hier fände – wenn Alfred, mein lieber Bruder, nicht dein zärtlicher Gatte wäre, wo sollte ich dann die Seligkeit finden, die mir jetzt eigen ist? Wie ich das Haus verlassen habe, so kehre ich zurück. Mein Herz hat keine andere Liebe gekannt, meine Hand ist noch immer frei, ich bin noch immer deine jungfräuliche Schwester, unverheiratet, unverlobt: deine alte, liebe Marion, in deren Herzen du allein, ohne Nebenbuhler hausest, Grace!"

Sie begriff sie jetzt. Die Anspannung in ihrem Antlitz löste sich. Ihre Rührung machte sich in hellem Schluchzen Luft. Unter Tränen fiel sie ihrer Schwester um den Hals und streichelte sie wie ein Kind.

Als sie sich wieder etwas gefunden hatten, sahen sie den Doktor und Tante Martha, seine Schwester, und Alfred vor sich stehen.

"Das ist ein schlimmer Tag für mich", sagte Tante Martha, unter Tränen lächelnd, als sie ihre Nichten umarmte; "denn indem ich euch alle glücklich gemacht habe, verliere ich eine liebe Tochter. Was vermögt ihr mir an Stelle meiner Marion zu geben?"

"Einen bekehrten Bruder", sagte der Doktor.

"Das", versetzte Tante Martha, "ist wenigstens etwas in einer solchen Narrenskomödie wie –"

"Ich bitte dich", sagte der Doktor reuevoll.

"Na, ich will es auf sich beruhen lassen", versetzte die Tante zur Antwort. "Aber ich fahre wirklich schlecht dabei. Ich weiß nicht, was aus mir werden soll ohne meine Marion, nachdem wir ein Halbdutzend Jahre nebeneinander gelebt haben."

"Du wirst zu mir ziehen müssen", sagte der Doktor. "Wir zanken uns bestimmt nicht mehr."

"Oder heiraten, Tante", riet Alfred.

"Ich glaube wirklich", erwiderte die Dame, "es wäre nicht übel, wenn ich Michael Warden aufs Korn nähme, der in jeder Hinsicht gebessert heimgekehrt sein soll. Aber weil ich ihn schon als Jungen kannte und damals auch nicht mehr sehr jung war, so möchte er mich am Ende abweisen. Daher will ich lieber zu Marion ziehen, wenn sie heiratet (was doch nicht lange währen kann), und bis dahin für mich wohnen. Was meinst du dazu, Bruder?"

"Ich hätte große Lust zu behaupten, daß es eine durch und durch erheiternde Welt ist, die gar nichts Ernsthaftes hat", entgegnete der Doktor.

"Du könntest zwanzig Belege darüber protokollieren, Anthony", meinte seine Schwester; "und dennoch würde dir das niemand, wenn er uns sähe, glauben."

"Es ist eine Welt voll Seelengüte", sagte der Doktor und umarmte beide Töchter zugleich – denn er vermochte nicht die Schwestern voneinander zu lösen; "und eine ernste Welt mit all ihren Dummheiten – selbst mit einer, die groß genug war, den ganzen Erdball zu überdecken; eine Welt, auf der die Sonne nie aufgeht, ohne auf Tausende von unblutigen Kämpfen niederzuschauen, die die Leiden und Verbrechen der Schlachtfelder einigermaßen wieder wettmachen; eine Welt, über die wir nicht spotten dürfen; denn sie ist voll von Geheimnissen, und nur ihr Schöpfer weiß, was hinter der Außenfläche seines ärmlichsten Nachbildes verborgen liegt!"

Ich würde euch keinen Gefallen erweisen, wenn ich mit derber Hand die Freude dieser lange getrennten und jetzt wieder vereinten Familie analysieren wollte. Darum wollen wir den Doktor nicht in der Erinnerung an seinen Schmerz begleiten, den er nach der Flucht Marions empfunden hatte. Wir wollen auch nicht berichten, wie ernst er die Welt gefühlt hatte, zu der eine tief eingewurzelte Neigung das Erbgut aller Menschen ist; auch nicht, wie ihn eine solche Kleinigkeit, wie der Fehler bei einer einzigen kleinen Ziffer in der großen Narrenrechnung, zu Boden gedrückt hatte. Auch nicht, wie ihm seine Schwester schon lange aus Mitgefühl die Wahrheit allgemach enthüllt, ihm das Herz der freiwillig verbannten Tochter entdeckt und ihn zu ihrem Herzen geleitet hatte.

Wir erzählen auch nicht, wie Alfred Heathfield in dem eben verflossenen Jahre die Wahrheit erfahren; und wie Marion ihn wiedergesehen und ihm als ihrem

Bruder gelobt hatte, an dem Abend ihres Geburtstages Grace mit eigenem Mund alles zu offenbaren.

"Ich bitte um Verzeihung, Doktor", sagte Mr. Snitchey, in den Garten lugend, "darf man stören?"

Ohne eine Antwort zu erwarten, ging er geradeswegs auf Marion zu und küßte ihr in großer Freude die Hand.

"Wenn Mr. Craggs noch am Leben wäre, mein teures Fräulein Marion", sagte Mr. Snitchey, "so würde er mit großer Teilnahme dem heutigen Tag folgen. Er würde vielleicht auf den Gedanken kommen, Mr. Alfred, daß das Leben uns nicht allzuleicht gemacht wird; daß es aber jede kleine Erleichterung, die wir ihm zu verleihen vermögend wären, wohl vertragen könnte; indessen Mr. Craggs war ein Mann, der auch vernünftig mit sich reden ließ. Wenn er jetzt der Überzeugung fähig wäre – doch das ist Schwäche. Liebe Frau", auf diesen Ruf trat die gemeinte Dame in die Tür, "du bist bei alten Bekannten."

Nachdem Mrs. Snitchey ihren Glückwunsch ausgesprochen, nahm sie ihren Gatten zur Seite.

"Nur eine Sekunde, Mr. Snitchey", sagte die Lady. "Es ist nicht meine Art, Toten Böses nachzusagen."

"Nein, liebe Frau", erwiderte ihr Mann.

"Mr. Craggs ist –"

"Ja, meine Liebe, er ist gestorben", warf Mr. Snitchey ein.

"Aber ich bitte dich, jenes Ballabends zu gedenken", fuhr seine Frau fort. "Nur darum ersuche ich dich. Wenn du mir folgst und wenn dich dein Gedächtnis nicht ganz im Stich läßt, und wenn du nicht ganz geistesschwach geworden bist, so fordere ich dich auf, den heutigen Abend mit jenem zu verknüpfen und dich daran zu erinnern, wie ich dich auf meinen Knien anflehte und bat –"

"Auf den Knien?" fragte Mr. Snitchey.

"Ja", entgegnete Mrs. Snitchey ganz sicher, "und du weißt es – dich vor diesem Mann in acht zu nehmen – seinen Blick zu beobachten – und jetzt sage mir, ob ich damals nicht recht hatte, und ob er an jenem Tage nicht im Besitz von Geheimnissen war, die er nicht für gut hielt, zu enthüllen?"

"Liebe Frau", flüsterte ihr der Anwalt ins Ohr, "bemerktest du vielleicht auch etwas in meinen Augen?"

"Nein", antwortete Mrs. Snitchey spitz. "Bilde dir nur das nicht ein."

"Weil wir zufällig an jenem Abend", sprach er weiter und hielt sie am Ärmel fest, "beide Geheimnisse zu wahren hatten und weil wir beide eins und dasselbe wußten. Darum, Frau, je weniger du über diese Angelegenheit redest, desto besser; und nimm dir dies zur Lehre, damit du künftig die Dinge mit barmherzigeren und klügeren Augen ansiehst. – Miß Marion, ich habe eine alte Bekanntschaft mitgebracht."

Die arme Clemency kam, die Schürze vor dem Gesicht, langsam am Arm ihres Gatten herein; dieser selbst mit einer ahnungsvollen Miene, daß es mit dem Muskatsieb zu Ende sei, wenn sie den Mut verlor.

"Nun, liebe Frau", sagte der Anwalt und hielt Marion zurück, die der alten Dienerin entgegeneilen wollte, "was fehlt Ihnen denn im Grunde?"

"Was mir fehlt?" rief Clemency.

Aber als sie jetzt verwundert und empört über die Frage und erschrocken über ein lautes Gejuchze Mr. Britains aufschaute und das wohlbekannte liebe Gesicht so dicht vor sich gewahrte, da machte sie große Augen, schluchzte, lachte, weinte, machte allerlei Ausrufe, umarmte Marion, hielt sie fest, ließ sie wieder los, fiel Mr. Snitchey um den Hals (worüber Mrs. Snitchey sehr indigniert war), dann dem Doktor, dann Mr. Britain und umarmte zuletzt sich selbst, warf die Schürze über den Kopf und lachte und weinte auf einmal.

Gleich hinter Mr. Snitchey war ein Fremder in den Garten eingetreten und hatte an der Tür haltgemacht, ohne von den andern beachtet zu werden; denn sie hatten nur wenig Aufmerksamkeit übrig, und diese wurde durch Clemencys Freudenrausch ganz und gar aufgezehrt. Er schien nicht den Wunsch zu haben, daß er beachtet würde, sondern er stand beiseite mit niedergeschlagenen Augen; und sein Gesicht zeigte einen bekümmerten Ausdruck (obwohl er sonst ein stattlicher Mensch war), der in der allgemeinen Fröhlichkeit nur noch mehr abstach.

Nur Tante Martha hatte ihn bemerkt. Sie ging gleich auf ihn zu und redete mit ihm. Gleich darauf trat sie wieder zu Marion, die mit Grace und ihrer kleinen Namensschwester eine holde Gruppe bildete, und flüsterte ihr etwas ins Ohr, wovon diese überrascht zu sein schien. Aber bald faßte sie sich wieder, ging mit der Tante zu dem Fremden und begann ein Gespräch mit ihm.

"Mr. Britain", sagte der Anwalt und zog ein aktenmäßig aussehendes Papier aus der Tasche, "ich wünsche Ihnen Glück. Sie sind jetzt der einzige und alleinige

Eigentümer des freien Besitzes, den Sie bis jetzt als ein konzessioniertes Gasthaus in Pacht hatten und das unter dem Namen ›Muskatsieb‹ bekannt ist. Ihre Frau verlor ein Heim durch meinen Klienten Mr. Michael Warden und erhält jetzt ein neues durch ihn. Ich werde das Vergnügen haben, demnächst mich um Ihre Stimme bei der Wahl zu bewerben."

"Würde es einen Unterschied in der Stimme machen, wenn das Schild eine Änderung in seiner Bezeichnung erführe?" fragte Britain.

"Ganz und gar nicht", versetzte der Anwalt.

"Dann", sagte Mr. Britain und reichte ihm die Schenkungsurkunde zurück, "fügen Sie noch die Worte hinein: ›und Fingerhut‹, und ich will diese beiden Symbole im Wohnzimmer aufhängen lassen, anstatt des Bildes meiner Hausfrau."

"Mir aber", ließ sich eine Stimme hinter ihm vernehmen – es war der Fremde, Michael Warden – "laßt den Inhalt dieser Symbole zugute kommen. Mr. Heathfield und Doktor Jeddler, ich hätte Ihnen beiden großes Herzeleid antun können. Daß es nicht so kam, geschah nicht durch mein Verdienst. Ich will nicht sagen, daß ich um sechs Jahre klüger oder besser geworden bin. Aber auf alle Fälle habe ich so lange bereut. Ich verdiene keine schonende Behandlung von Ihrer Seite. Ich mißbrauchte die Gastfreundschaft Ihres Hauses und lernte meine Schwächen kennen – mit einer Beschämung, die ich nie vergessen habe, aber ich hoffe, auch nicht ohne Nutzen – von einer", er sah auf Marion, "die ich demütig um Verzeihung bat, als ich ihren Wert und meinen Unwert erkannte. In kurzem werde ich diesen Ort für immer verlassen. Ich bitte Sie alle um Vergebung. Wie ihr wollt, daß euch die Leute tun, so tut ihnen auch! Vergeßt und verzeiht!"

* * *

Die Zeit – die mir den letzten Teil dieser Geschichte mitteilte, und die ich zu meiner Freude seit etwa fünfunddreißig Jahren persönlich kenne – benachrichtigte mich, gelassen auf ihre Sense gestützt, daß Michael Warden England nie verließ und sein Haus nicht verkaufte, sondern daß er es wieder mit großzügiger Gastlichkeit eröffnete und eine Gattin hatte, der Stolz und die Ehre der ganzen Umwelt, namens Marion. Aber da ich erfahren habe, daß die Zeit zuweilen Tatsachen durcheinander bringt, so weiß ich wahrhaftig nicht, wieviel Wert ich auf ihre Mitteilung legen soll.

*Ende.*

## Erstes Viertel

Es gibt nicht viele Leute – und da es wünschenswert ist, daß ein Geschichtenerzähler und seine Leser so bald als möglich sich gegenseitig verstehen, so erlaube ich mir, zu bemerken, daß ich diese Beobachtung weder auf junge Leute, noch auf kleine Leute beschränke, sondern daß sie allen Arten von Leuten, kleinen und großen, jungen und alten, noch heranwachsenden und bereits wieder zurückwachsenden gilt; – es gibt, sage ich, nicht viele Leute, die gern in einer Kirche schlafen möchten. Ich meine, nicht während der Predigt bei warmem Wetter (wo es wirklich ein- oder zweimal geschehen ist), sondern bei Nacht und allein. Eine große Menge von Menschen würde diese Behauptung, wenn ich sagen wollte: am lichten Tage, gewaltig in Erstaunen setzen. Aber es handelt sich um die Nacht. Es muß genau verstanden werden: um die Nacht. Und ich will dies erfolgreich an einem ersten besten stürmischen Wintertage mit dem ersten besten Gegner beweisen, der allein mit mir auf einen alten Kirchhof, vor eine alte Kirchentür kommen und mir im voraus die Vollmacht geben will, ihn bis zum frühen Morgen, wenn dies zu seinem besonderen Vergnügen notwendig ist, einzuschließen.

Denn der Nachtwind hat die böse Gewohnheit, um ein Gebäude dieser Art herumzujagen und dabei zu seufzen, mit unsichtbarer Hand an die Fenster und Türen zu rütteln und irgendeine Spalte zu suchen, durch welche er hineinkommen könnte. Und wenn er sich schließlich hineingeschlichen hat, dann wimmert und heult er wie einer, der nicht findet, was er sucht, um wieder hinauszukommen, und begnügt sich nicht, durch die Seitenschiffe zu stürmen, um die Pfeiler zu sausen und die feierliche Orgel zu schlagen, sondern schwingt sich zur Decke hinauf und möchte die Balken zertrümmern; dann wirft er sich verzweifelt auf die Steine hinunter und steigt murmelnd in die Grabgewölbe. Heimlich leise kommt er wieder herauf und schleicht sich längs den Mauern hin: dann scheint er leise flüsternd die den Toten geweihten Grabschriften zu lesen. Bei der einen bricht er in ein schrilles Gelächter aus, bei andern klagt und seufzt er. Es klingt auch ganz unheimlich, wenn er sich hinter einen Altar verkriecht; dort ist es schier, als ob er in seiner wilden Weise von Unheil und Mord und von der Anbetung falscher Götzen singe trotz der Gesetzestafeln, die so glatt und schmuck aussehen und doch so oft geschändet und gebrochen werden. Hu! Gott bewahre uns, wie wir so traulich ums Feuer sitzen! Er hat eine schreckliche Stimme, der Mitternachtswind, wenn er in einer Kirche singt!

Doch erst da hoch oben im Kirchturm! Da saust und pfeift er erst, der wilde Gesell! Hoch oben im Kirchturm, wo er durch manch luftigen Bogen und manch

Guckloch frei herein- und hinauskommt und sich um die steile Treppe drehen und wenden kann, und wo er den kreischenden Wetterhahn umherwirbelt und den Turm selber erschüttert und beben macht! Hoch oben im Kirchturm, wo der Glockenstuhl ist und eiserne, vom Rost zernagte Riegel und die vom Wechsel der Witterung zusammengezogenen Blei- und Kupferdächer unter dem ungewohnten Tritte knacken und knarren: wo Vögel ihre ärmlichen Nester in die Ecken von alten eichenen Sparren und Balken bauen, und der Staub alt und grau wird, und gesprenkelte Spinnen in gemächlicher Sicherheit mit fettem Leibe unter der zitternden Schwingung der Glocken, ohne in ihren aus Fäden gewobenen Luftschlössern den Halt zu verlieren, sich hin- und herschwingen, oder in plötzlicher Unruhe wie Matrosen klettern oder auf den Boden hinabgleiten und zwanzig zarte Beinchen in Bewegung setzen, um ein armseliges Leben zu retten! Hoch oben in einem alten Kirchturm, weit über dem Licht und dem Geräusch der Stadt und tief unter den eilenden Wolken, welche dieselbe beschatten, ist es bei Nacht ein schauerlicher und gespenstiger Ort; und hoch oben in dem steilen Turm einer alten Kirche befanden sich die Glocken, von denen ich erzählen will.

Es waren alte Glocken, das könnt Ihr glauben. Vor Jahrhunderten waren diese Glocken von Bischöfen getauft worden, und zwar vor so viel Jahrhunderten, daß ihr Taufschein und ihr Taufregister lange, lange vor Menschengedenken verloren gegangen war und niemand ihre Namen wußte. Sie hatten natürlich ihre Paten und Patinnen und ohne Zweifel auch ihre silbernen Becher gehabt (*à propos*, ich meinerseits möchte lieber die Verantwortung auf mich nehmen, Pate einer Glocke als eines Jungen zu sein). Die Zeit hatte dann ihre Paten abgemäht und Heinrich VIII. ihre Becher eingeschmolzen; und so hingen sie nun namenlos und becherlos in dem Kirchturm.

Indes nicht sprachlos. Vielmehr hatten diese Glocken gar helle, laute, kräftige, klangvolle Stimmen, und weit und breit hörte man sie, auf dem Winde dahergetragen. Jedoch waren es viel zu derbe Glocken, um sich völlig vom Wind abhängig zu machen; und wenn diesen böse Laune plagte, dann klangen sie gebieterisch dem Winde entgegen, und echt königlich drangen ihre heiteren Klänge an ein lauschendes Ohr; und wenn sie sich's vorgenommen hatten, in einer stürmischen Nacht von einer armen Mutter, die bei ihrem kranken Kinde wachte, oder von einem verlassenen Weibe, deren Mann auf der See war, gehört zu werden, dann sollen sie bisweilen einen tosenden Nordwestwind übertäubt haben, wie Toby Veck erzählte: denn sein Name war Toby, obwohl sie ihn alle Trotty Veck nannten, und niemand konnte ohne besonderes Parlamentsgesetz etwas anderes daraus machen (außer etwa Tobias), da er seiner Zeit ebenso gesetzlich, wie die Glocken zu der ihrigen, wenngleich nicht mit ebenso großer Feierlichkeit oder Volksfreude getauft worden war.

Ich meinerseits bekenne mich zu Toby Vecks Glauben, und ich denke, er hat Gelegenheit genug gehabt, sich eine durchaus korrekte Meinung zu bilden. Und was Toby Veck sagte, das sag' ich und stehe ihm bei, wiewohl er den ganzen Tag (ein schweres Stück Arbeit!) außen an der Kirchtür stand. Toby Veck war nämlich Packträger und wartete dort auf Arbeit.

Das war freilich ein windiger Platz, dort im Winter zu warten, und man bekam dort Gänsehaut, blaue Nasen, erfrorene Zehen und Zähneklappern, wie Toby Veck recht wohl wußte. Der Wind kam reißend um die Ecke – besonders der Ostwind – als wenn er expreß von den Grenzen der Erde dahergekommen wäre, um Toby abzublasen. Manchmal schien er ihn früher getroffen zu haben, als er erwartet hatte, denn wenn er um die Ecke sprang und an Toby vorüberfuhr, dann kehrte er plötzlich wieder um, als wenn er sagte: "Ha, hier ist er!" Dann zog er ihm seine kleine weiße Schürze über den Kopf, wie einem ungezogenen Knaben sein Röckchen; sein kleiner schwacher Stock kämpfte und stemmte sich nutzlos in seiner Hand; seine Beine zitterten und bebten, und Toby selber, der sich bald nach dieser bald nach jener Seite drehte, wurde so gerüttelt und geschüttelt, hin- und hergeworfen und zerzaust, geschoben und emporgehoben, daß es um ein Haar ein richtiges Wunder war, daß er nicht bei lebendigem Leibe, wie bisweilen eine Schar Frösche oder Schnecken oder andere leicht bewegliche Geschöpfe, einfach durch die Luft geführt und in irgendeinem fremden Erdwinkel, wo Packträger unbekannt sind, zum großen Erstaunen der Eingeborenen wieder herniedergeregnet wurde. Trotz alledem war windiges Wetter für Toby, obwohl es ihm so hart mitspielte, eine Art Feiertag. Das ist Tatsache. Die Zeit, bis er wieder einen Sixpence verdiente, wurde ihm nicht so lang im Winde, wie bei anderer Witterung; denn es nahm seine Aufmerksamkeit in Anspruch, wenn er mit diesem ungestümen Element zu kämpfen hatte, und es erfrischte ihn ordentlich, wenn er hungrig oder niedergeschlagen war. Auch harter Frost oder Schneewetter war für Toby ein Ereignis und schien ihm auf diese oder jene Art gut zu tun, obgleich es schwierig wäre zu sagen, auf welche Art! So waren die Wind-, Frost- und Schneetage und vielleicht ein tüchtiges Hagelwetter in Toby Vecks Kalender rot angestrichen.

Sein ärgster Feind war Regenwetter: die kalte, schmutzige, klebrige Nässe, die ihn gleichsam in einen feuchten Mantel einhüllte; die einzige Art von Mantel, die Toby besaß oder deren Nichtdasein zu seiner Behaglichkeit beigetragen haben würde. Nasse Tage, wenn der Regen langsam, dicht, hartnäckig niederfiel; wenn die Straßen voll Nebel waren, daß er zu ersticken vermeinte, Regenschirme hin- und herliefen und sich um und um drehten wie Drehwürfel, indem sie auf den überfüllten Trottoirs aneinanderprallten und einen kleinen Strudel von unangenehmen Tropfen um sich sprühten; wenn die Rinnsteine plätscherten und Dachrinnen gefüllt und voller Lärm waren; wenn die Nässe von den vorspringenden Steinen der Kirche dripp, dripp, dripp auf Toby fiel und sofort das Bündel Stroh, auf dem er stand, zu bloßem Moder machte; das waren die Tage, die ihn quälten. Dann sah er aus seinem Versteck in einer Ecke der Kirchenmauer – ein so kärglicher Zufluchtsort, der im Sommer keinen größeren Schatten hat, als ein mitteldicker Spazierstock auf dem sonnigen Pflaster wirft – mit sehnsüchtigem, bekümmertem und langem Gesicht. Kam er aber eine Minute später daraus hervor, um sich durch Bewegung zu wärmen, und trabte er einige dutzendmal auf und nieder, so heiterte sich sein Antlitz auf, und er kehrte helleren Blickes in seine Nische zurück.

Man nannte ihn Trotty oder den Traber wegen seines Ganges, der schnell sein sollte, wenn er es gleich nicht war. Er hätte vielleicht schneller gehen können, sogar wahrscheinlich; aber hätte man Toby seinen Trab genommen, er wäre bettlägerig geworden und gestorben. Sein Trab bespritzte ihn mit Schmutz bei nassem Wetter; er kostete ihn unsäglich viel Plage; er hätte unendlich viel bequemer gehen können; doch dies war gerade ein Grund, weshalb er so hartnäckig daran festhielt. Ein schwacher, kleiner, dünner, alter Mann seiner Natur nach, war Toby ein wahrer Herkules in seinen guten Absichten. Er verdiente gern sein Geld. Er war glücklich zu glauben, – Toby war sehr arm und konnte nicht leicht eine seiner Freuden entbehren – daß er sein Brot ehrlich verdiene. Wenn er für 1 Schilling oder 18 Pence eine Botschaft zu besorgen oder ein kleines Paket zu tragen hatte, dann stieg sein innerer hoher Mut noch viel höher. Wenn er dahertrabte, dann rief er schnellen Postboten, die vor ihm hergingen, zu, sie möchten aus dem Wege gehen; denn er glaubte aufrichtig, daß er im natürlichen Gange der Dinge sie selbstverständlich überholen und über den Haufen laufen müsse; und er hegte die völlige, wiewohl nicht oft auf die Probe gestellte Überzeugung, daß er alles zu tragen vermöge, was irgend jemand zu heben imstande sei.

So trabte Toby sogar, wenn er aus seinem Winkel hervorkam, um sich an einem nassen Tage zu wärmen. Mit seinen leckenden Schuhen eine krumme Linie von weichen Fußtapfen in dem Schmutz zurücklassend; die kalten Hände blasend und reibend, die vor der eindringenden Kälte nur spärlich durch abgetragene graue Wollhandschuhe, mit einer besondern Abteilung bloß für den Daumen und einem gemeinschaftlichen Raume für die übrigen Finger, geschützt waren;

mit gebogenen Knien und den Stock unter dem Arm trabte Toby immerfort. Auch wenn er sich auf die Straße stellte, um nach dem Glockenstuhle zu sehen, wenn die Glocken läuteten, trabte Toby.

Diese letzte Exkursion machte er mehrmals des Tages, denn die Glocken waren seine Leidensgefährten; und wenn er ihre Stimme hörte, dann interessierte es ihn, nach ihrer Wohnung zu sehen und zu überlegen, wie sie in Bewegung gesetzt würden und was für Klöppel daran schlügen. Vielleicht war er um so neugieriger in betreff dieser Glocken, weil sie Vergleichungspunkte mit ihm darboten. Sie hingen dort bei jedem Wetter, dem Wind und Wetter ausgesetzt; sie sahen nur das Äußere dieser Häuser; sie kamen nie den glänzenden Feuern zu nahe, welche die Fenster beschienen oder aus den Schornsteinen hervorschlugen; sie hatten keinen Teil an all den guten Dingen, welche durch die Türen von der Straße oder durch die Gitter der Küchenfenster verschwenderischen Köchinnen gereicht wurden. An vielen Fenstern zeigten sich Gesichter und verschwanden wieder: manchmal hübsche, junge, liebliche Gesichter, manchmal das Gegenteil; Toby aber (obwohl er oft über diese Dinge nachdachte, wenn er müßig auf der Straße stand) wußte ebensowenig wie die Glocken, woher sie kamen oder wohin sie gingen, oder ob sie, wenn sie die Lippen bewegten, im ganzen Jahre ein freundliches Wort über ihn sagten.

Toby war kein Kasuist – wenigstens soviel er wußte – und ich behaupte nicht, daß, als er zuerst Zuneigung zu den Glocken faßte und aus einer zuerst nur flüchtigen Bekanntschaft nach und nach eine zärtlichere und intimere Zuneigung wurde, er sich von allem genau Rechenschaft ablegte, oder seine Gedanken buchstäblich Revue passieren ließ. Das aber will ich sagen und sag' ich, daß so, wie Tobys leibliche Funktionen, z. B. seine Verdauungswerkzeuge, durch ihre eigene Klugheit und mittels einer großen Anzahl von Operationen, die ihm alle durchaus unbekannt waren, und deren Kenntnis ihn in sehr großes Erstaunen gesetzt haben würde, zu einem gewissen Ziele kamen; so setzten seine geistigen Fähigkeiten ohne sein Wissen oder Zutun alle diese Räder und Federn nebst tausend andern in Bewegung, als sie an seiner Neigung zu den Glocken arbeiteten.

Ja, wenn ich gesagt hätte: an seiner Liebe, so würde ich das Wort nicht widerrufen, wiewohl es seine sehr komplizierten Empfindungen nicht ausgedrückt haben würde. Er war doch eben nur ein schlichter Mann, aber er bekleidete sie doch mit einem seltsamen feierlichen Charakter. Die Glocken waren so geheimnisvoll, man hörte sie oft und sah sie nie; sie waren so hoch oben, so weit entfernt, so voll von tiefer kräftiger Melodie, daß er sie mit einer Art Scheu anblickte; und bisweilen, wenn er zu den dunklen Bogenfenstern im Turme hinauf sah, erwartete er halb und halb, daß ihm etwas, das keine Glocke und doch dasjenige wäre, was er so oft im Glockengeläut klingen hörte, ihm ein Zeichen geben würde. Dessenungeachtet sprach Toby mit Entrüstung von einem raunenden Gerücht, daß es bei den Glocken spuke, und dies deutete die Möglichkeit an, daß sie mit irgend etwas Bösem in Verbindung ständen. Kurz, sie klangen ihm sehr oft in die Ohren und gingen ihm sehr oft durch die Gedanken, aber immer in bestem Sinne, und sehr oft bekam er sogar einen steifen Hals, wenn er mit offenem Munde nach dem Turme gaffte, in dem sie hingen, daß er nachher einmal oder zweimal mehr Trab laufen mußte, um seinen Hals wieder in Ordnung zu bringen.

Gerade dies tat er an einem kalten Tage, als der letzte schläfrige Klang der zwölften Stunde wie eine melodische Riesenbiene, keineswegs aber wie eine geschäftige Biene, durch den Turm summte.

"Ah, Mittagszeit!" sagte Toby und trabte vor der Kirche auf und ab. "Ah!"

Tobys Nase war sehr rot und seine Augenlider waren sehr rot, und er zwinkerte sehr viel und zog die Schultern sehr hoch an die Ohren, und seine Beine waren sehr kalt; kurz, er stand offenbar auf der Gefrierseite der Kälte.

"Ah, Mittagszeit!" wiederholte Toby, indem er seinen rechten Handschuh wie einen kleinen Boxerhandschuh brauchte und seine Brust dafür züchtigte, daß sie kalt war. "Ah-h-h-h!"

Darauf trabte er ein oder zwei Minuten schweigend auf und ab.

"Da ist nichts", begann Toby von neuem – doch nun hielt er auf einmal inne und befühlte mit einem Gesicht, das großes Interesse verriet, und mit einiger Unruhe sorgfältig seine Nase ihrer ganzen Länge nach. Er war bald damit fertig, denn es war keine große Sache von einer Nase.

"Ich dachte, sie wäre fort", sagt Toby und trabte weiter, "'s ist aber alles in Ordnung. Ich könnte ihr freilich keinen Vorwurf machen, wenn sie fort wäre; sie hat harten Dienst bei diesem kalten Wetter und sehr wenig zu erwarten: denn ich schnupfe nicht. Sie hat ihr gut Teil Pflege, das arme Geschöpf, im besten Falle; denn wenn sie einmal etwas Gutes riecht (was nicht so oft passiert), so geschieht dies gewöhnlich aus fremder Leut' Topf auf dem Wege vom Herd."

Dieser Gedanke erinnerte ihn an den anderen, den er unvollendet gelassen hatte.

"Nichts ist regelmäßiger", sagte Toby, "als die Wiederkehr der Mittagszeit und nichts unregelmäßiger als die Wiederkehr der Mittagsmahlzeit. Das ist der große

Unterschied zwischen beiden. Es hat mich lange Zeit gekostet, dies herauszufinden. Ich möchte wohl wissen, ob es für einen Gentleman der Mühe wert ist, diese Bemerkung an eine Zeitung zu verkaufen; oder an das Parlament!"

Toby scherzte bloß, denn er schüttelte ernsthaft den Kopf in Selbstmißtrauen.

"Die Zeitungen", fuhr Toby fort, "sind doch nur voll von Bemerkungen, alle wie sie da sind; und so ist's mit dem Parlament. Hier ist das letzte Wochenblatt", und er nahm ein sehr schmutziges Blatt aus der Tasche und hielt es auf Armeslänge von sich weg; "voll von Bemerkungen! voll von Bemerkungen! Mir machte das Zeitunglesen so ein Vergnügen wie nur irgend jemand", sagte Toby langsam, indem er es ein wenig kleiner faltete und es wieder in die Tasche steckte; "aber jetzt lese ich eine Zeitung mit Widerwillen. Sie erregt mir beinahe Furcht. Ich weiß nicht, was aus uns armen Leuten werden soll. Gott gebe, daß es uns im nächsten neuen Jahre besser gehen möge!"

"Vater, Vater!" rief eine liebliche Stimme ganz in seiner Nähe.

Aber Toby hörte sie nicht und fuhr fort rückwärts und vorwärts zu traben, nachdenklich und mit sich selber sprechend.

"Es scheint, wir können nicht den rechten Weg gehen oder das Rechte tun, oder uns Recht verschaffen", sagte Toby. "Ich für meine Person ging nicht viel zur Schule, als ich klein war, und ich kann mir nicht klar machen, ob wir auf der Erde etwas zu schaffen haben oder nicht. Manchmal denke ich, wir müssen auf der Erde doch ein wenig zu tun haben, und andere Male denke ich wieder, wir müssen bloße Eindringlinge sein. Bisweilen werde ich so sehr irre, daß ich nicht einmal imstande bin, herauszubekommen, ob irgend etwas Gutes an uns ist oder ob wir von Natur böse sind. Es scheint, als ob wir schreckliche Dinge tun; es scheint, als ob wir große Müh' und Arbeit machen; immer beklagt man sich über uns und ist gegen uns auf der Hut. Auf die eine oder die andere Weise füllen wir die Blätter. Von einem neuen Jahre zu sprechen!" sagte Toby niedergeschlagen. "Ich kann so viel ertragen wie ein anderer größtenteils und mehr als die meisten, denn ich bin stark wie ein Löwe, und das sind wir nicht alle; aber angenommen, es wäre wirklich so, und wir hätten kein Recht auf ein neues Jahr – angenommen, wir drängten uns wirklich nur auf –"

"Heda, Vater, Vater!" rief die liebliche Stimme wieder. Diesmal hörte es Toby, erschrak, stand still und fand sich, indem er seinen Blick, den er in die Entfernung geworfen hatte, als wenn er im Herzen des neuen Jahres Aufklärung suchen wollte, auf die Nähe beschränkte, seiner Tochter gegenüber und blickte ihr tief in die Augen, in die eine Welt blicken konnte, ohne daß ihre Tiefe ergründet werden konnte. Schwarze Augen, welche die Augen zurückstrahlten, die in sie hineinsahen; nicht aufblitzend, außer wenn ihre Besitzerin es gerade wollte, sondern mit klarem, ruhigem, ehrlichem, beständigem Strahl verwandt dem Licht, welches der Himmel zum Sein berufen. Schöne, treue Augen, die von Hoffnung glänzten, von junger, schöner Hoffnung; so viel Hoffnung sprach daraus, die so kräftig und strahlend war trotz der zwanzig Jahre voll Arbeit und Armut, auf die sie bereits zurückblickten, daß sie für Toby Veck zu einer Stimme wurden und sagten: "Ich denke, wir haben auf Erden etwas zu schaffen – ein klein wenig!"

Trotty küßte die Lippen, die zu den Augen gehörten, und drückte seine Hände an das blühende Gesichtchen.

"Nun, Meg", sagte Trotty, "was gibt's? Ich erwartete dich heute nicht, Meg."

"Ich glaubte auch nicht, daß ich kommen würde, Vater", erwiderte das Mädchen, nickte mit dem Kopfe und lächelte. "Doch da bin ich! und nicht allein, nicht allein!"

"Du willst doch nicht sagen", erwiderte Trotty und blickte neugierig nach einem verdeckten Korbe, den sie in der Hand trug, "daß du –"

"Siehe nur, lieber Vater", sagte Meg, "rieche nur!"

Natürlich wollte Trotty den Deckel sogleich aufheben, sogar sehr schnell, doch sie hielt scherzend ihre Hand darauf.

"Nein, nein, nein", sagte Meg mit kindischer Lust. "Spare dir den Genuß ein bißchen länger auf. Ich will den Deckel einwenig aufheben – ein klein, klein wenig", und sie tat es mit der äußersten Vorsicht und sprach so leise, als wenn sie fürchtete von irgend etwas in dem Korbe gehört zu werden. "So! Nun, was ist das?"

Toby schnupperte so schnell als möglich an dem Rande des Korbes, dann rief er voll Entzücken aus: "Ei, es ist etwas Heißes!"

"Brühend heiß!" entgegnete Meg. "Ha, ha, ha, kochend heiß!"

"Ha, ha, ha!" lachte Toby und machte einen Luftsprung. "Kochend heiß!"

"Aber was ist es, Vater?" sagte Meg. "Komm, du hast noch nicht erraten, was es ist. Und du mußt wissen, was es ist. Ich nehme es auf keinen Fall heraus, bis du erraten, was es ist. Sei nur nicht so ungeduldig! Wart' ein Weilchen! Ich mache den Deckel ein klein wenig mehr auf! Nun rate."

Meg war geradezu in Not, daß er nicht zu schnell das Rechte raten möchte; sie zuckte zurück, indem sie den Korb hinhielt; sie zog ihre hübschen Schultern in die Höhe; sie hielt das Ohr mit der Hand zu, als wenn sie dadurch das rechte Wort in Tobys Munde zurückdrängen könnte, und lachte die ganze Zeit über leise.

Inzwischen beugte sich Toby, indem er auf jedes Knie eine Hand legte, mit der Nase auf dem Korb nieder und roch an dem Deckel lange, das stille Lachen auf seinem wettergebräunten Gesicht verbreitete sich, als wenn er Lachgas einatmete.

"Ah! Es ist etwas sehr Feines", sagte Toby. "Es ist – es riecht vornehmer als Knackwurst. Es riecht sehr fein. Es riecht mit jedem Augenblicke besser. Es riecht zu scharf für Kalbsfüße. Das ist es nicht!"

Meg war außer sich vor Freude. Er konnte nicht weiter fehlschießen als mit Kalbsfüßen oder gar mit Knackwurst.

"Leber?" fragte Toby bei sich selber. "Nein, es riecht so mild, daß es Leber nicht sein kann. Schweinsfüße? Nein. Für Schweinsfüße ist der Geruch nicht schwach genug. Für Hahnenköpfe fehlt es ihm an Schärfe. Und Bratwürste sind es nicht, das weiß ich. Ich will dir sagen, was es ist: es ist Gehirn!"

"Nein, das ist es nicht!" rief Meg mit herzlichem Lachen. "Nein, das ist es nicht!"

"O, was ich nur denke!" sagte Toby und nahm plötzlich eine so weit perpendikuläre Stellung an, als es ihm überhaupt möglich war. "Ich werde nächstens nicht mehr wissen, wie ich heiße. Kaldaunen sind's!"

Das war es! Und Meg versicherte hocherfreut, in einer halben Minute werde er gestehen, daß noch keine besseren Kaldaunen gedämpft wurden.

"Und nun", sagte Meg, indem sie sich vergnügt mit dem Korbe zu schaffen machte, "will ich sogleich decken, Vater; denn ich habe die Flecke in einer Schüssel gebracht und die Schüssel in ein Taschentuch gebunden; und wenn ich einmal so vornehm bin und dies alte Tischtuch brauche und es so nenne, so kann mich kein Gesetz daran hindern, nicht wahr, Vater?"

"Daß ich nicht wüßte, meine Tochter", erwiderte Toby: "wiewohl sie immer ein oder das andere neue Gesetz aufs Tapet bringen."

"Und was ich dir neulich aus der Zeitung vorlas, Vater; du weißt schon, was der Richter sagte: wir armen Leute sollen sie alle kennen. Ha, ha, wie verkehrt geurteilt! Ach, du meine Güte, für wie klug halten sie uns!"

"Ja, du Gute", erwiderte Toby; "und sie würden demjenigen gut bekommen, der sie wirklich alle wüßte. Er würde fett werden bei der Arbeit, die er leisten müßte, und bei allen Vornehmen in seiner Nähe beliebt werden. Gewiß sehr beliebt!"

"Er würde sein Mittagsbrot mit Appetit essen, was es auch immer wäre, und wenn es obendrein wie dies hier duftete", sagte Gretchen vergnügt. "Iß schnell, denn es sind ein paar heiße Kartoffeln dabei und ein halbes Maß herrliches Bier in der Flasche. Wo willst du essen, Vater? Auf der Säule oder auf der Treppe? Du meine Güte, was für großartige Herrschaften wir sind! Wir haben zwischen zwei Plätzen zu wählen."

"Heute auf der Treppe, meine Meg", entgegnete Toby. "Auf der Treppe bei trocknem Wetter; auf der Säule bei nassem. Auf der Treppe ist's immer bequemer, von wegen des Sitzens; aber bei feuchter Witterung setzt's Flüsse."

"Also hier", sagte Meg und klatschte vergnügt in die Hände, nachdem sie einen Augenblick alles hergerichtet hatte; "hier ist's, fix und fertig! Und schön sieht's aus! Komm, Vater, komm!"

Seitdem Trotty den Inhalt des Korbes sozusagen entdeckt hatte, stand er zerstreut da, sah sie an und sprach ebenso ein deutliches Zeichen, daß er, obgleich seine Tochter trotz der Kuttelflecke der Gegenstand seiner Gedanken und Augen war, sie dennoch weder sah noch an sie dachte, wie sie in diesem Augenblick war, sondern daß irgendein phantastisches unbestimmtes Bild oder Drama ihres zukünftigen Lebens ihm vorschwebte. Nun aber von ihrer muntern Aufforderung aus seinem Traume geweckt, wollte er eben melancholisch den Kopf schütteln, aber er bezwang sich und trabte an ihre Seite. Gerade in dem Augenblick, als er sich niedersetzen wollte, läuteten die Glocken.

"Amen!" sagte Trotty den Hut abnehmend und blickte zu ihnen hinauf.

"Du sagst Amen zu den Glocken, Vater?" fragte Meg.

"Es klang mir auf einmal wie ein Gebet, meine liebe Tochter!" entgegnete Trotty und setzte sich. "Sie würden ein gar schönes Gebet beten, wenn sie könnten. Sie sagen gar vielerlei zu mir."

"Die Glocken, Vater?" lachte Meg, als sie die Schüssel hinsetzte und ihm Messer und Gabel vorlegte. "Das verstehe ich nicht!"

"Nun, so kommt es mir vor, als ob sie mir mancherlei sagten", erwiderte er und begann mit wirklichem Appetit seine Mahlzeit. "Ist denn das ein Unterschied? Wenn ich sie höre, was tut es, ob sie sprechen oder nicht? Ach, du lieber Gott", fuhr Toby fort, indem er mit der Gabel nach dem Turm zeigte und beim Essen immer lebhafter wurde, "wie oft habe ich diese Glocken sagen hören: ›Toby Veck, Toby Veck, sei guten Muts, Toby! Toby Veck, Toby Veck, sei guten Muts, Toby!‹ Eine Million Mal und mehr!"

"Nein, so etwas!" antwortete Meg.

Indes hatte sie dies allerdings mehr als einmal gehört, denn es war Tobys tägliches Gespräch.

"Wenn die Geschäfte schlecht gehen", sagte Toby, "so ganz und gar schlecht, meine ich, fast so schlecht als möglich, dann klingt's von dorther: ›Toby Veck, Toby Veck, bald kommt etwas.‹"

"Und es kommt zuletzt immer, Vater," sagte Meg mit einem trüben Ton in ihrer lieblichen Stimme.

"Jedesmal", antwortete der arglose Toby; "niemals schlägt's fehl."

Während dieser Unterhaltung setzte Toby ohne Unterbrechung seine Attacke auf das duftige Mahl fort, das vor ihm stand, und schnitt und aß und schnitt und trank und schnitt und kaute und fuhr umher von den Kaldaunen nach den Kartoffeln und von den Kartoffeln nach den Kaldaunen mit unermüdlichem trefflichen Appetit. Als er sich nun aber zufällig auf der Straße umsah – für den Fall, daß jemand aus einer Tür oder einem Fenster nach einem Dienstmann, wie wir heute sagen würden, – winken sollte – begegneten seine Augen auf dem Rückwege Gretchen, die ihm mit gekreuzten Armen gegenübersaß und die an nichts anderes zu denken schien, als sich an seinen Fortschritten zu erfreuen.

"Gott verzeihe mir!" sagte Toby, indem er Messer und Gabel niederlegte. "Meine Taube, Meg! Warum sagtest du mir nicht, daß ich so unvernünftig bin?"

"Wieso, Vater?"

"Ich sitze hier", entgegnete Trotty reumütig, "esse nach Leibeskräften, ja überfülle mir den Magen, und du sitzest vor mir und bist noch nüchtern und fastest und willst nicht essen, während –"

"Ich habe schon gegessen, Vater", unterbrach ihn seine Tochter lachend, "mit dem Fasten hat's gute Wege; ich habe gegessen."

"Dummes Zeug", entgegnete Trotty. "Eine Mahlzeit für zwei Personen an einem Tage! Das ist möglich! Du könntest mir ebensogut sagen, daß zwei Neujahrstage auf einen Tag fallen, oder daß ich mein Lebenlang einen Goldfuchs gehabt und ihn nicht gewechselt hätte."

"Ich habe trotzdem meine Mahlzeit gehabt", sagte Meg näherkommend. "Und wenn du mit der deinen fortfahren willst, will ich dir erzählen, wieso und wo; und wie es mir möglich war, dir etwas zu bringen; und – und noch etwas anderes."

Toby schien dies immer noch nicht glauben zu können, doch sie blickte ihm mit ihren klaren Augen ins Gesicht und bat ihn, indem sie ihre Hand auf seine Achsel legte, weiter zu essen, solange noch alles warm sei; da nahm Trotty Messer und Gabel wieder zur Hand und machte sich wieder ans Werk, doch viel langsamer als vorher und kopfschüttelnd, als wenn er mit sich gar nicht zufrieden wäre.

"Ich habe", sagte Meg nach einigem Zaudern, "mit – mit Richard zu Mittag gegessen. Er machte zeitig Mittag; und da er sein Essen mitbrachte, als er zu mir zum Besuch kam, so haben wir – wir es miteinander geteilt, Vater."

Trotty nahm einen Schluck Bier und schnalzte mit den Lippen. Dann sagte er: "O!" weil sie wartete.

"Und Richard sagt, Vater –" nahm Meg wieder das Wort; dann stockte sie.

"Was sagt *Richard, Meg?*" fragte Toby.

"*Richard* sagt, Vater –" sie stockte von neuem.

"*Richard* sagt lange", meinte Toby.

"Er sagt also, Vater", fuhr Meg fort, endlich die Augen aufschlagend, und sprach zwar mit zitternder, aber ganz vernehmlicher Stimme; "es sei beinahe wieder ein Jahr vergangen, und was es nütze, von Jahr zu Jahr zu warten, wenn es so unwahrscheinlich sei, daß wir jemals in besseren Verhältnissen sein würden, als wir jetzt sind? Er sagt, wir wären jetzt arm, Vater, und wir würden später arm sein; aber wir wären jetzt jung, und die Jahre würden uns alt machen, ehe wir es merkten. Er sagt, wenn wir, Leute in unserer Lage, warteten, bis wir ganz reinen Weg hätten, dann würden wir einen engen Weg zu gehen haben – den Weg, den alle nehmen – ins Grab, Vater."

Ein kühnerer Mann als Trotty Veck hätte alle seinen Mut zusammennehmen müssen, um dies zu leugnen. Trotty schwieg also.

"Und wie hart ist's, alt zu werden, Vater, und zu sterben und daran zu denken, daß wir einander hätten erfreuen und helfen können. Wie hart, uns unser Leben lang zu lieben und sich jedes für sich zu grämen und zu arbeiten, sich schinden, alt und grau werden zu sehen. Im besten Falle sogar, wenn ich ihn vergäße (was ich niemals könnte), o lieber Vater, wie hart ist es, ein so liebevolles Herz wie das meine zu haben und es so nach und nach vertrocknen zu lassen, ohne die Erinnerung an einen glücklichen Augenblick im Leben des Weibes zu haben, die mir bliebe, wenn alles mich verlassen hat, was mich tröstete und mich besser machte!"

Trotty saß ganz still, Meg wischte ihre Augen ab und sagte dann heiterer, d. h. bald lachend und seufzend, und dann wieder lachend und seufzend zugleich: "So sagt *Richard*, Vater, da er nun für einige Zeit gewisse lohnende Arbeit hat, und da ich ihn liebe und drei volle Jahre – ach, noch länger, wenn er es gewußt hätte! – geliebt habe, so wollen wir uns am Neujahrstage verheiraten; es ist der beste und glückverheißendste Tag im ganzen Jahre, sagt er, der allen Liebenden Segen bringt. Allerdings ist es nur kurze Zeit bis dahin, Vater – nicht wahr? – aber mein Vermögen macht uns keine Schwierigkeiten, und mein Brautkleid habe ich heute schon an, darin bin ich vornehmer als große Damen. Vater, nicht wahr? So sagte er und sagte es in seiner Weise, so fest und ernst, und bei alledem so gut und freundlich, daß ich entgegnete, ich wollte zu dir gehen und mit dir sprechen, Vater. Und da man mir heute morgen unerwartet meine Arbeit bezahlt hat und da du eine ganze Woche sehr sparsam gelebt hast und ich wünschte, daß der heutige Tag eine Art von Feiertag für dich und ein guter glücklicher Tag für mich würde, so machte ich ein kleines Festessen zurecht, und ich brachte es dir, lieber Vater, um dich zu überraschen."

"Und schau, wie kalt er es auf der Treppe werden läßt!" sagte eine andere Stimme.

Es war die Stimme des besagten Richard, der unbemerkt herangekommen war und plötzlich vor Vater und Tochter stand, mit einem Gesicht auf sie blickend, das so glühte wie das Eisen, auf welches sein starker Schmiedehammer täglich niederschmetterte. Es war ein hübscher, gutgebauter, kräftiger Bursche, mit Augen, die sprühten wie die glühenden Funken aus einem Ofen; schwarzen Haaren, die sich prächtig um seine braunen Schläfen lockten, und einem Lächeln, das Meggs Lob rechtfertigte.

"Schau, wie er es auf den Stufen kalt werden läßt!" sagte Richard. "Meg weiß nicht, was er gern ißt. Wirklich nicht!"

Trotty, ganz Feuer und Flamme, gab Richard sogleich die Hand und wollte ihn gerade eilig anreden, als die Haustür plötzlich geöffnet wurde und ein Bedienter fast in die Kaldaunen getreten wäre.

"Weg hier mit euch! Ihr müßt immer kommen und euch auf unsere Treppe setzen, müßt ihr! Ihr könnt nicht gehen und einmal mit unsern Nachbarn abwechseln, könnt ihr! Wollt ihr euch aus dem Wege scheren oder nicht?"

Genau genommen war die letzte Frage sehr überflüssig, denn sie hatten es bereits getan.

"Was gibt's, was gibt's?" fragte der Herr, dem die Tür aufgemacht wurde, indem er mit halbschwerem Schritte, einer eigentümlichen Verschmelzung von Schritt und langsamem Trab, aus dem Hause trat, mit dem ein Mann, welcher den Berg des Lebens bereits wieder hinabsteigt, knarrende Stiefel, eine Uhrkette und reine Wäsche trägt, nicht nur ohne seine Würde zu verletzen, sondern um sich selbst den Anschein zu geben, als hätte er irgendwo wichtige und einträgliche Geschäfte, aus dem Hause treten darf. "Was gibt's, was gibt's?"

"Ihr laßt Euch immer wieder kniefällig bitten und flehen", sagte der Bediente mit großem Nachdruck zu Toby Veck, "unsere Treppe nicht zu belästigen. Warum laßt Ihr sie nicht? Könnt Ihr sie nicht frei lassen?"

"Na, ist gut, ist gut!" sagte der Herr. "Heda, Mann!" und er winkte Toby Veck mit dem Kopfe heran. "Kommt einmal her. Was ist das? Euer Mittagsbrot?"

"Ja, Herr", entgegnete Trotty, und ließ es in der Ecke stehen.

"Laßt es nicht dort stehen", rief der Herr; "bringt es mir hierher. So! Dies ist Eure Mittagsmahlzeit, he?"

"Ja, Herr", erwiderte Trotty und blickte mit sehnsüchtigem Auge und einem Munde, in dem ihm das Wasser zusammenlief, nach den Kaldaunen, die er sich als Leckerbissen bis zuletzt aufgehoben hatte, und die der Herr um und um drehte.

Zwei andere Herren waren mit dem ersten herausgekommen. Der eine war ein untersetzter Mann von mittleren Jahren, in dürftiger Kleidung und von unzufriedener Miene; er hatte beständig die Hände in den Taschen seiner pfeffer- und salzfarbigen knappen Hose, die infolge dieser Gewohnheit sehr weit abstanden, und war nicht besonders reinlich gewaschen und gebürstet. Der andere Herr trug einen blauen Frack mit blanken Knöpfen und eine weiße Halsbinde. Er hatte ein sehr rotes Gesicht, als wenn zuviel Blut aus seinem Körper sich nach dem Kopfe drängte, und dies war vielleicht auch der Grund, weshalb er recht kaltherzig zu sein schien.

Derjenige, der Tobys Mittagsmahl an der Gabel umdrehte, rief den ersteren unter dem Namen Filer heran, und sie steckten nun beide die Köpfe zusammen. Da Mr. Filer außerordentlich kurzsichtig war, mußte er sich die Überreste von Tobys Mahlzeit so dicht vor die Augen halten, um zu erkennen, was es war, daß Toby das Herz fast stehenblieb. Mr. Filer aß aber nicht.

"Dies ist eine Art animalischen Stoffes, Ratsherr", sagte Filer, indem er mit einem Bleistift kleine Löcher hineinstach, "den die Arbeiterklasse dieses Landes Kaldaunen nennt."

Der Ratsherr lachte und zwinkerte mit dem Auge, denn er war ein gar vergnügter Herr, der Ratsherr Cute. Und ein Schlaukopf außerdem, der alles wußte, alles durchgemacht hatte und nicht getäuscht werden konnte. Er hatte die Herzen des Volkes ergründet! Wenn jemand es kannte, so war es Cute.

"Wer aber ißt Kaldaunen?" fuhr Mr. Filer fort und sah sich rings um. "Kaldaunen sind ausnahmslos der am wenigsten ökonomische, der verschwenderischste Konsumtionsartikel, den die Märkte dieses Landes irgendwie produzieren können! Es hat sich durch genaue Untersuchungen ergeben, daß ein Pfund Kaldaunen, wenn sie gekocht werden, sieben Achtel verlieren, ein Fünftel mehr als irgendeine andere animalische Substanz. Kaldaunen sind kostspieliger im eigentlichen Sinne des Wortes als Treibhausananas. Wenn man die Anzahl der Rinder berechnet, welche jährlich nur innerhalb des Stadtweichbildes geschlachtet werden, und wenn man die Quantität der Kaldaunen, welche die Leiber dieser Rinder liefern, wenn man sie zur rechten Zeit schlachtet, noch so niedrig anschlägt, so resultiert daraus, daß von dem Verluste der Kaldaunen, wenn sie gekocht werden, eine Garnison von fünfhundert Mann fünf Monate, jeder Monat von einunddreißig Tagen, und einen Februar lang leben könnte. O über die Verschwendung, die Verschwendung!"

Trotty stand da mit offenem Munde, und die Beine zitterten unter ihm. Er sah aus, als wenn er eine Garnison von fünfhundert Mann auf eigene Faust ausgehungert hätte.

"Wer ißt Kaldaunen?" fragte Mr. Filer mit Wärme. "Wer ißt Kaldaunen?"

Trotty machte eine klägliche Verbeugung.

"Ihr, Ihr?" fragte Mr. Filer. "Dann will ich Euch etwas sagen, mein Freund, Ihr nehmt Eure Kaldaunen Witwen und Waisen vom Munde weg."

"Das will ich nicht hoffen", sagte Trotty mit kläglicher Stimme. "Lieber wollte ich Hungers sterben!"

"Dividiert die vorher erwähnte Quantität von Kaldaunen", fuhr Mr. Filer fort, "mit der ungefähren Zahl der Witwen und Waisen, und es kommt auf jede einzelne ein Quäntchen Kaldaunen. Für Euch bleibt kein Lot übrig. Folglich seid Ihr ein Räuber."

Trotty war so erschüttert, daß er nicht einmal aufbegehrte, als der Ratsherr das Stückchen Kaldaune selber verzehrte. Im Gegenteil schien es ihm eine Gemütserleichterung, daß er es nun los war.

"Und was sagen Sie?" fragte der Ratsherr scherzend den Mann mit dem roten Gesicht und dem blauen Frack. "Sie haben Freund Filer gehört. Was sagen Sie?"

"Was kann man sagen?" entgegnete der Angeredete. "Was soll man sagen? Wer kann an einem solchen Menschen" – er meinte Trotty – "in solch entarteten Zeiten Interesse finden? Sehen Sie ihn an! Was für ein Geschöpf! O, die gute alte Zeit, die schöne alte Zeit, die große alte Zeit! Das war die Zeit zur Bildung eines kräftigen Bauernstandes und dergleichen. Das war die Zeit, mit der man alles, ja alles unternehmen konnte. Heutzutage ist nichts mehr los. Ach!" seufzte der Herr mit dem roten Gesichte, "die gute alte Zeit, die gute alte Zeit!"

Der Herr erklärte nicht, was für Zeiten er gerade meinte, auch sagte er nicht, ob er der Gegenwart Vorwürfe machte in dem unselbstsüchtigen Bewußtsein, daß sie nichts sehr Merkwürdiges getan hatte, außer daß sie ihn hervorgebracht hatte.

"Die gute alte Zeit, die gute alte Zeit!" wiederholte er. "Was war das für eine Zeit! Das war eine einzige Zeit! Es ist nicht der Mühe wert, von irgendeiner andern Zeit zu sprechen oder darüber zu streiten, was für Menschen in unserer Zeit leben. Sie nennen dies doch keine Zeit, frage ich? Ich tu's nicht. Sehen Sie in Strutts Costumes nach und Sie werden sehen, was ein Packträger unter irgendeiner der guten alten englischen Regierungen war."

"Er hatte unter den besten Verhältnissen kein Hemd auf dem Leibe und keinen Strumpf an den Füßen, und kaum ein Gewächs in ganz England wuchs für seinen Schnabel", warf Mr. Filer ein. "Ich kann es durch Tabellen beweisen."

Aber immer noch pries der Herr mit dem roten Gesicht die gute alte Zeit, die große alte, die herrliche alte Zeit. Mochte ein anderer sagen, was er wollte, er drehte sich mit einer eingelernten Redensart über sie im Kreise umher, wie sich ein Eichhörnchen in seinem Drehbauer herumdreht, von dessen Mechanismus und dessen Kniff es einen ebenso klaren Begriff hat, als der Herr mit dem roten Gesicht von seinem verschwundenen tausendjährigen Reich.

Es ist möglich, daß der Glaube Trottys an diese sehr unklare alte Zeit nicht ganz zerstört war, denn er fühlte sich in dem Augenblicke unklar genug. Eins aber war ihm klar mitten in seinem Unglück, nämlich: obwohl diese Herren im einzelnen verschiedener Meinung waren, seine Ahnungen von heute morgen und von vielen anderen Morgen waren nur zu wohl begründet. "Nein, nein. Wir können nicht den rechten Weg gehen oder das Rechte tun", dachte Toby voll Verzweiflung. "Es ist nichts Gutes in uns. Wir sind von Natur böse!"

Trotty aber hatte ein väterliches Herz in der Brust, das trotz dieser Vorherbestimmung auf irgendeine Weise sich dorthin verirrt haben mußte; er konnte es nicht ertragen, daß Meg in der Blütezeit ihrer kurzen Wonne von diesen weisen Herren ihr Schicksal vorausgesagt erhalten sollte. "Gott sei ihr gnädig", dachte der arme Trotty, "sie wird es zeitig genug erfahren."

Er winkte daher dem jungen Schmied eiligst, daß er sie fortführen möchte; doch dieser war so vertieft in ein Gespräch mit Meg, daß er, da er in einiger Entfernung stand, diesen Wink erst verstand, als der Ratsherr Cute diesen auch bemerkt hatte. Nun hatte der Ratsherr seine Weisheit noch nicht an den Mann bringen können, denn er war ein Philosoph, und zwar ein praktischer, o, nein, ein sehr praktischer Philosoph; und da er keinen seiner Zuhörer zu verlieren Lust hatte, rief er: "Halt!"

"Sie wissen", sagte der Ratsherr zu seinen beiden Freunden mit selbstgefälligem Lächeln über dem ganzen Gesicht, das er immer zur Schau trug, "ich bin ein schlichter Mann und ein Praktiker, und ich gehe auf einfachem, praktischem Wege zu Werke. So mache ich's. Es ist gar kein Geheimnis oder eine Schwierigkeit, mit dieser Art von Leuten zu verkehren, wenn man sie nur versteht und in ihrer eigenen Weise mit ihnen sprechen kann. Heda, Ihr, Mann! sagt Ihr mir doch nicht, oder irgend jemand, der mein Freund sein will, daß Ihr nicht immer genug zu essen habt, und sogar vom Besten, weil ich das besser weiß. Ich habe Eure Kaldaunen gekostet, und Ihr könnt mich nicht uzen. Ihr wißt, was leimen heißt, he? Nicht wahr, das ist das rechte Wort? Ha, ha, ha! 's ist das Leichteste auf der Welt", sagte der Ratsherr, indem er sich wieder an seine Freunde wandte, "mit dieser Art Leuten zu verkehren, wenn man sie nur zu behandeln versteht."

Ein prachtvoller Mann für das niedere Volk, der Ratsherr Cute! Immer bei guter Laune! Ein leutseliger, gesprächiger, spaßhafter Herr, der die armen Leute kannte!

"Seht, Freund", fuhr der Ratsherr fort, "es wird viel Unsinn geschwatzt über Mangel und ›böse Zeit‹; nicht wahr, so heißt die Redensart? Ha, ha, ha! Ich werde sie ausrotten. Ferner hört man überall die alberne Klage über Hungerleiden des Volkes – ich werde sie ebenfalls ausrotten. So soll es sein, sehen Sie", sagte er wieder zu seinen Freunden gewendet, "man kann unter dieser Art Leuten alles ausrotten, wenn man nur weiß, wie man es anfassen muß!"

Trotty nahm Megs Hand und zog sie durch seinen Arm; indes schienen seine Gedanken ganz andere zu sein, so daß er nicht wußte, was er tat.

"Eure Tochter, he?" fragte der Ratsherr, indem er ihr vertraulich unter das Kinn griff.

Immer leutselig mit den arbeitenden Klassen, der Ratsherr Cute! Der wußte, was denen gefiel! Nicht im geringsten stolz!

"Wo ist ihre Mutter?" fragte der würdige Herr.

"Tot", versetzte Toby. "Ihre Mutter war Wäscherin und wurde in den Himmel abberufen, als diese geboren wurde!"

"Doch nicht, um *dort* Wäsche zu waschen?" bemerkte der Ratsherr scherzend.

Konnte Toby sich seine Frau im Himmel von ihren alten Beschäftigungen getrennt denken oder nicht, so fragen wir uns. Wenn die Frau Ratsherr Cute gestorben wäre, würde der Herr Ratsherr Cute sie sich im Himmel in irgendeiner Stellung gedacht und ausgemalt haben?

"Und Ihr freit wohl um sie, he?" sagte Cute zu dem jungen Schmied.

"Ja", erwiderte Richard hastig, denn die Frage ärgerte ihn; "und wir werden uns am Neujahrstage verheiraten."

"Was sagt Ihr?" sagte Filer barsch. "Verheiraten!"

"Nun ja, das ist unsere Absicht", erwiderte Richard. "Wir müssen uns beeilen, verstehen Sie, für den Fall, daß vorher etwas ausgerottet werden sollte."

"Ach!" seufzte Filer, "rotten Sie das wirklich aus, Ratsherr, und Sie werden etwas Gutes stiften. Heiraten, heiraten! Die Unkenntnis der ersten Grundsätze der Staatsökonomie auf seiten dieser Leute, ihre Unvorsichtigkeit, ihre Schlechtigkeit beim Himmel genügt, um – Nun schauen Sie sich einmal dieses Paar an, tun Sie mir den Gefallen!"

Gewiß, sie waren wohl des Ansehens wert. Und sie konnten nichts Vernünftigeres und Rechtschaffeneres vorhaben als die Ehe.

"Man mag so alt werden wie Methusalem", sagte Filer, "und mag sich sein ganzes Leben lang plagen und bergehoch Tatsachen auf Zahlen, Tatsachen auf Zahlen, Tatsachen auf Zahlen häufen, doch nie wird man sie überzeugen, daß sie kein Recht und keine Ursache in der Welt haben, zu heiraten, und ebensowenig kann man hoffen, daß sie kein Recht und keine Ursache in der Welt haben, geboren zu werden. Und wir wissen doch, daß sie kein Recht und keine Ursache haben. Wir haben dies längst als mathematisches Axiom erkannt."

Diese Argumentation amüsierte Ratsherr Cute unendlich; er legte seinen rechten Zeigefinger an die Nase, als wollte er damit seinen beiden Freunden sagen: "Nun hört mal auf mich! Seht einmal den Praktiker!" Er rief Meg zu sich heran.

"Komm hierher, mein Kind!" sagte Ratsherr Cute.

Ihrem jungen Liebsten war das heiße Blut in den letzten fünf Minuten vor Zorn zu Kopfe gestiegen. Doch wollte er seinem Unwillen nicht nachgeben. Er bezwang sich, trat einen Schritt vor, als Meg sich dem Herrn näherte, und stellte sich an ihre Seite. Trotty hielt immer noch ihre Hand in seinem Arm, sah aber so verstört von einem Gesicht zum andern, wie ein Träumender.

"Ich will dir in ein paar Worten einen guten Rat geben, Mädchen", sagte der Ratsherr in seiner leutseligen, freundlichen Weise. "Es ist meines Amtes, Rat zu erteilen, denn ich bin Richter. Du weißt doch, daß ich Richter bin, nicht wahr?"

Meg bejahte schüchtern. Jedermann wußte, daß Ratsherr Cute Richter war! O Himmel, immer so tätig als Richter! Wer konnte sich rühmen, in den Augen des Publikums so glänzend dazustehen, wie Cute!

"Du hast die Absicht, zu heiraten", fuhr der Ratsherr fort. "Das ist sehr ungehörig und unschicklich, da du dem weiblichen Geschlecht angehörst! Doch davon wollen wir absehen. Wenn du aber verheiratet bist, wirst du dich mit deinem Manne zanken und wirst ein unglückliches Weib sein. Du glaubst es vielleicht nicht; aber es wird so kommen, wie ich dir sage. Ich will dir das klar machen, weil ich mir vorgenommen habe, unglückliche Ehen auszurotten. Komme also ja nicht zu mir. Ferner wirst du Kinder – vielleicht Jungen bekommen. Diese Jungen werden natürlich schlecht erzogen werden und auf den Straßen herumwildern ohne Schuh' und Strümpfe. Bedenke, meine junge Freundin, ich werde sie summarisch bestrafen, denn ich bin entschlossen, Knaben ohne Schuh' und Strümpfe auszurotten. Vielleicht, sogar höchst wahrscheinlich, wird dein Mann jung sterben und dich mit einem oder ein paar Kindern zurücklassen. Dann wirst du vor die Tür gesetzt werden und dich auf den Straßen umhertreiben. Dann verirre dich ja nicht in meine Nähe, meine Liebe, denn es ist mein fester Vorsatz, alle obdachlosen Mütter auszurotten; es ist mein heiliger Entschluß, alle jungen Mütter, wie sie auch sein mögen, auszurotten. Nenne bei mir nicht etwa Krankheit oder kleine Kinder als Entschuldigungsgrund; denn alle kranken Personen und kleinen Kinder (du kennst hoffentlich das Kirchengebet, doch fürchte ich, du kennst es nicht!) bin ich entschlossen auszurotten. Und wenn du etwa wagtest, verzweifelter, undankbarer, gottloser, betrügerischer Weise wagtest, dich zu ersäufen oder zu erhängen, so werde ich kein Mitleid mit dir haben, denn ich habe es mir einmal in den Kopf gesetzt, allen Selbstmord auszurotten. Wenn es etwas gibt", sagte der Ratsherr mit selbstzufriedenem Lächeln, "was ich meinen Sinn ernstlicher und unwiderruflicher beschlossen habe als alles übrige, so ist es die Ausrottung des Selbstmordes. Versuch' es also ja nicht, verstehst du mich? Ha, ha, ha, wir verstehen einander, das wußt' ich wohl."

Toby wußte nicht, ob er sich grämen oder freuen sollte, daß Meg totenblaß geworden war und die Hand ihres Geliebten losgelassen hatte.

"Was Euch angeht, Ihr törichter Mensch", sagte der Ratsherr, sich mit noch größerem Vergnügen an den jungen Schmied wendend, "was denkt Ihr eigentlich, wenn Ihr heiraten wollt? Zu welchem Zwecke braucht Ihr Euch zu verheiraten, Ihr dummer Kerl? Wenn ich ein hübscher, junger, kräftiger Bursche wäre wie Ihr, ich würde mich schämen, ein solcher Jüngling zu sein und mich an eine Schürze zu hängen! Zum Kuckuck, sie wird ein altes Weib sein, ehe Ihr ein Mann in den besten Jahren seid! Ihr werdet ein lächerliches Schauspiel bieten, wenn Euch dann eine schlampige Frau und eine Herde Kinder, die schreien und heulen, überall nachlaufen werden!"

O, er verstand es, die gemeinen Leute zu peinigen, der gute Ratsherr Cute!

"Nun macht, daß Ihr fortkommt", sagte der Ratsherr, "und bereut. Macht Euch nicht so zum Narren, am Neujahrstage zu heiraten! Ihr werdet ganz anders darüber denken, ehe der nächste Neujahrstag kommt: ein hübscher, junger Bursch wie Ihr, dem alle Mädel nachgucken. Nun geht Eure Wege!"

Und sie gingen ihrer Wege, aber nicht Arm in Arm oder Hand in Hand oder fröhliche Blicke austauschend, sondern sie in Tränen, er traurig und niedergeschlagen. Waren dies die Herzen, die noch vor kurzem Tobys Herz vor Freude höher schlagen ließen, trotz seiner Verzagtheit? Nein, Nein! Der Ratsherr (der Himmel behüt' ihn in Gnaden!) hatte die Freude in diesen Herzen ausgerottet.

"Da Ihr gerade hier seid", sagte der Ratsherr zu Toby, "sollt Ihr mir einen Brief forttragen. Könnt Ihr schnell laufen? Ihr seid ein alter Mann."

Toby, der ganz verdutzt seiner Meg nachgesehen hatte, beeilte sich zu erwidern, daß er sehr schnell und tüchtig sei.

"Wie alt seid Ihr?" fragte der Ratsherr.

"Ich bin über sechzig, Herr", entgegnete Toby.

"O, dieser Mann ist ein gutes Stück über das mittlere Alter hinaus", sagte Mr. Filer unterbrechend, als wenn seine Geduld zwar fast unerschöpflich sei, dies aber heißt die Sachen ein wenig zu weit treiben.

"Ich sehe, ich störe hier", sagte Toby. "Ach – ich fürchtete dies schon heute morgen. O du lieber Himmel!"

Der Ratsherr fiel ihm in die Rede, indem er ihm den Brief übergab. Toby würde vielleicht einen Schilling bekommen haben; da aber Mr. Filer klar bewies, daß er in diesem Falle eine gewisse Anzahl von Personen, um so und so viel die Person, berauben würde, bekam er bloß einen halben Schilling und er war noch sehr froh, diesen zu erhalten.

Dann reichte der Ratsherr jedem seiner Freunde einen Arm und entfernte sich hochmütig; sogleich aber kam er allein zurück, als wenn er etwas vergessen hätte.

"Packträger", sagte der Ratsherr.

"Herr", erwiderte Toby.

"Nehmt Eure Tochter gut in acht. Sie ist viel zu hübsch!"

"Selbst ihr hübsches Gesicht muß sie jemandem gestohlen haben", dachte Toby und sah sich seinen halben Schilling an, während er an die Kaldaunen dachte. "Sie hat wahrscheinlich fünfhundert Damen jeder einen Reiz gestohlen. Es ist schrecklich!"

"Sie ist viel zu hübsch, Mann", wiederholte der Ratsherr. "Die Dinge stehen so, daß Eure Tochter kein gutes Ende nehmen wird, das sehe ich schon. Merkt Euch, was ich sage. Nehmt sie gut in acht!" Damit eilte er wieder fort.

"Unrecht überall; unrecht überall!" sagte Toby und schlug die Hände zusammen. "Von Natur sind wir böse und haben keine Ursache auf der Welt zu sein!"

Während er diese Worte sagte, klangen die Glocken auf ihn nieder. Voll, laut und klangvoll, doch nicht trostbringend. Nein, nicht im mindesten.

"Die Weise klingt ganz anders", sagte der alte Mann, als er wie immer lauschte. "Nicht ein Wort von all den Einbildungen kommt darin vor. Warum sollte es auch? Das neue Jahr geht mich ebensowenig an als das alte. Wenn ich nur erst tot wäre!"

Immer noch ließen die Glocken ihren Klang erschallen, daß die Luft ordentlich voll davon zu sein schien. "Ausrotten, ausrotten! Alte gute Zeit, alte gute Zeit! Tatsachen und Zahlen, Tatsachen und Zahlen! Ausrotten, ausrotten!" Das sagten sie, wenn sie überhaupt etwas sagten, bis es Toby schwindelte.

Er preßte seinen verstörten Kopf zwischen die Hände, als wenn derselbe auseinander springen wollte. Und das tat er zur rechten Zeit, denn er fand in einer den Brief, und da ihn dies an seinen Auftrag erinnerte, fiel er mechanisch in seinen gewöhnlichen Tritt und trabte fort.

### Zweites Viertel

Der Brief, den Toby vom Ratsherrn Cute erhalten hatte, war an einen großen Mann in dem großen Distrikt der Stadt adressiert. In dem größten Distrikt der Stadt, hätte ich sagen sollen, denn er hieß bei seinen Bewohnern gewöhnlich "die Welt".

Der Brief schien in Tobys Hand mehr zu wiegen als ein anderer Brief. Nicht weil der Ratsherr denselben mit einem großen Wappen und unendlich viel Siegellack versiegelt hatte, sondern wegen des gewichtigen Namens auf der Adresse und des vielen, vielen Goldes und Silbers, das sich daran knüpfte.

"Wie so ganz anders als bei uns!" dachte Toby in aller Einfalt, als er seine Blicke in dieser Richtung warf. "Dividiere die lebendigen Schildkröten der Stadt mit der Zahl der Vornehmen, die sie kaufen können, und er erhält nichts als seinen Teil! Den Leuten die Kaldaunen vor dem Munde wegzunehmen – dazu würde er zu stolz sein!"

Mit unwillkürlicher Ehrfurcht vor einer so hohen Person schob Toby einen Zipfel seiner Schürze zwischen den Brief und seine Finger.

"Seine Kinder", sagte Toby, und in seine Augen traten fast Tränen, "seine Töchter – große Herren können um ihr Herz werben und sie heiraten; sie können glückliche Frauen und Mütter werden; sie können hübsch sein wie meine Meg –"

Er konnte ihren Namen nicht aussprechen. Die Endsilbe schwoll in seiner Kehle zur Größe des ganzen Alphabets an.

"Schon gut", dachte Toby, "ich weiß, was ich meine. Das ist mehr als genug für mich." Und unter diesem tröstlichen Gedanken trabte er weiter.

Es war an dem Tage sehr kaltes, schneidendes Wetter. Die Luft war scharf und klar. Die Wintersonne, obgleich ihr keine Wärme entströmte, blickte glänzend nieder auf das Eis, das nicht zu schmelzen imstande war, und umgab es mit einem strahlenden Heiligenschein. Ein anderes Mal hätte Trotty von der Wintersonne eine Lehre für arme Leute entnehmen können; aber heute war sein Gemüt zu sehr verstört.

Das Jahr war heute alt. Das geduldige Jahr hatte die Vorwürfe und Lästerungen seiner Verleumder von Anfang bis zum Ende ertragen und getreulich seine Arbeit verrichtet. Frühling, Sommer, Herbst, Winter. Es hatte seinen vorgeschriebenen Kreis durchlaufen und legte nun sein müdes Haupt nieder, um zu sterben. Selber ohne Hoffnung, ohne irgendwelchen Impuls, ohne eigenes Glück, wohl aber Herold vieler Freuden für andere, rief es, da es nun alt geworden war, die Menschen auf, daß sie an seine mühevollen Tage und langweiligen Stunden denken und es in Frieden sterben lassen sollten. Trotty hätte in dem scheidenden Jahre das Bild eines armen, alten Mannes sehen können; aber er war heute zu verwirrt und traurig.

In der Straße war viel Leben, und die Läden waren glänzend geschmückt. Das neue Jahr wurde wie ein junger Erbe der ganzen Welt mit Willkommensgrüßen, Geschenken und Freudenbezeugungen erwartet. Da gab es Bücher und Schmuck für das neue Jahr, glitzerndes Geschmeide für das neue Jahr, Kleider für das neue Jahr, Mittel reich zu werden für das neue Jahr, neue Erfindungen, um es angenehm zu verleben. Sein Leben war in Kalendern und Taschenbüchern genau eingeteilt. Das Aufgehen seines Mondes, seiner Sterne und seiner Zeitabschnitte war im voraus bis auf jede Minute bekannt; alle Veränderungen seiner Jahreszeiten bei Tag und Nacht waren mit solcher Genauigkeit bestimmt, wie Mr. Filer Männer und Weiber summieren konnte.

Das neue Jahr, das neue Jahr! Überall das neue Jahr! Das alte Jahr wurde bereits als tot angesehen, und seine Habseligkeiten wurden so wohlfeil losgeschlagen, wie die Sachen eines ertrunkenen Seemanns. Seine Musterkollektion war vom letzten Jahr und wurde geopfert, ehe es noch den letzten Atem ausgehaucht. Seine Schätze waren ein bloßes Nichts neben den Reichtümern seines noch ungeborenen Nachfolgers.

Trotty hatte in seinen Gedanken keinen Raum weder für das neue noch für das alte Jahr.

"Ausrotten, ausrotten, Tatsachen und Zahlen, Tatsachen und Zahlen, alte gute Zeit, alte gute Zeit, ausrotten, ausrotten!" nach diesem Motto richtete sich sein Trab und wollte sich keinem andern anpassen.

Aber auch dieses Motto, so schwermütig es war, brachte ihn zur rechten Zeit an das Ende seines Weges, an das Haus des Parlamentsmitgliedes Sir Joseph Bowley.

Ein Portier öffnete die Tür. Aber welch ein Portier! Nicht von Tobys Art. Er war etwas ganz anderes. Obgleich seiner Stellung nach ebenfalls Lohndiener, war er dennoch keiner in der Art von Toby.

Dieser Portier keuchte gewaltig, ehe er sprechen konnte; er war außer Atem gekommen, indem er sich unvorsichtig aus seinem Lehnstuhl erhoben hatte, ohne sich erst Zeit zu nehmen, darüber nachzudenken und sich darauf vorzubereiten. Als er die Stimme wiedergefunden hatte – was ihm eine geraume Zeit kostete, denn sie war einen weiten Weg fort und lag unter einer Last Fleisch versteckt – sagte er in einem heisern Wispern: "Von wem ist er?"

Toby sagte es ihm.

"Dann müßt Ihr ihn selbst hineintragen", sagte der Portier und zeigte nach einem Zimmer am Ende eines langen Ganges, das aus der Halle führte. "Alles geht am heutigen Tage grade hinein. Ihr kommt nicht einen Augenblick zu früh, denn der Wagen steht bereits vor der Tür, und sie sind bloß auf ein paar Stunden in die Stadt gekommen."

Toby rieb sich die Füße, wenn sie auch schon ganz sauber waren, sorgfältig ab und schlug den ihm bezeichneten Weg ein, dabei machte er im Gehen die Bemerkung, daß es ein schrecklich großes Haus war, aber alles war mäuschenstill und mit Überzügen bedeckt, als wenn die Familie auf dem Lande wohnte. Als er an die Zimmertür klopfte, wurde "Herein!" gerufen, und bald befand er sich in einem geräumigen Bibliothekzimmer, wo an einem mit Rollen und Papieren bedeckten Tische eine stattliche Dame in einem Hute saß; ein nicht sehr stattlicher Herr in schwarzer Kleidung schrieb, was sie diktierte, während ein anderer älterer und viel stattlicherer Herr, dessen Hut und Stock auf dem Tische lagen, die eine Hand in der Brust, auf und nieder ging und von Zeit zu Zeit wohlgefällig nach seinem Porträt in ganzer Figur blickte, das über dem Kamin hing.

"Was ist das?" fragte der zuletztgenannte Herr. "Mr. Fish, wollen Sie wohl die Güte haben, sich darum zu kümmern?"

Mr. Fish bat um Verzeihung, nahm Toby den Brief ab und überreichte denselben mit großer Ehrfurcht dem gnädigen Herrn.

"Vom Ratsherrn Cute, Sir Joseph."

"Ist das alles? Habt Ihr weiter nichts, Mann!" fragte Sir Joseph.

Toby verneinte.

"Ihr habt keine Rechnung oder Forderung an mich? Mein Name ist Bowlen, Sir Joseph Bowlen; irgendeiner Art von irgend jemand, habt Ihr," sagte Sir Joseph. "Wenn Ihr eine habt, überreicht sie. Mr. Fish hat das Scheckbuch neben sich liegen. Ich lasse nichts auf das neue Jahr übertragen. Alle Rechnungen werden in diesem Hause mit dem Schluß des alten berichtigt, so daß, wenn der Tod meinen Lebensfaden –"

"Zerschneiden sollte", half Mr. Fish ein.

"Abtrennen sollte, Sir", entgegnete Sir Joseph mit großer Schärfe – "dann würden meine Angelegenheiten, hoff ich, in vollkommener Ordnung gefunden werden."

"Mein teurer Sir Joseph!" entgegnete die Dame, die bedeutend jünger war als der Herr. "Wie Sie mich erschrecken!"

"Mylady Bowlen", entgegnete Sir Joseph, dann und wann gleichsam wie in der großen Tiefe seiner Bemerkung versinkend, "zu dieser Zeit des Jahres sollten wir an uns selbst – denken. Wir sollten nach unseren Rechnungen sehen. Wir sollten fühlen, daß jede Rückkehr einer so wichtigen Periode in den menschlichen Angelegenheiten Geschäfte von höchster Bedeutung zwischen den Menschen und seinem – und seinem Bankier mit sich bringt."

Sir Joseph sprach diese Worte, als ob er die volle Verantwortung für das empfände, was er sagte, und er wünschte, daß selbst Trotty Gelegenheit haben sollte, durch eine solche Rede gebessert zu werden. Vielleicht war dies sein Zweck, weshalb er das Siegel des Briefes immer noch nicht aufbrach und Trotty sagte, daß er eine Minute warten solle.

"Sie wünschten, Mylady, Mr. Fish sollte –" bemerkte Sir Joseph.

"Mr. Fish hat es gesagt, glaub' ich", entgegnete seine Gemahlin nach dem Briefe blickend. "Doch, Sir Joseph, ich kann es bei alledem nicht unterlassen, denk' ich. Es ist so sehr teuer."

"Was ist teuer?" fragte Sir Joseph.

"Dieses Liebeswerk. Man hat nur zwei Stimmen für einen Beitrag von fünf Pfund. Wirklich schauderhaft!"

"Mylady Bowlen", entgegnete Sir Joseph, "Sie setzen mich in Erstaunen. Richtet sich die Wollust der Empfindung nach der Anzahl der Stimmen oder rechnet nicht vielmehr ein ehrliches Gemüt der Anzahl der Bewerber und der tugendhaften Sinnesart derselben? Ist es nicht ein Vergnügen der reinsten Art, zwei Stimmen unter fünfzig Leuten zur Verfügung zu haben?"

"Für mich nicht, das gestehe ich", entgegnete die Lady. "Es verdrießt einen. Außerdem kann man sich seine Bekanntschaft nicht verpflichten. Freilich, Sie sind des armen Mannes Freund, Sir Joseph. Sie denken anders."

"Ich *bin* des armen Mannes Freund", versetzte Sir Joseph mit einem Blicke auf den anwesenden Mann. "Das kann man mir zum Vorwurf machen. Das ist mir zum Vorwurf gemacht worden. Doch mir liegt an keinem andern Titel."

"Der Himmel segne den edlen Herrn!" dachte Trotty.

"Ich stimme zum Beispiel mit Cute hierin nicht überein", sagte Sir Joseph den Brief vor sich haltend. "Ich stimme mit der Partei Filer nicht überein, genug, ich stimme mit keiner Partei. Mein Freund, der arme Mann, hat mit dergleichen nichts zu schaffen und dergleichen hat nichts mit ihm zu schaffen. Mein Freund, der arme Mann, in meinem Kreise, ist meine Sache. Kein Individuum und keine Körperschaft hat ein Recht, sich zwischen meinen Freund und mich zu drängen. Das ist die Basis, auf die ich mich stelle. Ich sage: ›Mein guter Mann, ich will dich wie ein Vater behandeln.‹"

Toby hörte sehr bewegt zu und fing an sich behaglicher zu fühlen.

"Du hast es einzig und allein mit mir zu tun, mein guter Mann", fuhr Sir Joseph fort, indem er zerstreut Toby ansah; "einzig und allein mit mir und brauchst dich dann dein Lebenlang um nichts zu sorgen. Du brauchst dir nicht die Mühe zu nehmen, über etwas selber nachzudenken. Ich will schon für dich denken; ich weiß, was dir gut ist; ich bin beständig dein Vater. Das ist die Ordnung einer allweisen Vorsehung! Der Zweck deiner Schöpfung besteht nicht darin, zu schwelgen und zu schlemmen und deine Freude wie ein unvernünftiges Tier in Essen und Trinken zu setzen" – Toby dachte reuevoll an seine Kaldaunen – "sondern daß du die Würde der Arbeit fühlst. Gehe hinaus, Mann, in die heitere Morgenluft und – und – dort bleibe. Lebe sparsam und mäßig, sei gottesfürchtig, übe dich in der Selbstverleugnung, erziehe deine Familie mit so gut wie nichts, bezahle deine Abgaben so pünktlich wie die Uhr schlägt, sei gewissenhaft in deinen Geschäften (ich gebe dir ein gutes Beispiel; du wirst Mr. Fish, meinen Geheimsekretär, immer mit einer vollen Geldkasse finden), dann wirst du in mir immer einen Freund und Vater finden."

"Nette Kinder, in der Tat, Sir Joseph!" sagte die Lady mit einem Schauder. "Rheumatismus, Fieber, krumme Beine, Asthma und alle Arten von schrecklichen Krankheiten!"

"Mylady", entgegnete Sir Joseph feierlich, "nichtsdestoweniger bin ich des armen Mannes Freund und Vater. Nichtsdestoweniger soll er von mir Unterstützung erhalten. Jedes Quartal soll er zu Mr. Fish kommen. Alle Neujahrstage will ich mit meinen Freunden auf seine Gesundheit trinken. Einmal alle Jahre wollen wir, meine Freunde und ich, mit tiefer Empfindung eine Rede an ihn halten. Einmal in seinem Leben mag er vielleicht öffentlich, in Gegenwart der ganzen Gesellschaft, selbst etwas empfangen – eine Kleinigkeit von einem Freunde. Und wenn er, von diesen Anreizungsmitteln und der Würde der Arbeit nicht mehr aufrecht gehalten, in sein stilles Grab sinkt, dann, Mylady" – hier blies Sir Joseph die Nasenflügel auf – "will ich unter denselben Bedingungen der Freund und Vater seiner Kinder sein."

Toby war auf das tiefste ergriffen.

"O, Sie haben eine dankbare Familie, Sir Joseph!" sagte seine Gemahlin.

"Mylady", versetzte Sir Joseph ganz majestätisch, "Undankbarkeit ist die Erbsünde dieser Klasse. Ich erwarte keinen anderen Dank."

"Ach, von Natur böse!" dachte Toby. "Nichts rührt uns!"

"Was ein Mensch tun kann, tue ich", fuhr Sir Joseph fort. "Ich tue meine Schuldigkeit als des armen Mannes Freund und Vater und suche seinen Geist zu bilden, indem ich ihm bei jeder Gelegenheit die eine große sittliche Lehre, die diese Klasse nötig hat, einpräge, nämlich: gänzliche Abhängigkeit von mir. Sie haben mit sich selber – mit sich selber gar nichts zu schaffen. Wenn ihnen gottlose, ränkesüchtige Menschen etwas anderes sagen, und sie werden ungeduldig und unzufrieden und lassen sich ein aufrührerisches Benehmen und schwarzen Undank zuschulden kommen – was unzweifelhaft der Fall sein wird – selbst dann bin ich immer noch ihr Freund und Vater. Es ist so angeordnet. Es liegt in der Natur der Dinge!"

Bei diesem großen Gedanken machte er des Ratsherrn Brief auf und las denselben.

"Sehr artig und aufmerksam, das ist wahr!" rief Sir Joseph aus. "Mylady, der Ratsherr ist so liebenswürdig, mich daran zu erinnern, daß er ›die ausgezeichnete Ehre‹ – sehr gütig – gehabt habe, mich in dem Hause unseres beiderseitigen Freundes, des Bankier Deedles, zu treffen; und er ist so gütig zu fragen, ob es mir angenehm wäre, wenn Will Fern eingesteckt würde."

"Höchst angenehm!" entgegnete Lady Bowley, "Der Schlimmste von allen. Er hat hoffentlich einen Raubanfall verübt?"

"Nun, nein", sagte Sir Joseph, indem er auf den Brief Bezug nahm, "nicht ganz. Zwar beinahe, aber nicht ganz. Er kam nach London, wie es scheint, um sich nach Arbeit umzusehen (er wollte sich verbessern, das ist die Sache!), und wurde, als man ihn bei Nacht in einem Schuppen schlafend fand, in Gewahrsam genommen und den nächsten Morgen vor den Ratsherrn geführt. Der Ratsherr bemerkt (sehr richtig und vernünftig), daß er entschlossen sei, derlei Dinge auszurotten, und daß, wenn es mir angenehm wäre, es ihn glücklich machen werde, mit Will Fern anzufangen."

"Auf jeden Fall muß er des Beispiels wegen bestraft werden", erwiderte die Lady. "Letzten Winter, als ich das Häkeln und Stricken unter den Männern und Knaben des Dorfes als hübsche Abendbeschäftigung einführte und die Verse:

O, laßt uns unsre Arbeit üben,
Unsern Herrn und seine Freunde lieben.
Von unsern Rationen leben
Und nie hochmütig höher streben!

nach einer neuen Melodie in Musik setzen ließ, die sie während der Zeit singen sollten, griff derselbe Fern – ich sehe ihn noch – an seinen Hut und sagte: ›Mylady, ich bitte ergebenst um Verzeihung, aber bin ich nicht etwas anderes als ein großes Mädchen?‹ Ich erwartete es natürlich; denn wer kann etwas anderes als Unverschämtheit und Undank von dieser Volksklasse erwarten? Indes gehört dies nicht hierher; stellen Sie aber ein warnendes Beispiel auf, Sir Joseph!"

"Hm!" hustete Sir Joseph. "Mr. Fish, wollen Sie so freundlich sein –"

Mr. Fish ergriff sogleich die Feder und schrieb nach dem Diktat Sir Josephs:

"Mein lieber Sir!

"Ich bin Ihnen sehr verbunden für Ihre Freundlichkeit in Sachen des Menschen Will Fern, von dem ich zu meinem Bedauern nichts Günstiges sagen kann. Ich hatte mich beständig in dem Lichte eines Freundes betrachtet, bin aber leider (ein gewöhnlicher Fall!) mit Undank und fortwährender Widersetzlichkeit gegen meine guten Absichten belohnt worden. Er ist ein unruhiger, widerspenstiger Kopf. Sein Charakter verträgt eine nähere Prüfung nicht. Nichts genügt ihm, um glücklich zu sein, wenn er es auch sein könnte. Unter diesen Umständen scheint mir, ich gestehe es, wenn er wieder vor Ihnen erscheint (und Sie teilen mir mit, daß er sich morgen zu stellen versprochen hat, und ich glaube, daß man sich hierin auf ihn verlassen kann), seine Einsperrung für kurze Zeit als Landstreicher ein der Gesellschaft geleisteter Dienst zu sein, und er würde ein heilsames Beispiel geben in einem Lande, wo sowohl wegen derjenigen, die unbekümmert um gute und böse Worte die Freunde und Väter der Armen sind, als in Rücksicht auf die allgemein verführten Klassen selber solche Beispiele sehr notwendig sind. Ich bin usf."

"Es scheint", bemerkte Sir Joseph, als er den Brief unterzeichnet hatte und Mr. Fish ihn siegelte, "als wäre dies von höherer Macht beschlossen, wirklich. Mit dem Schlusse des Jahres bringe ich meine Rechnung in Ordnung und schließe ab, selbst mit William Fern!"

Trotty, der schon lange wieder einen Rückfall bekommen hatte und sehr niedergeschlagen war, trat mit wehmütigem Gesicht einen Schritt vor, um den Brief in Empfang zu nehmen.

"Meinen Dank und meine Empfehlung!" sagte Sir Joseph. "Halt!"

"Halt!" rief das Echo, Mr. Fish.

"Ihr habt vielleicht", sagte Sir Joseph wie ein Orakel, "gewisse Bemerkungen gehört, die ich zu machen veranlaßt war, bezüglich des feierlichen Zeitabschnittes, bei dem wir angelangt sind, und der Verpflichtung, die uns obliegt, unsere Angelegenheiten zu ordnen und auf alles gefaßt zu sein. Ihr habt gehört, daß ich mich nicht hinter meine hohe Stellung in der Gesellschaft verstecke, sondern daß Mr. Fish – dieser Herr hier – ein Scheckbuch neben sich liegen hat und sich gerade deshalb hier befindet, um es mir zu ermöglichen, ein völlig neues Blatt aufzuschlagen und den vor uns liegenden Zeitabschnitt mit einem reinen Konto anzutreten. Nun, mein Freund, könnt Ihr mir mit der Hand auf dem Herzen sagen, daß Ihr Euch ebenfalls auf das neue Jahr vorbereitet habt?"

"Ich fürchte, Sir", stammelte Trotty, demütig zu ihm aufblickend, "daß ich noch ein wenig, ein klein wenig bei der Welt rückständig bin."

"Rückständig bei der Welt!" wiederholte Sir Joseph Bowley mit schreckenerregender Bestimmtheit.

"Ich fürchte, Sir", stotterte Trotty, "daß ich bei Mrs. Chickenstalker noch so zehn oder zwölf Schillinge schuldig bin."

"Bei Mrs. Chickenstalker!" wiederholte Sir Joseph in dem fürchterlichen Ton von vorhin.

"Ein kleiner Laden mit allerlei Sachen, Sir!" entgegnete Toby. "Auch eine – eine Kleinigkeit auf die Miete. Eine sehr große Kleinigkeit. Wir sollten nichts schuldig sein, das weiß ich, aber wir sind von der Not dazu getrieben worden!"

Sir Joseph sah seine Gemahlin und Mr. Fish und Trotty einen nach dem andern zweimal rundherum an; dann machte er eine verzweifelte Bewegung mit beiden Händen auf einmal, als wenn er es ganz und gar aufgäbe.

"Wie kann ein Mann von dieser leichtsinnigen und widerspenstigen Rasse, ein alter Mann, ein Mann mit grauen Haaren dem neuen Jahre ins Gesicht sehen und seine Angelegenheiten in solcher Unordnung lassen; wie kann er sich am Abend in sein Bett legen und am Morgen wieder aufstehen, ohne – Nein!" sagte er, Trotty den Rücken zuwendend. "Da nehmt den Brief, nehmt den Brief!"

"Ich wünschte aufrichtig, es läge anders", sagte Trotty, der sich bemühte, sich zu entschuldigen. "Wir sind sehr hart geprüft worden."

Sir Joseph wiederholte noch immer: "Nehmt den Brief, nehmt den Brief!" und Mr. Fish sagte nicht bloß dasselbe, sondern unterstützte seine Aufforderung dadurch, daß er den Ausläufer nach der Tür schob, der nichts Eiligeres zu tun hatte, als seine Verbeugung zu machen und das Haus zu verlassen. Und auf der Straße drückte der arme Trotty seinen alten abgetragenen Hut in das Gesicht, um seinen Gram darüber zu verbergen, daß er nicht einmal Anteil am neuen Jahre bekommen sollte.

Er lüftete auch nicht seinen Hut, um nach dem Glockenturm zu schauen, als er nach der alten Kirche zurückkam. Er blieb dort gewohnheitsgemäß einen Augenblick stehen und wußte, daß es dunkel wurde und daß der Turm sich in unbestimmten schwachen Umrissen über ihn in die düstere Luft erhob. Er wußte auch, daß die Glocken sogleich läuten würden und daß sie um diese Zeit in seiner Phantasie wie Stimmen in den Wolken klängen. Aber deswegen beeilte er sich nur um so mehr, den Brief an den Ratsherrn abzugeben und den Glocken aus dem Wege zu gehen, ehe sie zu läuten anfingen. Denn er fürchtete, daß sie zu der Weise, die sie zuletzt gesungen, "Freund und Vater, Freund und Vater" hinzufügen würden.

Toby entledigte sich daher seines Auftrages mit möglichster Eile und trabte dann heimwärts. Doch teils infolge seines Ganges, der auf der Straße recht ungeschickt war, teils infolge seines Hutes, der die Sache nicht besser machte, stieß er in weniger als gar keiner Zeit gegen jemand an und taumelte auf den Fahrweg hinüber.

"Ich bitte um Entschuldigung!" sagte er, indem er in großer Verwirrung den Hut abriß und zwischen dem Hut und dem zerrissenen Futter steckenblieb, das seinen Kopf wie eine Art Bienenkorb gefaßt hielt. "Ich hoffe, ich habe Euch nicht verletzt."

Was die Verletzung von irgend jemand betrifft, so war Toby nicht ein solcher Simson, daß er nicht viel wahrscheinlicher selbst verletzt worden wäre, und er war tatsächlich auf das Pflaster geflogen wie ein Federball! Allein er hatte eine solche Meinung von seiner Stärke, daß er in wirklicher Besorgnis für den andern schwebte und noch einmal fragte: "Ich hoffe, ich habe Euch keinen Schaden getan."

Der Mann, gegen den er angerannt war, ein sonnenverbrannter kräftiger Landmann mit graugemischtem Haar und bärtigem Kinn, sah ihn einen Augenblick an, als wenn er argwöhnte, daß er scherzen wollte. Als er sich aber von seiner Ernsthaftigkeit überzeugt hatte, antwortete er: "Nein, Freund, Ihr habt mir keinen Schaden getan."

"Auch dem Kinde nicht, hoffe ich?" sagte Trotty.

"Auch dem Kinde nicht", entgegnete der Mann. "Ich danke Euch bestens."

Als er das sagte, blickte er nach einem kleinen Mädchen, das in seinen Armen schlief, und dessen Gesicht er mit dem langen Zipfel des ärmlichen Tuches bedeckte, das er um den Hals trug, und ging langsam weiter.

Der Ton, in dem er sagte: Ich danke Euch bestens, durchdrang Trottys Herz. Der Mann war so matt und müde und so schmutzig vom Wandern und blickte so fremd und verlassen um sich, daß es ein Trost für ihn war, irgend jemandem danken zu können, gleichviel für wie wenig. Toby sah ihm nach, als er sich mühselig weiter schleppte, während das Kind den Arm um seinen Nacken legte.

Trotty blickte, blind für die ganze übrige Straße, nur nach der Gestalt in den zerrissenen Schuhen – nur nach dem Schatten und dem Gedanken an Schuhe – den rauchledernen Gamaschen, der groben Jacke und dem breitkrempigen Hut, der über die Augen herabhing, und nach dem Kinde, das den Arm um seinen Nacken schlang.

Bevor der Fremde in der Dunkelheit verschwand, blieb er stehen, und als er sich umsah und Trotty noch dort erblickte, schien er unentschlossen, ob er umkehren oder weitergehen sollte. Nachdem er erst das eine, dann das andere getan, kam er zurück, und Trotty ging ihm den halben Weg entgegen.

"Ihr könnt mir vielleicht sagen", sagte der Mann mit schwachem Lächeln, "und wenn Ihr es könnt, dann weiß ich, daß Ihr es gern tut, und ich möchte lieber Euch fragen als einen anderen, wo der Ratsherr Cute wohnt."

"Hier ganz in der Nähe", entgegnete Toby; "ich will Euch mit Vergnügen sein Haus zeigen."

"Ich müßte ihn morgen an einem andern Ort aufsuchen", sagte der Mann, während er Toby begleitete; "doch der Verdacht wird mir schrecklich, und ich möchte mich gern davon freimachen und gehen, wohin ich will, und mir mein Brot suchen – ich weiß nicht wo. So wird er mir vergeben, wenn ich heute zu ihm ins Haus komme."

"Es ist nicht möglich", rief Toby tief erschrocken, "daß Ihr Fern heißt!"

"Wie?" sagte der andere und sah ihn erstaunt an.

"Fern! Will Fern!" sagte Trotty.

"Das ist mein Name", entgegnete der andere.

"Nun, dann", sagte Trotty, nahm ihn beim Arm und sah sich vorsichtig um, "geht um des Himmels willen nicht zu ihm, geht nicht zu ihm! Er steckt Euch ein, so wahr Ihr auf der Welt seid. Kommt hier dieses Gäßchen hinauf, dann will ich Euch sagen, was ich meine. Geht nicht zu ihm!"

Sein neuer Bekannter sah ihn an, als wenn er ihn für verrückt hielte; doch ging er trotzdem neben ihm. Als sie sicher vor Beobachtung waren, sagte ihm Trotty, was er wußte und wie man seinen Charakter geschildert hatte und all das andere.

Der Held seiner Geschichte hörte ihm mit einer Ruhe zu, die ihn in Erstaunen setzte: er widersprach nicht, noch unterbrach er ein einziges Mal. Er nickte dann und wann mit dem Kopf – mehr zur Bekräftigung einer alten ausgemachten Geschichte, wie es schien, als zur Widerlegung derselben; und einmal oder zweimal schob er seinen Hut zurück und fuhr mit seiner sommersprossigen Hand über die Stirn, wo jede Furche, die er gepflügt hatte, ihr Bild im kleinen zurückgelassen zu haben schien. Doch weiter tat er nichts.

"Im ganzen ist das alles wahr genug", sagte er. "Ich könnte hier und dort Spreu vom Weizen sichten, doch mag dies sein. Was war es weiter? Ich habe seinen Plänen entgegengehandelt, zu meinem Unglück; ich kann nicht anders; ich würde morgen dasselbe tun. Was den Charakter betrifft, so sucht und späht und spioniert dieses vornehme Volk, und möchte keinen Flecken und Makel an uns finden, ehe es uns nur ein einfaches gutes Wort gönnt. Nun, ich hoffe, sie verlieren ihren guten Ruf nicht so leicht wie wir, sonst muß ihr Leben wirklich ein Kartäuserleben und kaum der Mühe wert sein. Was mich anlangt, Freund, ich habe niemals mit dieser Hand – er hielt sie vor sich hin – genommen, was nicht mein war, und habe sie niemals von der Arbeit zurückgehalten, mochte dieselbe noch so schwer oder schlecht bezahlt sein. Wer es leugnet, der soll sie mir abhacken! Wenn mir aber die Arbeit nicht die Nahrung gibt, wie ein menschliches Geschöpf sie bitternötig hat, wenn ich so schlecht lebe, daß ich hungern muß außer dem Hause und im Hause; wenn ich sehe, daß das ganze Leben eines Arbeiters in dieser Weise anfängt, in dieser Weise endet, ohne Wechsel und Aussicht, dann sage ich zu dem vornehmen Volke: Bleibt mir vom Halse; laßt meine Hütte in Ruhe! Meine Tür ist dunkel genug, ohne daß Ihr sie noch dunkler zu machen braucht. Erwartet nicht, daß ich in den Park komme, um das Schauspiel zu vergrößern, wenn es einen Geburtstag zu feiern, oder schöne Reden zu halten, oder sonst was Gutes gibt. Haltet Eure Spiele und Jagden ohne mich und genießt sie nach Herzenslust; wir aber haben nichts miteinander zu tun. Mir ist es am liebsten, man läßt mich in Ruhe."

Als er sah, daß das kleine Mädchen in seinen Armen die Augen geöffnet hatte und sich verwundert umsah, hielt er inne, um ihr ein paar zärtliche Worte in das Ohr zu sagen und sie neben sich auf den Boden zu stellen. Dann wickelte er langsam eine ihrer langen Flechten um seinen rauhen Zeigefinger wie einen Ring, während sie sich an sein bestaubtes Bein klammerte, und sagte zu Trotty: "Ich bin kein störrischer Mann von Natur, glaube ich, und ich bin leicht zufriedenzustellen, das weiß ich. Ich hege gegen keinen Menschen einen bösen Gedanken; nur leben will ich wie ein Geschöpf des Allmächtigen. Ich kann es nicht, ich tue es nicht, und so ist eine Grube gegraben zwischen mir und denen, die es können und tun. Gleich mir gibt es noch andere. Ihr könnt sie eher nach Hunderten und nach Tausenden, als nach Einern zählen."

Trotty wußte, er sprach damit die Wahrheit, und schüttelte den Kopf, um dem beizustimmen.

"Ich habe mir auf diese Weise einen bösen Namen gemacht", sagte Fern, "und ich fürchte, daß ich mir wahrscheinlich keinen besseren erwerben werde. Es ist nicht recht, mürrisch zu sein, und ich bin mürrisch, obgleich Gott weiß, daß ich lieber heiter sein möchte, wenn es nur in meiner Macht wäre. Ich weiß nicht, ob mir dieser Ratsherr viel schaden könnte, wenn er mich in das Gefängnis schickte; aber ohne einen Freund, der für mich ein gutes Wort einlegte, würde er es vielleicht tun; und Ihr seht" – und er zeigte mit dem Finger auf das Kind.

"Sie hat ein schönes Gesicht", sagte Trotty.

"O ja", entgegnete der andere mit leiser Stimme, indem er es mit beiden Händen liebevoll dem seinen zukehrte und es aufmerksam anblickte. "Ich habe oftmals so gedacht. Ich habe es gedacht, wenn mein Herd sehr kalt und mein Schrank sehr leer war. Ich dachte es kürzlich, als wir wie zwei Diebe aufgegriffen wurden. Aber sie – sie sollten das kleine Gesicht nicht so oft belästigen, nicht wahr, Lilly? Das heißt einem Manne hart zusetzen!"

Er sprach allmählich so leise und blickte sie mit einer so milden und sonderbaren Miene an, daß Toby, um seinen Gedanken eine andere Richtung zu geben, fragte, ob seine Frau noch am Leben sei.

"Ich habe niemals eine gehabt", entgegnete er kopfschüttelnd; "sie ist meines Bruders Kind, eine Waise. Neun Jahre alt, obgleich es Euch sehr unwahrscheinlich vorkommen mag; doch sie ist jetzt müde und matt. Die Union wollte für sie sorgen, achtundzwanzig Meilen von unserm Dorf entfernt; zwischen vier Wänden, wie sie meinen alten Vater versorgten, als er nicht mehr arbeiten konnte, doch er hat sie nicht lange mehr belästigt, ich nahm sie aber an Kindes Statt an, und sie hat seit der Zeit bei mir gelebt, Ihre Mutter hatte eine Verwandte hier in London. Wir bemühen uns sie zu finden; doch es ist eine große Stadt. Doch das macht nichts. Desto mehr Raum haben wir darin umherzugehen, Lilly."

Er sah dem Kinde mit einem Lächeln in die Augen, das Toby mehr rührte als Tränen, und er schüttelte ihm die Hand.

"Ich weiß nicht einmal Euren Namen", sagte er, "und doch habe ich Euch mein Herz ausgeschüttet; denn ich bin Euch dankbar und habe guten Grund dazu. Ich werde Euren Rat befolgen und mich hüten vor diesem –"

"Richter", ergänzte Toby.

"Ah!" sagte er, "wenn das der Name ist, den man ihm gibt. Also vor diesem Richter. Und morgen will ich versuchen, ob ich irgendwo in der Nähe von London etwas mehr Glück habe. Gute Nacht! Glückliches neues Jahr!"

"Halt", sagte Toby und ergriff seine Hand, als jener die seine losließ; "halt! das neue Jahr könnte nicht glücklich für mich sein, wenn wir so scheiden wollten. Das neue Jahr würde kein Glück bringen, wenn ich das Kind und Euch umherirren sähe. Ihr wißt nicht wohin und habt kein Obdach, wo Ihr Euer Haupt hinlegen könntet. Kommt mit mir nach Hause! Ich bin ein armer Mann und wohne ärmlich; aber ich kann Euch ein Nachtquartier geben, ohne daß mir deswegen etwas abgeht. Kommt mit mir heim! So! Ich will sie nehmen", sagte Trotty und nahm das Kind auf den Arm. "Ein liebes Kind! Ich wollte eine Last tragen, die zwanzigmal so schwer wäre, und würde nicht wissen, daß ich etwas auf den Schultern hätte. Sagt mir, wenn ich zu schnell für Euch gehe. Ich bin sehr schnell zu Fuß. Das war ich immer." Als Trotty dies sagte, machte er sechs seiner trabenden Schritte, während sein ermüdeter Begleiter einen tat, und seine dünnen Beine zitterten wieder unter der Last, die er trug.

"O, sie ist so leicht", sagte Trotty und trabte in seiner Rede sowohl wie in seinem Gange; denn er wollte keinen Dank hören und fürchtete auch nur eine augenblickliche Pause. "So leicht wie eine Feder. Leichter wie eine Pfauenfeder – unendlich viel leichter. Hier sind wir und hier gehen wir! Um die erste Ecke rechts, Onkel Will, und an der Pumpe vorüber und links gerade die Straße hinauf dem Wirtshause gegenüber. Hier sind wir und hier gehen wir! Die Marställe hinunter, Onkel Will, und an der schwarzen Tür angehalten, über der auf einem Schilde ›T. Veck, Packträger‹ steht; und hier sind wir und hier gehen wir, und hier sind wir in eigener Person, meine liebe Meg, und werden dir eine Überraschung bereiten."

Bei diesen Worten setzte Trotty atemlos das Kind vor seiner Tochter in der Stube nieder. Das kleine Mädchen sah Meg in das Gesicht und, da es darin nichts Zweifelhaftes, sondern nur Vertrauenerweckendes fand, so lief es in ihre Arme.

"Hier sind wir und hier gehen wir!" sagte Trotty und lief hörbar keuchend in dem Kämmerchen umher. "Hier, Onkel Will, hier ist Feuer, seht Ihr! Warum kommt Ihr nicht an das Feuer? O, hier sind wir und hier gehen wir! Meg, mein lieber Schatz, wo ist der Teekessel? Hier ist er und hier geht er, und bald wird er kochen!"

Trotty hatte in der Tat den Teekessel auf seiner wilden Irrfahrt irgendwo gefunden und stellte ihn jetzt an das Feuer, während Meg, die das Kind in eine warme Ecke gesetzt hatte, vor demselben auf dem Boden niederkniete, ihr die Schuhe auszog und ihre nassen Füßchen mit einem Tuche abtrocknete. Ja, und sie lächelte Trotty entgegen – so fröhlich, so heiter, daß Trotty sie hätte segnen können, wie sie dort kniete, denn er hatte gesehen, daß sie bei ihrem Eintritt am Feuer saß und weinte.

"Ei, Vater", sagte Meg, "du bist ja heute recht vergnügt. Ich möchte wissen, was die Glocken dazu sagen würden? Die armen kleinen Füßchen, wie kalt sie sind!"

"O, sie sind jetzt wärmer", rief das Kind, "sie sind nun ganz warm."

"Nein, nein, nein" sagte Meg, "wir haben sie noch lange nicht genug gerieben. Wir haben so viel zu tun, so viel! Und wenn sie getrocknet sind, wollen wir das feuchte Haar kämmen; und haben wir das getan, wollen wir mit frischem Wasser wieder etwas Farbe in das bleiche Gesicht bringen; und dann wollen wir munter, fröhlich und glücklich sein."

Das Kind brach in Tränen aus, schlang den Arm um ihren Hals, streichelte mit der Hand ihre schöne Wange und sagte: "O liebe Meg!"

Tobys Segen hatte nicht mehr tun können. Wer könnte mehr tun!

"Ei, Vater!" sagte Meg nach einer Pause.

"Hier bin ich und hier gehe ich, mein Liebling!" erwiderte Trotty.

"Du Grundgütiger", rief Meg aus, "er ist närrisch! Er hat die Haube des lieben Kindes auf den Teekessel gestülpt und den Deckel hinter die Tür gehängt!"

"Ich wollte das nicht tun, meine Liebe", sagte Toby, und machte so schnell wie möglich seinen Irrtum wieder gut. "Liebe Meg?"

Meg blickte zu ihm hin und sah, daß er sich absichtlich hinter den Stuhl ihres Gastes gestellt hatte, wo er mit vielen geheimnisvollen Zeichen den halben Schilling emporhielt, den er verdient hatte.

"Als ich hereinkam", sagte Trotty, "sah ich irgendwo auf der Treppe eine halbes Lot Tee liegen; und wenn ich nicht irre, war auch ein Stück Speck dabei. Da ich mich nicht genau erinnere, wo es war, will ich selber gehen und suchen."

Mit dieser unentdeckbaren List entfernte sich Toby, um die Fleischware, von der er gesprochen, bei Mrs. Chickenstalker für bares Geld zu kaufen, und kam dann zurück unter dem Vorwande, daß er das Gesuchte im Dunkeln zuerst nicht habe finden können.

"Doch hier ist es endlich", sagte Trotty und legte das zu einem Tee Erforderliche hin. "Alles in bester Ordnung! Ich wußte wohl, daß es Tee und eine Speckscheibe war, Meg, mein gutes Kind, wenn du den Tee machen willst, während dein unwürdiger Vater den Speck röstet, werden wir schnell alles geschafft haben. Es ist ein seltsamer Umstand", sagte Trotty, indem er sich mit Hilfe der Röstgabel an seine Arbeit machte, "der aber meinen Freunden wohl bekannt ist, daß ich mir aus Speckscheiben und Tee gar nichts mache. Es freut mich, wenn es anderen Leuten schmeckt", sagte Trotty sehr laut, um die Sache seinem Gaste bemerklich zu machen, "aber mir sind sie zuwider."

Indes schnüffelte Trotty nach dem Duft des zischenden Specks – ach! – als wenn er ihn gar zu gern äße; und als er das kochende Wasser in die Teekanne goß, schaute er liebevoll in die Tiefen des sauberen Kessels und ließ sich den duftigen Dampf um die Nase kräuseln und Kopf und Gesicht in eine dichte Wolke einhüllen. Bei alledem aber aß und trank er nicht, ausgenommen im ersten Anfange einen einzigen Bissen der Form wegen, den er mit unendlichem Wohlgeschmack zu essen schien, wiewohl er erklärte, daß er ihm gar nicht besonders schmeckte. Nein, Trottys Sache war, Will Fern und Lilly essen und trinken zu sehen, und genau so machte es Meg. Und niemals fanden die Zuschauer bei einem Citygastmahl oder bei einem Hofbankett so ehrliches Vergnügen daran, andere speisen zu sehen, selbst wenn es ein Monarch oder der Papst gewesen wäre. Meg lächelte Trotty an, Trotty lächelte Meg an. Meg schüttelte den Kopf und wollte glauben machen, daß sie in die Hände klatschte, um Trotty Beifall zu spenden; Trotty erzählte Meg in stummer Sprache unverständliche Geschichten, wie, wann und wo er ihren Besuch gefunden; und sie waren glücklich. Sehr glücklich!

"Obgleich", dachte Trotty bekümmert, indem er Megs Gesicht beobachtete, "diese Verbindung abgebrochen ist, wie ich sehe!"

"Nun will ich Euch etwas sagen", sagte Trotty nach dem Tee. "Die Kleine schläft bei Meg, das kann ich mir denken."

"Bei der guten Meg", sagte das Kind sie liebkosend, "bei Meg!"

"Das ist recht", sagte Trotty. "Und ich würde mich gar nicht wundern, wenn sie auch Megs Vater einen Kuß gäbe, ja? Ich bin Megs Vater."

Trotty freute sich außerordentlich, als das Kind schüchtern auf ihn zukam, und nachdem es ihn geküßt, kehrte es wieder zu Meg zurück.

"Sie ist so weise wie Salomo", sagte Trotty. "Hier kommen und hier gehen – nein – wir kommen nicht, ich versprach mich – ich – was wollte ich doch sagen, Meg, meine gute Tochter?"

Meg blickte nach ihrem Gast, der auf ihrem Stuhle lehnte und mit abgewandtem Gesicht den Kopf des Kindes streichelte, der in ihrem Schoß halb versteckt ruhte.

"Freilich", sagte Toby, "freilich, ich weiß nicht, wo ich heute meine Gedanken habe; ich bin sehr zerstreut. Will Fern, Ihr kommt mit mir. Ihr seid todmüde, und der Mangel an Ruhe hat Euch völlig aufgerieben. Ihr kommt mit mir!"

Der Mann spielte immer noch mit des Kindes Locken, lehnte immer noch auf Megs Stuhl, indem er immer noch sein Gesicht abwandte. Er sprach nicht, doch in seinen rauhen, dicken Fingern, die in dem schönen Haar des Kindes wühlten, lag eine Beredsamkeit, die genug sagte.

"Ja, ja", sagte Trotty, indem er, ohne es zu wissen, beantwortete, was er in dem Gesicht seiner Tochter ausgedrückt sah. "Nimm sie mit dir, Meg, bring' sie zu Bett. Und Euch, Will, will ich zeigen, wo Ihr liegt. Sehr vornehm ist der Platz nun gerade nicht, denn es ist nur ein Heuboden, doch das ist einer von den großen Vorteilen, wenn man in einem Marstalle wohnt, daß man einen Heuboden hat; und bis Remise und Stall besser vermietet sind, wohnen wir hier billig. Es ist viel weiches Heu oben, das einem Nachbarn gehört, und es ist so reinlich, wie es Megs fleißige Hände machen können. Immer munter! Ihr dürft nicht verzagen! Ein frisches Herz zum neuen Jahr, allemal!"

Die Hand, die des Kindes Haar losgelassen hatte, zitterte, als sie in Trottys Hand gefallen war, der seinen Gast, immerfort schwatzend, nun so bedachtsam und liebevoll hinausführte, als wenn er selbst ein Kind gewesen wäre.

Da er früher als Meg zurückkehrte, lauschte er einen Augenblick an der Tür ihrer kleinen Kammer, welche an die Stube stieß. Das Kind sprach ein einfaches Gebet, ehe es sich schlafen legte, und als sie Megs Namen zärtlich genannt hatte, hörte Trotty, daß sie abbrach und nach dem seinen fragte.

Es dauerte einige Zeit, ehe der kleine närrische Mann sich sammeln, das Feuer schüren und seinen Stuhl an den warmen Kamin rücken konnte. Doch als er dies getan und das Licht geputzt hatte, nahm er seine Zeitung aus der Tasche und fing an zu lesen, zuerst gleichgültig und nur mit den Augen die Spalten auf und nieder fliegend, sehr bald aber mit trüber Aufmerksamkeit und düsterem Ernst.

Denn selbige gefürchtete Zeitung lenkte Trottys Gedanken wieder auf die Dinge zurück, die ihn den ganzen Tag beschäftigt hatten. Sein Interesse an dem Wanderer mit dem Kind hatte ihn für einige Zeit auf andere und glücklichere Gedanken gebracht; als er aber wieder allein war und von den Verbrechen und Gewalttaten des Volkes las, fiel er wieder in seine früheren Gedanken zurück.

In dieser Stimmung stieß er auf einen Bericht – und es war nicht der erste, den er je gelesen hatte – von einem Weibe, welche ihre verzweifelte Hand nicht nur an ihr eigenes Leben, sondern auch an das ihres Kindes gelegt hatte. Ein so schreckliches Verbrechen, welches seine von Liebe zu Meg erfüllte Seele so empörte, daß er die Zeitung fallen ließ und entsetzt in den Stuhl zurücksank.

"Unnatürlich und grausam", sagte Toby; "unnatürlich und grausam! Nur Leute, die von Herzen schlecht, von Natur böse sind, die auf der Erde nichts zu tun haben, können solche Dinge tun. Es ist nur zu wahr, was ich heute gehört habe, zu richtig, nur zu oft von der Erfahrung bewiesen: wir sind böse!"

Die Glocken nahmen die Worte so plötzlich auf, brachen so laut, hell und klar heraus, daß er von den Glocken auf seinem Stuhle wie vom Schlage getroffen schien.

Und was war es, was sie sagten?

"Toby Veck, Toby Veck, warten auf dich, Toby! Toby Veck, Toby Veck, warten auf dich, Toby! Komm, besuch' uns, komm, besuch' uns, schlepp' ihn zu uns, schlepp' ihn zu uns, plag' und jag' ihn, plag' und jag' ihn, stör' im Schlaf ihn, stör' im Schlaf ihn! Toby Veck, Toby Veck, Tür weit offen, Toby Veck, Toby Veck, Toby Veck, Tür weit offen, Toby!" – Dann fingen sie wieder von neuem an mit ihrem wilden, ungestümen Liede, und selbst die Backsteine und der Mörtel an den Wänden hallten davon wider.

Toby lauschte. Einbildung, Einbildung! Er war am Nachmittag ungern von ihnen weggegangen! Nein, nein. Nichts davon. Aber nun wieder und wieder und noch ein dutzendmal: "Plag' und jag' ihn, plag' und jag' ihn, schlepp' ihn zu uns, schlepp' ihn zu uns!" Sie betäubten die ganze Stadt.

"Meg", sagte Trotty, leise an ihre Tür klopfend, "hörst du etwas?"

"Ich höre die Glocken, Vater, sie sind heute wirklich sehr laut."

"Schläft sie?" fragte Toby, gleichsam als Entschuldigung, weshalb er hineinguckte.

"O, so glücklich und friedlich! Doch kann ich sie noch nicht verlassen. Sieh nur, wie sie meine Hand festhält!"

"Meg", flüsterte Trotty, "höre einmal die Glocken."

Sie lauschte, die ganze Zeit über ihr Gesicht ihm zukehrend, doch die Züge veränderten sich nicht. Sie verstand ihn nicht.

Trotty entfernte sich, nahm seinen Sitz am Feuer wieder ein und lauschte noch einmal allein. Er blieb hier eine kurze Zeit.

Es war unmöglich, es auszuhalten; ihre Stärke war furchtbar

"Wenn die Turmtür wirklich offen ist", sagte Toby und legte hastig seine Schürze beiseite, aber ohne an seinen Hut zu denken, "was kann mich hindern in den Turm zu gehen und mich selber zu überzeugen? Wenn sie verschlossen ist, dann brauche ich keinen anderen Beweis. Der genügt."

Er war ziemlich überzeugt, als er leise auf die Straße hinausschlich, daß er die Tür verschlossen und verriegelt finden würde, denn er kannte dieselbe gar wohl und hatte sie so selten offen gesehen, daß er sich nicht mehr als dreimal zusammen erinnern konnte. Es war ein niedriges, rundes Portal außen an der Kirche in einer dunklen Ecke hinter einer Säule, und hatte so große eiserne Angeln und ein so ungeheuer großes Schloß, daß man mehr von den Angeln und dem Schlosse sah, als von der Tür.

Doch wie groß war sein Erstaunen, als er barhäuptig an die Kirche kam und die Hand in den dunklen Winkel streckte, – nicht ohne Furcht, daß sie unversehens gepackt werden möchte, und nicht ohne Neigung, sie schaudernd zurückzuziehen, – fand er die Tür, welche nach außen aufzumachen war, wirklich offen stehen!

Er wollte im ersten Schrecken zurückkehren oder ein Licht oder einen Begleiter holen; doch sein Mut kam ihm augenblicklich zu Hilfe und er beschloß, allein hinaufzusteigen.

"Was habe ich zu fürchten?" sagte Trotty. "Es ist eine Kirche! Überdies sind vielleicht die Läuter oben und haben vergessen, die Tür zuzuschließen."

Er ging also hinein und tappte sich vorwärts, wie ein blinder Mann; denn es war sehr dunkel und sehr ruhig, da die Glocken stillschwiegen.

Der Staub war von der Straße in dieses Versteck geflogen und lag nun dort haufenweise, so daß Toby wie auf Samt ging, was ebenfalls etwas Unheimliches hatte. Die enge Treppe befand sich so dicht an der Tür, daß er bei der ersten Stufe stolperte, und als er die Tür hinter sich zuwarf, indem er mit dem Fuße daran stieß, daß sie heftig wieder zurückklappte, konnte er sie nicht wieder öffnen.

Dies war jedoch ein neuer Grund, vorwärts zu gehen. Trotty tappte daher um sich und ging weiter, immer hinauf, hinauf, immer hinauf und im Kreise herum und immer höher, höher hinauf.

Es war eine recht unangenehme Treppe, wenn man sie im Dunklen hinauf tappen mußte; so niedrig und schmal, daß seine tappende Hand immer etwas berührte, und oft fühlte sich's fast wie ein menschliches und gespenstisches Wesen an, das aufrecht stand und ihm Platz machte, um nicht entdeckt zu werden, so daß er an der glatten Mauer in die Höhe blickte, um das Gesicht zu suchen, während ihn eine unheimliche Kälte überlief. Einmal oder zweimal unterbrach eine Tür oder eine Nische die einförmige Mauerfläche, die ihm dort so groß vorkam wie die ganze Kirche; dann meinte er am Rande des Abgrundes zu stehen und kopfüber hinunterstürzen zu müssen, bis er die Wand wieder fand.

Immer hinauf, immer hinauf und im Kreise herum, und immer höher und höher hinauf!

Endlich wurde die dumpfe, erstickende Luft frischer; dann kam Zugluft; nun blies der Wind so stark, daß er sich kaum auf den Beinen halten konnte. Doch gelangte er an ein Bogenfenster in dem Turme, das ihm bis an die Brust reichte, und indem er sich dicht daran hielt, blickte er nieder auf die Giebel der Häuser, auf die rauchenden Schornsteine, auf die Lichtflecken und Strahlenmassen (in der Gegend, wo Meg sich wunderte, wo er sein möchte und vielleicht nach ihm rief), die in einem Teig von Nebel und Dunkelheit zusammengeknetet waren.

Dies war die Glockenstube, wohin die Läuter kamen. Er hatte eins der abgeriebenen Seile erfaßt, welche durch Öffnungen in der eichenen Decke herunterhingen. Zuerst erschrak er, denn er dachte, es wären Haare; dann zitterte er bei dem Gedanken, daß er die große Glocke erwecken möchte. Die Glocken selber waren höher. Trotty tappte sich, von seiner fixen Idee beherrscht und in seinem Zauberbann, immer höher hinauf. Endlich auf Leitern und mit großer Mühe, denn sie waren steil und boten dem Fuße keinen allzu sicheren Halt.

Immer hinauf, immer hinauf geklommen und geklettert; immer hinauf und höher und höher hinauf!

Endlich, indem er durch den Boden stieg und mit dem Kopfe gerade über dessen Balken hervorguckte, kam er mitten unter die Glocken. Es war kaum möglich, in der Dunkelheit ihre Größe zu erkennen; doch da waren sie. Schatten werfend, dunkel und stumm.

Ein bleischweres Gefühl von Furcht und Einsamkeit überkam ihn sofort, als er in dies luftige Nest von Stein und Metall emporklomm. Sein Kopf ging rundum mit ihm. Er lauschte und erhob dann ein wildes Hallo!

Hallo! nahm traurig das Echo auf, den Laut ausdehnend.

Schwindlig, verwirrt, atemlos und erschrocken blickte Toby ins Leere um sich und sank ohnmächtig nieder.

## Drittes Viertel.

Schwarz sind die gewitterschweren Wolken und getrübt die tiefen Wasser, wenn das Meer der Gedanken, zum erstenmal nach einer Windstille anschwellend, seine Toten herausgibt. Scheußliche, seltsame Ungeheuer stehen vorzeitig und unvollkommen auf; die mancherlei Glieder und Gestalten von verschiedenen Dingen verbinden und mischen sich untereinander, wie der Zufall es will, und wann und wie und in welch merkwürdiger Folge sie sich wieder voneinander trennen und jeder Sinn und jeder Gegenstand der Seele seine gewöhnliche Form wieder einnimmt und wieder auflebt, kann niemand sagen, obgleich jedermann jeden Tag das Gefäß dieses Bildes des großen Rätsels ist.

So ist es unmöglich mit Worten oder gar mit Bestimmtheit zu sagen, wann und wie sich die Finsternis des nächtlichschwarzen Turmes in helles Licht verwandelte; wann und wie der einsame Turm mit einer Myriade von Gestalten bevölkert wurde, wann und wie sich das leise "Plag' und jag' ihn", das eintönig durch seinen Schlaf oder seine Ohnmacht summte, zu einer Stimme gestaltete, die in das aufwachende Ohr Tobys rief: "Stör' ihn auf im Schlaf"; wann und wie er die träumerische, wirre Idee aufgab, daß dergleichen Dinge wirklich waren, begleitet von einer Schar anderer, die nicht existierten; so viel aber steht fest: als er erwacht war und auf den Brettern, auf denen er gelegen hatte, mit beiden Füßen stand, sah er folgenden unheimlichen Spuk.

Er sah den Turm, wohin seine bezauberten Schritte ihn gebracht hatten, von zwerghaften Phantomen, Geistern, Elfen der Glocken belebt. Er sah sie unaufhörlich von den Glocken springen, fliegen, fallen, stürzen. Eine Schar sah er rings um sich auf dem Boden; über sich in der Luft; an den Seilen hinunterklettern; von den massiven eisenbeschlagenen Balken auf ihn niederblickend; durch die Ritzen und Löcher in den Mauern auf ihn hinunterschauend, in immer weitern Kreisen vor ihm sich ausbreitend, wie kräuselnde Wasserringe fliehen, wenn plötzlich ein großer Stein zwischen sie hineingeworfen wird. Er sah eine andere Schar von allen Arten und Gestalten. Er sah häßliche, hübsche, koboldartige und wunderschöne. Er sah junge, er sah alte, er sah gute, er sah böse, er sah muntere, er sah mürrische; er sah andere tanzen, er hörte welche singen; er sah, wie sich manche das Haar ausrauften, und hörte andere heulen. Er sah, wie die Luft von ihnen wimmelte. Er sah sie niederwärts reiten, aufwärts fliegen, weit fort segeln, nahe zur Hand kauern, rastlos und in hastiger Tätigkeit. Stein, Ziegel, Schiefer und Backstein wurden für ihn beinahe durchsichtig, wie sie es für jene waren. Er sah sie innerhalb der Häuser an den Betten der Schlafenden sich emsig beschäftigen. Er sah, wie sie Leute im Traume beruhigten; wie sie andere mit knotigen Peitschen schlugen und ihnen in die Ohren schrien: er sah welche an manchen Kopfkissen die süßeste Musik machen und andere mit Vogelgesängen und Blumendüften erheitern; er sah, wie manche mit Zauberspiegeln, die sie in den Händen trugen, in die gestörte Ruhe anderer die schrecklichsten Gesichter warfen.

Er sah diese Geschöpfe nicht nur unter Schlafenden, sondern auch unter Wachenden mit den verschiedenartigsten und unverträglichsten Dingen sich beschäftigen und die entgegengesetztesten Naturen besitzen oder annehmen. Die eine schnallte unzählige Flügel an, um ihre Schnelligkeit zu vergrößern; die andere belud sich mit Ketten und Gewichten, um die ihre zu mäßigen. Er sah die einen die Glockenschwengel vorwärts bewegen, andere zogen die Glockenschwengel zurück und wieder andere suchten die Glocken ganz und gar anzuhalten. Er sah die einen auf einer Hochzeit, andere bei einem Leichenbegängnis, in dieser Stube eine Wahl, in jener einen Ball leiten; überall rastlose und unermüdliche Bewegung.

Ganz verwirrt von der Menge der stets wechselnden außerordentlichen Wesen und dem schrecklichen Gelärm der Glocken, welche die ganze Zeit über läuteten, klammerte sich Trotty an einen hölzernen Stützpfeiler und wandte sein kreideweißes Gesicht hier- und dorthin in stummem betäubten Staunen.

Als er so hinabsah, hörte das Läuten auf einmal auf. Sofortige Veränderung überall! Der ganze Schwarm verschwand; ihre Gestalten fielen zusammen, ihre

Schnelligkeit verließ sie; sie suchten zu fliehen, doch in dem Augenblick, als sie niederfielen, lösten sie sich in Luft auf und siechten hin. Kein frischer Zuzug ergänzte sie. Ein Nachzügler sprang ganz eilig von der großen Glocke herunter und kam auf die Füße zu stehen; doch er war tot und gestorben, ehe er sich umdrehen konnte. Einige wenige von der Gesellschaft, die in dem Turme bisher getanzt und Luftsprünge gemacht hatte, blieben dort und drehten sich immer noch ein wenig länger umher; doch bei jedem Sprung wurden sie schwächer und geringer an Zahl und gingen bald den Weg, den die übrigen eingeschlagen hatten. Der letzte von allen war ein kleiner Buckliger, der sich in einem Schallwinkel gekauert hatte und sich dort lange Zeit herumdrehte, und zwar mit solcher Hartnäckigkeit, daß er zuletzt bis auf ein Bein, selbst bis auf einen Fuß zusammenschrumpfte, ehe er schließlich verschwand, und dann war alles im Turm totenstill.

Dann erst und nicht früher sah Trotty in jeder Glocke eine bärtige Gestalt von der Größe und Statur der Glocke – unbegreiflich, eine Gestalt und dennoch die Glocke selbst! Riesenhaft, ernst und mit düstrer Miene ihn anschauend, wie er so festgewurzelt an den Boden dastand.

Geheimnisvolle und schreckliche Gestalten! die auf nichts ruhten, in der Nachtluft des Turmes gleichmäßig schwebten und mit ihren bedeckten und beschatteten Köpfen bis an die dunkle Decke ragten, bewegungslos und schattenhaft. Dunkel und schattenhaft, obgleich er sie in schwachem Licht erblickte, das von ihnen selbst ausging – es war ja sonst niemand da – die verhüllte Hand auf den gespenstigen Mund legend.

Er konnte sich nicht schnell durch die Öffnung am Boden hinunterlassen, denn alle Kraft, sich zu bewegen, war von ihm gewichen. Sonst würde er es getan haben – ja er hätte sich lieber kopfüber von der Turmspitze hinuntergestürzt, als daß er sich von Augen bewacht sehen mußte, die ihn wachsam beobachtet haben würden, obgleich die Pupillen herausgenommen waren.

Immer wieder und immer von neuem traf ihn die Furcht und der Schrecken vor dem einsamen Orte und vor der dunklen, gräßlichen Nacht, die dort herrschte, wie eine Geisterhand. Seine Entfernung von aller Hilfe; die lange, dunkle, von Geistern belagerte Wendeltreppe, die sich zwischen ihm und der Erde befand, auf der Menschen lebten; seine Höhe hier oben, wo es ihm schwindelte, am Tage Vögel fliegen zu sehen; abgeschnitten von allen guten Menschen, die zu dieser Stunde ruhig zu Hause waren und in ihren Betten lagen und schliefen: dies alles überlief ihn eiskalt, nicht wie ein Gedanke, sondern wie eine körperliche Empfindung. Inzwischen waren seine Augen und seine furchtsamen Gedanken auf die

Wächter gerichtet, die, keiner Gestalt dieser Welt ähnlich, sowohl durch die tiefe Dunkelheit, welche sie umhüllte, als auch in ihrem Aussehen und in ihren Formen und indem sie auf übernatürliche Weise über dem Boden schwebten, trotz allem so deutlich zu sehen waren, als die stämmigen Eichenstühle, Querhölzer und Balken, welche den Glocken als Stütze dienten. Diese umgaben sie mit einem wahren Walde von bearbeitetem Holz, und aus ihren Verschlingungen und Verkreuzungen hielten sie wie unter den Zweigen eines zu ihrem gespenstigen Gebrauch verdorrten Waldes ihre düstere reglose Wacht.

Ein Luftzug – wie kalt und schrill! – fuhr seufzend durch den Turm. Als er vorüber war, sprach die große Glocke oder der Geist der Glocke.

"Was für ein Besuch ist das?" sagte er. Die Stimme war dumpf und tief, und Toby dachte, daß sie in den andern Gestalten nachtönte.

"Ich glaubte, mein Name wäre von den Glocken gerufen worden", entgegnete Trotty und erhob seine Hände in der Stellung eines Bittenden. "Ich weiß kaum, warum ich hier bin und warum ich hierher kam. Ich habe den Glocken viele Jahre zugehört. Sie haben mir oft Freude gemacht."

"Und du hast ihnen gedankt", sagte die Glocke.

"Tausendmal", erwiderte Trotty.

"Wie?"

"Ich bin ein armer Mann", stotterte Trotty, "und konnte ihnen bloß mit Worten danken."

"Und hast du ihnen immer gedankt?" fragte der Geist der Glocke, "Hast du uns niemals in Worten beleidigt?"

"Nein", entgegnete Trotty rasch.

"Hast du uns in Worten niemals Schlechtes, Falsches, Bösartiges nachgesagt?" fuhr der Geist der Glocke fort.

Trotty wollte eben antworten: "Niemals!" da stockte er und wurde verwirrt.

"Die Stimme der Zeit", sagte die Erscheinung, "ruft dem Menschen zu: Schreite vorwärts! Die Zeit ist für seinen Fortschritt, seine Besserung, seinen größern Wert, sein größeres Glück, sein besseres Leben, sein Vorwärtsgehen zu dem Ziele hin, das in seiner Erkenntnis und vor seinen Augen liegt und abgesteckt wurde, als die Zeit und als Er begann. Zeiten der Dunkelheit, der Bosheit und der Gewalttätigkeit sind gekommen und gegangen. Unzählbare Millionen haben gelitten, gelebt und sind gestorben, um den Weg zu zeigen, der vor ihnen lag. Wer sich zurückwenden oder auf seiner Bahn stehen zu bleiben sucht, hält eine mächtige Maschine an, welche den Unberufenen töten und infolge ihres augenblicklichen Stillstandes um so rascher und ungestümer gehen wird!"

"Das habe ich nie getan, soviel ich weiß", sagte Trotty, "es war ganz zufällig, wenn ich es getan habe; ich würde es wahrhaftig auch nicht tun."

"Wer der Zeit oder ihren Dienern", sagte der Geist der Glocke, "einen Klageruf in den Mund legt um Zeiten, welche ihre Prüfung und ihren Fehlschlag hatten und tiefe Spuren hinterlassen haben, die ein Blinder sehen mag – einen Klageruf, der der Gegenwart nur insofern dient, als er den Menschen zeigt, wie sehr es ihrer Hilfe bedarf, wenn ein Ohr auf eine Klage um eine solche Vergangenheit lauschen kann – wer dies tut, der tut unrecht. Und dies Unrecht hast du uns, den Glocken, getan."

Trottys erste übergroße Furcht war vorüber. Doch hatte er Liebe und Dankbarkeit gegen die Glocken empfunden, wie wir wissen, und als er hörte, daß er einer so gewichtigen Beleidigung gegen sie angeklagt war, wurde sein Herz mit Reue und Schmerz erfüllt.

"Wenn ihr wißt", sagte Trotty, die Hände demütig faltend – "oder vielleicht wißt ihr es – wenn ihr wißt, wie oft ihr mir Gesellschaft geleistet habt, wie oft ihr mich aufgemuntert habt, wenn ich niedergeschlagen war; wie ihr das Spielzeug meiner kleinen Tochter Meg (beinahe das einzige, das sie jemals besaß) waret, als ihre Mutter gestorben und sie und ich allein auf der Welt waren, würdet ihr mir wegen eines übereilten Wortes nicht zürnen."

"Wer von uns, den Glocken, einen Klang der Mißachtung irgendeiner Hoffnung oder Freude oder Sorge oder Pein der vielgeplagten Menschheit hört, wer von uns auf einen Glauben antworten hört, der die menschlichen Leidenschaften umfaßt, wie er den Betrag der elenden Nahrung abwägt, um den die Menschheit sich abrackert und hinwelkt, der tut uns unrecht. Dies Unrecht hast du uns getan", entgegnete die Glocke.

"Das habe ich getan", sagte Trotty, "o verzeiht mir!"

"Wer in uns das Echo des bedauernswerten Gewürms der Erde hört, der Unterdrücker gebrochener und gedemütigter Naturen, die bestimmt sind, höher emporgehoben zu werden, als solche Maden der Zeit kriechen oder begreifen können", fuhr der Geist der Glocke fort, "wer das in uns hört, tut unrecht, und du hast uns unrecht getan."

"Unabsichtlich", sagte Trotty, "ohne es zu wissen. Es war nicht meine Absicht."

"Zuletzt und zumeist", fuhr die Glocke fort, "wer den Gefallenen und Gestrandeten seines Geschlechts den Rücken zukehrt, wer sie als gemein aufgibt und nicht mit mitleidigem Auge den unbehüteten Abgrund sucht und ihm nachgeht, durch den sie den Pfad des Guten verließen, indem sie noch während des Fallens einige Schollen des verlorenen Bodens erfaßten und sich an dieselben klammerten, als sie wund und sterbend in der Tiefe lagen, der tut dem Himmel und den Menschen, der Zeit und Ewigkeit unrecht. Und dies Unrecht hast du getan."

"Schone mich", rief Trotty auf die Knie fallend, "um der Barmherzigkeit willen!"

"Horch!" sagte der Schatten.

"Horch!" riefen die anderen Schatten.

"Horch!" sagte eine klare, kindliche Stimme, welche Trotty schon früher gehört zu haben glaubte.

Die Orgel tönte leise in der Kirche unten. Allmählich wurde der Ton stärker, die Melodie drang zum Dache hinauf und erfüllte Chor und Schiff. Immer mehr sich ausbreitend stieg sie empor, empor, immer höher und höher hinauf und erweckte fühlende Herzen in den stämmigen Eichenpfosten, in den hohlen Glocken, in den eisenbeschlagenen Türen, in den steinernen Treppen, bis die Mauern des Turmes nicht mehr genügten und sie zum Himmel aufflog.

Kein Wunder, daß eines alten Mannes Brust einen so wuchtigen, machtvollen Klang nicht fassen konnte. Er brach aus diesem Gefängnis in einen Strom von Tränen aus, und Trotty bedeckte sein Gesicht mit den Händen.

"Horch!" sagte der Schatten.

"Horch!" riefen die anderen Schatten.

"Horch!" sagte die kindliche Stimme.

Eine feierliche Weise von vielen Stimmen klang in den Turm hinauf.

Es war eine sehr leise, klagende Weise, ein Totenlied. Und als er lauschte, hörte Trotty sein Kind unter den Sängern.

"Sie ist tot", rief der alte Mann aus, "Meg ist tot. Ihr Geist ruft mir zu. Ich höre es."

"Der Geist deines Kindes beweint die Toten und mischt sich unter die Toten – tote Hoffnungen, tote Einbildungen, tote Träume der Jugend", entgegnete die

Glocke, "doch sie lebt. Lerne aus ihrem Leben eine lebendige Wahrheit. Lerne von dem Wesen, das deinen Herzen am teuersten ist, wie böse die Bösen von Natur sind. Siehe, wie eine Knospe, ein Blatt nach dem andern von dem schönsten Stengel gepflückt wird, und siehe, wie kahl und elend er wird. Folge ihm! Zur Verzweiflung!"

Jeder der Schatten streckte seinen rechten Arm aus und zeigte niederwärts.

"Der Geist der Glocken ist dein Begleiter", sagte die Gestalt; "geh, er steht hinter dir."

Trotty wandte sich um und sah – das Kind! Das Kind, welches Will Fern auf der Straße getragen hatte! das Kind, das Meg behütet hatte, das aber jetzt schlief.

"Ich trug es heute Abend selbst", sagte Trotty, "in diesen Armen."

"Zeige ihm, was er ›selbst‹ nennt", sagten die dunklen Gestalten, eine wie alle.

Der Turm tat sich zu seinen Füßen auf. Er blickte nieder und sah seine eigene Gestalt auf dem Boden liegen, draußen, zerschmettert und bewegungslos.

"Kein lebender Mann mehr", sagte Trotty. "Tot!"

"Tot!" wiederholten alle Gestalten zugleich.

"Gütiger Himmel! und das neue Jahr?"

"Vorüber", sagten die Gestalten.

"Wie?" sagte er schaudernd. "Ich verfehlte den Weg, kam im Dunkeln an die Außenseite des Turmes und fiel hinunter – vor einem Jahre?"

"Vor neun Jahren", entgegneten die Gestalten.

Während sie diese Antworten gaben, zogen sie ihre ausgestreckten Hände zurück, und wo ihre Gestalten gestanden hatten, da waren nun die Glocken wieder.

Und sie läuteten, da ihre Zeit wieder gekommen war. Und wiederum erwachten ungeheure Scharen von Phantomen zum Leben, wiederum waren sie ohne einen Zusammenhang beschäftigt, wie sie es gewesen waren. Wiederum verschwanden sie, als die Glocken verstummten, und schrumpften zu einem Nichts ein.

"Wer sind diese?" fragte er seinen Führer. "Wenn ich nicht wahnsinnig bin, wer sind sie?"

"Geister der Glocken. Ihre Klänge in der Luft", entgegnete das Kind. "Sie nehmen die Gestalten und Beschäftigungen an, die die Gedanken und Hoffnungen der Sterblichen und die Erinnerungen, die sie gesammelt haben, ihnen geben."

"Und du", sagte Trotty verwirrt – "wer bist du?"

"Still, still", entgegnete das Kind; "siehe hierher."

In einer ärmlichen, niedrigen Kammer, an derselben Art von Näherei arbeitend, die er so oft, so oft bei ihr gesehen, zeigte sich Meg, seine eigene liebe Tochter seinem Blick. Er suchte ihr nicht seine Küsse auf die Wange zu drücken, er strebte nicht, sie an sein liebevolles Herz zu schließen; er wußte, daß solche Zärtlichkeiten nicht mehr für ihn waren. Er hielt nur seinen zitternden Atem an und wischte die Tränen weg, die sein Auge blendeten, damit er nur sehen konnte.

Ach, wie verändert, wie verändert! Das Licht des klaren Auges, wie trübe! Die Rosen ihrer Wangen, wie welk! Schön war sie, wie sie immer gewesen war. Aber die Hoffnung, die Hoffnung! Ach, wo war die schöne Hoffnung, die zu ihm wie eine Stimme gesprochen?

Sie blickte von der Arbeit auf nach einer Gefährtin. Ihrem Auge folgend, fuhr der alte Mann zurück.

In dem aufgeblühten Mädchen erkannte er sie auf den ersten Blick. In dem langen seidenen Haar sah er noch dieselben Locken, um die Lippen schwebte noch derselbe kindliche Ausdruck. Siehe, in den Augen, die nun forschend auf Meg ruhten, strahlte noch derselbe Blick, der auf deren Zügen lag, als er sie nach Hause brachte!

Was aber war dies?

Indem er mit Scheu in das Gesicht blickte, sah er ein Etwas darin herrschen; ein feierliches, unbestimmtes, unerklärliches, das kaum mehr als einen Gedanken von jenem Kinde ausdrückte – – das es wohl der Gestalt nach sein konnte – und doch war es dasselbe, dasselbe und trug dieselbe Kleidung.

Horch, nun sprachen sie.

"Meg", sagte Lilly zaudernd. "warum hebst du so oft deinen Kopf von der Arbeit auf, um mich anzusehen!"

"Haben sich meine Blicke so geändert, daß sie dich erschrecken?" fragte Meg.

"O meine Liebe, du lächelst selbst darüber. Warum lächelst du nicht, wenn du mich ansiehst, Meg?"

"Ich tue es ja. Oder tue ich es nicht?" antwortete sie, Lilly mit einem Lächeln ansehend.

"Jetzt freilich", sagte Lilly, "aber nicht immer. Wenn du denkst, ich bin beschäftigt und sehe dich nicht, dann siehst du so ängstlich und besorgt aus, daß ich es kaum wage, die Augen aufzuschlagen. Allerdings haben wir bei diesem harten, mühsamen Leben wenig Ursache zu lachen, du warst aber doch sonst so heiter?"

"Bin ich es nicht noch?" entgegnete Meg in einem seltsam unruhigen Ton und stand auf, um sie zu küssen. "Mache ich dir unser mühsames Leben noch mühsamer, Lilly?"

"Du warst das einzige Wesen", sagte Lilly, sie ungestüm küssend, "das mir Leben einflößte, bisweilen das einzige Wesen, um dessentwillen es mich freute, zu leben. So viele Arbeit, so viele Arbeit! So viele Stunden und so viele Tage, so viele lange, lange Nächte hoffnungsloser, freudenarmer, nimmer endender Arbeit, nicht um reich zu werden, nicht um vornehm oder fröhlich zu leben, nicht um auch nur notdürftig, obgleich noch so bescheiden zu leben, sondern um nur gerade das Brot zu verdienen, um gerade so viel zu erübrigen, um dabei zu verhungern und in uns das Bewußtsein unseres harten Schicksals lebendig zu erhalten. O Meg, Meg", sagte sie mit lauterer Stimme und schlang von Schmerz überwältigt ihre Arme um sie, "wie kann die Welt so grausam sein und es ertragen, ein solches Leben mit ansehen!"

"Lilly", sagte Meg, indem sie sie beruhigte und ihr das Haar aus dem tränenfeuchten Gesicht strich, "o Lilly, du, so hübsch und so jung!"

"O Meg", unterbrach Lilly sie und hielt sie auf Armeslänge von sich entfernt, indem sie ihr flehend in das Gesicht sah, "das eben ist das Schlimmste, das Schlimmste! Wäre ich doch alt, Meg! Mache mich doch alt und runzelig, dann wäre ich frei von den schrecklichen Gedanken, die mich in meiner Jugend in Versuchung führen wollen!"

Trotty wandte sich um, um nach seinem Führer zu sehen. Doch der Geist des Kindes hatte die Flucht ergriffen. Er war fort.

Auch er blieb nicht an derselben Stelle; denn Sir Joseph Bowley, der Freund und Vater der Armen, hielt ein großes Festmahl in Bowleyhall zu Lady Bowleys Geburtstagsfeier; und da Lady Bowley am Neujahrstage geboren war (was die Lokalblätter als einen besonderen Fingerzeig der Vorsehung betrachteten, daß Nummer eins die der Lady Bowley in der Schöpfung bestimmte Zahl sei), so fand dieses Festmahl an einem Neujahrstage statt.

Bowleyhall war voller Gäste. Der Herr mit dem roten Gesicht war da, Mr. Filer war da, der große Ratsherr Cute war da – Ratsherr Cute hatte besonders Sympathie für vornehme Leute, und sein Verhältnis zu Sir Joseph Bowley hatte sich, seitdem er jenen zuvorkommenden Brief geschrieben hatte, bedeutend gebessert; er war seit der Zeit geradezu ein Freund der Familie geworden – und viele Gäste waren da. Trottys Geist war auch da, und das arme Phantom wanderte unstet umher und blickte sich nach seinem Führer um.

In der großen Halle sollte ein großes Diner stattfinden, bei dem Sir Joseph Bowley in seiner berühmten Stellung als Freund und Vater der Armen seine große Rede halten wollte. Von seinen Freunden und Kindern sollten zuerst in einer andern Halle gewisse Plumpuddings verzehrt werden und auf ein gegebenes Zeichen sollten die Freunde und Kinder, indem sie sich zu ihren Freunden und Vätern gesellten, eine Familienversammlung bilden, bei der vor lauter Rührung kein männliches Auge trocken bleiben konnte.

Doch es sollte sich noch mehr ereignen. Sogar noch viel mehr als das. Sir Joseph Bowley, Baronet und Parlamentsmitglied, wollte mit seinen Bauern eine Partie Kegel, tatsächlich Kegel spielen.

"Das erinnert einen ganz", sagte Ratsherr Cute, "an die Tage des alten Königs Heinz, des starken Königs Heinz, des dicken Königs Heinz. Ach, ein herrlicher Charakter!"

"Außerordentlich", sagte Mr. Filer trocken. "Das heißt, indem er heiratete und seine Frauen dann ermorden ließ. Beiläufig gesagt gibt es bedeutend mehr Frauen als nötig ist."

"Nicht wahr, du wirst die schönen Damen heiraten und sie nicht ermorden?" sagte Ratsherr Cute zu dem zwölfjährigen Erben von Bowley. "Ein lieber Knabe! Wir werden diesen kleinen Gentleman im Parlament haben", fuhr der Ratsherr fort, indem er ihn bei den Schultern nahm und so nachdenklich ansah, wie es ihm irgend nur möglich war, "ehe wir es uns versehen. Wir werden von seinen Erfolgen bei der Wahl, seinen Reden im Hause, seinen ihm vom Ministerium gemachten Anerbietungen, seinen herrlichen Leistungen aller Art hören. Ach! wir werden unsere kleinen Reden über ihn im Stadtrate halten, darauf wette ich, ehe wir Zeit haben werden, uns danach umzusehen."

"O, den Unterschied machen Schuh und Strümpfe", dachte Trotty, doch sein Herz sehnte sich nach dem Kinde, vor Liebe zu denselben schuh- und strumpflosen Knaben, die die Kinder der Meg hätten sein können, und von denen Ratsherr Cute vorausgesagt hatte, daß sie schlecht sein würden. "Richard", seufzte Trotty, indem er zwischen der Gesellschaft auf und nieder schritt, "ich kann Richard nicht finden, wo ist Richard?"

Wahrscheinlich nicht dort, wenn er noch lebt! Sein Schmerz und seine Einsamkeit verwirrte Trotty, und er wandelte immer noch mitten unter der stattlichen Gesellschaft umher, sah sich nach seinem Führer um und sagte: "Wo ist Richard? Zeige mir Richard."

Gerade als er auf und nieder wandelte, begegnete er Mr. Fish, dem Geheimsekretär, in großer Aufregung.

"Bei meiner Seele", sagte Mr. Fish, "wo ist Ratsherr Cute? Hat niemand den Ratsherrn gesehen?"

Den Ratsherrn gesehen? O lieber Gott, wer konnte den Ratsherrn nicht sehen! Er war so vorsorglich, so leutselig, er dachte so viel an den natürlichen Wunsch der Leute, ihn zu sehen, daß, wenn er einen Fehler hatte, es der war, einem beständig vor Augen zu sein. Und wo es vornehme Leute gab, da war gewiß auch Cute, den natürlich die Verwandtschaft zwischen großen Seelen dorthin zog.

Einige riefen, daß er sich in einem Zirkel befände, der um Sir Joseph stand. Mr. Fish drängte sich dorthin durch, fand ihn und führte ihn an ein Fenster, um heimlich mit ihm zu sprechen. Trotty gesellte sich zu ihnen. Nicht aus eigenem Antrieb. Er fühlte, daß seine Schritte dorthin gelenkt wurden.

"Mein lieber Ratsherr Cute", sagte Mr. Fish, "ein wenig weiter hierher. Ein schreckliches Ereignis! Ich habe diesen Augenblick die Nachricht erhalten. Ich denke, es wird das beste sein, Sir Joseph nichts mitzuteilen, bis der Tag vorüber ist. Sie kennen Sir Joseph und werden mir Ihre Meinung sagen. Ein entsetzliches, fürchterliches Ereignis!"

"Fish", entgegnete der Ratsherr, "mein lieber Mann, was gibt's? Doch keine Revolution, hoff' ich? Nein – doch nichts Aufrührerisches gegen die Obrigkeit?"

"Deedles, der Bankier", keuchte der Sekretär, "Deedles Gebrüder, der heute hier sein sollte, hoch in Würden bei der Goldschmiedszunft –"

"Hat doch nicht die Zahlungen eingestellt?" rief der Ratsherr aus. "Das kann nicht sein!"

"Hat sich erschossen!"

"Guter Gott!"

"Er hat eine Doppelpistole in seinem Bankhaus an den Mund gesetzt", erzählte Mr. Fish, "und sich das Gehirn ausgebrannt. Keine Ursache – fürstliche Verhältnisse!"

"Verhältnisse", rief der Ratsherr aus. "Ein Mann von ungeheurem Vermögen. Einer der respektabelsten Männer. Selbstmord, Mr. Fish; von seiner eigenen Hand."

"Am heutigen Morgen", entgegnete Mr. Fish.

"O das Gehirn, das Gehirn", rief der fromme Ratsherr aus, und erhob die Hände gen Himmel! "O die Nerven, die Nerven! Die Geheimnisse der Maschine, die man Mensch nennt! O wie wenig bedarf es, um sie aus den Fugen zu bringen. Arme Geschöpfe, die wir sind! Vielleicht ein Diner, Mr. Fish! Vielleicht das Benehmen seines Sohnes, der, wie ich gehört habe, sehr leichtsinnig lebte und ohne die geringste Erlaubnis Wechsel auf ihn zu ziehen pflegte! Ein höchst respektabler Mann! Einer der respektabelsten Männer, die ich kenne. Ein beklagenswertes Beispiel, Mr. Fish, ein öffentliches Unglück! Ich werde den Antrag stellen, tiefe Trauer anzulegen. Ein höchst respektabler Mann! Doch es lebt Einer über uns. Wir müssen uns unterwerfen!"

Wie, Ratsherr? Kein Wort von Ausrottung des Selbstmordes? Denk' an deine hohe Moral und deinen prahlerischen Stolz, Richter! Komm, Ratsherr! Nimm diese beiden Wagschalen. Wirf in diese eine, die leere, ein armes Weib ohne Nahrung, das vor Elend und Hunger stirbt und bei der die Quelle der Natur verdorrt, ausgetrocknet und unerbittlich ist gegen die Ansprüche, auf die ihr Kind ein Anrecht hat von der Mutter Eva her. Wäge mir die zwei, Daniel, der du zu Gericht gehst, wenn dein Tag kommt! Wäge sie vor den Augen der Tausende von Gequälten, die der greulichen Komödie, die du spielst, zuhören. Oder angenommen, deine fünf Sinne gingen dir verloren – es liegt nicht so fern, daß dies nicht leicht geschehen könnte – und du legtest Hand an dich selber, als eine Warnung für deinesgleichen (wenn es deinesgleichen gibt), wenn sie ihre gemütliche Schlechtigkeit den zum Wahnsinn getriebenen Gemütern und verzweifelten Herzen vorkrächzen. Was dann?

Die Worte kamen aus Trottys Brust, als wenn sie eine fremde Stimme in ihm gesprochen hätte. Ratsherr Cute verpflichtete sich Mr. Filsh gegenüber, daß er ihm behilflich sein wollte, die traurige Katastrophe Sir Joseph beizubringen, wenn der Tag vorüber wäre. Dann sagte er in der Bitterkeit seines Schmerzes, Mr.

Fish die Hand drückend: "Der ehrenwerteste der Menschen!" und fügte hinzu, daß er kaum wisse, nicht einmal er, warum so viel Kummer auf Erden geduldet würde.

"Man könnte fast denken, wenn man es nicht besser wüßte, sagte Cute, "daß manchmal in der allgemeinen Einrichtung der gesellschaftlichen Fabrik eine umstürzende Bewegung der Dinge stattfände. Gebrüder Deedles!"

Das Kegelspiel ging mit großem Erfolg vor sich. Sir Joseph warf die Kegel mit großem Geschick. Master Bowley spielte auch mit, auf kürzerer Bahn, und alle Welt sagte, daß nun, wo ein Baronet und der Sohn eines Baronets Kegel spielten, das Land wieder hochkommen würde, so schnell es könnte.

Dann wurde das Bankett serviert. Trotty begab sich unfreiwillig mit den übrigen in die Halle, denn er fühlte sich von einem stärkern Impuls, als sein freier Wille war, dorthin geführt. Es sah dort äußerst prächtig aus. Die Damen waren sehr hübsch, die Gäste heiter, fröhlich und guter Laune. Als die unteren Türen geöffnet wurden und die Leute in ihrer ländlichen Tracht hereinströmten, da erreichte die Schönheit des Schauspiels ihren Gipfel. Doch Trotty murmelte nur immer öfter: "Wo ist Richard? Er sollte ihr helfen und sie trösten! Ich kann Richard nicht sehen."

Es wurden einige Reden gehalten und Lady Bowleys Gesundheit getrunken, und Sir Joseph Bowley hatte dafür seinen Dank abgestattet und seine große Rede gehalten, in der er mit verschiedenen Gründen bewies, daß er der geborene Freund und Vater usw., und hatte als Toast seine Freunde und Kinder und die Würde der Arbeit ausgebracht. Da zog im Hintergrunde der Halle eine kleine Störung Tobys Aufmerksamkeit auf sich. Nach einigem Wirrwarr, Lärm und Streit durchbrach ein Mann den Haufen und stand allein da.

Es war nicht Richard, Aber einer, an den er oft gedacht und den er erwartet hatte. Bei spärlichem Licht hätte er vielleicht an der Identität des alten, grauen, gebeugten, abgezehrten Mannes gezweifelt, aber bei dem hellen Schein der Lampen, der auf seinen knochigen Kopf fiel, erkannte er Will Fern, sobald derselbe nur hervortrat.

"Was ist das?" rief Sir Joseph sich erhebend aus. "Wer erlaubte diesem Manne den Zutritt? Dies ist ein Verbrecher aus dem Gefängnis. Mr. Fish, wollen Sie die Güte haben" –

"Eine Minute", sagte Will Fern, "eine Minute, Mylady! Sie sind an dem heutigen Tage zugleich mit dem neuen Jahr geboren worden. Gestatten Sie mir nur eine Minute zu sprechen."

Sie legte Fürbitte für ihn ein, und Sir Joseph setzte sich wieder mit angeborener Würde auf seinen Sessel.

Der zerlumpte Gast – denn er war elendiglich bekleidet – blickte im Kreise auf die Gesellschaft und bezeigte ihr durch einen demütigen Diener seine Ehrfurcht.

"Ihr vornehmen Leute", sagte er, "ihr habt soeben auf das Wohl der Arbeiter getrunken. Seht mich an."

"Er kommt geraden Weges aus dem Gefängnis", sagte Mr. Fish.

"Geraden Wegs aus dem Gefängnis", sagte Will, "und weder das erste, noch das zweite, noch das dritte oder vierte Mal."

Mr. Filer bemerkte mürrisch, daß viermal über dem Durchschnitt sei und mehr, als sich gehöre; er soll sich schämen.

"Ihr vornehmen Leute", wiederholte Will Fern, "seht mich an. Ihr seht, daß ich so übel daran bin, wie nur irgend möglich, so daß ihr mir weder schaden, noch helfen könnt; denn die Zeit, wo eure guten Worte oder guten Taten mir hätten nützen können – er schlug sich mit der Hand an die Brust und schüttelte den Kopf – ist mit dem Duft der Bohnen oder des Klees vom vorigen Jahre entflohen; aber für diese laßt mich ein Wort sagen – er zeigte auf die Arbeiter in der Halle – und wenn ihr wollt, so hört einmal die reine Wahrheit sprechen."

"Es ist niemand hier!" sagte der Wirt, "der Ihn zum Sprecher haben möchte!"

"Sehr möglich, Sir Joseph, ich glaube es. Vielleicht ist nichtsdestoweniger wahr, was ich sage. Vielleicht beweist es dies sogar. Ihr vornehmen Leute, ich habe viele Jahre an diesem Orte gelebt. Ihr könnt noch die Hütte von dem Knick aus sehen. Sie macht sich gut auf einem Gemälde, habe ich sagen hören. Doch bei Gemälden gibt's kein Wetter. Und mag sein, sie taugt besser dazu, als zu einem Wohnhause. Indes, ich wohnte drin. Wie hart, wie bitter hart ich darin wohnte und lebte, will ich nicht sagen. Jeden Tag im Jahre und jedweden Tag könnt ihr es selber beurteilen."

Er sprach, wie er an dem Abend gesprochen, als Trotty ihn auf der Straße fand; seine Stimme war tiefer und rauher und zitterte dann und wann ein wenig. Doch er erhob sie niemals leidenschaftlich, und selten sprach er stärker, als es die schlichten Gegenstände erforderten, von denen er redete. "Es ist härter, als ihr es euch denkt, ihr vornehmen Leute, in Ehren aufzuwachsen, nur mit dem gewöhnlichen Verstand mit Ehren an solch einem Orte. Daß ich zu einem Menschen und nicht zu einem Vieh wurde, wie ich es damals war, spricht etwas für mich. Wie ich jetzt bin, läßt sich für mich nichts sagen und nichts tun. Das ist vorüber für mich."

"Es freut mich, daß dieser Mann gekommen ist", sagte Sir Joseph und sah vergnügt um sich. "Man störe ihn nicht. Es scheint Bestimmung zu sein. Er ist ein Exempel, ein lebendes Exempel. Ich glaube und hoffe zuversichtlich, daß es für meine Freunde hier nicht verloren sein wird."

"Ich schleppte mich durch", sagte Fern nach kurzem Stillschweigen, "so oder so. Weder ich noch ein anderer weiß, wie; aber so schwer, daß ich kein fröhliches Gesicht machen oder den Leuten einreden konnte, ich wäre etwas anderes, als ich war. Ihr, Gentlemen, die ihr im Parlament sitzt, wenn ihr einen Mann seht mit unzufriedenen Zügen im Gesicht, so sagt ihr zueinander: Er ist verdächtig. Ich bin argwöhnisch, sagt ihr, in bezug auf Will Fern, bewacht diesen Kerl. Ich will nicht sagen, daß dies nicht ganz natürlich sei. Doch ich sage, es ist so und von dieser Stunde, was immer Will Fern tut oder läßt, alles gleich, es geht auf seine Kappe!"

Ratsherr Cute steckte seine Daumen in die Westentasche, lehnte sich zurück in seinen Stuhl, lächelte und blinzelte einem in der Nähe stehenden Armleuchter zu, als wenn er sagen wollte: "Natürlich, ich sagte es ja. Das gewöhnliche Geschrei! Gott steh' euch bei! Wir kennen alle diese Dinge genugsam – ich und die menschliche Natur."

"Nun, Gentlemen", sagte Will Fern, indem er die Hände ausbreitete und einen Augenblick sich sein hageres Gesicht rötete, "begreift wie eure Gesetze sind, um uns zu fangen und zu verfolgen, wenn wir bis dahin gekommen sind. Ich versuche anderswo zu leben. Und ich bin ein Vagabund, ich bin ein Landstreicher. Ins Gefängnis mit ihm! Ich gehe in eure Wälder, Nüsse zu pflücken, und breche – wer tut das nicht? – einen dünnen Zweig oder zwei ab. Ins Gefängnis mit ihm! Einer eurer Wildhüter sieht mich am hellen, lichten Tage in der Nähe eines Gartens mit einer Flinte. Ins Gefängnis mit ihm! Ich schneide mir einen Stock ab. Ins Gefängnis mit ihm! Ich esse einen verfaulten Apfel oder eine Rübe. Ins Gefängnis mit ihm! Es ist zwanzig Meilen von hier entfernt und als ich zurückkomme, bitte ich um eine Kleinigkeit auf der Straße. Ins Gefängnis mit ihm! Genug, der Polizist, der Wildhüter, jedermann findet mich überall und ich tue alles. Ins Gefängnis mit ihm; denn er ist ein Vagabund und ein bekannter Zuchthausvogel; das Zuchthaus ist seine einzige Heimat geworden."

Der Ratsherr nickte weise mit dem Kopfe, als wollte er sagen: Wirklich eine sehr gute Heimat!

"Sage ich dies *meinetwegen?*" fuhr Fern fort. "Wer kann mir meine Freiheit, meinen guten Namen, meine unschuldige Nichte zurückgeben? Nicht alle Lords und Ladies im großen England. Doch, ihr Herren, wenn ihr mit andern gleich mir zu tun habt, so fangt am rechten Ende an. Gebt uns um Gottes willen bessere Wohnungen, als in denen wir in unserer Wiege liegen; gebt uns bessere Nahrung, wenn wir für unser Leben arbeiten, gebt uns gütigere Gesetze, um uns auf den rechten Weg zurückzuführen, wenn wir irre gegangen sind, und stellt uns nicht überall, wohin wir uns wenden, Kerker und Banden vor Augen. Es gibt kein Wohlwollen, das ihr dem Arbeiter dann zeigen könnt, das er nicht so bereitwillig und dankbar annehmen würde, als es einem Menschen nur möglich ist. Denn er hat ein geduldiges, friedliches, williges Herz. Aber ihr müßt den rechten Geist erst in ihm wecken. Denn mag er ein Wrack oder eine Ruine sein, wie ich, oder mag er denen gleichen, die gegenwärtig hier stehen, sein Gemüt ist euch jetzt entfremdet. Bringt es zurück, ihr vornehmen Leute, bringt es zurück, ehe der Tag kommt, wenn selbst seine Bibel bei seiner veränderten Gesinnung anders lautet und die Worte zu ihm zu sprechen scheint, wie es nur manchmal geschienen hat – im Gefängnis: "Wohin du gehst, da kann ich nicht hingehen. Wo du wohnst, da wohne ich nicht. Dein Volk ist nicht mein Volk und dein Gott ist nicht mein Gott."

Eine plötzliche Bewegung und Aufregung gab sich in der Halle kund. Trotty dachte zuerst, daß sich mehrere erhoben hätten, um den Mann hinauszuwerfen, und daher käme die Veränderung. Doch der zweite Augenblick zeigte ihm, daß das Gemach und die ganze Gesellschaft aus seinen Augen verschwunden waren, und daß seine Tochter wieder an ihrer Arbeit vor ihm saß, doch in einem ärmlicheren, niedrigeren Stübchen als vorher und keine Lilly an ihrer Seite.

Der Rahmen, an dem diese gearbeitet hatte, war auf ein Bord gestellt und zugedeckt. Der Stuhl, auf dem sie gesessen, war nach der Wand gekehrt. In diesen Kleinigkeiten und in Megs kummervollem Gesicht war eine Geschichte zu lesen, o, wer hätte sie nicht lesen können!

Meg heftete ihre Augen auf ihre Arbeit, bis es zu dunkel war, um die Fäden zu sehen, und als die Nacht hereinbrach, zündete sie ihr schwaches Licht an und arbeitete weiter. Immer noch war ihr alter Vater unsichtbar in ihrer Nähe und blickte auf sie herab; er liebte sie, o wie herzlich liebte er sie! – und sprach zu ihr mit zärtlicher Stimme von den alten Zeiten und den Glocken, obgleich er wußte, der arme Trotty, daß sie ihn nicht hören konnte.

Ein großer Teil des Abends war vergangen, als es an der Tür klopfte. Sie öffnete. Ein Mann stand auf der Schwelle, ein zerlumpter, betrunkener, schmutziger Mensch, von Unmäßigkeit und Laster gezeichnet, und das wirre Haar und der ungeschorene Bart waren in wilder Unordnung. Doch zeigten noch einige Spuren, daß er in seiner Jugend ein Bursch von gutem Körperbau und hübschem Gesicht gewesen war.

Er blieb stehen, bis er Erlaubnis bekam, hereinzutreten, und sie, einen oder zwei Schritt von der Tür zurückweichend, blickte ihn schweigend und kummervoll an. Trottys Wunsch war erfüllt; er sah Richard.

"Darf ich hereinkommen, Meg?"

"Ja, komm nur herein."

Es war gut, daß Trotty ihn erkannt hatte, ehe er sprach. Denn wenn er noch gezweifelt hätte, dann würde ihn die heisere, rauhe Stimme glauben gemacht haben, daß es nicht Richard, sondern ein anderer Mann wäre.

Es waren nur zwei Stühle im Zimmer. Sie gab ihm den ihrigen, stellte sich einige Schritte vor ihn hin und wartete, was er ihr zu sagen habe.

Er setzte sich jedoch nieder und starrte nichtssagend auf den Boden mit einem dummen, glanzlosen Lächeln, ein Schauspiel von so tiefer Herabwürdigung, von so völliger Hoffnungslosigkeit, von so elender Verkommenheit, daß sie ihr Gesicht mit den Händen bedeckte und sich wegwandte, damit er nicht sehen sollte, wie sehr es sie erschütterte.

Durch das Knistern ihres Kleides oder irgendein unbedeutendes Geräusch erwachend, richtete er den Kopf auf und fing an zu sprechen, als ob seit seinem Eintritte keine Pause gewesen wäre: "Immer noch bei der Arbeit, Meg? Du arbeitest spät."

"Ich tue es immer."

"Und früh?"

"Auch früh."

"Das sagte sie. Sie sagte, du würdest niemals müde, oder gebest es niemals zu, daß du müde wärest. Die ganze Zeit nicht, die ihr zusammenwohntet. Selbst dann nicht, wenn du zwischen Arbeit und Hunger halb ohnmächtig würdest. Doch ich sagte dir dies schon, als ich das letztenmal bei dir war?"

"Ja", antwortete sie, "und ich bat dich, nichts mehr davon zu sagen. Und du gabst mir das feierliche Versprechen, Richard, daß du es niemals mehr tun wolltest."

"Ein feierliches Versprechen", wiederholte er mit blödsinnigem Lachen und nichtssagend ins Blaue starrend. "Ein feierliches Versprechen. So!" Nach einiger Zeit gleichsam sich ermunternd in der vorherigen Weise, sagte er mit unerwarteter Lebhaftigkeit: "Was kann ich dafür, Meg? Was soll ich tun? Sie ist wieder bei mir gewesen."

"Wieder", sagte Meg die Hände faltend. "O, denkt sie oft an mich? Ist sie wieder dagewesen?"

"Zwanzigmal", sagte Richard. "Margarete, sie verfolgt mich förmlich. Sie kommt auf der Straße hinter mir drein und steckt es mir in die Hand. Ich höre ihren Fuß über die Asche gleiten, wenn ich in der Werkstätte bin. Ha, ha! das geschieht nicht oft! Und ehe ich den Kopf umdrehen kann, klingt mir ihre Stimme ins Ohr und sagt: ›Richard, drehe dich nicht um! Um des Himmels willen, gib ihr dies!‹ Sie bringt es mir in meine Wohnung. Sie schickt es mir in Briefen. Sie klopft an das Fenster und legt es auf das Fensterbrett. Was kann ich dazu tun? Sieh es einmal an."

Er hielt in der Hand eine kleine Börse hin und klimperte mit dem Geld, das sie enthielt.

"Stecke sie ein", sagte Meg, "stecke sie ein! Wenn sie wiederkommt, so sage ihr, Richard, daß ich sie von ganzer Seele liebe, daß ich mich niemals schlafen lege, ohne sie zu segnen und für sie zu beten, daß ich bei meiner einsamen Arbeit beständig an sie denke, daß ich Tag und Nacht bei ihr bin, daß ich, wenn ich morgen sterbe, mit meinem letzten Atemzuge an sie denken werde, daß ich aber dies nicht ansehen kann."

Er zog die Hand langsam zurück und sagte, die Börse zusammendrückend, mit einer Art schläfriger Bedachtsamkeit: "Ich sagte es ihr schon. Ich sagte es ihr in dürren Worten, wie es Worte nur ausdrücken können. Ich habe dieses Geschenk ein dutzendmal wieder zurückgenommen und bei ihrer Tür liegen lassen. Aber wenn sie nun wiederkam und vor mir stand, Auge in Auge – was konnte ich tun?"

"Du sahst sie?" rief Meg aus, "du sahst sie? O Lilly, mein süßes Mädchen! O Lilly, Lilly!"

"Ich sah sie", fuhr er fort, nicht als Antwort, sondern immer noch mit seinen eigenen Gedanken beschäftigt. "Da stand sie und zitterte: ›Wie sieht sie aus, Richard? Spricht sie immer noch von mir? Hat sie abgenommen? Mein alter Platz am Tische – wer sitzt an meinem Platz? Und der Rahmen, an dem sie mich sticken lehrte – hat sie ihn verbrannt, Richard?‹ – So war es. Das hörte ich sie sagen."

Meg unterdrückte ihre Seufzer und beugte sich, während Tränen aus ihren Augen flossen, über ihn, um zu horchen und keinen Hauch zu verlieren.

Die Arme auf die Knie gestützt und auf seinem Stuhle sich vornüber lehnend, als wenn seine Aussage in einer halblesbaren Schrift, die er entziffern und zusammenreimen müßte, auf dem Boden geschrieben stände, fuhr er fort: "– ›Richard, ich bin sehr tief gefallen, und du kannst dir denken, wieviel ich gelitten habe, da mir dies zurückgeschickt wurde, wenn ich es über mich gewinnen kann, es mit eigener Hand wiederzubringen. Doch du liebtest sie einst und immer noch, solange ich mich entsinnen kann. Anderes trat zwischen euch; Ungewißheit, Zweifel, Eifersucht, Eitelkeit entfremdeten dich ihr. Doch du liebtest sie immer, soweit ich mich erinnern kann.‹ – Ich glaube, es ist wahr", sagte er sich selbst unterbrechend. "Doch das gehört nicht hierher. – ›O Richard, wenn du sie jemals liebtest, wenn du ein Gedächtnis hast für das, was dahin und verloren ist, nimm es ihr noch einmal mit! Noch einmal! Sag' ihr, wie ich dich bat und dich drängte. Sag' ihr, wie ich meinen Kopf auf deine Schulter legte, wo vielleicht ihr Kopf gelegen hat, und wie ich so demütig gegen dich war, Richard. Sag' ihr, daß du mir ins Gesicht blicktest und daß alle die Schönheit, die sie an mir zu preisen pflegte, dahin, ganz dahin sei und an ihrer Stelle eine bleiche, hohle, dürftige Wange, über die sie weinen würde, wenn sie sie sähe. Sag' ihr alles und nimm es wieder mit, und sie wird es nicht wieder abschlagen, sie wird nicht das Herz haben!‹ –"

So saß er träumerisch da und wiederholte die letzten Worte, bis er wieder wach wurde und aufstand.

"Du willst es nicht nehmen, Meg?"

Sie schüttelte den Kopf und bat ihn, sie zu verlassen.

"Gute Nacht, Meg."

"Gute Nacht."

Er wandte sich um, um sie anzusehen, bestürzt über ihren Schmerz und vielleicht von dem Mitleiden für ihn selber, das in ihrer Stimme zitterte. Es war die Bewegung eines Augenblicks, und ein Anflug seiner früheren Haltung belebte seine Gestalt. Im nächsten Augenblicke ging er, wie er gekommen war, und jener Funken eines erloschenen Feuers schien ihm nicht zu einem lebendigeren Bewußtsein seiner Erniedrigung zu leuchten.

Meg mußte in allen Stimmungen, bei allen Schmerzen, bei allen Qualen des Leibes und der Seele arbeiten. Sie setzte sich nieder und nähte. Nacht, Mitternacht – sie arbeitete immer noch.

Sie unterhielt ein dürftiges Feuer, da die Nacht sehr kalt war, und stand bisweilen auf, um es zu schüren. Die Glocken schlugen halb ein Uhr, während sie sich damit beschäftigte, und als sie ausgeschlagen hatten, hörte sie ein leises Klopfen an der Tür. Ehe sie sich nur wundern konnte, wer zu dieser ungewöhnlichen Stunde kommen könnte, wurde die Tür geöffnet.

O Jugend und Schönheit, glücklich, wie ihr sein sollt, schaut hin! O Jugend und Schönheit, gesegnet und segnend alles, was in euren Bereich kommt, und die Zwecke eures gütigen Schöpfers erfüllend, blicket hin!

Sie sah die eintretende Gestalt, rief ihren Namen aus, rief "Lilly!"

Sie war behend und fiel vor ihr auf die Knie nieder, und klammerte sich an ihr Gewand.

"Steh auf, meine Lilly! Steh auf, liebstes Mädchen!"

"Nie, Meg, nie! Hier, hier bei dir will ich sein, dich in meinen Armen halten, deinen lieben Atem mich anwehen lassen!"

"Süße Lilly, liebste Lilly, Kind meines Herzens! Keiner Mutter Liebe kann zärtlicher sein! Lege dein Haupt an meine Brust."

"Nie mehr, Meg, nie mehr! Als ich zum erstenmal dein Gesicht erblickte, knietest du vor mir. Auf den Knien vor dir laß mich sterben, hier sterben!"

"Du bist zurückgekommen! Mein Herzenskind, wir wollen miteinander leben, miteinander arbeiten, hoffen, miteinander sterben!"

"Ach, küsse meinen Mund, Meg! Schlinge deine Arme um mich! Drücke mich an deine Brust! Sieh gütig auf mich – doch hebe mich nicht auf. Laß mich hier liegen, laß mich dein liebes Gesicht zum letztenmal auf meinen Knien sehen!"

O Jugend und Schönheit, glücklich wie ihr sein sollt, schaut hierher! O Jugend und Schönheit, die ihr die Zwecke eines allgütigen Schöpfers erfüllt, sehet hierher!

"Vergib mir, Meg! O Liebe, Liebe, vergib mir. Ich weiß, du tust es, ich sehe, du tust es, doch sage es mir, Meg!"

Sie sagte es ihr, mit den Lippen auf Lillys Wange, und mit ihren Armen umschlang sie – das wußte sie – ein gebrochenes Herz.

"Gott segne dich, mein süßes Kind! Küsse mich noch einmal!" ›Er ließ sie zu seinen Füßen sitzen und sie mit ihrem Haar trocknen.‹ O Meg, welches Mitleid! welch Erbarmen!

Als sie starb, berührte der Geist des zurückkehrenden Kindes, unschuldig und strahlend, den alten Mann mit seiner Hand und winkte ihm fortzugehen.

### Viertes Viertel.

Eine abermalige Erinnerung an die gespenstischen Gestalten in den Glocken; ein abermaliges unbestimmtes Empfinden von dem Läuten der Glocken; ein schwindelndes Bewußtsein, daß er den Schwarm der Phantome sich immer und immer erneuern gesehen hatte, bis die Vorstellungskraft derselben sich in dem Gewirr ihrer Anzahl verlor; eine unbestimmte Erkenntnis, obgleich er nicht wußte, wie er dazu gekommen war, daß mehrere Jahre verflossen waren, und Trotty stand, von dem Geiste des Kindes begleitet, wiederum vor menschlicher Gesellschaft.

Eine wohlbeleibte, rotwangige, behagliche Gesellschaft! Es waren nur zwei, aber sie waren rot genug für zehn. Sie saßen vor einem hellen Feuer, zwischen sich einen kleinen, niedrigen Tisch, und wenn nicht der Duft von heißem Tee und geröstetem Brot länger in diesem Gemache anhielt, als in den meisten anderen, dann mußte der Tisch vor nicht gar langer Zeit benutzt worden sein. Da aber alle Ober- und Untertassen sauber waren und an ihrem Platze auf dem Bord standen, und da die kupferne Röstgabel in ihrem Winkel hing und ihre vier trägen Finger ausstreckte, als wollte sie sich Maß zu einem Handschuh nehmen, so blieben keine anderen sichtbaren Zeichen von dem eben beendigten Mahl übrig, als solche, welche in der Gestalt der sich wärmenden Katze schnurrten und sich den Bart strichen und die in den rundlichen, um nicht zu sagen speckigen Gesichtern ihrer Herrschaft glänzten.

Dieses behäbige Paar, offenbar ein Ehepaar, hatte sich redlich in das Feuer geteilt und blickte nach den sprühenden Funken, welche in den Rost hinabfielen, bald in halbem Schlummer nickend, bald wieder erwachend, wenn eine heiße Kohle, größer als die anderen, prasselnd hinabfiel, als wenn das Feuer mitkommen wollte.

Es lag indes keine Gefahr vor, daß es schnell verlöschen würde. Denn es glimmte nicht nur in dem kleinen Zimmer und auf den Glasfenstern in der Tür, sowie auf den halb darüber gezogenen Vorhängen, sondern auch in dem kleinen Laden daneben. Ein kleiner Laden, ganz angefüllt und bis zum Ersticken voll von seinen Vorräten, ein förmlich gefräßiger kleiner Laden mit einem Magen so geräumig und voll wie ein Haifischmagen: Käse, Butter, Feuerholz, Seife, Pökelfleisch, Schwefelhölzer, Speck, Bier, Konserven, Kinderdrachen, Vogelfutter, roher Schinken, Birkenbesen, Feuersteine, Salz, Weinessig, Schuhwichse, Pökelheringe, Schreibmaterialien, Champignonsauce, Schnürbänder, Brote, Federbälle, Eier und Griffel – alles galt als Fisch, was in das Netz dieses gierigen kleinen Ladens kam, und alle diese Artikel waren in seinem Netze. Wie viele andere Arten von Kleinwaren sich darin befanden, würde sich schwer sagen lassen, doch Knäuel von Bindfaden, Reihen von Zwiebeln, Lichte in Pfunden, Krautnetze und Bürsten hingen bündelweise an der Decke, wie seltene Früchte, während verschiedene seltsame Kruken, denen aromatische Düfte entströmten, die Wahrhaftigkeit der Inschrift über der Außentür bestätigten, die dem Publikum ankündigte, daß der Inhaber dieses kleinen Ladens ein privilegierter Tee-, Kaffee-, Tabak-, Pfeffer- und Schnupftabakhändler sei.

Indem Trotty nach denjenigen Artikeln blickte, welche bei dem Schein des Feuers und dem minder glorreichen Strahl von zwei räuchrigen Lampen, die ziemlich trübe in dem Laden brannten, als wenn ihnen ihre Vollblütigkeit schwer auf der Lunge läge, sichtbar waren, und indem er dann nach einem der zwei Gesichter am Feuer sah, wurde es ihm nicht schwer, in der wohlbeleibten Matrone Mrs. Chickenstalker zu erkennen, die immer zur Beleibtheit hingeneigt hatte, schon in den Tagen, als sie eine kleine Rechnung, die ihn anging, im Buche hatte.

Die Züge ihres Gesellschafters waren ihm nicht so bekannt. Das große, breite Kinn mit Falten, die breit genug waren, um einen Finger hineinzulegen, die glotzenden Augen, die mit sich selber zu zanken schienen, so daß sie immer tiefer und tiefer in das Fett des schwammigen Gesichts versanken, die Nase, die mit einer Störung in ihren Funktionen belastet war, die man gewöhnlich Verstopfung nennt, der kurze, dicke Hals und die keuchende Brust nebst anderen Schönheiten ähnlicher Art, obgleich sie ganz geeignet waren, sich dem Gedächtnisse einzuprägen, konnte Trotty zuerst niemandem zuschreiben, den er in gewisser Weise gekannt, und dennoch erinnerte er sich auch ihrer in gewisser Weise. Endlich erkannte er in Mrs. Chickenstalkers Gesellschafter im allgemeinen und auf der krummen, exzentrischen Bahn des Lebens den früheren Portier von Sir Joseph Bowley, eine schlagflüssige, einfältige Persönlichkeit, die sich seit Jahren in Trottys Seele mit Mrs. Chickenstalker vermählt hatte, weil sie ihm Zutritt zu dem Hause gegeben, wo er seine Verbindlichkeiten gegen diese Dame bekannt und so schwere Vorwürfe auf sein unglückliches Haupt geladen hatte.

Trotty nahm sehr wenig Interesse an einer Veränderung wie diese nach all den Veränderungen, die er mit angesehen hatte. Doch die Ideenverbindung ist bisweilen sehr stark, und er blickte unwillkürlich hinter die Tür, wo die Schulden der Kunden in Kreide prangten. Sein Name war nicht verzeichnet. Es standen einige Namen da, doch waren sie ihm fremd, und es waren unendlich viel weniger, als in früheren Zeiten, woraus er schloß, daß der Portier ein Liebhaber der baren Geldgeschäfte war und daß er, als er in das Geschäft kam, den Schuldnern der Mrs. Chickenstalker ziemlich stark zugesetzt hatte.

Trotty war so verzweifelt und gebrochen über die zerstörte Jugend und die unerfüllten Verheißungen seines Kindes, daß es ihm sogar Kummer einflößte, nicht mehr in Mrs. Chickenstalkers Schuldbuch zu stehen.

"Was für eine Nacht ist's draußen, Anne", fragte der frühere Portier des Sir Joseph Bowley, indem er seine Beine vor dem Feuer ausstreckte und dieselben so weit rieb, als er mit seinen kurzen Armen erreichen konnte, mit einer Miene, die gleichsam hinzufügte: "Hier bin ich, wenn's draußen schlecht ist, und ich brauche nicht hinauszugehen, wenn es gutes Wetter gibt."

"Es weht ein starker Wind und es graupelt", entgegnete seine Frau, "und der Himmel droht mit Schnee. Dunkel und sehr kalt."

"Ich freue mich, daß wir geröstetes Brot gehabt haben", sagte der frühere Portier in dem Ton eines Mannes, der sein Gewissen in Ruhestand versetzt hat. "Das ist eine Nacht, die gleichsam zu geröstetem Brot geschaffen ist, auch zu süßem Kuchen und zu Pfannkuchen." Der Portier nannte jedes Essen, als wenn er seine guten Handlungen aufzählte. Darauf rieb er sich seine fetten Beine wie zuvor und, sie in den Knien drehend, um das Feuer an die noch ungewärmten Teile kommen zu lassen, lachte er, als ob ihn jemand gekitzelt hätte.

"Du bist ja in sehr guter Laune, mein lieber Tugby", bemerkte seine Frau.

Die Firma lautete: "Tugby vormals Chickenstalker".

"Nein", sagte Tugby, "nein, nicht besonders. Ich bin ein wenig zufrieden. Der Buttertoast war so schön." Dabei lachte er, bis er blauschwarz im Gesicht wurde, und hatte so heftig zu arbeiten, um eine andere Farbe zu bekommen, daß seine fetten Beine die seltsamsten Verdrehungen in der Luft machten. Auch war er nicht eher wieder gleichsam in Ordnung zu bringen, als bis Mrs. Tugby ihn heftig auf den Rücken geklopft und geschüttelt hatte, als ob er eine große Flasche wäre.

"Ei du lieber Himmel, meine große Güte, über den Mann!" sagte Mrs. Tugby in großem Schrecken. "Was macht er nur?"

Mr. Tugby wischte sich die Augen und wiederholte mit schwacher Stimme, daß er sich ein wenig zufrieden gefühlt habe.

"Dann fühle dich nicht wieder so, gute liebe Seele", sagte Mrs. Tugby, "wenn du mich nicht mit deinen Verdrehungen und krampfhaften Bewegungen zu Tode erschrecken willst."

Mr. Tugby sagte, er wolle es nicht wieder tun. Doch sein ganzes Leben war ein Kampf, bei welchem er, wenn man aus der beständig zunehmenden Kürze seines Atems und der immer tiefern Röte seines Gesichts schließen durfte, stets den kürzeren ziehen mußte.

"Der Wind stürmt da draußen, und es graupelt, und der Himmel droht mit Schnee, und es ist dunkel und sehr kalt. Nicht wahr, meine Liebe?" sagte Mr. Tugby, indem er nach dem Feuer sah und wieder an die eigentliche Veranlassung seiner gegenwärtigen Zufriedenheit dachte.

"Ja, böses Wetter!" entgegnete seine Frau, den Kopf schüttelnd.

"Ja, ja", sagte Mr. Tugby, "die Jahre sind wie die Christen in dieser Hinsicht: Manche sterben schwer, andere sterben leicht. Dies hat nicht mehr viele Tage zu laufen und kämpft hart darum. Es gefällt mir deswegen um so besser. Es ist eine Kundin da, meine Liebe."

Als Mrs. Tugby die Tür knarren hörte, war sie bereits aufgestanden.

"Was wünschen Sie?" sagte die Frau, in den kleinen Laden tretend. "O, ich bitte um Verzeihung, Sir, ich wußte nicht, daß *Sie* es waren."

Sie entschuldigte sich auf diese Weise einem Herrn gegenüber, der, in schwarzer Kleidung, mit dem nachlässig auf eine Seite geschobenen Hut und die Hände in beiden Taschen, sich quer über das Bierfaß setzte und zur Erwiderung nickte.

"Es steht schlecht oben, Mrs. Tugby", sagte der Gentleman. "Der Mann kann nicht leben bleiben."

"Wie, der Dachstübler?" sagte Tugby, indem er heraus in den Laden kam, um an der Konferenz teilzunehmen.

"Mit dem Dachstübler, Mr. Tugby", entgegnete der Gentleman, "geht's schnell bergab, und er wird sehr bald unter der Erde sein."

Abwechselnd Tugby und seine Frau ansehend, untersuchte er mit den Knöcheln, wie hoch das Faß noch gefüllt war, und als er dies ausfindig gemacht hatte, trommelte er einen Marsch auf dem leeren Teil.

"Der Dachstübler, Mr. Tugby", sagte der Gentleman, nachdem Tugby einige Zeit in stummer Bestürzung dagestanden hatte, "geht den Weg alles Fleisches."

"Ich glaube nicht, daß Sie ihn fortschaffen können", sagte der Gentleman kopfschüttelnd. "Ich selbst könnte die Verantwortlichkeit nicht übernehmen und sagen, daß es geschehen dürfte. Sie lassen ihn besser, wo er ist. Er kann's nicht mehr lange machen."

"Dies ist der einzige Gegenstand", sagte Tugby und warf die Butterwage krachend auf den Ladentisch, weil er seine Faust darin wiegen wollte, "über den wir uns jemals gezänkt haben, sie und ich; und was kommt nun dabei heraus? Er wird hier sterben, sterben auf unserm Grund und Boden, sterben in unserm Hause!"

"Und wo hätte er sonst sterben sollen, Tugby?" sagte seine Frau.

"Im Armenhause", entgegnete er. "Zu welchem Zwecke sind die Armenhäuser da?"

"Dazu nicht", versetzte Mrs. Tugby mit großer Energie. "Dazu nicht. Deshalb hab' ich dich auch nicht geheiratet. Das denke ja nicht. Eher würd' ich mich scheiden lassen und niemals dein Gesicht wiedersehen. Als noch mein Witwenname über dieser Tür stand, wie das viele, viele Jahre der Fall gewesen ist, war das Haus der Mrs. Chickenstalker weit und breit bekannt, und immer stand es in gutem Rufe und großem Ansehen; als noch mein Witwenname über dieser Tür stand, Tugby, kannt' ich ihn als einen hübschen, kräftigen, ansehnlichen, unabhängigen Burschen; ich kannte sie als das lieblichste, liebenswürdigste Mädchen, das je ein Auge erblickt hat; ich kannte ihren Vater (der arme Mann, er fiel vom Turme herunter, auf den er einmal im Schlafe gestiegen war, und fiel sich zu Tode) als den schlichtesten, arbeitsamsten und sanftherzigsten Menschen, der jemals geatmet hat; und wenn ich sie aus dem Hause stoße, mögen mich die Engel aus dem Himmel verstoßen! Und sie würden es mit Fug und Recht tun!"

Ihr altes Gesicht, das so rund war und Grübchen in den Wangen hatte, bevor sie sich so verändert hatte, schien wieder hervorzuscheinen, als sie diese Worte sagte; und als sie ihre Augen trocknete und gegen Tugby den Kopf und zugleich ihr Taschentuch schüttelte mit einem Ausdrucke von Energie, dem offenbar nicht so leicht etwas entgegenzusetzen war, da sagte Trotty: "Gott segne sie! Gott segne sie!"

Dann horchte er mit klopfendem Herzen auf das, was folgen würde, denn er wußte noch weiter nichts, als daß sie von Meg sprachen.

Wenn Tugby in dem Zimmer ein wenig lustig und zufrieden gewesen war, so glich sich die Rechnung überreichlich aus, indem er im Laden ganz niedergeschlagen wurde und nun seine Frau anblickte, ohne ein Wort zu erwidern; heimlicherweise aber steckte er zugleich – entweder in einem Anfall von Zerstreuung oder aus Vorsorge für die Zukunft – alles Geld aus der Ladenkasse in seine Taschen.

Der Gentleman auf der Biertonne, der ein bestellter Armenarztassistent zu sein schien, war offenbar viel zu sehr gewöhnt an Meinungsverschiedenheiten zwischen Mann und Frau, als daß er eine Bemerkung darüber gemacht hätte. Er saß leise vor sich hin flötend auf dem Faß und ließ kleine Biertropfen aus dem Zapfen auf die Erde laufen, bis vollkommene Stille eingetreten war: dann erhob er den Kopf und sagte zu Mrs. Tugby, verwitweten Chickenstalker: "Die Frau hat selbst jetzt noch etwas Anziehendes. Wie kam sie nur dazu, ihn zu heiraten?"

"Das", entgegnete Mrs. Tugby, sich in seiner Nähe niederlassend, "ist nicht der am wenigsten grausame Teil ihrer Geschichte. Sehen Sie, sie und Richard hatten vor vielen Jahren ein Verhältnis miteinander. Als sie noch ein junges schönes Paar waren, war alles beschlossen, und sie sollten sich an einem Neujahrstag heiraten. Da kam es Richard in den Kopf, weil vornehme Herren es ihm eingeredet hatten, daß er es klüger einrichten könnte und daß er es bald bereuen würde und daß sie nicht gut genug für ihn wäre und daß ein junger, intelligenter Mensch nicht verheiratet zu sein brauchte. Und die vornehmen Herren schüchterten sie ein, machten sie melancholisch und bange, daß er sie im Stich lassen und daß ihre Kinder an den Galgen kommen würden, und daß es gottlos sei, verheiratet zu sein und dergleichen Zeug mehr. Und kurz und gut: sie zauderten und zögerten, und ihr Vertrauen zu einander war untergraben, und so wurde schließlich das Verhältnis aufgelöst. Doch er hatte die Schuld. Sie würde ihn genommen haben, mit

Freuden. Ich habe späterhin oft ihr Herz beben sehen, wenn er hochmütig, und ohne sie auch nur anzusehen, an ihr vorüberging; und niemals grämte sich ein Mädchen aufrichtiger um einen Mann, als da Richard anfing, auf schlechten Wegen zu gehen."

"O, ist er auf schlechte Wege geraten?" fragte der Gentleman, den Spund aus dem Bierfaß ziehend, um durch das Spundloch hineinzugucken.

"Sehen Sie, ich glaube, daß er nicht recht wußte, was er wollte. Ich glaube, er hatte sich's zu Herzen genommen, daß sie miteinander gebrochen hatten, und er hätte, wenn er sich nicht vor den vornehmen Herren geschämt und vielleicht auch unsicher gewesen wäre, wie sie es auffassen würde, gern alles auf sich genommen, um Megs Hand wiederzugewinnen. Dessen bin ich ganz gewiß. Er sagte nie etwas; desto schlimmer! Er ergab sich dem Trunk und Müßiggang, schlechte Gesellschaft, lauter Vergnügungen, die so und so viel besser für ihn sein sollten, als das häusliche Glück, das er hätte haben können. Er verlor sein gutes Aussehen, seinen guten Ruf, seine Gesundheit, seine Kräfte, seine Freunde, seine Arbeit, genug alles!"

"Er verlor nicht alles, Mrs. Tugby", entgegnete der Gentleman, "denn er bekam eine Frau, und ich möchte wissen, auf welche Weise er sie bekam."

"Ich komme sogleich darauf. Dies ging jahrelang so fort; er sank immer tiefer und tiefer; sie, das arme Wesen, hatte Not genug, um sich das Leben zu fristen. Endlich war er so heruntergekommen, daß niemand ihm mehr Arbeit geben oder Rücksicht auf ihn nehmen wollte, und die Türen wurden ihm vor der Nase zugemacht, er mochte kommen, wohin er wollte. Er wandte sich von Ort zu Ort und von Tür zu Tür, und als er nun zum hundertstenmal zu einem Herrn kam, der es gar oft mit ihm versucht hatte (denn er war ein guter Arbeiter bis zuletzt), sagte der Herr, der seine Geschichte kannte: ›Ich glaube, Ihr seid unverbesserlich; es gibt nur eine Person in der Welt, die Euch möglicherweise retten könnte: bittet mich nicht mehr um Vertrauen, bis sie es mit Euch versucht hat.‹ So was sagte er in seinem Ärger und Zorn."

"So!" sagte der Gentleman. "Nun?"

"Nun, er ging zu ihr und kniete vor ihr nieder: sagte, es sei so und so: sagte, es sei immer so gewesen, und bat sie, ihn zu retten."

"Und sie – nehmen Sie es sich nicht zu sehr zu Herzen, Mrs. Tugby."

"Sie kam an dem Abend zu mir und fragte mich wegen des Logis. ›Was er mir einst war, liegt in einem Grabe, neben dem, was ich ihm war. Doch ich habe es mir überlegt, und ich will den Versuch machen, in der Hoffnung, ihn zu retten: um der Liebe des leichtherzigen Mädchens willen (Sie kennen sie), welches an einem Neujahrstage heiraten sollte; und um der Liebe zu ihrem Richard willen. Und sie sagte, er wäre von Lilly zu mir gekommen, und Lilly hätte ihm vertraut, und sie könnte das nie vergessen. So heirateten sie sich, und als sie nach Hause kamen, und ich sah sie, da wünschte ich, daß solche Prophezeiungen, welche sie auseinandergebracht hatten, als sie jung waren, nicht oft so in Erfüllung gehen möchten, wie es in diesem Falle geschehen war, oder wenigstens wollte ich sie nicht wahrsagen um eine Mine Goldes."

Der Gentleman stand von dem Fasse auf und streckte sich, indem er hinwarf: "Er mißhandelte sie wohl, sobald sie verheiratet waren?"

"Ich glaube nicht, daß er es jemals getan hat", sagte Mrs. Tugby, schüttelte den Kopf und trocknete sich die Augen.

"Er führte einige Zeit ein besseres Leben. Seine Gewohnheiten aber waren zu eingewurzelt und stark, als daß er von ihnen sich hätte befreien können. Er bekam bald einen kleinen Rückfall, und dies wiederholte sich immer öfter, bis ihn seine Krankheit niederwarf. Ich glaube, er hat immer viel für sie empfunden. Ich weiß, ich habe es gesehen, wenn er weinend und zitternd ihre Hand zu küssen suchte, und ich habe gehört, wenn er sie Meg rief und sagte, es wäre ihr neunzehnter Geburtstag. Da hat er nun gelegen Wochen und Monate. Mit ihm und ihrem Kinde über ihre Kräfte in Anspruch genommen, ist sie nicht imstande gewesen, ihre alte Arbeit zu verrichten, und da sie diese nicht regelmäßig liefern konnte, hat sie sie ganz verloren, selbst wenn sie damit hätte fertig werden können. Ich weiß kaum, wie sie haben leben können."

"Ich weiß es", murmelte Mr. Tugby, blickte im Laden umher und nach seiner Frau hin und wiegte den Kopf mit unendlicher Schlauheit – "wie Kampfhähne."

Er wurde von einem Schrei, einem Klageruf in dem oberen Stockwerk des Hauses unterbrochen. Der Gentleman eilte nach der Tür: "Mein Freund", sagte er zurückblickend, "Ihr braucht nicht erst darüber zu streiten, ob er fortgeschafft werden soll oder nicht. Er hat Euch, glaub' ich, diese Mühe erspart."

Er ging rasch die Treppe hinauf, Mrs. Tugby folgte ihm, während Mr. Tugby gemächlich hinter ihnen drein keuchte und brummte: denn er war von dem Inhalte des Geldkastens, in welchem sich eine ungebührliche Masse Kupferstücke befanden, kurzatmiger als gewöhnlich geworden.

Trotty flog mit dem Kinde zur Seite die Treppe hinauf, als wäre er bloße Luft.

"Folg ihr, folg' ihr, folg ihr!" Er hörte die Geisterstimmen der Glocken diese Worte wiederholen, während er hinaufstieg. "Lern' es von dem Wesen, das deinem Herzen am teuersten ist." Es war vorüber. Und dies war sie, ihres Vaters Stolz und Freude, dieses hagere, jammervolle Weib, das an dem Bett, wenn wir dies Wort brauchen dürfen, weinte und ein Kind an seine Brust drückte und den Kopf auf dasselbe niederhängen ließ. Wer kann beschreiben, wie mager, schwächlich und ärmlich das Kind aussah! Wer kann sagen, wie sie es liebte!

"Gott sei Dank!" sagte Toby und faltete die Hände zum Himmel, "o Gott sei Dank, sie liebt ihr Kind!"

Der Gentleman, der weiter nicht hartherzig oder gleichgültig gegen solche Szenen war, als daß er sie täglich sah und daß er wußte, es waren Ziffern ohne Bedeutung bei den Filerschen Berechnungen, legte die Hand auf das Herz, das nicht mehr schlug, und lauschte auf das Atmen und sagte: "Seine Qual ist vorüber. Es ist besser so!"

Mrs. Tugby suchte sie mit liebevollen Worten zu trösten, Mr. Tugby mit philosophischen Gründen.

"Nun, nun", sagte er mit den Händen in den Taschen, "Ihr müßt Euch nicht unterkriegen lassen. Das dürft Ihr nicht. Ihr müßt dagegen angehen. Was würde aus mir geworden sein, wenn ich mich hätte ducken lassen, als ich noch Portier war. Denn in mancher Nacht wurde wohl sechsmal an unserer Tür geklopft; als wenn eine Equipage käme, bloß um mich zu foppen. Ich aber zog mich auf meine Seelenstärke zurück und machte nicht auf."

Trotty hörte die Stimmen wiederum sagen: "Folg' ihr!" Er wandte sich nach seinem Führer und sah diesen sich erheben und durch die Luft fahren. "Folg' ihr!" sagte er und verschwand. Er umschwebte sie, setzte sich zu ihren Füßen nieder, suchte in ihrem Gesicht nach einer Spur ihres früheren Aussehens, lauschte auf einen Ton ihrer einst so lieblichen Stimme. Er betrachtete das Kind, das so schwächlich, so früh alt, so schrecklich in seinem Ernst, so beklagenswert in seinem schwachen, traurigen, jammervollen Weinen war. Er betete es an, er klammerte sich an dasselbe als an seinen einzigen Schutz, als an das letzte ungerissene Band, das ihn an das Leben fesselte. Er setzte seine väterliche Hoffnung und sein Vertrauen auf das schwache Kind, bewachte jeden seiner Blicke, während sie es in den Armen hielt, und sagte tausendmal: "Sie liebt es! Gott sei Dank! Sie liebt es!"

Er sah, wie die Hauswirtin sie während der Nacht bewachte, zu ihr zurückkehrte, als ihr brummender Mann schlief und alles still war, sie beruhigte, mit ihr weinte und ihr Nahrung reichte. Er sah den Tag und wieder die Nacht kommen, den Tag, die Nacht die Zeit vergehen. Er sah das Haus des Todes des Toten entledigt, die Kammer ihr und ihrem Kinde überlassen. Er hörte es wimmern und weinen, er sah, wie es ihre Geduld fortwährend auf die Probe stellte, wenn sie vor Erschöpfung schlummerte, ihr wieder das Bewußtsein ihrer Lage zurückrief und sie mit seinen kleinen Händen auf der Folter festhielt. Doch sie blieb sanft und geduldig gegen das Kind. Geduldig! Sie war seine liebende Mutter im innersten Herzen, und sein Leben war mit dem ihrigen so innig verknüpft, als wenn sie es noch nicht geboren hätte.

Während dieser ganzen Zeit litt sie Mangel, litt bittersten, quälendsten Mangel. Mit dem Kind in den Armen ging sie hierhin und dorthin und suchte Beschäftigung, und während des Kindes mageres Gesicht in ihrem Schoße lag und sie ansah, arbeitete sie für den kläglichsten Lohn, Tag und Nacht für so viele Pfennige, als der Sonnenzeiger Ziffern hatte. Daß sie das Kind gescholten, daß sie es vernachlässigt, daß sie es mit augenblicklichem Hasse angesehen, daß sie es in einem Anfall von Zorn geschlagen hätte! Oh nein! Sein Trost war: "Sie liebte es immer!"

Sie klagte niemand ihre Not und ging den Tag über weg, um nicht von ihrer einzigen Freundin gefragt zu werden. Denn jede Hilfe, die sie aus ihrer Hand empfing, verursachte nur Streit zwischen der guten Frau und ihrem Mann, und es war ein neues Leid für sie, täglich die Veranlassung zu Streit und Zwietracht zu sein in einem Hause, dem sie so viel verdankte.

Sie liebte das Kind noch, sie liebte es immer mehr. Doch ihre Liebe nahm eine andere Gestalt an.

In einer Nacht ging sie in der Stube auf und nieder, um es zu beruhigen, und sang leise, um es einzuschläfern. Da wurde die Tür leise geöffnet, und ein Mann sah herein.

"Zum letztenmal!" sagte er.

"William Fern!"

"Zum letztenmal!"

Er horchte, wie einer, der verfolgt wird, und sprach im Flüsterton:

"Meg, meine Zeit ist beinahe abgelaufen. Ich konnte nicht enden, ohne dir ein Abschiedswort zu sagen, ohne dir zu danken."

"Was habt Ihr getan?" fragte sie und sah ihn entsetzt an.

Er blickte auf sie nieder, antwortete aber nicht.

Nach kurzem Schweigen machte er eine Bewegung mit der Hand, als wenn er ihre Frage beiseite schieben, als wenn er sie verlöschen wollte, und sagte: "Es ist schon lange her, Meg, aber jene Nacht ist mir noch so frisch in der Erinnerung, wie jemals. Da dachten wir nicht‹, fügte er um sich blickend hinzu: "daß wir uns so wiedersehen würden. Dein Kind, Meg? Laß es mich auf den Arm nehmen. Laß mich dein Kind halten."

Er stellte seinen Hut auf den Boden und nahm es und zitterte, als er es nahm, von Kopf bis zu den Füßen.

"Ist es ein Mädchen?"

"Ja."

Er hielt seine Hand vor ihr kleines Gesicht.

"Siehe, wie schwach ich geworden bin, Meg, da es mir an Mut fehlt, es anzusehen. Laß es mir einen Augenblick. Ich tue ihm nichts. Es ist schon lange her – doch wie heißt sie?"

"Margarete", antwortete sie schnell.

"Das freut mich", sagte er, "das freut mich!"

Er schien freier zu atmen und nachdem er einen Augenblick innegehalten, nahm er seine Hand weg und sah dem Kinde ins Gesicht. Doch sogleich deckte er es wieder zu.

"Es ist Lilly!"

"Lilly!"

"Ich hielt dasselbe Gesichtchen in meinen Armen, als Lillys Mutter starb und sie mir zurückließ!"

"Als Lillys Mutter starb und sie zurückließ!" wiederholte Meg mit aufgeregter Stimme.

"Wie schrill Ihr sprecht. Warum hebt Ihr Eure Augen so auf mich, Meg?"

Sie sank auf einen Stuhl nieder, drückte das Kind an ihre Brust und weinte. Bisweilen ließ sie es aus ihren Armen los, um ängstlich das Gesichtchen zu beobachten. Dann preßte sie es wieder an ihre Brust. Wenn sie es anblickte, dann mischte sich etwas Wildes, Schreckliches in ihre Liebe. Dann weinte ihr alter Vater.

"Folg' ihr!" klang es durch das Haus, "lerne es von dem Wesen, das deinem Herzen am teuersten ist!"

"Meg", sagte Fern, beugte sich über sie und küßte sie auf die Stirn. "Ich danke Euch zum letztenmal. Gute Nacht! Lebt wohl! Legt Eure Hand in die meine und sagt mir, daß Ihr mich von dieser Stunde an vergessen und denken wollt, es habe mit mir ein Ende genommen."

"Was habt Ihr getan?" fragte sie wiederum.

"Es wird heute nacht ein Feuer sein", sagte er, sich von ihr entfernend, "es wird diesen Winter viele Feuer geben, um die dunklen Nächte zu erhellen – im Osten, Westen, Norden und Süden. Wenn Ihr den Himmel in der Ferne gerötet seht, dann flammen sie auf. Wenn Ihr den Himmel in der Ferne gerötet seht, dann denkt nicht mehr an mich. Oder wenn Ihr es tut, dann denkt daran, was für eine Hölle in meiner Seele brennt, und denkt, Ihr seht ihre Flammen in den Wolken sich spiegeln. Gute Nacht! Lebt wohl!"

Sie rief ihm nach. Doch er war fort. Sie saß erstarrt da, bis ihr Kind sie zu dem Gefühl des Hungers, der Kälte und der Dunkelheit erweckte. Sie schritt die liebe, lange Nacht mit demselben im Zimmer auf und nieder, um es zu beruhigen, und sagte mitunter: "Wie Lilly, als ihre Mutter starb und sie zurückließ!"

Warum war ihr Schritt so schnell, ihr Auge so wild, ihre Liebe so heiß und schrecklich, wenn sie diese Worte wiederholte?

"Doch es ist Liebe", sagte Trotty, "es ist Liebe. Sie wird nie aufhören, es zu lieben. Meine arme Meg!"

Sie kleidete am nächsten Morgen das Kind mit ungewöhnlicher Sorgfalt an – vergebliche Mühe, auf solche Lumpen Sorgfalt zu verwenden! – und wollte noch einmal versuchen, nach Mitteln zum bloßen Leben sich zu bemühen. Es war der letzte Tag des alten Jahres. Sie ging bis zum Abend umher, ohne einen Bissen gegessen zu haben. Alles war vergeblich!

Sie mischte sich unter einen elenden Haufen, der im Schnee stand, bis ein Beamter, der die öffentlichen Almosen verteilen sollte – das gesetzliche Almosen, nicht das, welches einst auf dem Berge gepredigt wurde – so gnädig sein würde, sie hereinzurufen und sie auszufragen, und dem einen zu sagen: "Gehe da und da hin"; dem andern: "Komme nächste Woche wieder"; und aus einem dritten einen Ball zu machen und ihn hierhin und dorthin von Hand zu Hand, von Haus zu Haus zu werfen, bis er müde ward und sich niederlegte, um zu sterben, oder sich Mut faßte und einen Diebstahl beging und auf solche Weise eine höhere Art von Verbrecher wurde, dessen Ansprüche keinen Verzug vertrugen.

Auch hier war sie vergebens. Sie liebte ihr Kind und wünschte es an ihrer Brust zu hegen. Das hätte ihr genügt.

Es war Nacht, eine unwirtliche, finstere, schneidend kalte Nacht. Da gelangte sie, indem sie ihr Kind fest an sich drückte, um ihm ein wenig von ihrer eigenen Wärme zu geben, an das Haus, welches sie ihre Heimat nannte. Sie war so schwach und ihr schwindelte, daß sie niemand an der Tür stehen sah, bis sie dicht daran war und hineintreten wollte. Da erkannte sie den Hausherrn, der sich so gestellt hatte – mit seiner Persönlichkeit war das nicht schwer – daß er den ganzen Eingang ausfüllte.

"O", sagte er leise, "Ihr seid zurückgekommen?"

Sie sah nach ihrem Kinde und schüttelte den Kopf.

"Findet Ihr nicht, daß Ihr lange genug hier gewohnt habt, ohne Miete zu zahlen? Findet Ihr nicht, daß Ihr, ohne einen Pfennig Geld zu bezahlen, ein recht fleißiger Kunde in diesem Laden gewesen seid?" sagte Mr. Tugby.

Sie wiederholte dieselbe stumme Bewegung.

"Wie wäre es, wenn Ihr es versuchet und wo anders kauftet, und wie wäre es, wenn Ihr Euch nach einer anderen Wohnung umsähet? Wie, glaubt Ihr nicht, daß dies möglich wäre?"

Sie sagte mit leiser Stimme, es sei sehr spät. Morgen.

"Ich sehe schon, was Ihr wollt", sagte Tugby, "und was Ihr vorhabt. Ihr wißt, es sind wegen Euch zwei Parteien in diesem Hause, und es ist eine Freude für Euch, wenn sie sich zanken. Das ist für Euch eine Lust. Aber ich will keinen Streit im Hause haben und ich spreche ganz ruhig, um Zank zu vermeiden. Aber wenn Ihr Euch nicht schert, dann will ich laut sprechen, und Ihr sollt Worte hören, laut genug, bis sie Euch gefallen. Aber herein lasse ich Euch nicht, das habe ich mir vorgenommen."

Sie strich ihre Haare mit der Hand zurück und warf plötzlich einen Blick nach dem Himmel und auf die dunklen, drohenden Wolken.

"Es ist der letzte Abend eines alten Jahres, und ich mag kein böses Blut und Zank und Streit ins neue mit hinübernehmen, weder Euch noch sonst jemandem zu Gefallen", sagte Tugby, der ein "Freund und Vater" im kleinen war. "Ich wundere mich, daß Ihr Euch nicht schämt, solche Intrigen ins neue Jahr mit hinübernehmen zu wollen. Wenn Ihr weiter nichts in der Welt zu tun habt, als immer umherzulaufen und zwischen Mann und Frau Zwietracht zu stiften, denn wäre es besser, Ihr machtet Euch auf die Beine. Schert Euch Eurer Wege!"

"Folg' ihr! Zur Verzweiflung!"

Wiederum hörte der alte Mann die Stimmen, und als er aufblickte, sah er die Gestalten in der Luft schweben, und sie zeigten ihm den Weg, den sie einschlug, die dunkle Straße hinab.

"Sie liebt es", rief er in ängstlicher Fürbitte, "ihr Glocken, sie liebt es immer noch!"

"Folg' ihr!"

Die Schatten schwebten über dem Wege, den sie eingeschlagen hatte, wie eine Wolke.

Er folgte, er hielt sich dicht an ihrer Seite. Er blickte ihr ins Gesicht. Es mischte sich noch derselbe wilde, schreckliche Ausdruck in ihre Liebe und strahlte aus ihren Augen. Er hörte sie sagen: "Wie Lilly sterben, wie Lilly!" und ihre Eile verdoppelte sich.

O! wenn nur etwas sie wecken möchte! Nur ein Anblick, ein Ton, ein Duft, um in ihrem brennenden Gehirn eine zärtliche Erinnerung zu wecken! Wenn nur ein einziges süßes Bild aus der Vergangenheit in ihr aufstiege!

"Ich war ihr Vater! ich war ihr Vater!" sagte der alte Mann, die Hände nach den dunklen Schatten ausstreckend, die über ihm flogen. "Habt Erbarmen mit ihr und mit mir! Wohin geht sie? Laß sie umkehren; ich war ihr Vater!"

Doch sie zeigten nur nach ihr, wie sie dahineilte, und sagten: "Zur Verzweiflung! Lerne es von dem Wesen, das deinem Herzen am teuersten ist!"

Nur ein Echo von hundert Stimmen. Die Luft bestand nur aus Atem, auf dem diese Worte schwebten. Er schien sie mit jedem seiner Atemzüge einzuatmen. Unmöglich ihnen zu entfliehen: sie waren überall. Und immer noch eilte sie fort, dasselbe Feuer in ihren Augen, dieselben Worte in ihrem Munde: "Wie Lilly sterben, wie Lilly!"

Auf einmal stand sie still.

"Nun laß sie umkehren!" rief der alte Mann aus und riß sich das weiße Haar aus. "Mein Kind Meg – laß sie umkehren, großer Vater, laß sie umkehren!"

Sie hüllte in ihren dürftigen Mantel das Kind warm ein. Mit ihren fiebernden Händen streichelte sie seine Glieder, rückte sie sein Köpfchen, ordnete sie seinen spärlichen Anzug. In ihren welken Armen hielt sie es fest, als wenn sie es nimmer loslassen wollte, und mit ihren vertrockneten Lippen küßte sie es im letzten Schmerz und in dem letzten langen Todeskrampf der Liebe.

Sie legte seine kleine Hand um ihren Nacken und hielt sie dort unter ihrem Mantel, dann drückte sie es an ihr verzweifeltes Herz, dann preßte sie sein Gesicht gegen das ihre – und dann eilte sie nach dem Flusse. Nach dem rollenden Flusse, dem schnellen, trüben, wo die Winternacht brütend saß, wie der letzte Gedanke vieler, die dort Rettung gesucht hatten, wo einzelne Lichter an den Ufern düster und rot flimmerten, wie Fackeln, die dort brannten, um den Totenpfad zu zeigen, wo keine Wohnung lebender Menschen ihren Schatten warf auf den tiefen, undurchdringlichen, melancholischen Schatten.

Nach dem Flusse! Nach dieser Pforte der Ewigkeit eilte sie mit verzweifelten Schritten so rasend schnell, wie seine reißenden Wasser dem Meere zuströmten. Er versuchte, sie zu berühren, als sie an ihm vorüber nach der dunklen Wasserfläche hinuntereilte, doch die wilde, kranke Gestalt, die schreckliche Liebe, die Verzweiflung, die sich durch nichts Menschliches mehr aufhalten ließ, fegte an ihm vorbei wie der Wind.

Er folgte ihr. Sie stand einen Augenblick am Ufer still, ehe sie den schrecklichen Sprung tat. Er fiel auf die Knie und schrie zu den Gestalten in den Glocken, die nun über ihm schwebten. "Ich habe es gelernt von dem Wesen, das meinem Herzen am teuersten ist. O rettet sie, rettet sie!"

Er konnte ihr Gewand mit den Fingern berühren. Er konnte sie halten. Als die Worte seinem Munde entflohen, fühlte er seinen Tastsinn zurückkehren und wußte, daß er sie festhielt.

Die Gestalten blickten fortwährend auf ihn hernieder.

"Ich habe es gelernt", rief der alte Mann. "O habt Mitleid mit mir in dieser Stunde, wenn ich in meiner Liebe zu ihr, die so jung, so gut war, die Natur in dem Herzen verzweifelnder Mütter verleumdete! Habt Mitleid mit meiner Vermessenheit, Bosheit und Unwissenheit und rettet sie!"

Er fühlte, daß er sie nicht mehr länger festhalten konnte. Sie schwiegen immer noch.

"Habt Mitleid mit ihr!" rief er. "Dieses schreckliche Verbrechen ist aus mißverstandener Liebe entsprungen, aus der stärksten, innigsten Liebe, die wir gefallenen Menschen kennen. Bedenkt, wie groß ihr Elend gewesen sein muß, wenn solcher Same solche Frucht trägt. Der Himmel hat sie zum Guten bestimmt. Es gibt keine liebende Mutter auf der Erde, die nicht eben dahin gebracht werden kann, wenn ihr ein solches Leben auferlegt ist. O habt Erbarmen mit meinem Kinde, das selbst in diesem Augenblicke Erbarmen mit dem ihren hegt und selber stirbt und ihre unsterbliche Seele tötet, um es zu erlösen!"

Sie lag in seinen Armen. Er hielt sie fest. Er hatte die Kraft eines Riesen.

"Ich sehe den Geist der Glocken unter euch", sagte der alte Mann, das Kind erblickend, und sprach mit einer Art von Begeisterung, die seine Blicke ihm einflößten: "Ich weiß, daß die Zeit unser Erbteil für uns verwaltet. Ich weiß, daß eines Tages ein Meer der Zeit sich erheben und alle wie Blätter fortwehen wird, die uns unrecht tun und uns unterdrücken. Ich sehe, wie es heranflutet. Ich weiß, daß wir vertrauen und hoffen müssen und keinen Zweifel an dem Guten weder in uns, noch andern hegen dürfen. Ich habe es von dem Wesen gelernt, das meinem Herzen am teuersten ist. Ich schließe es wieder in meine Arme. O ihr gnädigen und guten Geister, ich präge mir eure Lehre in die Brust, an der ich sie halte. O ihr gnädigen und guten Geister, ich werde ewig dankbar sein."

Er hätte noch mehr sagen mögen, wenn nicht die Glocken, die alten, lieben Glocken, seine guten, treuen, beständigen Freunde ihr Freudengeläut zum neuen Jahre so munter, so fröhlich und so schwellend begonnen hätten, daß er auf die Füße sprang und so den Zauber löste, der ihn fesselte.

* * *

›Tu, was du willst‹, sagte Meg, ›Vater, aber iß nicht wieder Kaldaunen, ohne einen Doktor zu fragen, ob sie dir bekommen werden. Denn wie hast du dich angestellt, du lieber Himmel!‹

Sie saß an dem kleinen Tisch am Feuer und nähte an ihrem einfachen Hochzeitskleid, das sie mit Bändern schmückte, so stillselig, so blühend und jugendlich, so voll schöner Verheißung, daß er laut aufschrie, als wenn ein Engel in seinem Hause wäre. Dann stand er schleunigst auf, um sie in seine Arme zu schließen. Doch er verwickelte sich mit den Füßen in die Zeitung, die vom Herd gefallen war, und jemand drängte sich zwischen sie.

›Nein‹, sagte die Stimme des besagten Jemand, eine wohlklingende, fröhliche Stimme, ›selbst Ihr nicht. Der erste Kuß von Meg im neuen Jahre gehört mir. Mir! Ich habe eine Stunde vor dem Hause gestanden, um die Glocken zu hören und ihn mir zu verdienen. Meg, mein liebster Schatz, ein glückliches Neujahr! und mögen wir noch recht viele glückliche Jahre verleben, meine liebe, kleine, süße Frau!‹

Und Richard erstickte sie fast mit seinen Küssen.

Als dies geschah, gab es keinen glücklicheren Menschen auf der ganzen Welt, als Trotty. Er setzte sich auf seinen Stuhl, schlug sich auf die Knie und weinte. Er setzte sich auf seinen Stuhl und schlug sich auf die Knie und lachte. Er setzte sich auf seinen Stuhl und schlug auf die Knie und lachte und weinte in einem Atem. Er stand von seinem Stuhle auf und liebkoste Meg. Er stand von seinem Stuhle auf und liebkoste Richard. Er stand von seinem Stuhle auf und liebkoste beide zu gleicher Zeit. Er lief zu Meg und nahm ihr frisches Gesicht zwischen seine Hände und küßte sie und ging rückwärts wie ein Krebs, um sie nicht einen Augenblick aus den Augen zu verlieren, und lief wieder auf sie zu, wie eine Figur in einer Zauberlaterne, und was er immer tat, so setzte er sich beständig wieder in seinen Stuhl, blieb aber nicht einen Augenblick sitzen. Genug – und das ist die Wahrheit – er war außer sich vor Freude.

"Und morgen ist dein Hochzeitstag, mein Herzenskind?" sagte Trotty, "wirklich, dein glücklicher Hochzeitstag?"

"Heute", sagte Richard und schüttelte ihm die Hände, "heute. Die Glocken läuten eben das neue Jahr ein. Hört sie nur.‹" Und sie läuteten wahrhaftig.

Gott segne die kräftigen Seelen! O, es waren große Glocken, melodische, tiefstimmige, edle Glocken, von keinem gemeinen Metall gegossen, von keinem gemeinen Gießer geformt. Wann hätten sie jemals geläutet wie heute!

"Heute, meine Meg", sagte Trotty, "hattest du wohl mit Richard einen kleinen Wortwechsel?"

"Weil er ein so schlechter Mensch ist, Vater", sagte Meg. "Bist du das nicht, Richard? Solch ein eigensinniger, ungestümer Mensch! Wollte er doch dem gewaltigen Ratsherrn seine Meinung sagen, und er genierte sich so wenig, als er sich genieren würde –"

"Meg zu küssen", half Richard ein und führte es sogleich aus.

"Nein, nicht ein bißchen mehr. Doch ich wollte es nicht zugeben, Vater. Was hätte es geholfen?"

"Richard, mein Junge", sagte Trotty, "du bist ein Prachtkerl und wirst ein Prachtkerl bleiben bis an dein seliges Ende. Doch du weintest heute abend am Feuer, als ich nach Hause kam, meine Meg? Warum weintest du denn am Feuer?"

"Ich dachte an die Jahre, die wir miteinander verlebt haben, Vater. Bloß deshalb. Und ich dachte, du würdest mich recht vermissen und dich einsam fühlen." Trotty kehrte wieder nach dem außerordentlichen Stuhl zurück, als das Kind, das von dem Lärmen erwacht war, halb angekleidet hereinkam.

"Ei, hier ist sie ja", sagte Trotty und hob sie auf, "hier ist sie ja, die kleine Lilly. Ha, ha! hier sind wir und hier ist sie ja, die kleine Lilly. Ha, ha! hier sind wir und hier spazieren wir! O, hier sind wir und hier spazieren wir wieder! Und hier sind wir und hier spazieren wir und auch Onkel Will!"

Er hielt in seinem Trab inne, um ihn herzlich zu begrüßen. "Ach, Onkel Will, was hab' ich heute abend für Erscheinungen erlebt und nur weil ich Euch beherbergt habe. Ach, Onkel Will, wie bin ich Euch dankbar, daß Ihr zu mir gekommen seid, mein guter Freund!"

Ehe Will Fern das Geringste antworten konnte, trat eine Musikbande in das Zimmer, von einer Menge Nachbarn begleitet, die alle: "Glückliches Neujahr, Meg! Fröhliche Hochzeit! Noch recht lange Jahre!" und andere gute Wünsche dieser Art riefen. Der Trommler, der ein besonders guter Freund Trottys war, trat hervor und sagte: "Trotty Veck, mein alter Knabe, wir haben erfahren, daß Eure Tochter heute heiratet. Nicht eine Seele, die Euch kennt und Euch nicht das beste Glück wünscht, oder die sie kennt und ihr nicht Segen gönnt, oder die euch beide kennt und euch beiden nicht alles Glück wünscht, was das neue Jahr bescheren kann. Und wir sind hier deshalb zu Euch gekommen, um es einzuspielen und einzutanzen."

Das wurde mit allgemeinem Jubel aufgenommen. Der Trommler war freilich ziemlich betrunken, aber das machte weiter nichts. "Was für ein Glück es ist", sagte Trotty, "in solcher Achtung zu stehen! Wie freundlich und nachbarlich ihr seid! Das geschieht alles meiner lieben Tochter zuliebe. Sie verdient es!"

Sie waren in einer halben Sekunde zum Tanze fertig, Meg und Richard voran, und der Trommler war gerade dabei, aus allen Kräften loszulegen, da ließ sich draußen ein Gemisch von wunderbaren Tönen hören, und eine gutmütig aussehende, schmucke Frau von fünfzig Jahren oder so ungefähr trat herein in Begleitung eines Mannes, der einen steinernen Henkelkrug von ungeheurem Umfang trug, und diesen folgten Markknochen, Hackmesser und Glocken, aber nicht *die* Glocken, sondern eine tragbare Sammlung von einem Gestell. Trotty sagte: "Mrs. Chickenstalker" und setzte sich nieder und schlug sich wieder auf die Knie.

"Hochzeit zu machen, Meg, und es mir nicht zu sagen!" sagte die gute Frau. "Ich konnte es am letzten Abend des alten Jahres nicht aushalten, ohne zu kommen und dir Glück und Freude zu wünschen. Nein, ich hätte es nicht gekonnt, Meg, und wenn ich bettlägerig gewesen wäre. Und so bin ich denn hier, und da es Neujahrsabend und dein Polterabend obendrein ist, so habe ich ein wenig Flip machen lassen und mitgebracht. Mrs. Chickenstalkers Begriff von "ein wenig Flip" machte ihrem Charakter alle Ehre. Der Krug dampfte und rauchte wie ein Vulkan, und dem Manne, der ihn trug, war ohnmächtig zu Mute.

"Mrs. Tugby", sagte Trotty, der ganz entzückt um sie herumging, "ich wollte sagen Chickenstalker, Gott segne Sie! Ein glückliches Neujahr und noch recht viele hinterdrein, Mrs. Tugby", sagte Trotty, als er sie umarmt hatte, "ich wollte sagen Chickenstalker – dies ist William Fern und Lilly."

Die würdige Frau wurde zu seinem Erstaunen sehr blaß und sehr rot.

"Doch nicht Lilly Fern, deren Mutter in Dorsetshire gestorben ist?" sagte sie.

Ihr Onkel bejahte dies, und sie wechselten schnell einige Worte miteinander, deren Ergebnis war, daß Mrs. Chickenstalker ihm beide Hände schüttelte, Trotty noch einmal aus freien Stücken auf die Wange küßte und das Kind an ihre umfangreiche Brust drückte.

"Will Fern", sagte Trotty, indem er seinen rechten Fausthandschuh anzog, "doch nicht die Verwandte, die Ihr zu finden hofftet?"

"Freilich", entgegnete Will und legte Trotty beide Hände auf die Schultern, "und wie es scheint, eine ebenso gute Verwandte, wenn das möglich ist, als ich in Euch einen Freund gefunden habe."

"O!" sagte Trotty, "ihr dort, wollt ihr nicht aufspielen? Seid so gut!"

Bei dem Klange der Musik, der Schellen, der Markknochen und der Hackmesser, alles zu gleicher Zeit, und während noch die Glocken lustig vom Turme herniederschallten, führte Trotty Mrs. Chickenstalker, Meg und Richard als zweites Paar folgend, zum Tanze auf und tanzte denselben in einem vorher und nachher unbekannten Pas ab, der seinen Grund in seinem eigentümlichen Trab hatte.

Hatte Trotty geträumt, oder sind seine Freuden und Leiden und die handelnden Personen in demselben nur ein Traum? Er selber ein Traum? Der Erzähler dieser Geschichte ein Träumer, der eben erwacht ist? – Sollte es so sein, lieber Leser, dann präge die bösen Wirklichkeiten, aus denen diese Schatten entspringen, deiner Seele ein und suche in deinem Kreise – keiner ist zu groß und keiner zu beschränkt für solch einen Zweck – diese zu bessern, sie weniger grausam, sondern sie gelinder zu machen. Möge das neue Jahr ein glückliches für dich, ein glückliches noch für viele sein, deren Glück von dir abhängt! Möge jedes Jahr glücklicher sein als das letzte, und nicht der geringste unserer Brüder oder Schwestern ausgeschlossen bleiben von dem rechtmäßigen Anteil an dem, was zu genießen unser großer Schöpfer geschaffen hat!

*Ende.*

**Alle Werke unter www.groels.de**